후재집

이 책은 2020년도 정부(교육부)의 재원으로 한국고전번역원의 지원을 받아
수행된 '권역별거점연구소협동번역사업'의 결과물임.

This work was supported by Institute for the Translation of Korean Classics - Grant funded by the Korean Government.

한국고전번역원 한국문집번역총서/단국대학교 동양학연구원

후재집 3

厚齋集

김간 지음
金幹

최예심 옮김
장유승
권진옥

일러두기

1. 이 책의 번역은 한국고전번역원에서 간행한 한국문집총간 155~156집 소재《후재집(厚齋集)》을 대본으로 하였다. 번역 대본의 원문 텍스트와 원문 이미지는 한국고전종합DB(http://db.itkc.or.kr)에서 확인할 수 있다.
2. 내용이 간단한 역주는 간주(間註)로, 긴 역주는 각주(脚註)로 처리하였다.
3. 대본의 본문과 원주의 구분이 명확하지 않은 경우는 역자가 임의로 조정하였다.
4. 한자는 필요한 경우 이해를 돕기 위하여 넣었으며, 운문(韻文)은 원문을 병기하였다.
5. 맞춤법과 띄어쓰기는 한글 맞춤법과 표준어 규정을 따랐다.
6. 이 책에서 사용한 부호는 다음과 같다.

( ) : 번역문과 음이 같은 한자를 묶는다.
〔 〕: 번역문과 뜻은 같으나 음이 다른 한자를 묶는다.
“ ” : 대화 등의 인용문을 묶는다.
‘ ’ : “ ” 안의 재인용 또는 강조 문구를 묶는다.
「 」: ‘ ’ 안의 재인용을 묶는다.
『 』: 「 」 안의 재인용을 묶는다.
《 》: 책명 및 각주의 전거(典據)를 묶는다.
〈 〉: 책의 편명 및 운문·산문의 제목을 묶는다.

차례

후재집 제13권

답문 예의 答問 禮疑

상례 국휼 喪禮 國恤

후재집 제14권

답문 예의 答問 禮疑

상례 국휼 喪禮 國恤

상례 국휼 중의 사례를 덧붙이다 喪禮 附國恤中四禮

후재집 제15권

후재집 제16권

답문 예의 答問 禮疑

상례 대상 喪禮 大祥

상례 담제 喪禮 禫

상례 길제 喪禮 吉祭

상례 상중에 지내는 제사 喪禮 喪中行祭

후재집 제17권

후재집 제18권

후재집

제12권

답문 答問

예의 禮疑

답문 예의 答問 禮疑

서중칙[1] 종대 에게 답하다
答徐仲則 宗大

〈상복소기(喪服小記)〉에 "속종(屬從)의 경우에는 소종(所從)이 죽더라도 상복을 입는다."[2]라고 하였는데, 그 소(疏)에 이르기를 "속(屬)은 뼈와 살이 이어져 친속이 된 것이니, 그 하나가 아내가 남편을 따라 남편 친당의 복을 입는 것이다. 이것이 소종(所從)이 죽더라도 오히려 따라서 그 친속을 위해 복을 입는 것이다.……"라고 하였습니

1 서중칙(徐仲則) : 서종대(徐宗大, 1664~1716)로, 본관은 달성(達城)이고 자가 중칙이다.

2 속종(屬從)의……입는다 : 《예기》〈상복소기(喪服小記)〉에 "종복(從服)의 경우에는 소종(所從)이 죽으면 상복을 입지 않아도 된다. 그러나 속종(屬從)의 경우에는 소종이 죽어도 상복을 입는다.〔從服者, 所從亡則已, 屬從者, 所從雖沒也, 服.〕"라는 말이 나온다. 종복(從服)은 따라서 입는다는 뜻으로, 인친(姻親)이나 임금의 친속을 위해 상복을 입는 것을 말한다. 속종(屬從)은 종복이면서 친속 관계에 있는 사람을 말하는데, 공영달(孔穎達)은 소(疏)에서 '자식이 모친을 따라 모친의 친당의 복을 입는 것, 아내가 남편을 따라 남편의 친당의 복을 입는 것, 남편이 아내를 따라 아내의 친당의 복을 입는 것〔一子從母服母之黨, 二是妻從夫服夫之黨, 三是夫從妻服妻之黨.〕' 등 세 가지 예를 들었다.

다. 이로 미루어 보건대, 지금 가령 적손(嫡孫)이 살아있다면 그는 응당 조부를 위해 삼년복을 입어야 합니다. 이미 삼년복을 입어야 하는 경우라면 비록 적손이 죽은 뒤에라도 그 적손의 아내는 〈상복소기〉의 '비록 소종이 죽더라도 상복을 입는다.'는 설에 의거하여 복상하는 것이 옳을 듯합니다. 더군다나 조부의 상(喪)이 있기 오래전에 이미 적자(嫡子)가 죽었고 지금 적손의 아내가 장차 후사를 세우고자 하니, 그렇다면 비록 적손이 먼저 세상을 떠나 미처 승중(承重)[3]하지 못했더라도 세대를 이어 종묘의 중임(重任)을 전할 의리가 이 손자에게 있지 않겠습니까. 《의례문해(疑禮問解)》에 "남편이 미처 승중하지 못하고 일찍 죽은 경우엔 어떻게 조처해야 하는지 모르겠다."라는 말이 있으니, 이것은 의문스러워 결정하지 못한 말에 불과합니다. 그 위의 이른바 '손자가 이전에 죽어 복을 입지 않았더라도 복을 입은 것과 같다.'라는 설이 무척 명백하고 명쾌한 말인 듯합니다. 또 한 가지 의심이 있습니다. 지금 만약 적손이 먼저 죽었다는 핑계로 적손의 아내가 단지 본복(本服)인 대공복(大功服)[4]만 입고서 훗날 조부의 장례 전후나 혹 소상(小祥) 이전에 가령 후사를 세워 승중 삼년복을 입힌다면 그때에 가서도 적손의 아내는 여전히 처음 입은 복인 대공복을 입습니까? 아니면 삼년복으로 개복(改服)합니까? 만약 삼년복으로

3 승중(承重) : 적통(嫡統)을 물려주어 조상의 제사를 받들게 하는 제도 중에서, 적장손(嫡長孫)이 부친과 조부를 대신해서 선조의 상제(喪祭)를 담당하는 것을 말한다.

4 대공복(大功服) : 오복(五服)의 하나이다. 종형제(從兄弟)·자매(姉妹), 중자부(衆子婦), 중손(衆孫)·중손녀(衆孫女), 질부(姪婦)와 남편의 조부모(祖父母), 백숙부모(伯叔父母), 질부(姪婦), 남편이 입후(入後)일 경우 남편의 생가 부모의 상사(喪事)에 아홉 달 동안 입는 복제이다

개복하려고 한다면 예법에서 모든 복은 반드시 처음에 입었던 복제(服制)로 단안(斷案)을 삼아야 합니다. 그대로 대공복을 입고서 단지 소후자(所後子)에게만 삼년복을 입게 한다면 이는 중간의 한 세대에서 대를 이어 종묘의 중임을 전하는 의리가 끊어진 것입니다. 이것을 또한 장차 어떻게 처리해야 하겠습니까?

이군보[5]에게 답하다
答李君輔

《의례(儀禮)》〈상복(喪服)〉'참최(斬衰)' 조목의 "아버지가 장자를 위하여 입는다.〔父爲長子〕"는 부분 전(傳)에 "어찌하여 삼년복을 입는가? 선조에게 정체(正體)[6]가 되고 또 장차 전중(傳重)할 자이기 때문이다."라고 하였습니다.

○살펴보건대 전(傳)의 뜻은 대체로 다음과 같습니다. "자신이 장자를 위하여 무엇 때문에 삼년복을 입는 것인가? 바로 장자가 선조에게 정체가 되며 또한 장차 자신을 대신하여 종묘(宗廟)의 중임(重任)을 전하기 때문이다. 그러므로 이 두 가지 이유 때문에 삼년복을 입는다."

그 주(註)에 "부친의 후사가 된 자라야 그 장자를 위해 삼년복을 입

5 이군보(李君輔) : 이세필(李世弼, 1642~1718)로, 본관은 경주(慶州), 호는 구천(龜川)이고 자가 군보이다.

6 정체(正體) : 정(正)은 적장(嫡長)을 의미하고, 체(體)는 그 몸이 부조(父祖)를 계승한 것을 의미한다.

으니, 선조의 정체에 해당되고 또 장차 자신을 대신하여 종묘의 주인이 되는 것을 중시하기 때문이다."라고 하였습니다.

○살펴보건대, 지금 '선조(先祖)'라는 두 글자를 가지고 미루어 보면 이른바 '정체'라는 것은 장자의 몸이 홀로 정체라는 말이 아니라, 바로 장자가 적자에서 적자로 계승되는 선조의 정체에 해당된다는 말입니다. 그렇다면 아버지는 조부의 정체가 되고, 자신은 다시 아버지의 정체가 되고, 장자는 또 자신의 정체가 되는 것을 알 수 있습니다. 장차 자신을 대신하여 종묘의 주인이 된다는 것은 장자가 자신의 종묘를 대신한다는 말이 아니라, 장자가 장차 자신을 대신하여 선조의 종묘의 중임을 전하여 주인이 된다는 말입니다. 그렇다면 부친은 조부의 중임을 전하고, 자신은 또 부친의 중임을 전하고, 장자는 또 장차 자신의 중임을 전한다는 것을 또한 알 수 있습니다.

그 소(疏)에 "선대에서 그 조부와 부친이 적자에서 적자로 계승하였고, 후대에 자신이 또 적자로 계승하기 때문에 '선대에게 정체가 된다.'고 말한 것이고, 또 장차 종묘의 중임을 전하는 자가 종묘의 주인이 된다. 이 두 가지 이유 때문에 삼년복을 입는다."라고 하였습니다.

○살펴보건대, 이른바 '선조에게 정체가 된다.'는 것은 본래 장자를 위주로 말한 것입니다. 무릇 장자가 선대에게 정체가 되는 것은 어째서입니까? 선대에서 그 조부와 부친이 적자에서 적자로 계승하였고, 후대에 자신이 또 적자로 계승하기 때문에 그 장자를 비로소 '선대에게 정체가 된다.'라고 하는 것입니다. 만약 조부는 적자로서 계승하였지만 부친이 혹여 적자로서 계승하지 않은 경우나 조부와 부친은 모두 적자로서 계승하였지만 자신이 혹 적자로서 계승하지 않은 경우라면 그

장자를 '선대에게 정체가 된다.'라고 말할 수 없습니다. 정현(鄭玄)의 주(註)에서는 단지 '선조(先祖)' 두 글자만 말하였는데, 가공언(賈公彦)의 소(疏)에서는 정현의 주에서 말한 '선조'에서 나아가 또 조부, 부친, 자신이 서로 계승한 것을 일일이 들어 상세하게 말하였습니다.

○이제 전문(傳文)과 주소(註疏)를 모두 합하여 전체적으로 살펴보면 피차간에 상세하고 소략함은 비록 혹 차이가 있지만, 그 대의(大意)는 구절마다 서로 조응하고 상응합니다. 정현의 주석을 가지고 가공언의 소를 살펴보아도 합치되지 않는 점을 볼 수 없고, 가공언의 소를 가지고 정현의 주석을 맞추어보아도 같지 않은 점을 볼 수 없어 꼬챙이 하나로 꿴 듯이 맥락이 통하니, 이것이 어찌 매우 분명하여 조금도 의심할 바가 없는 것이 아니겠습니까. 형께서 당초에 이를 의심한 것은 대개 그럴만한 이유가 있는 듯합니다. 전문에서 말한 '정체(正體)'와 '전중(傳重)'은 본래 장자를 가리켜 말한 것인데, 가공언의 소는 언뜻 보기에 장자의 아버지를 가리켜 말한 듯하여 피차간 글의 의미가 어긋난 것처럼 보이기 때문에 형이 이 부분에 두 가지 설이 통하기를 힘껏 구하여 마침내 이렇게 허다한 설과 허다한 견해를 두게 된 것입니다. 이는 모두 소문(疏文)의 본뜻을 깊게 탐구하지 않고 지레 먼저 지나친 의심을 낸 것이니, 그 실제로는 전문과 소가 본래 똑같은 뜻이고 애초에 다른 점이 없다는 것을 알지 못한 것입니다. 만약 이 부분에 대하여 분명하게 간파한다면 허다한 변설 없이도 한 마디 말로 서로 부합할 것입니다. 이것이 제가 보내오신 말씀에 대해 감히 조목조목 강변하지 않고 그 전문과 소의 같은 점과 같지 않은 점을 먼저 밝힌 이유입니다. 어떻게 생각하시는지요?

"어머니가 장자를 위해 입는 상복〔母爲長子〕" 조목 주(註)에 "어머니가 감히 강복(降服)하지 못하는 것은 자신이 높다고 해서 조부와 부친의 정체에 대하여 감히 강복할 수 없기 때문이다."라고 하였습니다.

○살펴보건대, 여기서 말한 '조부와 부친의 정체'라는 것이 바로 위의 주(註)에서 말한 '선조의 정체' 입니다. 어머니는 장자의 어머니인 만큼 그 존귀함을 알 수 있습니다. 그러나 이 장자는 조부와 부친이 적자에서 적자로 계승한 정체이니, 어머니가 어찌 자신이 높다고 해서 조부와 부친 정체에 대해 감히 강복하겠습니까. 이 조목이 비록 본주(本註)는 아니지만 정체를 말한 부분은 피차간에 다르지 않음을 알 수 있습니다.

○제가 삼가 살펴보건대, 전(傳)에서는 "선조에게 정체가 된다."라고 하고, 주(註)에서는 "선조의 정체에 해당한다."라고 하고, 소(疏)에서는 "적자에서 적자로 계승하였다."라고 하고, 이 주(註)에서는 또 "조부와 부친의 정체이다."라고 하였습니다. 전에서는 반드시 '선대에게〔於上〕'라고 말하고, 주에서는 반드시 '선조(先祖)'라고 말하고, 소에서는 반드시 '적자에서 적자로 이어진다〔適適〕'라고 말하고, 여기에서는 또 반드시 '조부와 부친〔祖禰〕'라고 말한 것은 어째서입니까? 이는 반드시 조부, 부친, 자신의 3세대가 적자로서 계승하여 서통(庶統)에 섞이지 않아야 비로소 이 장자를 일러 '선대에게 정체가 된다.'라고 할 수 있기 때문입니다. 이는 그 예법이 지엄하고 그 뜻이 매우 분명하여 확연히 침범할 수 없습니다. 그런데 지금 형은 "비록 서자(庶子)일지라도 만약 승중(承重)하였다면 그의 장자에 대해서도 선대에게 정체가 되고 삼년복을 입어야 한다고 말할 수 있다."라고 하니, 과연 그렇다면 이것은 "서자가 자신의 장자를 위해 삼년복을 입지 않는다.〔庶子不

爲長子三年]"는 〈상복소기〉의 말과 크게 어긋나지 않겠습니까. 또 서자의 장자를 단지 승중했다는 이유로 정체라고 말한다면 이는 단지 자신의 정체가 될 뿐, 진실로 선조의 정체가 아니며 또한 적자에서 적자로 이어지는 정체가 아닙니다. 적자에서 적자로 이어지는 선조의 정체가 아닌데도 감히 그 아들을 위해 삼년복을 입겠습니까. 옛사람이 예를 제정하여 복제를 정한 것이 본래 우연이 아니니, 그 깊은 뜻을 탐구하면 모두 그럴만한 이유가 있습니다. 만약 적자와 서자가 서로 뒤섞이는 것을 헤아리지 않고 단지 승중한 자의 장자를 선조에게 정체가 된다고 한다면, 이는 이른바 '선조에게 정체가 된다.'는 것은 그저 세대가 전해지는 데에만 뜻이 있을 뿐, 애초에 적자에서 적자로 이어지는 데에는 뜻이 있지 않습니다. 만약 이와 같다면 어찌하여 앞뒤의 주(註)와 소(疏) 사이에 일언반구라도 이에 대해서 언급하지 않았겠습니까. 무릇 예의 뜻을 논할 때는 응당 그 극처(極處)를 말해야 합니다. 지금 만약 조부가 서자로서 승중하였고, 부친이 서자로서 승중하였고, 자신이 또 서자로서 승중하여 연속해서 3세대가 모두 서자라면, 또한 장차 그 장자에 대해 선조에게 정체가 되고 그를 위해 삼년복을 입어야 한다고 똑같이 말하겠습니까? 이것만이 아닙니다. 형은 이 서자로 인하여 미루어서 첩자(妾子)에게 이르고, 이 첩자로 인하여 또 미루어 첩자의 첩자에게 이르러 모두 한꺼번에 논단하여 조금도 차이가 없습니다. 과연 그렇다면 종통과 적통의 체모가 엄격하지 않고 적통과 서통의 구분이 명확하지 않아 사람들이 모두 그 아들을 위해 삼년복을 입을 수 있을 것입니다. 무릇 아들을 위해 참최복을 입는 것은 그 예가 무척 중한데, 첩자의 첩자도 승중을 핑계로 모두 참최복을 입게 되니, 저는 옛사람이 복제를 제정한 뜻이 이처럼 혼잡하고 절도가 없지는 않았을 듯합니다. 아마도 형의 본뜻은 '정체'와 '전중'은 조부와 부친까지 미루어 올릴 수 없고 단지 장자의 신상에서 구해야 하니, 조부와 부친이 적자냐 서자냐는 따질 바가 아니라는 것입니다. 이에 마침내 "만약 승중한 자라면 비록 서자, 첩자, 첩자의 첩자라도 모두 응당 그 장자를 위해 삼년복을 입는다."라고 하니, 이것이 과연 전(傳)에서 말한 '선조에게 정체가 된다.'는 것과 주(註)에서 말한 '선조의 정체'·'조부와 부친의 정체'라는 것과 소(疏)에서 말한 '조부와 부친과 자신이 적자에서 적자로 이어진다.'라는 뜻이겠습니까.

이른바 오종(五種) 설과-군보(君輔)가 말하기를, "서자가 그 아들을 위해 삼년복을 입을 수 없다면, 이는 가공언의 소에서 말한 '장자를 위해 참최복을 입을 수 없는 네 가지 종류'[7]에 추가하여 '오종(五種)'이 된다."라고 하였다.- 삼사(三事)의 설-군보가 말하기를, "만약 조부와 부친이 반드시 적자에서 적자로 이어진 경우라야 그 아들을 위해 삼년복을 입을 수 있다고 한다면, 이는 가공언의 소에서 말한 '두 가지 일[8]'에 추가하여 '삼사(三事)'가 된다."라고 하였다.- 또한 온당치 못한 듯합니다. 무릇

7 장자를……종류 : 가공언(賈公彦)의 소(疏)에 비록 승중(承重)하였더라도 승중한 아들을 위해 삼년복을 입을 수 없는 네 가지 경우를 언급하였는데, 이것이 사종설(四種說)이다. 첫째는 정(正)·체(體)이기는 하나 전중을 하지 못한〔正體不得傳重〕 경우로 적자(嫡子)에게 폐질이 있어서 종묘를 주관할 수 없는 것을 말하고, 둘째는 전중은 했으나 정·체가 아닌〔傳重非正體〕 경우로 서손(庶孫)이 뒤를 이은 것을 말하고, 셋째는 체이기는 하지만 정이 아닌〔體而不正〕 경우로 서자(庶子)를 세워 후사로 삼은 것을 말하고, 넷째는 정이기는 하지만 체가 아닌〔正而不體〕 경우로 적손(嫡孫)을 세워 후사로 삼은 것을 말한다.

8 두 가지 일 : 가공언(賈公彦)의 소(疏)에, 선대에서 조부와 부친이 적자에서 적자로 이어지고, 후대에 자기가 또 적자로 계승하여 종묘의 주인이 되는 이 두 가지 일이 있어야 삼년복을 입는다고 하였다.

승중한 서자가 자신의 아들을 위해 입는 상복은 '체이기는 하지만 정이 아닌〔體而不正〕' 조목에 해당시켜야지 다시 사종(四種)의 밖에서 구해서는 안 되니, 그렇다면 소(疏)에서 말한 '사종'이라는 것 그대로이지 어찌 오종(五種)이라고 말할 수 있겠습니까. 장자가 해당하는 정체는 곧 조부와 부친의 정체이며 정자가 전하는 중임은 곧 종묘의 중임입니다. 장자가 해당하는 조부와 부친의 정체 이외에 다시 별도의 정체를 구할 필요가 없으니, 그렇다면 소에서 말한 '두 가지 일'이라는 것 그대로이지 어찌 '세 가지 일〔三事〕'이라고 말할 수 있겠습니까. 예전에 우리 형의 설을 보았을 때 제 견해가 없지는 않았지만 전(傳)과 소(疏)의 글에 의심이 없을 수 없어 직접 탄상(灘上)으로 가서 선생님께 여쭈었습니다. 선생님께서 답하기를, "전문은 바른 해석일 뿐이고, 소는 전문으로 인하여 자세히 밝힌 것에 불과하니, 이것을 가지고 별도로 다른 견해를 내어서는 안 된다."라고 하였습니다. 당시에 그 말을 듣고서 어렴풋하게 깨달음이 있는 것 같았습니다. 집에 돌아온 뒤에 이러한 뜻으로 본문을 다시 궁구하였더니 과연 소와 주가 부합하고 주와 전이 부합하여 같은 점만 보이고 다른 점은 보이지 않았습니다. 이에 맥락이 관통되어 더 이상 막힘이 없었으니, 참으로 어르신의 한마디 말씀의 공이 크다고 하겠습니다.

이군보에게 답하다

答李君輔

〈상복(喪服)〉의 전(傳)에 이르기를, "선조에게 정체가 되고, 또 장차 종묘의 중임을 전할 자이기 때문이다.〔正體於上, 又乃將所傳重.〕"라고 하였습니다.

○살펴보건대, 전문(傳文) 상하의 구는 문의(文義)가 본시 똑같습니다. 그런데 지금 형 혼자서 아래 구의 '전중(傳重)'을 '선조가 서로 전하는 중임'이라고 말하고, 위의 구의 '정체(正體)'를 단지 '자신의 정체'라고 말하는 것은 어째서입니까. 과연 그렇다면 우선 그 뜻은 차치하더라도 분류한 것이 또한 같지 않으니 어찌 의심하지 않겠습니까. 전중이 '선조가 서로 전한 중임'이라면, 정체 또한 '선조가 서로 계승한 체'인 것이니 이를 다르게 보아서는 안 될 듯합니다. 어떻게 생각하십니까?

'선조에게 정체가 된다.'는 전(傳)의 말은 '정(正)' 자를 범범하게 말하고 대수(代數)를 말하지 않았으며 또 적자와 서자는 구분하지 않았습니다. 그러나 소(疏)에서는 "선대에서 조부와 부친이 적자에서 적자로 서로 이어지고 자신이 후대에서 적자로 계승하였다.〔祖父適適相承於上, 已又適承於後.〕"라고 하였습니다. '적자에서 적자로〔適適〕'와 '적자로서 계승한다.〔適承〕'의 세 '적(適)' 자는 모두 3세대가 모두 적자이고 그 사이에 서자가 섞이지 않았음을 말한 것입니다. 소(疏)는 전문의 뜻을 발명한 것이니, 그렇다면 전(傳)에서 말한 '선조에게 정체가 된다.'라는 것이 조부, 부친, 자신의 3세대가 모두 적자라는 뜻이라는 것을 많은 말이 없어도 저절로 분별할 수 있습니다.

〈상복소기(喪服小記)〉에서 "서자가 자신의 장자를 위해 참최복을 입지 않는 것은 조부와 부친을 계승하지 않았기 때문이다."라고 하였습니다.

○서자의 장자 또한 서자의 정체가 되지만, 그 장자를 위해 참최복을 입을 수 없는 것은 이른바 정체라는 것이 조부, 부친, 자신의 3세대가 적자에서 적자로 이어온 정체가 아니기 때문입니다. 본주(本註)에 "선조의 정체를 높여 그 정통을 둘로 하지 않는다.〔尊先祖之正體, 不貳其統也.〕"라고 하였습니다. 만약 정체가 단지 장자 자신만을 가리켜 말한 것이라면 주(註)를 낸 사람이 이 부분에 또 응당 '존선조(尊先祖)'라는 세 글자를 말하지 않았을 것입니다.

이군보에게 답하다

答李君輔

문 《의례(儀禮)》〈상복(喪服)〉'참최(斬衰)' 조목의 경문(經文)에 이르기를, "아버지가 장자를 위하여 입는다.〔父爲長子〕"라고 하였는데, 그 주(註)에 "또한 장자로 적통을 세운 경우를 말한다."라고 하였고, 그 소(疏)에 "'또한 장자로 적통을 세운 경우를 말한 것이다.'라는 것은, 적처(嫡妻) 소생을 모두 적자라고 칭함을 보이고자 한 것이다. 첫째 아들이 죽으면 적처 소생의 둘째 장자를 취하여 세우고 그 또한 장자라고 칭한다. 만약 적자라고 하면 오직 첫째 아들만 해당하지만, 장자라고 하면 '장자로 적통을 세운다.'는 뜻과 통한다."라고 하였습니다.

○살펴보건대, 경문에서 '아버지가 장자를 위하여 입는다.'라는 한 구는 본래 성인이 되어 죽은 첫째 아들을 칭한 것입니다. 둘째 아들이 성년이 되기 전에 죽은 형을 대신하여 승중(承重)하는 경우에도 장자라고 칭한다는 것은 예의 변격(變格)입니다. 이는 경문의 언외(言外)의 뜻인 듯하나, '장자(長子)'라는 글자의 뜻을 가지고 미루어 보면 또한 이러한 이치가 없는 것도 아닙니다. 그러나 소(疏)에서 말한 '첫째 아들이 죽었을 경우'라는 것을 성년이 되기 전에 죽은 것이라고 말하고, '둘째 아들 또한 장자라고 칭한다.'는 것을 성년이 되기 전에 죽은 형을 대신하여 승중한 경우라고 말한다면, 소(疏)의 설은, '장자'라는 글자가 두 가지 뜻을 겸한 것에 나아가 단지 변격(變格)의 한쪽 뜻만 풀이하여 둘째 아들 또한 장자로 칭할 수 있다는 것을 밝힌 것일 뿐, 첫째

아들이 성인이 되어 승중한 뜻은 조금도 찾아볼 수 없습니다. 경문에서 논한 장자 전체의 의의에 대해 빠지고 미비된 것이 또한 매우 적지 않으니, 이것이 과연 가공언이 경전의 본뜻을 풀이한 것이겠습니까.

답 보내주신 편지에서 말씀하신 "장자라는 글자가 두 가지 뜻을 겸한 것에 나아가 단지 변격(變格)의 한쪽 뜻만 풀이하였다."는 것과 "장자 전체의 의의에 대해 빠지고 미비되었다."라는 것은 그 말씀이 자세하고 주밀하다고 할 만합니다. 다만 〈상복소기(喪服小記)〉 본문(本文)을 가지고 살펴보면, 경(經)에서는 "아버지가 장자를 위하여 입는다." 라고 하였고, 주(註)에서는 "장자로 적통을 세운다."라고 하였고, 소(疏)에서는 "둘째 장자를 세우고 또한 장자라고 칭한다."고 하였습니다. 이러한 곳에서는 모두 '장(長)' 자를 말하고서, 오직 첫째 아들의 죽은 것에 대해서는 '첫째 아들'이라고만 말하고 '장자'라는 글자를 쓰지 않았습니다. 이것을 가지고 본다면, 이른바 '첫째 아들'이란 단지 첫 번째 태어난 아들임이 분명하고, '장자가 죽었다.'라고 말하지 않은 것은 미처 성장하기 전에 죽은 것을 말합니다. 그렇다면 경문에서 말한 "아버지가 장자를 위하여 입는다."라는 것은 아버지가 장자를 위해 입는다는 것을 일반적으로 말한 것이고, 이 소(疏)에서 말한 '첫째 아들이 죽으면 둘째 장자를 세운다."라는 것은 경문의 미비한 뜻을 미루어 상세하게 말하여 첫 번째 태어난 아이가 성년이 되기 전에 죽으면 둘째 장자가 또한 장자가 된다는 뜻을 밝힌 것뿐입니다.

또 그 아래에 "만약 적자라고 하면 오직 첫째 아들만 해당되지만 장자라고 하면 장자로 적통을 세운다는 뜻과 통한다."라고 하였으니, 이를 살펴보면, 이른바 '첫째 아들'이란 단지 첫 번째 태어난 아들일 뿐, 꼭 장자가 되지는 않음을 알 수 있습니다. 이른바 "장자로 적통을 세운다."라는 것은 비단 첫째 아들만 해당될 뿐 아니라 반드시 그 장자라고 말한 것이니 뜻이 또 분명합니다. 지금 인가(人家)의 일로 말해보겠습니다. 첫째 아들이 혹 성년이 되기 전에 죽으면 둘째 아들이 절로 장자가 될 수밖에 없습니다. 다만 경문에서는 "아버지가 장자를 위하여 입는다."라고만 일반적으로 말하여 이러한 뜻까지 말하지 않았기 때문에 가공언이 여기에서 다시 말하여 그 일반적인 말 이외에 또 이러한 일이 있음을 밝힌 것입니다. 그렇지 않다면 아래 문장 소(疏)에서 말한 '사종(四種)' 가운데 하나인 '체(體)이기는 하지만 정(正)이 아닌 경우'의 뜻과 크게 어긋나 통하지 않게 됩니다. 예전에 여러 선생들이 말씀하신 '성인이 되기 전에 죽은 경우이다.'라는 것도 그 뜻이 여기에서 벗어나지 않은 듯합니다. 모르겠습니다만 어떻게 생각하시는지요?

서백원 종효 에게 답하다

答徐百源 宗孝

《의례(儀禮)》〈상복(喪服)〉 '참최삼년(斬衰三年)' 조목의 '아버지가 장자를 위하여 입는다.〔父爲長子〕'라는 부분 전(傳)에 "어찌하여 삼년복을 입는가? 선조에게 정체(正體)가 되고 또 장차 전중(傳重)할 자이기 때문이다."라고 하였습니다.

○생각건대 아버지가 장자를 위하여 참최(斬衰) 삼년복을 입는 것은 단지 선조에게 정체가 되고 장차 전중할 자라는 두 가지 이유에 있습니다. 만약 이 두 가지 일이 없다면 삼년복을 입지 않는 것이 명백합니다. 지금 자신의 아버지가 여전히 살아있고 자신이 또 아버지의 장자라면, 〈상복(喪服)〉의 '아버지가 장자를 위해 입는다.'라는 부분의 장자는 바로 자신인 것입니다. 그렇다면 이른바 '선조에게 정체가 된다.'는 것은 자신에게 해당되는 것이지 자신의 아들에게 해당되는 것이 아니며, 이른바 '장차 전중할 사람이다.'라는 것도 자신에게 해당되는 것이지 자신의 아들에게 해당되는 것이 아님을 알 수 있습니다. 아버지가 장자를 위해 참최복을 입는 것은 그 이유가 본래 '정체'와 '전중'에 있고 그 아들이라는 점에 있지 않으니, 예법의 어느 부분에 의거하여 그를 위해 삼년복을 입겠습니까.

그 주(註)에 이르기를, "이것은 아버지의 후사가 된 자라야 그 장자를 위해 삼년복을 입는다는 말이니, 선조의 정체에 해당되고 또 장차 자신을 대신하여 종묘의 주인이 되는 것을 중시하기 때문이다."라고 하였습니다.

○생각건대, '아버지의 후사가 된 자라야 그 장자를 위해 삼년복을 입는다.'라는 이 한 단락으로 오늘날의 예를 판단할 수 있습니다. 대개 아버지의 후사가 된 자라야 이른바 '선조의 정체에 해당되고 또 장차 자신을 대신해 종묘의 주인이 된다.'는 점이 자식의 몸에 있게 됩니다. 이 때문에 비로소 삼년복을 입을 수 있습니다. 만약 아버지의 후사가 되지 않는 자인데도 그 장자를 위해 삼년복을 입는다면 예의 뜻과 상반되지 않겠습니까.

〈상복(喪服)〉 적손(嫡孫)의 전(傳)에 "적자가 있으면 적손이 있을 수 없다."라고 하였고, 그 주(註)에 "장자가 살아있으면 모두 서손(庶孫)이 된다."라고 하였습니다.

○생각건대, 예법에서 적자가 죽고 적손이 마땅히 조부의 후사가 된 뒤에야 조부가 그 적손을 위해 기년복을 입고, 만약 적자가 살아있다면 서손에게 입는 복을 입습니다. 그러므로 "적손이 있을 수 없다."라고 말한 것이며, "모두 서손이 된다."라고 말한 것이니, 그 예가 실로 지엄하다고 하겠습니다. 지금 자신의 아버지는 서손에게 입는 대공복을 입는데, 자신은 도리어 적자에게 입는 삼년복을 입는다면 또한 온당치 못한 일이 아니겠습니까.

《가례(家禮)》 '소공(小功)' 조목에 "적손으로서 후사가 될 자의 아내를 위하여 입는데, 시어머니가 살아 있으면 입지 않는다."라고 하였습니다.

○생각건대 '시어머니가 살아 있으면 입지 않는다.'라는 것은, 적자

의 아내가 살아있으면 죽은 적손의 아내에게 소공복을 입지 않고, 서손 아내에게 입는 시마복을 입는다는 말입니다. 이 조목은 "적자가 있는 경우에는 적손이 있을 수 없다."는 조목과 마땅히 서로 참조해서 봐야 합니다.

송기손[9]에게 답하다
答宋基孫

문 《가례(家禮)》 '참최(斬衰)' 조목에서 단지 "아버지가 후사가 될 적자를 위하여 입는다. …… "라고만 말하고, 허다하게 변별한 말이 없으니, 모르겠습니다만 주자(朱子)가 단지 대강을 들어 말한 듯합니다.

답 보내온 편지에서 말한 "주자가 단지 대강을 들어 말한 것이다."라는 말이 타당한 듯하다. 《의례경전통해속(儀禮經傳通解續)》[10]의 〈상복(喪服)〉편은 이미 주자의 감정(勘定)을 거친 것이다. '아버지가 장자를 위해 입는다.〔父爲長子〕' 조목 아래의 주소(註疏)에서 이 예법을 논한 것이 매우 상세하니, 살펴보는 것이 어떻겠는가?

9 송기손(宋基孫) : 1695~1736. 본관은 진천(鎭川), 자는 긍숙(肯叔), 호는 회와(悔窩)이다.

10 의례경전통해속(儀禮經傳通解續) : 주자의 문인인 황간(黃榦)이 편집한 책이다. 상례(喪禮)와 제례(祭禮)에 관한 것은 주자가 초고를 만들지 못하였기 때문에 그가 죽은 뒤 황간이 보충하였고, 다시 양복(楊復)이 그것을 정리하여 완성한 것이다.

박두망[11]에게 답하다
答朴斗望

아버지는 죽고 조부가 살아 있을 때에 적손이 어머니를 위해 압굴(壓屈)[12]하여 기년복을 입는다는 것은 고금의 예가(禮家)들이 말하지 않는 내용입니다. 그래서 돌아가신 스승께서도 사계(沙溪 김장생(金長生))의 설을 타당하지 않다고 여겼습니다. 더군다나 《상례비요(喪禮備要)》·《가례집람(家禮輯覽)》의 두 조목에서 모두 중간에 '의(疑)' 자를 썼으니, 이는 바로 사계가 의심하여 결정하지 못한 설입니다. 그러니 이 설을 취하여 명백한 증거로 삼을 수 없음을 알 수 있습니다. 《의례(儀禮)》〈상복(喪服)〉'아버지가 살아있을 때 어머니를 위하여 입는다.〔父在爲母〕' 조목의 소(疏)에 "한 집안에 두 명의 높은 분이 있을 수 없기 때문에 어머니에 대해 압굴하여 기년복을 입는다."라고 하였습니다. 그렇다면 부친이 살아계실 때 모친을 위해 삼

11 박두망(朴斗望) : ?~1733. 본관은 반남(潘南)이다.

12 압굴(壓屈) : 압존(壓尊)과 같은 말로, 어른에 대한 예우가 그보다 더 높은 어른 앞에서는 줄어드는 것을 말한다.

년복을 입을 수 없는 것은 높은 사람이 둘이 있다는 혐의가 있기 때문입니다. 지금 조부가 살아있을 때 죽은 부친을 위해 이미 높은 사람이 둘이 있다는 혐의가 없어 삼년복을 입으니, 어찌 조부가 살아있을 때 죽은 어머니에 대해 입는 복에 대해서만 높은 사람이 둘이 있다는 혐의를 두어 압굴하여 기년복을 입는다고 말해서야 되겠습니까. 더욱이 예법에 '조부는 손자를 억누르지 못한다.'라는 설이 있습니다. 제 생각에 이 문제는 응당 돌아가신 스승의 설에 따라야 할 듯한데, 어떨지 모르겠습니다.

송기손에게 답하다
答宋基孫

문 《의례(儀禮)》의 '자최삼년(齊衰三年)' 조목에 "자모(慈母)를 위하여 입는다."라고 하였는데, 이에 대해서 '서자(庶子)에게 어머니가 없어 부친이 자식 없는 다른 첩에게 명하여 자신을 보살피게 한 경우'라고 하였습니다. 아버지가 장성한 뒤에 명하여 그 자모에 대한 은혜와 사랑이 부족한 것이 제모(諸母)와 다름이 없는 경우에도 예법에 근거하여 삼년복을 입어야 합니까? 제 생각에는 이른바 '자모'란 어렸을 때부터 아버지의 명에 따라 거두어 길러주어 친모와 다를 바가 없기 때문에 예의 제도가 이와 같은 듯합니다. 어떻게 생각하시는지요?
답 《의례(儀禮)》〈상복(喪服)〉에 "자모는 모친과 같다."라고 하였는데, 그 전(傳)에 "자모란 무엇인가? 자식이 없는 첩과 어미가 없는 첩의 자식이 있을 경우에 아버지가 첩에게 자식으로 삼으라고 명하고 자식에게도 어머니로 모시라고 명한 것이다. 이러하다면 자모가 살아 있을 때에는 종신토록 봉양하고 자모가 죽었을 때에는 생모와 동일하게 삼년복을 입으니, 아버지의 명을 귀하게 여기기 때문이다."라고 하였고, 그 소(疏)에 "'자모가 살아 있을 때에는 종신토록 봉양한다.'라는 것은 오직 자모의 몸이 죽을 때까지 해당될 뿐이니, 삼년복을 입은 뒤에는 다시 이와 같이 하지 않음이 분명하다."라고 하였다. 또 "'아버지의 명을 귀하게 여기기 때문이다.'라는 것은 첫째로 골육의 속친(屬親)도 아니고 둘째로 아버지 배필이라는 존엄한 존재도 아니지만 오직 아버지의 명을 귀하게 여기기 때문이다."라고 하였다.

이로써 보건대 경(經)과 전(傳) 그리고 소(疏)는 은애(恩愛)의 일에 대해서는 말한 적이 없으니, 삼년복을 입는 것은 단지 아버지의 명을 귀하게 여겨서이다. 그대가 말한 "거두어 기른 정이 친모와 다름이 없기 때문에 예법이 이와 같다."는 것은 아마도 예경(禮經)의 본뜻에 어긋나는 듯하다.

현석 선생[13]에게 올리다
上玄石先生

어떤 여자가 어린 나이에 아버지를 여의고 숙부 집에서 자라다가 장성하여 시집을 갔는데 그 숙부가 죽었습니다. 평소에 사랑하고 길러준 은혜 때문에 심상(心喪)[14] 삼년복을 입으려고 하는데, 이 일이 예의 본뜻에 어떠한지 알지 못하겠습니다. 제가 생각하기엔 아버지를 여의고 숙부에게 양육되는 것은 일상적인 일이니, 이것을 가지고 《가례(家禮)》의 '동종(同宗)이나 3세 이하의 버려진 아이를 기른'[15] 것에 비견해서는 안 될 듯합니다. 그렇다면 거두어 길러준 은혜에 대

13 현석 선생 : 박세채(朴世采, 1631~1695)로, 본관은 반남(潘南), 자는 화숙(和叔), 호는 현석(玄石)·남계(南溪)이다. 예학(禮學)에 해박하여 《남계예설(南溪禮說)》, 《삼례의(三禮儀)》, 《육례의집(六禮疑輯)》 등을 저술하였다.

14 심상(心喪) : 상복(喪服)을 입지는 않으나, 마음속으로 슬퍼하면서 상인(喪人)처럼 근신하는 것을 말한다.

15 동종(同宗)이나……기른 : 《가례(家禮)》 〈상례(喪禮)〉의 '삼부팔모복(三父八母服)'의 '양모(養母)' 조목에 "동종(同宗)이나 3세 이하의 버려진 아이를 양육한 자는 친모와 동등하게 정복인 자최 삼년복을 입는다."라고 하였다.

한 상복은 먼 친족에게는 행할 수 있지만 가까운 친족에게는 행할 수 없습니다. 지금 숙부는 가까운 친족이니, 이에 대하여 어찌 길러준 사람에 대한 상복을 논할 수 있겠습니까. 또 이른바 '거두어 기른다.'는 것은 아버지와 자식 간의 명분과 의리가 있기 때문에 상복을 입는 것인데, 이것은 그렇지 않습니다. 조카로서 숙부에게 길러졌으니 숙질 사이는 그대로입니다. 어찌 숙질 사이에 입어야 하는 본래의 상복을 버려두고 거두어 길러준 의복(義服)[16]을 입을 수 있겠습니까. 만약 사랑하고 길러준 은혜 때문에 심상 삼년복을 입는다면 이는 숙질 간의 의리는 가볍고 거두어 길러준 은혜가 도리어 중한 것입니다. 어떻게 생각하십니까?

16 의복(義服) : 복제(服制)가 없는 사람이 애도를 표시하기 위하여 의리로 입는 상복을 말한다.

송기손에게 답하다

答宋基孫

문 국가의 제도와 〈가례도(家禮圖)〉에는 3세 이전에 거두어 길러준 부모에 대해서 자최(齊衰) 삼년복을 입는다고 하였고, 또 자신의 부모가 살아 있는 경우 및 아버지가 죽은 장자의 경우는 강복(降服)한다고 하였습니다.

답 이른바 '강복한다'라는 것은 삼년복에서 내리는 것이니, 삼년복에서 내리면 기년복(朞年服)이 됨을 알 수 있다. '기년복으로 내리고 심상(心喪)으로 마친다.'라는 그대의 말은 옳은 듯하다.

김익광에게 답하다

答金益光

문 아버지가 돌아가시고 대상(大祥) 이전에 어머니가 돌아가시면 평소 출입할 때에 어떤 복(服)을 입고 어떤 지팡이를 짚어야 합니까? 후상(後喪)을 장사 지내기 전에는 상인(喪人)이 머리를 빗고 얼굴을 씻을 수 없으니, 전상(前喪)의 조석상식(朝夕上食) 때에는 또한 어떻게 해야 합니까?

답 평상시에 입는 복은 어머니의 장례 전이라면 어머니를 위한 복을 입어야 할 듯하고, 어머니의 장례 후라면 아버지를 위한 복을 도로 입어야 듯합니다. 머리 빗고 세수를 할 수 없으니 전상(前喪)의 상식(上食) 때에 상인이 단지 곡배(哭拜)만 행하고 복(服)이 가벼운 자에게 대신 시키는 것이 어떨지 모르겠습니다.

족제 사직[17]에게 주다

與士直族弟

조부와 부친이 모두 돌아가셨을 때 평소에 입는 복(服)에 대하여 다시금 깊이 생각하고 헤아려 보았는가. 《통전(通典)》의 뇌씨(雷氏)와 범씨(范氏)의 설이 또한 각각 다른데, 사계(沙溪 김장생(金長生))는 두예(杜預)의 설[18]을 따라서 "조모는 이미 장사 지냈고 어머니는 장사 지내지 않았다면 마땅히 어머니를 위한 상복을 입어야 한다. 어머니의 장사를 지낸 뒤에는 다시 조모를 위한 상복을 입으며, 조모의 연제(練祭)를 지낸 뒤에는 다시 어머니를 위한 상복을 입고, 모친의 연제가 지낸 뒤에는 다시 조모를 위한 상복을 입으며, 조모를 위한 상복을 벗으면 다시 모친을 위한 상복을 입고서 상을 마친다."라는 설을 두었다. 지금 이에 따라 행한다면 큰 잘못은 없을 듯하다. 그러나 뇌씨와 범씨의 두 설은 어느 하나를 따르기가 어렵다. 예전에 들으니 우장(尤丈 송시열)은 또 승중(承重)에 중점을 두었는데 그 설이 엄정하였다. 어떻게 처리했는지 모르겠다.

17 사직(士直) : 김유(金楺, 1653~1719)로, 본관은 청풍(淸風), 호는 검재(儉齋)이고, 자가 사직이다.

18 두예(杜預)의 설 : 《통전(通典)》 권97 〈병유부모지상(並有父母之喪)〉에 나오는 두예의 설은 다음과 같다. "아버지의 장사를 지낸 뒤에 어머니가 돌아가신 경우 어머니의 복을 입고 우제(虞祭)를 마친 뒤에 도로 아버지의 복을 입으며, 연제(練祭)를 지낸 뒤에는 어머니의 복을 입는다. 아버지의 상을 벗을 때에는 아버지를 위한 복을 입고 상을 마치고 끝난 뒤에 어머니의 복을 입는다."

최사손[19]에게 답하다

答崔士遜

문 은혜로 따지면 부친의 상이 중하고, 의리로 따지면 조모가 높습니다. 응당 평상시에 어떤 복(服)을 입어야 합니까?

답 만약 평소에 참최복을 입는다면 3년 동안 조모를 위해 입는 복이 대상(大祥)과 소상(小祥)을 입는데 불과하고, 만약 평소에 자최복을 입는다면 3년 동안 부친을 위해 입는 복은 입는 기간이 또한 얼마 되지 않으니, 이는 모두 온당치 못하다. 그러므로 내 생각으로는, 《의례문해(疑禮問解)》에 따라 행하는 것이 혹 혹 근거할 바가 없지는 않을 듯하다.

19 최사손(崔士遜) : 최민학(崔敏學, 1661~1711)으로, 본관은 전주(全州)이고 자가 사손이다

한사백[20]에게 답하다
答韓師伯

문 부친이 살아 있는데 모친의 상을 당하여 담제(禫祭)를 지낸 후에 만약 조부의 상을 만나거나 혹은 백숙부(伯叔父)의 상을 만나면 어떤 대(帶)를 둘러야 합니까?

답 부친이 살아 있는데 모친의 상을 당하여 담제를 지낸 후에는 흑대(黑帶)를 두르니, 이는 심상(心喪)의 제도입니다. 심상이란 이른바 마음에는 슬픔이 있지만 몸에는 상복이 없는 것입니다. 이미 상복이 없는데다 또 흑대를 두르니 상복이 아님을 알 수 있습니다. 조부와 백숙부의 상은 기년(期年)의 무거운 복이고 모두 최상(衰裳 상복의 상의와 하의)이 있으니, 그렇다면 응당 이 최상에 맞는 대를 둘러야 할 듯합니다.

20 한사백(韓師伯) : 한사조(韓師朝, ?~?)로, 자가 사백이다.

이군보에게 답하다
答李君輔

퇴계(退溪 이황(李滉))가 이중구(李仲久)[21]에게 답한 편지에는 "모친의 거상 중에 자신이 죽었을 때 그 아들이 복을 대신 입는 의문에 대해서는 사리(事理)로 말하면 이른바 축문(祝文) 및 봉사(奉祀) 따위에 모두 장손(長孫)의 이름을 써야 하니 추복(追服)[22]하지 않을 수 없다. 아마도 이것은 바꾸기 어려운 도리일 것이다."라고 하였습니다.

○김이정(金而精)[23]에게 답한 편지에는 "부친이 상복을 입고 있던 중에 돌아가시면 자식이 그 마치지 못한 상을 대신하는데, 이러한 일은 옛날부터 언급되지 않았으니 무슨 까닭인지 모르겠다. 다만 만약 뒤늦게 그 복을 대신하는 것을 불가하다고 한다면 그 마치지 못한 상의

21 이중구(李仲久) : 이담(李湛, 1510~1557)으로, 중구는 그의 자이다. 호는 정존재(靜存齋), 본관은 용인(龍仁)이며, 퇴계의 문인이다.

22 추복(追服) : 상례(喪禮) 의식의 하나로, 부모가 돌아가셨을 때 나이가 어려서 또는 어떤 사고로 인하여 상복을 입지 못하였다가 나중에 상복을 입는 것이다.

23 김이정(金而精) : 김취려(金就礪, 1526~?)로 이정은 그의 자이다. 본관은 경주(慶州), 호는 잠재(潛齋)·정암(整庵)이다. 퇴계의 문인으로 안산(安山)에 살았다.

장례(葬禮), 우제(虞祭), 부제(祔祭), 상제(祥祭), 담제(禫祭)를 손자 입장에서 어찌 상주가 없다고 치부하면서 좌시하고 행하지 않을 수 있겠는가. 만약 이미 그 복을 대신 입었다면 반혼(返魂)과 상제(祥祭)·담제(禫祭)에는 어쩔 수 없이 복을 입고 그 예를 행해야 할 듯하다." 라고 하였습니다.

○종손 종도(宗道)[24]에게 보낸 편지에는 "이번에 상(喪)을 대신하는 일은, 그 애초에 사후의 여러 예를 부친이 모두 이미 행하고 단지 그 상을 마치지 못하고 죽었을 뿐이므로 그 아들이 부친을 대신하여 그 마치지 못한 예를 당연히 행해야 할 뿐이다. 그렇다면 그 성복(成服)하는 절차는 단지 삭망(朔望)이나 조전(朝奠) 때에 양쪽의 빈소(殯所)에 상을 대신하는 뜻을 고하고 그대로 복을 입고 전(奠)을 행하는 것이 마땅할 듯하다."라고 하였습니다.

○살펴보건대 퇴계의 이 세 가지 설을 가지고 보면 복을 대신 입는 뜻이 매우 분명하게 드러납니다. 다만 복을 받는 절차는 단지 삭망(朔望)이나 조전(朝奠)에 있다고 말하였을 뿐, 부친의 장례 전후에 대해서는 다시 말하지 않았으니, 어떠할지 모르겠습니다.

문 외가 형님 사촌(社村) 정 판서(鄭判書)의 상(喪)이 금년 3월이라 벌써 소상(小祥)이 지났는데, 그 적자(適子)가 이번 달 초하루에 병으로 세상을 떠났습니다. 응당 그 적손(適孫)이 복을 대신하는 절차가 있어야 하는데, 사직(士直)이 '죽은 때가 소상(小祥) 이후면 심상

24 종도(宗道) : 이종도(李宗道, 1535~?)로, 자는 사원(士元), 호는 지간(芝澗)이다. 이황의 조카 이완(李完)의 아들이다.

(心喪)을 펴는데 통틀어 3년을 행하고서 벗는다.'는 복제령(服制令)[25] 의 말을 근거로 주장하여 한창 논란이 생겼습니다.

답 일찍이 돌아가신 스승의 설을 들으니, "옛날에는 복(服)을 받는 절차가 있어 반드시 장사를 지낸 후와 소상(小祥) 때에 행하였다. 그래서 송(宋)나라의 복제령에서 '소상 이후에는 심상을 편다.'라고 한 것이다. 이는 소상이 지난 뒤에는 복을 받는 절차가 없기 때문이다. 지금은 퇴계가 다시 정론을 펼쳐서 삭망(朔望) 혹은 조전(朝奠)에 행하도록 하여 지난해에 나라에서도 퇴계의 설을 따랐다. 그렇다면 지금 이러한 변례(變禮)를 만난 자는 이것을 준용하는 것이 옳다."라고 하였습니다. 지금 형의 논의를 보면 실로 돌아가신 스승의 말씀과 합치하니, 이에 따라 행하는 것이 불가하지 않을 듯합니다. 우장(尤丈 송시열) 또한 후상(後喪)을 성복(成服)한 다음날에 대복(代服)을 받는 것이 괜찮다고 하였습니다.

25 복제령(服制令) : 송나라의 복제령으로, 《의례경전통해(儀禮經傳通解)》에 실려 있다.

최사손에게 답하다
答崔士遜

문 자최복을 대신 입을 적에는 제 생각에 별도로 베를 써서 새로 만들었으면 합니다. 박천건(朴天健) 어른이 "응당 돌아가신 분이 입던 자최복을 그대로 입어야지 실로 차마 하지 못하는 뜻에 합치된다."라고 힘써 말씀하셨습니다. 이 설은 과연 어떠합니까?
답 자최복을 대신 입을 적에 옷을 고쳐 짓는 일은 의심할 바가 없으니, 박(朴)의 설을 따르기 어려울 듯하다. 죽은 사람의 옛날 자최복에 대해서는 《의례문해(疑禮問解)》〈습(襲)〉 조목의 '상중에 자신이 죽은 경우〔服中身死〕' 아래 소주(小註)를 보면 퇴계와 사계 두 선생의 설과 기묘제현(己卯諸賢)[26]들의 논의가 무척 자세하니, 살펴보고 행하는 것이 어떻겠는가.

26 기묘제현(己卯諸賢) : 1519년(중종14) 일어난 기묘사화 때 화를 입은 사림(士林)을 말하는데, 조광조를 위시한 김정 등 유교를 정치와 교화의 근본으로 삼아 삼대(三代)의 왕도정치를 실현하려던 신진 사류들이다.

한사백에게 답하다

答韓師伯

문 조부의 상(喪) 중에 부친이 세상을 떠나면 그 손자가 대신 제사를 주관합니다. 신주(神主)의 방제(旁題)[27]에 이미 부친의 이름을 적었는데, 그 조부의 대상(大祥)과 소상(小祥)에 고손(孤孫)이라고 칭하는 것은 또한 온당치 못한 일이 아니겠습니까. 제사를 지낼 적에 그 사유를 고하고 그대로 고손(孤孫)이라 칭합니까?

답 사유를 갖추어 먼저 고하는 것이 옳을 듯합니다.

27 방제(旁題) : 신주(神主)의 아래 왼쪽에 제사를 받드는 사람의 이름을 쓰는 것을 말한다.

족제 사직에게 주다
與士直族弟

생질 이보명(李普溟)이 부친상을 당하여 장사를 지낸 뒤에 또 조부상을 당했다. 혹자는 "죽은 사람 섬기기를 살아 있는 사람 섬기듯이 하는 의리로 미루어 보면 조부상에 장사를 지내기 전에는 부친의 조석상식(朝夕上食)과 삭망전(朔望奠)에 모두 소찬(素饌)을 사용해야 한다."라고 한다. 그런데 이러한 예(禮)는 옛날의 예법에 징험할 것이 없으니, 우선 '장사 지낸 뒤에는 고기를 쓴다.'는 한강(寒岡 정구(鄭逑))의 설에 따라 육찬(肉饌)을 올리는 것이 혹 문제가 없을 듯하다.

한강이 사계(沙溪)에게 답하기를, "상중에 자신이 죽은 경우, 장사 지내기 이전에는 생시(生時)를 본떠서 소찬(素饌)을 쓰고, 장사 지낸 뒤에는 고기를 사용해 제사지낸다."라고 하였다. 한강이 말한 소찬은 장사 지내기 이전의 상생(象生)[28]의 뜻에서 나온 것인데, 지금 생질 이보명의 부친상은 이미 장사를 지낸 지 오래되었다. 그렇다면 지금에

28 상생(象生) : 살아 있을 적의 일을 본떠서 한다는 뜻으로, 죽은 자를 아직까지는 살아 있는 것으로 여겨서 모든 의식 절차를 이에 준하여 행하는 것을 말한다.

와서 장사 지내기 이전의 상생의 예를 다시 시행하여 여전히 소찬을 사용하는 것은 불가할 듯하다. 그러나 죽은 사람 섬기기를 살아 있는 사람 섬기듯이 하는 의리로 미루어 보면, 또한 끝내 정리(情理)에 온당치 못한 점이 있다. 부디 잘 생각하여 알려주길 바란다. 혹은 권치도(權致道)[29]에게 물어보고 말해주면 더욱 좋겠나.

29 권치도(權致道) : 권상하(權尙夏, 1641~1721)로, 치도는 그의 자이다. 호는 수암(遂菴)·한수재(寒水齋)이며, 송준길(宋浚吉)과 송시열(宋時烈)의 문인이다.

송기손에게 답하다
答宋基孫

문 황강(黃江 권상하(權尙夏))이 논하기를, "부친상에 빈(殯)을 한 뒤에 모친상을 당했다면, 두 명의 높은 분이 있을 수 없는 의리가 비록 엄격하지만 모친상 역시 중하니 어찌 원래 입어야 할 상복을 입지 않을 도리가 있겠는가.……"라고 하였습니다. 《통전(通典)》의 두예(杜預)의 설에 따라 장례 전후로 한정하는 것이 혹 괜찮을 듯합니다.

답 이러한 예에 대해 돌아가신 스승께서 일찍이 다른 이의 질문에 답하기를, "〈상복(喪服)〉의 '아버지가 죽었을 경우에 어머니를 위해 입는 상복' 부분의 소(疏)에 나오는 '아버지가 죽고 나서 3년 이내에 어머니가 죽으면 기년복을 입고, 반드시 아버지의 삼년복을 벗은 뒤에 어머니가 죽었을 경우라야 삼년의 상기(喪期)를 펼 수 있다.'는 말은 경문(經文)에 근원하여 소의(疏義)에 이루었고, 《통해속(通解續)》[30]에 확정하고 〈상복도(喪服圖)〉[31]에 증명하여 모두 다른 말이

30 통해속(通解續) : 면재 황간이 저술한 《의례경전통해속(儀禮經傳通解續)》을 말한다. 주자가 《의례경전통해(儀禮經傳通解)》를 짓고 난 다음에 미비한 점을 제자인

없으니, 사계(沙溪)의 '조부를 위해서나 모친을 위해서나 의당 다름이 없어야 한다.'·'부친상이 끝나려 하는데 또 모친상을 당할 경우에도 3년 이내라는 이유로 그대로 기년복을 입는다면 정리(情理)에 부합하지 않는다.'는 등의 정해지지 않은 설을 가지고 폐하기는 어려울 듯하다."라고 하였다. 돌아가신 스승의 이 설이 명백하여 의거할 만하다.

또한 《집람(輯覽)》[32]에서, 이러한 예를 묻는 교리 홍방(洪雱)의 질문에 사계가 답하기를, "11개월에 연제(練祭)를 지내고, 13개월에 상제(祥祭)를 지내고, 15개월에 담제(禫祭)를 지내는 것은 예의 뜻이 그러하니, 어느 누가 비난하겠는가."라고 하였다. 이것과 《상례비요(喪禮備要)》의 설이 같지 않으니 어느 쪽을 따라야 할지 모르겠다. 내가 일찍이 우장(尤丈 송시열)에게 여쭈기를, "지금 아버지가 돌아가시어 막 빈소를 차렸는데 그 어머니가 뒤이어 돌아가신 자가 있습니다. 어떤 사람은 '어머니가 돌아가신 것이 아버지의 죽음 뒤에 있으니 의당 삼년의 상기를 펴야 한다.'라고 하고, 어떤 사람은 '바로 아버지가 돌아가신 지 3년 이내의 일이니 평상시 살아있는 것과 똑같이 여겨 기년복을 입어야 한다.'라고 합니다. 누구의 말이 옳습니까?"라고 하니, 우장

황간에게 부탁하자 황간이 《의례경전통해속》을 지은 것이다.

31 상복도(喪服圖) : 《의례상복도식(儀禮喪服圖式)》을 말한다. 상복제도와 상복복식에 관하여 도와 표로 설명한 책이다. 황간(黃榦)이 찬술하다가 완성하지 못하고 죽자 양복(楊復)이 뒤이어 완성하고 《의례경전통해속(儀禮經典通解續)》 뒤에 부록하였다.

32 집람(輯覽) : 《가례집람(家禮輯覽)》을 말한다. 김장생이 생전에 《주자가례(朱子家禮)》에 관한 여러 사람들의 설을 엮어 놓았던 것을 조선 숙종 11년(1685)에 간행한 책으로, 11권 6책이며 목판본이다.

이 말씀하기를, "예에서 상고할 수 있다. 《의례》 〈상복(喪服)〉 자최조(齊衰條)의 '아버지가 죽었을 경우에 어머니를 위해 입는다.〔父卒則爲母〕'의 소(疏)에 "'즉(則)' 자를 쓴 것은, 아버지가 돌아가신 지 3년 이내에 어머니가 돌아가셨을 경우 그대로 기년복을 입는 것을 드러내 보이고자 해서이다. 반드시 아버지의 삼년복을 벗은 뒤에 어머니가 돌아가셨을 경우라야 삼년의 상기를 다 펼 수 있다.'라고 하였으니, 이것으로 본다면 마땅히 기년복을 입어야 한다."라고 하였다. 이것이 내가 일찍이 직접 여쭙고 직접 들은 내용이다. 지난해에 감사(監司) 박사익(朴師益)[33] 집안에서 이러한 예를 만나 황강에게 물었는데, 황강이 "만약 아버지가 살아있을 때 어머니가 돌아가셨다면 기년복을 입어야 합니다. 아버지가 돌아가신 뒤에 모친이 돌아가셨다면 어찌 감히 기년복을 입을 수 있겠습니까."라고 답하였다. 뒤에 들으니 박씨(朴氏)의 집안에서는 그 설을 따르지 않았다고 한다.

33 박사익(朴師益) : 1675~1736. 본관은 반남(潘南), 자는 겸지(兼之), 호는 노주(鷺洲)이다.

민치룡에게 답하다
答閔致龍

문 기첩(妓妾)의 자식으로 아버지의 후사가 되지 않은 자는 그 생모를 위하여 마땅히 개가한 어머니에 해당하는 복을 입어야 하는데, 상복을 벗은 뒤에 심상(心喪) 3년을 마쳐야 합니까? 평상시의 복착(服着)에 대해서 예에서는 밝혀 놓은 글이 없으니 장차 어떻게 절충합니까? 그 처와 아들의 복제는 또한 예서(禮書)에 보입니까?

답 보내온 편지에서 말한 "개가한 어머니에 해당하는 복으로 입는다."라는 말이 옳은 듯합니다. 기년(期年) 뒤의 심상에 대해서는 예에 밝혀 놓은 글이 있으니 그만둘 수 없을 듯합니다. 평상시의 복착에 대해서는 예에 상고할 곳이 없습니다. 그러나 이미 장기복(杖朞服)[34]을 입었다면 이는 기년복을 입는 무거운 상사(喪事)이고 더욱이 심상의 절차가 있는 만큼 단순히 장기복을 입는 것과는 차이가 있으니, 생포의(生布衣), 폐양자(蔽陽子), 포망건(布網巾)을 사용하는 것이 또한 괜찮을 것입니다. 그 처와 아들의 복제는 고금의 예서에 보이지 않기에 감히 알지 못하겠습니다. 오직 《통전(通典)》에 "모자(母子)는 지친(至親)이라서 끊어지는 도리가 없고, 모자가 아닌 경우는

34 장기복(杖朞服) : 상주가 상장(喪杖)을 짚고 생베로 지은 상복을 일 년 동안 입는 거상(居喪)을 말한다. 조부가 살아 있고 조모가 사망하였거나, 아버지가 사망한 뒤 재가한 어머니가 사망하였거나, 아버지에게서 쫓겨난 어머니가 사망하였거나, 아들이 있는 서모가 사망하였을 때에 이 복제를 따랐다.

끊어진다. 이 때문에 경문에 쫓겨난 조모(祖母)에 대한 복은 보이지 않는다."라고 하였습니다. 이러한 사례들로 두루 살펴보면 개가한 조모에 대해서는 또한 복이 없을 듯합니다.

족질 재로[35]에게 답하다
答在魯族姪

문 '자최장기(齊衰杖期)'의 '적손(適孫)이 조부가 살아 있을 때에 조모를 위하여 입는다.'는 말은 《의례(儀禮)》 '보복(補服)'[36]의 소주(小註)의 말인데, 양복(楊復)이 주석에 뽑아 넣으면서 그 말이 이미 《가례(家禮)》 본문에 들어있음을 알지 못한 것은 어째서입니까?

답 '적손이 조부가 살아 계실 적에 조모를 위하여 입는다.'는 내용이 이미 《가례(家禮)》 장기(杖期) 조목 본주(本註)에서 보이니, 양씨(楊氏)가 어찌 이를 몰랐겠는가. 살펴보건대 《통해보(通解補)》[37]의 '자최장기(齊衰杖期)'의 '소후자의 아내와 자식을 위하여 입는다.〔爲所後者妻若子〕' 조목 아래 주(註)에 "조부가 살아있을 때 적손이 조모를 위하여 입는다."라고 하였으니, 그렇다면 양씨의 이 주석은 필시 소후자(所後者)[38]로 말한 것이다. 다만 여기에서 소후자를 말하지 않은 것은 아마도 윗글의 '소후(所後)' 자를 이어받아 말해서 그런 듯하다.

35 족질 재로(在魯) : 김재로(金在魯, 1682~1759)로, 중례(仲禮), 호는 청사(淸沙)이다.

36 보복(補服) : 양복(楊復)이 《가례》 오복제(五服制)의 조항마다 《의례(儀禮)》 〈상복(喪服)〉의 내용을 가지고 주를 달아 보충한 부분이다.

37 통해보(通解補) : 《의례경전통해보(儀禮經傳通解補)》로, 주희의 《의례경전통해(儀禮經傳通解)》와 황간(黃榦) 등의 《의례경전통해속(儀禮經傳通解續)》 등을 보완해서 편집한 책이다.

38 소후자(所後者) : 자신을 후사로 삼은 자, 즉 소후부(所後父)를 말한다.

족질 재로에게 답하다
答在魯族姪

문 《의례(儀禮)》'보복(補服)' 조목에 소후자(所後者)의 조부모를 위해서 자최삼월(齊衰三月) 복을 입는다고 했는데, 소후자의 부모와 증조부모에 대해서는 보충하여 넣지 않은 것은 어째서입니까?
답 〈상복(喪服)〉'위인후(爲人後)' 조목의 전(傳)에서 단지 소후자(所後者)의 조부모에 대해서만 말하고 소후자의 부모와 증조부모에 대해 말하지 않은 것은 무슨 의도인지 모르겠다. 다만 그 아래에 이어서 소후자의 처, 소후자 처의 부모, 소후자 처의 곤제, 소후자 처의 곤제의 아들을 말하였고, 소(疏)에서 "전(傳)에서 죽은 이의 시마, 소공, 대공 및 기년복의 골육친에 대해 말하지 않은 것은 소원한 자를 들어서 가까운 친족을 드러낸 것이며 외족(外族)을 말하여 내족(內族)을 포괄한 것이다. 죽은 이의 골육친에 대해서는 친아들처럼 해야 함을 알 수 있다."라고 하였다. 이미 골육친에 대해서 친아들처럼 해야 한다고 말했으니, 그렇다면 소후자의 부모와 증조부모에 대하여 친아들처럼 입는다는 것이 어찌 분명하게 드러나지 않겠는가. 이른바 '골육친에 대해서 친아들처럼 한다.'는 한마디 말이 다 포괄하였다고 할 수 있다.

문 《가례(家禮)》에서 출가한 고모, 자매, 딸로 남편과 자식이 없는 자를 위해 기년복을 입는다고 했는데, 그 밖에는 거론하지 않았습니다. 손녀, 형제의 딸, 그리고 종부자매(從父姊妹) 이하는 비록 남편과 자식이 없더라도 모두 강복(降服)해야 합니까?

답 이 예는《의례(儀禮)》〈상복(喪服)〉의 '불장기(不杖朞)' 조목에 보이지만, 손녀 이하로는 보이지 않는다. 이는 단지 예에 따라 행해야 하니, 예에서 말하지 않은 것은 행할 수 없을 듯하다.

족질 재로에게 답하다
答在魯族姪

아내가 시부모님을 위하여 기년복을 입는 것은 고례(古禮)이다. 그러나 송(宋)나라 제도에 3년으로 가복(加服)하였기 때문에 《가례(家禮)》에서 참최(斬衰)와 자최(齊衰) 조목 아래에 넣었다. 첩은 여군(女君)[39]을 위해 기년복을 입는 것 역시 고례이다. 그러나 그 후에 다시 가복하지 않았기 때문에 《가례》에서 고례를 따라 기복(期服) 조목 아래에 넣었으니, 이에 대해 어찌 의심하겠는가. 비첩(婢妾)의 경우는 예에서 상고할 곳이 없다. 그러나 여기에는 이미 노비와 주인의 구분이 있으니, 다른 첩과 같이 기년복을 입는 것은 불가할 듯하다.

39 여군(女君) : 첩이 남편의 정실부인(正室夫人)을 일컫는 말이다.

홍우평에게 답하다

答洪禹平

문 《상례비요(喪禮備要)》 '불장기(不杖朞)'의 주(註)에 "출가한 딸로 남편과 자식이 없는 자는 친정 부모를 위해서 예전처럼 기년복을 입는데 일설에 삼년복을 입는다고 하니, 다시 상세히 고찰해야 한다."라고 하였고, 《가례(家禮)》에 "출가한 딸로 남편과 자식이 없는 자는 그 형제와 자매 및 형제의 아들을 위해 기년복을 입는다."라고 하였습니다. 만약 남편과 자식이 없는 것이 재실(在室)[40]과 같기 때문에 형제 및 형제의 아들을 위해서 강복(降服)하지 않고 기년복을 입는다면, 그 부모를 위해서 여전히 기년복을 입는 것은 지극히 온당하지 못합니다. 혹 3년이라는 설이 옳은 듯합니다.

답 이것은 《의례(儀禮)》 〈상복(喪服)〉의 '불장기(不杖朞)' 조목 및 그 아래의 주소(註疏)에 상세하게 나와 있다. 소(疏)에는 단지 "딸이 출가하면 친정 부모를 위해 대공복을 입는데 돌아오면 자연스럽게 예전처럼 기년복을 입는다."라고 말했으니, 단지 이에 따라 행해야 한다. 《상례비요(喪禮備要)》의 이른바 '삼년복에 대해 다시 상세히 고찰해야 한다."라는 설은 의심하고서 결정하지 못한 말이니, 이와 같이 결정해서는 안 될 듯하다. 또한 소(疏)에 "이런 친속의 경우는

40 재실(在室) : 원래는 여자가 정혼하고 아직 성혼하지 않았을 때나 출가했다가 이혼하여 친정에 돌아와 있을 때를 말한다. 그러다가 후대에는 미혼 여자를 가리키는 용어로도 사용되었다.

출가한 뒤로 이미 대공복으로 강복되었다. 비록 가엾게 여겨 기년복을 입지만 남편 집안과 끊어지지 않았기 때문에 그 차례가 의복(義服) 아래에 있는 것이다."라고 하였다. 지금 '남편 집안과 끊어지지 않았다.〔不絶於夫氏〕'는 다섯 글자를 가지고 살펴보면, 재실(在室)의 딸과는 같지 않음을 알 수 있다. 그렇다면 기년복을 입는 것은 남편과 자식이 없는 것을 가엾게 여겨서 복을 입어주는 뜻에서 나온 것일 뿐, 애초에 재실의 딸에게 입는 상복을 입은 것이 아니다. 또《의례》의 경문(經文)을 가지고 살펴보면, 고모와 자매에 대해서는 보복(報服)[41]이라고 하였는데, 딸에 대해서는 '보복'이라고 말하지 않았고, 그 아래 소(疏)에는 "부모를 위하여 자연스럽게 예전처럼 기년복을 입는다."라고 하고, 반드시 '보복'이라고 말하지 않았다. 이는 그 뜻이 부모가 딸을 위해 이 복을 입는 것이 가엾게 여기는 마음에서 나온 것이고 '보복'의 차원에 있지 않기 때문이 아니겠는가.

41 보복(報服) : 오복(五服) 안에 속하는 친족 간에 형성된 상복 되갚아 입어 주기 방식으로, 나를 위해 참최, 자최, 기년, 대소 공복을 입을 비속(卑屬)이 죽으면 존속도 같은 복으로 보답하는 것이다.

족질 재로에게 답하다
答在魯族姪

문 본생(本生) 시부모를 위해 대공복을 입는 것을 전에 이미 가르침을 들었습니다. 퇴계(退溪)는 기년복을 입는 논의를 주장하면서 또 말하기를, "반드시 심상(心喪) 삼년을 행하는 제도를 세우려고 하는 것은 감히 할 수 없다."고 하였습니다. 이 설이 어떻습니까?

답 아내가 남편의 본생(本生) 부모를 위해 대공복을 입는 것은 〈상복소기(喪服小記)〉와 주자(朱子)의 설에 매우 명백하다. 다만 심상(心喪)을 펴는 여부는 예서(禮書)에 분명히 명시된 글이 없고, 퇴계가 또 이에 대하여 '감히 할 수 없다.'고 하였으니, 어떻게 해야 옳을지 모르겠다. 다만 이 경우 비록 대공복을 입기는 하지만 그 의복과 음식의 절차는 의례적인 대공복과 같아서는 안 될 듯하다. 그렇다면 비록 심상을 펴는 제도를 별도로 세우지 않더라도 심상의 의리만큼은 그 중간에 있을 것이다. 감히 단언하지 못하겠다.

○《의례(儀禮)》로 살펴보면, 남의 후사가 된 자는 본생 부모에게 단지 부장기복(不杖朞服)을 입고, 첩의 아들로 부친의 후사가 된 자는 생모에게 단지 시마복(緦麻服)을 입는다. 송(宋)나라에 이르러서야 비

로소 아울러 심상 삼년을 폈으니, 주자가 이러한 뜻이 매우 좋다고 하였다. 남편이 심상을 행하고 있다면 그 아내도 응당 남편을 따라 심상을 펴야 할 듯하지만, 예에서 명확하게 증명할 수 없으니 어떨지 모르겠다. 지난해에 내 아내는 심상의 제도를 행하였다.[42]

42 지난해에……행하였다 : 저자의 친부는 김도(金濤)인데, 태어나자마자 백부(伯父) 김수(金洙)의 후사가 되었기 때문에 이렇게 말한 것이다.

족질 재로에게 답하다

答在魯族姪

적부(適婦)가 시아버지의 후사를 잇지 못한 경우 시어머니가 그 적부를 위해 소공복을 입는 것에 대한 너의 의심이 옳다. 《의례(儀禮)》에서 중부(衆婦)를 위해 소공복을 입는다고 하였기 때문에 양씨(楊氏)가 〈상복(喪服)〉의 이 조목을 끌어다 여기에 넣은 것이다. 그러나 《가례(家禮)》에서는 중부(衆婦)를 위하여 이미 대공복을 입는다고 하였으니, -《정관례(貞觀禮)》[43]- 시아버지의 후사를 잇지 못한 적부에게도 똑같이 대공복을 입어야 할 듯하다.

43 정관례(貞觀禮) : 당(唐)나라 태종(太宗) 때 만든 예이다. 정관은 태종 때의 연호이다.

신명윤[44]에게 답하다

答申明允

살펴보건대 《의례(儀禮)》 〈상복(喪服)〉 대공장(大功章)의 '적부(嫡婦)' 조목 아래의 기(記)에 "적부가 시아버지의 후사를 잇지 못한 경우 시어머니가 그를 위하여 소공복을 입는다."라고 하였는데, 그 주(註)에 "시부모가 며느리에 대하여, 장차 적통에게 전중(傳重)하지 못할 경우에 서부(庶婦)에 해당하는 복을 입는다."라고 하였다. 또 소공장(小功章)의 '서부(庶婦)' 조목의 소(疏)에 "세자(世子)가 폐질(廢疾) 때문에 왕이 될 수 없어서 서자(庶子)가 왕위를 이어받은 경우에는 그 시부모가 모두 그 며느리를 위하여 소공복을 입는다."라고 하였다. 이는 모두 시아버지와 시어머니를 겸하여 말한 것이 매우 분명하니, 그렇다면 이른바 '시어머니가 그 며느리를 위하여 소공복을 입는다.'는 것은 시어머니를 거론함에 시아버지도 그 속에 포함되어 있는 듯하다.

44 신명윤(申明允) : 신경(申暻, 1696~?)으로, 본관은 평산(平山), 호는 직암(直菴)이고, 자가 명윤이다.

유도경[45]에게 답하다
答柳道卿

〈복제도(服制圖)〉의 내외형제에 자매를 언급하지 않은 것을 저도 늘 의심하였습니다. 선생님께 여쭈었더니, "이 〈복제도(服制圖)〉를 가로로 보면 '양이형제(兩姨兄弟)' 아래에 '자매(姉妹)' 두 글자가 있다. 그렇다면 내외형제 아래에도 응당 자매가 있는 것이니, 상호 참조하여 보는 것이 가하다."라고 하였습니다.

45 유도경(柳道卿) : 유귀삼(柳貴三)으로, 본관은 진주(晉州), 자가 도경이다. 박세채(朴世采)의 문인이다.

족질 재로에게 답하다

答在魯族姪

주자(朱子)가 본생부모(本生父母)에 대하여, "그 아내는 한 등급 강복하여 대공복을 입는다."라고 이미 말하였다. 이것으로 살펴보면 남편의 본생 외가에 대해서도 한 등급 강복하여 복을 입지 않음을 미루어 알 수 있으니, 너의 설이 옳다.

한사백에게 답하다

答韓師伯

문 딸이 그 아버지는 출계(出繼)한 경우이고 자신은 또 시집을 갔다면, 아버지의 본생 친형제자매에 대하여 두 등급을 내려 강복해야 하고, 아버지의 외가 형제에 대해서는 강복하여 복이 없어야 합니다. 그 외가 형제는 오히려 내종자매(內從姊妹)인데, 유독 외친(外親)은 출입(出入)[46]에 따라 강복하지 않는다는 예(例)를 써서 본복(本服)을 입습니까?

답 출계(出繼)한 사람의 자식이 본생친(本生親)을 위하여 복을 입는 것은 고금의 예서(禮書)에 보이지 않습니다. 아마도 그 아버지가 모두 한 등급을 내린 것을 기준으로 삼았기 때문인 듯합니다. 이른바 '외가(外家)의 복은 강복하지 않는다.'는 것은 본래 출계하지 않은 사람을 기준으로 말한 것인데, 지금 이것을 끌어와 출계한 사람에게 적용하는 것은 옳지 않은 듯합니다.

46 출입(出入) : 자기 집 안 소속으로 들어오거나 다른 집 안의 소속으로 나감을 말하는데, 출(出)은 여자가 다른 집으로 시집가는 것이고, 입(入)은 남자가 남의 집의 양자로 들어가는 것이다.

신명윤에게 답하다
答申明允

문 상복(殤服)에는 상·중·하의 구분이 있으니,[47] 그 동자(童子)가 여러 친척을 위하여 복을 입을 때에도 그 나이에 따른 세 등급의 차이에 따라 복을 제한합니까?

답 동자가 차례로 줄여서 보복(報服)한다는 것은 사계(沙溪)의 설이다. 다만 《예기(禮記)》〈옥조(玉藻)〉에 "동자는 시마복을 입지 않는다."라고 하였는데, 그 주(註)에 "동자는 예를 익히지 못하였고 또 시마복이 가벼운 복이기 때문에 아버지가 살아 있으면 시마복을 입지 않지만, 아버지가 죽은 뒤에는 본복(本服)을 입지 않을 수 없다."라고 하였다. 이미 '본복을 입지 않을 수 없다.'고 하였으니, 동자라 하더라도 시마복 이상은 모두 본복을 입는 것이 분명하다. 나이에 따라 차례로 줄여나간다는 설은 어떨지 모르겠다.

47 상복(殤服)에는……있으니 : 상복은 미성년자의 상제(喪祭)로, 나이 16~19세에 죽은 것을 장상(長殤), 12~15세에 죽은 것을 중상(中殤), 8~11세에 죽은 것을 하상(下殤)이라 하는데, 장상과 중상을 위한 복은 본복(本服)에서 1등을 강등하고, 하상을 위한 복은 본복에서 2등을 강등한다.

아우[48]에게 답하다

答舍弟

《상례비요(喪禮備要)》〈삼상도(三殤圖)〉와 관련하여 네가 말한 것은, 《의례》의 경문과 전문을 보면 이른바 '중상(中殤)은 위의 장상(長殤)을 따른다.'·'중상은 아래의 하상(下殤)을 따른다.'"[49]는 등의 말이 소공장(小功章)과 시마장(緦麻章)에 상세하게 있으니, 자세하게 살펴보는 것이 어떻겠는가. 또 대공장(大功章) 아래 소(疏)에 "중상은 위의 장상을 따르기도 하고 아래의 하상을 따르기도 한다. 이는 상(殤)은 세 등급이 있는데 제복(制服)은 오직 두 등급만 있기 때문에 대공복에 해당하는 하상(下殤)에도 복이 있게 하려고 해서이다. 만약 세 등급이라면 대공복에 해당하는 하상은 복이 없다."라고 하였다. 대개 상에는 장·중·하의 세 등급이 있는데 복제는 오직 상·하

48 아우 : 김재(金栽, 1650~1712)로, 자는 중고(仲固), 호는 양관재(養觀齋)이다.

49 중상(中殤)은……따른다 : 《의례(儀禮)》〈상복(喪服)〉 소공조(小功條)의 전(傳)에 "본래 그를 위해 대공(大功)을 입어 주어야 할 자가 상(殤)을 당했을 경우에, 중상(中殤)일 때에는 1등을 강등하여 소공(小功)을 입어서 위의 장상(長殤)을 따르고, 본래 소공을 입어 주어야 할 자가 상(殤)을 당했을 경우에, 중상일 때에는 2등을 강등하여 복을 입지 않아서 아래의 하상(下殤)을 따른다."라는 말이 보인다.

의 두 등급이 있다. 그러므로 《의례》에 장상과 하상에 대해서는 단독으로 말한 곳이 많지만, 중상에 대해서는 한결같이 중상 단독으로 말하지 않고, '장상과 중상'이라고 말하거나 '중상과 하상'이라고 하여 반드시 장상·하상과 겸하여 말하였다. 이것은 실로 제복에 두 등급만 있어 중상이 위의 장상을 따르기도 하고 아래의 하상을 따르기도 하기 때문이다. 대공복은 복이 무겁기 때문에 중상의 경우에 장상을 따라서 똑같이 소공복을 입고, 소공복은 가볍기 때문에 중상의 경우에 하상을 따라서 똑같이 복을 입지 않으니, 지금 이러한 예(例)로 미루어 보면 알 수 있다. 이에 《상례비요》의 그림을 바탕으로 다시 수정하고 윤색하여 보내니, 상세히 보는 것이 어떻겠는가?

三殤降服之圖

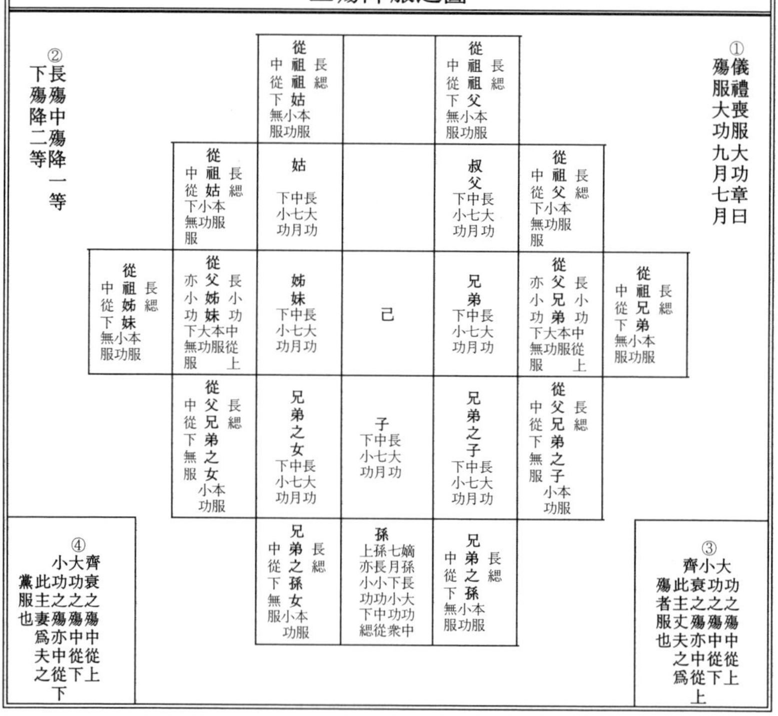

① 《의례》 〈상복(喪服)〉 대공장(大功章)에 말하기를, "상복(殤服)은 대공구월복(大功九月服)과 대공칠월복(大功七月服)이다."라고 하였다.

② 장상(長殤)과 중상(中殤)의 경우는 1등급 강복(降服)하고, 하상(下殤)의 경우에는 2등급 강복한다.

③ 대공(大功)의 친속 관계에 있는 자가 일찍 죽었을 경우에 중상(中殤)은 위를 따른다. 소공(小功)의 친속 관계에 있는 자가 일찍 죽었을 경우에 중상은 아래를 따른다. 자최(齊衰)의 친속 관계에 있는 자가 일찍 죽었을 경우에도 중상은 위를 따른다. 이는 장부(丈夫)가 일찍 죽은 자를 위해 복을 입는 것을 위주로 하여 말한 것이다.

④ 자최(齊衰)의 친속 관계에 있는 자가 일찍 죽었을 경우에 중상(中殤)은 위를 따른다. 대공(大功)의 친속 관계에 있는 자가 일찍 죽었을 경우에 중상은 아래를 따른다. 소공(小功)의 친속 관계에 있는 자가 일찍 죽었을 경우에 중상은 아래를 따른다. 이것은 아내가 남편의 친속을 위해 복을 입는 것을 위주로 하여 말한 것이다.

〈도표 안의 내용〉[50]

○종조조부(從祖祖父) : 본복(本服)은 소공복(小功服)이다. 장상(長殤)은 시마복(緦麻服)을 입고, 중상(中殤)은 아래를 따라 복(服)이 없다.

○숙부(叔父) : 장상은 대공복(大功服)을 입고, 중상은 칠월복(七月

50 도표 안의 내용 : 자신〔己〕을 기준으로 오른쪽 남자의 경우에서 왼쪽 여자의 경우로 풀이하되, 윗대에서 아랫대로 내려왔다.

服)을 입고, 하상은 소공복을 입는다.

○종조부(從祖父) : 본복은 소공복이다. 장상은 시마복을 입고, 중상은 아래를 따라 복이 없다.

○형제(兄弟) : 장상은 대공복을 입고, 중상은 칠월복을 입고, 하상은 소공복을 입는다.

○종부형제(從父兄弟) : 본복은 대공복이다. 장상은 소공복을 입고, 중상은 위를 따라서 또한 소공복을 입고, 하상은 복이 없다.

○종조형제(從祖兄弟) : 본복은 소공복이다. 장상은 시마복을 입고, 중상은 아래를 따라 복이 없다.

○형제(兄弟)의 아들 : 장상은 대공복을 입고, 중상은 칠월복을 입고, 하상은 소공복을 입는다.

○종부형제(從父兄弟)의 아들 : 본복은 소공복이다. 장상은 시마복을 입고, 중상은 아래를 따라 복이 없다.

○형제(兄弟)의 손자 : 본복은 소공복이다. 장상은 시마복을 입고, 중상은 아래를 따라 복이 없다.

○아들 : 장상은 대공복을 입고, 중상은 칠월복을 입고, 하상은 소공복을 입는다.

○손자 : 적손(嫡孫)의 경우에 장상은 대공복을 입고, 중상은 칠월복을 입고, 하상은 소공복을 입는다. 중손(衆孫)의 경우에 장상은 소공복을 입고, 중상은 위를 따라서 또한 소공복을 입고, 하상은 시마복을 입는다.

○종조조고(從祖祖姑) : 본복은 소공복이다. 장상은 시마복을 입고,

중상은 아래를 따라 복이 없다.

◯고(姑) : 장상은 대공복을 입고, 중상은 칠월복을 입고, 하상은 소공복을 입는다.

◯종조고(從祖姑) : 본복은 소공복이다. 장상은 시마복을 입고, 중상은 아래를 따라 복이 없다.

◯자매(姊妹) : 장상은 대공복을 입고, 중상은 칠월복을 입고, 하상은 소공복을 입는다.

◯종부자매(從父姊妹) : 본복은 대공복이다. 장상은 소공복을 입고, 중상은 위를 따라서 또한 소공복을 입고, 하상은 복이 없다.

◯종조자매(從祖姊妹) : 본복은 소공복이다. 장상은 시마복을 입고, 중상은 아래를 따라 복이 없다.

◯형제(兄弟)의 딸 : 장상은 대공복을 입고, 중상은 칠월복을 입고, 하상은 소공복을 입는다.

◯종부형제(從父兄弟)의 딸 : 본복은 소공복이다. 장상은 시마복을 입고, 중상은 아래를 따라 복이 없다.

◯형제(兄弟)의 손녀 : 본복은 소공복이다. 장상은 시마복을 입고, 중상은 아래를 따라 복이 없다.

족제 자직 규 에게 답하다
答子直 樛 族弟

지금 〈상복소기(喪服小記)〉를 가지고 보면 상상(殤喪)에는 우제(虞祭), 졸곡제(卒哭祭), 연제(練祭)가 없는 듯한데, 오직 《개원례(開元禮)》[51]에는 우제가 있다. 또 정자(程子)와 주자(朱子)에 이르러선 신주(神主)를 세우는 설이 있으니, 그렇다면 신주를 세우고 우제를 지내는 것을 이에 근거하여 시행하고 의심하지 말아야 한다. 다만 《개원례》에서 말한 '우제를 지낸 뒤에 영좌를 제거한다.〔旣虞而除靈座〕'는 것은 삼우(三虞)의 뜻이 '우(虞)' 자 안에 아울러 포함된 듯하다. 다만 《가례(家禮)》에서의 '우제를 지낸 뒤에〔旣虞〕'라는 글은 대부분 초우(初虞)에서 말한 예(例)가 많으니, 여기에서도 단지 초우를 가지고 말한 듯하다. 지난해에 장동(壯洞) 김 상(金相)의 집에서 상상(殤喪)을 당하여 돌아가신 스승께 자문하여 일우(一虞)만 지냈다. 그러므로 당초 그대에게 고했던 말은 대개 여기에 근거하여 말한 것이다. 지금 생각해보니, 김 상(金相)의 상상(殤喪)에 신주를 세우지 않았기 때문에 일우(一虞)만 지낸 것이다. 지금 그대가 이미 신주를 세웠다면 삼우제를 모두 지내는 것이 그다지 잘못된 일은 아닐 것이다. 다만 《개원례》에서는 우제를 지내는 것으로 끝냈으니 졸곡제 이하를 지내지 않는 것은 분명하다. 어떻게 생각하는가?

51 개원례(開元禮) : 당 현종(唐玄宗) 개원(開元) 연간에 제정한 예를 말한다. 대당개원례(大唐開元禮)라고도 한다.

신명윤에게 답하다

答申明允

문 예(禮)에 "서상(庶殤)은 제사지내지 않는다."고 하였습니다. 서자(庶子)로서 어린 나이에 죽은 경우는 적첩(嫡妾)의 소생을 막론하고 모두 제사를 지내지 않습니까?

답 《가례(家禮)》에 적서(嫡庶)를 구분하지 않았으니, 《가례》에 따라 행하는 것이 어떻겠는가.

한사백에게 답하다

答韓師伯

문 살펴보건대, 《가례(家禮)》의 '여자가 시집가는 것을 허락받고 계례를 행한다.〔女子許嫁笄〕' 조목의 주(註)에 "나이가 15세면 비록 시집가기를 허락하지 않았더라도 계례(笄禮)를 한다."라고 하였고, 〈상복소기(喪服小記)〉에 "여자가 계례를 올렸으면 상상(殤喪)이 되지 않는다."라고 하였습니다. 〈상복소기〉와 《가례》의 주(註)로 참고하여 보면, 여자 나이가 15세 이상이면 모두 상복(殤服)으로 논할 수 없을 듯합니다.

답 여자 나이 15세에 계례(笄禮)를 한다는 것은 여자가 계례를 행해야 하는 시기를 범범하게 말한 것입니다. 비록 15세가 되었더라도 만약 계례를 행하지 않았다면 이미 계례를 행한 자와 혼동하여 상상(殤喪)이 아니라고 말해서는 안 될 듯합니다. 《의례(儀禮)》〈상복(喪服)〉의 전(傳)에서 "15세부터 12세까지를 중상(中殤)이라 한다."고 하였으니, 그렇다면 나이 15세에 계례를 행하지 않고 죽은 여자는 중상이라는 것을 의심할 수 없습니다.

한사백에게 답하다

答韓師伯

《개원례(開元禮)》의 이른바 "상상(殤喪)에는 복혼(復魂)하지 않고 반함(飯含)하는 일이 없으며 일을 갖추어 장사를 지내되 신주(神主)를 세우지 않는다."는 것은 성인(成人)의 예에서 줄인 것입니다. 다만 또 '영연(靈筵)을 설치한다.'·'영좌(靈座)를 치운다.'는 말이 있으니, 이미 영연과 영좌가 있다면 비록 혼백(魂帛)[52]을 설치하지 않더라도 혹 남긴 의복을 차려두는 일을 행할 수는 있지 않겠습니까. 〈증자문(曾子問)〉에 "상(殤)을 제사지내되 폐척(肺脊)을 들지 않고 기조(肵俎)와 현주(玄酒)가 없으며 이성(利成)을 고하지[53] 않는다."라고 하였는데, 그 주(註)에 "시동(尸童)이 없기 때문이다."라고 하였습니다. 이른바 '시동이 없다.'는 것은《개원례》의 복혼하지 않고 신주를 세우지 않는다는 뜻과 서로 발명하는 듯합니다. 신주를 세우는 것은 곧 정자(程子)와 주자(朱子) 두 선생의 설이지만, 단지 신주를 세우는 것만 말하고 혼백을 설치하는 것은 말하지 않았으니, 이 또한 깊은 뜻이 있는 듯합니다.

52 혼백(魂帛) : 신주를 만들기 전에 임시로 명주나 모시를 접어서 만든 신위(神位)로, 초상에만 사용하고 장사한 뒤에는 신주를 사용한다.

53 이성(利成)을 고하지 : 이성을 고한다는 것은 귀신의 대행자인 시동(尸童)에게 제사가 다 끝났음을 알리는 것이다. 이(利)는 양(養)의 뜻이고, 성(成)은 필(畢)의 뜻으로, 공양하는 예가 다 이루어졌음을 의미한다.

살펴보건대《상례비요(喪禮備要)》〈삼상강복도(三殤降服圖)〉에 조부가 적증손과 적현손을 위해 대공복을 입는다고 하였고, 또 중손(衆孫)을 위해 소공복을 입는다고 하였으니, 어찌하여 가까운 손자에게는 가벼운 복을 입고 먼 증손과 현손에게는 무거운 복을 입는 것입니까?

《상례비요》〈삼상강복도〉 끝에서 말한 '적증손과 적현손은 위와 같다.'[54]는 내용은《의례》,《가례》,《오복연혁도(五服沿革圖)》 등의 책에 보이지 않습니다. 오직《대전(大典)》에 "적증손과 적현손의 장상(長殤)과 중상(中殤)은 모두 시마복을 입는다."라고 하였고, 이밖에는 달리 보이는 곳은 없습니다. 이것이 사계(沙溪)가 첨가해 넣은 것이 아니라면 필시 고인의 말 가운데 근거할 만한 설이 있을 것인데 나의 얕은 견해로는 상고할 곳이 없습니다.

54 적증손과……같다 :《상례비요》〈삼상강복도(三殤降服圖)〉의 제일 아래에 있는 말이다. 이는 바로 위에 있는 조항과 같다는 뜻인데, 위에 있는 조항은 다음과 같다. "적손의 경우에 장상(長殤)은 대공 구월복(大功九月服)을 입고 중상(中殤)은 대공 칠월복(大功七月服)을 입고 하상(下殤)을 소공복을 입는다."

한사백에게 답하다
答韓師伯

〈상복소기(喪服小記)〉에 "남자가 관례를 치렀으면 상상(殤喪)이 되지 않고, 여자가 계례(笄禮)를 올렸으면 상상이 되지 않는다."라고 하였으니, 비록 20세가 지났더라도 관례를 치르지 않고 계례를 올리지 않았다면 미성인(未成人)으로 논해야 할 듯합니다. 《가례(家禮)》에 "남자가 이미 장가들고 여자가 시집가는 것을 허락받았다면 모두 상상이 되지 않는다."라고 하였으니, 남자가 이미 장가들고 여자가 시집가는 것을 허락받았다면 비록 19세 이전이라도 상상이 되지 않을 듯합니다.

윤은수[55]에게 답하다
答尹殷叟

문 서손(庶孫)으로서 조부의 후사가 된 자가 그 부친의 모친상에 삼년복을 입을 사람이 없고 또 상례를 주관할 사람이 없다면 어찌해야 합니까? 사계(沙溪)는 그래도 응당 심상(心喪) 기년(期年)을 해야 한다고 하였으니, 그렇다면 영연(靈筵)도 1년 뒤에 철거해야 합니까?

답 첩의 아들로 승중(承重)한 자는 그 친모에 대해서도 시마복을 입는데, 하물며 조모에 대해서는 어떻겠습니까. 그 의리가 지엄하다고 하겠습니다. 만약 따로 상을 주관할 아들이 없다면 영연을 설치하고서 백의대(白衣帶) 차림으로 조석(朝夕)의 상식(上食)을 올리는 것이 무방할 듯합니다. 영연을 철거하는 것은 언제 해야 할지 잘 모르겠지만, 사계가 이미 심상 기년이라고 하였으니, 영연의 철거 또한 기년을 기준으로 해야 할 듯합니다.

55 윤은수(尹殷叟) : 윤형로(尹衡老)로, 본관은 파평(坡平)이고, 자가 은수이다. 저자의 문인이다.

홍자용 재관 에게 답하다
答洪子容 載寬

문 심상(心喪) 때의 직령(直領)을 세속에서 혹 생포(生布)를 사용하는데, 어떻습니까?

답 응당 연포(練布)를 사용해야 할 듯합니다.

이군보에게 답하다

答李君輔

문 김공직(金公直 김의정(金義貞))이 묻기를 "스승의 상(喪)에 혹 3월, 5월, 9월, 기년, 3년의 복을 입는 사람은 고기를 먹지 않고 연회에 참석하지 않으며 흰옷에 검은 띠를 두릅니까?"라고 하니, 율곡(栗谷)이 답하기를 "그렇다."라고 하였습니다. 무릇 심상(心喪)을 하는 자는 흰옷에 검은 띠를 두르니, 스승을 위한 심상도 마땅히 흰옷에 검은 띠를 둘러야 합니다. 다만 스승의 상은 장례 이전에는 본래 조복(弔服)에 가마(加麻)하니,[56] 이것은 장례 이후를 가리켜 말한 것이 아니겠습니까.

답 부친이 살아있는데 모친상을 당하면 기년이 지나 상복을 벗은 뒤에 심상으로 복상(服喪)하니, 스승의 상을 당한 자도 장례가 지나 마질(麻絰)과 마대(麻帶)를 벗은 뒤에는 심상의 복을 입어야 합니다.

56 스승의……가마(加麻)하니 : 가마(加麻)는 마질(麻絰)과 마대(麻帶)를 착용하는 것을 말한다. 《예기》 〈단궁 상(檀弓上)〉의 스승의 상(喪)을 논한 부분 주(註)에 "《의례》 〈상복〉에 '붕우의 상에는 마를 입는다.'라고 하였는데, 스승은 붕우와 같으므로 또한 가마함을 알겠다. 마는 질(絰)과 대(帶)를 말하는데, 모두 마로 만들므로 '가마'라고 한 것이다. 스승과 붕우를 위해서는 장사를 이미 치렀으면 이를 벗는다.〔按喪服朋友麻, 師與朋友同, 故知亦加麻也. 麻謂絰與帶也, 皆以麻爲之, 故云加麻也. 爲師及朋友, 旣葬除之.〕"라고 하였다.

신명윤에게 답하다

答申明允

지난번에 그대가 말한 스승과 제자의 복상(服喪)에 관해서는 내가 예전에 돌아가신 스승의 말씀을 들었는데, "장례 이전에는 가마(加麻)의 제도를 사용하고, 장례 이후에는 심상(心喪)의 복을 입는다."라고 하셨다. 그러므로 나는 돌아가신 스승에 대하여 장례를 지낸 뒤에 담흑포립(淡黑布笠)과 담흑포대(淡黑布帶)를 착용했다. 다만 가마할 때에는 요질(腰絰)과 수질(首絰)을 모두 두 가닥의 작은 것을 착용하였는데, 그것이 과연 예의 뜻에 부합할지는 모르겠다.

신명윤에게 답하다
答申明允

문 겸친복(兼親服)[57]은 친속(親屬)의 고하와 복(服)의 경중을 막론하고 응당 동성(同姓) 쪽으로 따져서 입어야지, 이성(異姓)의 쪽으로 따져서 입어서는 안 될 듯합니다.

답 《통전(通典)》에서 유울지(庾蔚之)가 말하기를, "존비(尊卑)의 차례를 논함에 있어서는[58] 마땅히 자신의 친족을 정(正)으로 삼아야 하니, 소목(昭穆)[59]을 어지럽힐 수 없기 때문이다. 복제(服制)를 논함에 있어서는 마땅히 친한 이를 우선으로 해야 하니, 친한 이를 친하게 여기는 정을 바꿀 수 없기 때문이다."라고 하였다. 이 설이 매우 좋으니 준용해야 할 듯하다.

57 겸친복(兼親服) : 친족(親族)이면서 외가 쪽으로도 척분(戚分)이 있는 관계에 입는 복을 말한다.

58 존비(尊卑)의……있어서는 : 대본에는 '論尊卑之殺'로 되어 있는데, 《통전》에 의거하여 '論尊卑之敍'로 바로잡아 번역하였다.

59 소목(昭穆) : 종묘(宗廟)에 신주(神主)를 모시는 차례를 말한다.

족제 사직에게 답하다
答士直族弟

문　내제(內弟) 이경(李坰)이 며칠 전에서야 후취(後娶)를 들였습니다. 그 아내가 그의 자친상(慈親喪)에 소공복을 입어야 하는데, 달수가 아직 차지 못했으니 지금이라도 추복(追服)해야 합니까? 만약 추복한다면 그 나머지 개월만 입으면 됩니까? 시집간 이후의 추복에 대한 것은 의심스러운 점이 많습니다. 출계자(出繼子)가 추복하는 예를 따라 결정하려고 하나 그 경중이 같지 않아 경솔하게 행할 수 없습니다. 삼가 여쭙습니다.

답　시집간 이후에 추복하는 예는 고금의 예문(禮文)에 보이지 않으니 어찌 감히 나의 얕은 견해로 경솔하고 가볍게 논할 수 있겠느냐. 다만 부인이 시집간 후라면 남편의 집안을 중시한다. 게다가 지금 달수를 채우지 못한 상태이고 또 남편의 친고모이니, 하순(賀循)과 정

60　태복(稅服) : 세월이 이미 지난 뒤에 죽었다는 소식을 듣고서 추후에 상복을 입는 것을 말한다. 대공(大功) 이상의 복은 태복을 하고, 소공(小功)은 가벼운 복이라 하여 태복을 하지 않았다. 《禮記 檀弓上》

현(鄭玄)의 설[61]에 의거하여 태복(稅服)해도 무방할 듯한데, 어떨지 모르겠다. 만약 왕숙(王肅)의 설을 따라서 그 남은 기간만 복을 입는다면 공복(功服)도 아니고 시마복도 아닌 것이 또 의심스러울 듯하다. 더욱이 이에 대해서는 이미 유울지(庾蔚之)에게 논박을 당하였고,[62] 《의례문해(疑禮問解)》에서도 또한 유울지의 설을 단안(斷案)으로 삼은 듯하다. 어떻게 생각하는가? 이른바 '소공복은 태복을 하지 않는다.'는 것은 달수를 이미 채운 뒤의 일이기에 지금 일의 증거로 삼을 수 없을 것 같다. 출계자가 추복하는 것과는 그 경중이 과연 다르니 혹 방조(旁照)[63]해서는 안 될 듯하다.

문 지난번에 여쭈었던 의심스러운 예법에 대하여 상중(喪中)의 김중화(金仲和 김창협(金昌協))에게 물었더니, "《예기》〈상복소기(喪服小記)〉의 '태어나서 조부모・제부・형제를 보지 못했다면 부친이 태상을 하더라도 자신은 복을 입지 않는다.〔生不及祖父母諸父兄弟, 而父稅喪, 已則不服.〕'는 내용에 대하여 정현(鄭玄)이 '사람이 능히 할 수

61 하순(賀循)과 정현(鄭玄)의 설 : 정현은 "상기(喪期) 안에 사망 소식을 들으면 추복을 입는다."라고 하였고, 하순은 "태복을 입지 않는 것은 상기가 끝난 뒤에 사망 소식을 들은 경우이다. 만약 상기 안에 들었다면 온전히 다 채워서 입는다."라고 하였다.

62 이에……당하였고 : 왕숙은 남은 상기(喪期)만 복을 입는다고 하였는데, 이에 대하여 유울지가 "왕숙의 논의는 상기가 끝나는 날에 사망 소식을 들었으면 아침에 복을 입었다가 저녁에 벗는 것을 허용하고 성복(成服)하는 것은 허용하지 않으니, 인정에 비추어 볼 때 흡족하지 않다."라고 하였다.

63 방조(旁照) : 꼭 알맞은 조문이 없을 때 비슷한 다른 것을 참조하여 적용하는 것이다.

없는 부분에 대하여 비상은 은혜를 요구하지 않는 것이다.'라고 하였습니다. 정통(正統)과 방존(傍尊 방계 존속)의 기년상(期年喪)조차도 미처 섬기지 못했다고 하여 추복하지 않는데, 하물며 미처 섬기기 못한 남편의 고모에 대해 추복할 수 있겠습니까?"라고 하였습니다. 어떻게 생각하십니까?

답 〈상복소기〉의 '태어나서 조부모·제부·형제를 보지 못했다면 부친은 태상을 하더라도 자신은 복을 입지 않는다.'의 주(註)에서 말한 "사람이 능히 할 수 없는 부분에 대하여 비상한 은혜를 요구하지 않는 것이다."라는 말은 이미 상기(喪期)가 지난 경우를 가지고 말한 것이고, 지금의 일은 달수를 채우지 못한 경우로 말한 것이다. 또 주(註)에서 상기가 지났다고 하여 태복하지 않는다고 이미 말하였으니, 만약 상기가 지나지 않았다면 응당 태복을 해야 함을 알 수 있다. 그러므로 소(疏)에서 "만약 상기가 끝나지 않았다면 본복(本服)의 달수를 온전하게 태복한다."라고 한 것이니, 〈상복소기〉의 뜻을 발명한 것이 매우 분명하다고 하겠다. 지금 만약 비상한 은혜를 요구하지 않는다는 말만 끌어와서 말한다면 이는 상기가 이미 지난 예를 미루어 달수가 차지 않은 복에 적용하는 것이니, 정밀하고 마땅한 논의가 아닌 듯하다. 더욱이 이 주(註)의 말은 북제(北齊)의 장량(張亮)도 〈상복소기〉의 본뜻을 잃었다고 의심하였고,[64] 사계(沙溪)도 일찍이 이것

64 북제(北齊)의……것 : 북제 장량의 말은 다음과 같다. "소공복을 입어야 하는 형제가 멀리 거주한다 하여 태복을 입지 않은 것을 증자(曾子)가 오히려 탄식하였는데, 하물며 은정이 지극히 가까운 조부모와 백숙부모와 종형제를 생전에 보지 못했다 하여 복을 입지 않을 수 있겠는가. 그런데 정군(鄭君 정현(鄭玄))은 이를 '사람이 할 수 없는 부분에 대하여 비상한 은혜를 요구하지 않는 것이다.'라고 해석하였으니, 이것이

을 의심스럽게 여겼으니 선배들의 뜻을 또 알 수 있다. 어떻게 생각하는가? 장량의 설의 대체적인 뜻은, 비록 상기가 이미 지났더라도 동시대를 함께 했다면 태복을 입어야 한다는 것이니, '생불급(生不及)'을 '자신이 태어나기 이전'으로 여긴 것이다.

무슨 의리란 말인가. 생전에 만나 보지 못했다는 것은, 내가 태어나기 전에 이미 사망한 경우를 말한 것이다. 멀리 떨어져 있어 소식이 단절되었다가 뒤늦게 사망 소식을 들었다면 아버지는 복을 입지만 나는 입지 않는다는 이 글의 뜻을 따져 보면, 서로 시대를 달리하여 생존했으면 후대의 손자는 다시 선대의 추복(追服)을 입지 않는다는 뜻이다. 어찌 동시대에 생존하면서 멀리 떨어져 있다 하여 복을 입지 않을 수 있겠는가."

신명윤에게 답하다
答申明允

문 한문공(韓文公 한유(韓愈))은 소공(小功)에 태복(稅服)을 입지 않는 것을 그르다고 여겨 심지어 입론하여 변론하였습니다.[65]

답 증자(曾子)는 “소공에 태복을 입지 않는다면 멀리 사는 형제에게는 마침내 복이 없게 될 것인데, 그렇게 해도 되겠는가?”라고 하였으니, 이는 시마복과 소공복에 태복하지 않는다는 설과는 차이가 있다. 그러나 증자의 설이 이와 같고, 한문공의 변설이 또한 인정(人情)에 곡진하니, 후한 쪽을 따르는 예법의 도리에 있어 태복하는 것이 또한 가하지 않겠는가. 시마복은 응당 예에 따라 태복하지 않는다. 그러나 시마복이나 소공복이라 하더라도 태복하는 경우가 있다. 〈상복소기(喪服小記)〉에 “강복(降服)하여 시마복이나 소공복에 해당한 경우는 태복한다.”라고 하였고, 그 주(註)에 “강복은 정복(正服)보다 무겁다.”[66]라고 하였다.

65 한문공(韓文公)은……변론하였습니다 : 한유(韓愈)의 〈여이비론소공불태서(與李祕論小功不稅書)〉에 보인다. 한유는 친지가 죽어서 슬픈 것은 그 소식을 당시에 들었건 나중에 들었건 똑같은 것인데 나중에 들었다고 하여 복을 입지 않는다는 것은 인정에 위배되기 때문에 증자가 이렇게 말한 것이라고 하여 기본적으로 소공에 태복하지 않는 것 자체에 대하여 부정적 견해를 피력하였다.

66 강복은 정복(正服)보다 무겁다 : 같은 소공복이라고 할지라도 정복으로 입는 소공복보다 강복하여 입는 소공복이 더 무겁다는 말이다.

송기손에게 답하다

答宋基孫

문 어떤 사람이 부친상을 당하여 소상(小祥) 이전에 계후자(繼後子)를 얻었는데, 후사로 들어온 자에게 자신의 부친상을 추복(追服)시키고자 하였습니다. 지촌(芝村 이희조(李喜朝)) 어른은 태복의 규례에 근거하여 상기(喪期)의 달수를 모두 채워서 추복한다고 하였고, 대사헌 정제두(鄭齊斗)는 남은 기간만 추복해야 한다고 하였고, 부솔(副率) 김재해(金載海)는 손자는 아들과는 다른데다 분명한 근거도 없으니 복을 입지 않아야 할 듯하다고 하였습니다. 어떠한지요?

답 내 생각으로 말하면, 첫 번째 지촌 어른의 말씀이 좋은 듯하고, 세 번째 김재해의 말은 예의 뜻을 잃은 것이라 따라서는 안 될 듯하다.

이군보에게 답하다
答李君輔

문 삼년상 이내에 남의 후사가 된 사람의 경우 후사가 되는 입안(立案)이 도착한 뒤라면 바로 상가(喪家)에 아들이 된 날에 즉시 궤연(几筵)에 절하고 곡해야지, 까닭 없이 발상(發喪)하여 머리를 풀어헤치고 곡읍(哭泣)해서는 안 될 듯합니다. 들어가 곡할 때의 의복은 어떻게 해야 합니까?

답 후사를 세우는 입안이 도달한 이후 뒤늦게 발상하는 경우엔 머리를 풀어헤치고 옷을 바꾸어 입는 등의 절차를 처음 상(喪)이 났을 때의 예법에 따라 그대로 행해야 할 듯합니다. 《가례(家禮)》 초종(初終) 조목에는 옷을 바꾸어 입는 일이 '숨이 끊어지면 바로 곡한다.〔旣絶乃哭〕'와 '상주를 세운다.〔立喪主〕' 아래에 있고 머리를 풀어헤치는 것도 그때에 있습니다. 문상(聞喪) 조목에는 옷을 바꾸어 입는 일이 '어버이의 상을 처음 들으면 곡한다.〔始聞親喪哭〕' 아래에 있습니다. 이것이 이 일에 대하여 근거로 삼아 증명하기에 충분하니, 이밖에는 상고할 예가 없을 듯합니다. 어떻게 생각하시는지요?

이군보에게 답하다

答李君輔

문 《기례(家禮)》에 "분상(奔喪)[67]의 경우가 아니면 나흘째 성복(成服)한다."라는 조목 주(註)의 "모두 매월 초하루마다 자리를 만들어 모여 곡하고, 상기(喪期)의 달수가 차면 다음 달 초하루에 마침내 자리를 만들어 모여 곡하고 복을 벗는다."라는 단락은 그 문세(文勢)로 보면 모두 자최복과 대공복 이하를 가리켜 말한 것을 의심할 수 없습니다.[68] 다만 상인(喪人)이 가령 금년 이달 초10일에 부음을 들었을 경우, 성복(成服)한 날짜로 계산하면 내년 이달 초10일에 이르러 연복(練服)을 입어야 합니다. 그러나 자최복의 경우에 반드시 성복한

67 분상(奔喪) : 먼 곳에서 친상(親喪)의 소식을 듣고 급히 집으로 돌아옴을 말한다.

68 가례(家禮)에……없습니다 : 《가례》의 주(註)의 전문이 다음과 같기 때문에 한 말이다. "분상의 경우가 아니면 자최복을 입는 사람은 사흘 동안 아침저녁으로 자리를 만들어 모여 곡하고 나흘째 아침에 성복할 때도 역시 모여 곡한다. 대공복을 입는 사람 이하는 처음 상을 들었을 때 자리를 만들어 모여 곡하고 나흘째 성복할 때도 역시 모여서 곡한다. 모두 매달 초하루마다 자리를 만들어 모여 곡하고, 상기의 달수가 차면 다음 달 초하루에 마침내 자리를 만들어 모여 곡하고서 복을 벗는다."

달의 그믐까지 채우고 다음 달 초하루에 비로소 복을 벗는다면 자최복을 입는 기월수(朞月數)가 상인(喪人)이 연복을 입어야 하는 시기를 지나치게 됩니다. 이는 의심할 만한 듯합니다.

답 말씀하신 의심나는 예법에 대해서는, 《가례》의 주(註)의 문세(文勢)를 가지고 살펴보면 형의 설이 옳은 듯합니다. 다만 복제(服制)의 연월(年月)을 가지고 논하면 기년복 이상은 해〔年〕로 헤아리고 대공복 이하는 달〔月〕로 헤아립니다. 대공복 이하는 모두 본복(本服)에 해당하는 달수가 있으니 본복의 달수를 꼭 채워야 하므로 반드시 다음 달 초하루를 기다려 상복을 벗어야 합니다. 그러나 지금 기년복을 입는 자는 응당 해로 헤아려야 하니 기년이 되면 벗는 것이 가합니다. 가령 기년복을 입는 사람이 금년 정월 초하루에 부음을 듣고 성복하였다면 이듬해 정월 초하루에 기수(朞數)가 찹니다. 만약 기수가 찼는데도 상복을 벗지 않고 2월 초하루까지 있다가 벗는다면 기년(朞年) 외에 다시 1개월을 더한 것이니 기년복이라 할 수 없습니다. 게다가 집에서 성복한 경우는 변제(變除)[69]하는 의절을 기년으로 한정하였는데, 지금 유독 집 밖에서 성복하였다는 이유로 도리어 그 달수를 더한다면, 제 생각에는 예의 뜻이 필시 이러하지는 않을 듯합니다. 게다가 삼년복의 무거운 상도 기년에 이르러 연복을 입고 오히려 그 달수를 더할 수 없는데, 지금 기년복의 제도에서 유독 1개월을 더한다면 이는 기년이라는 뜻에 어긋날 뿐만 아니라 경중이 뒤바뀌어 예의 본뜻을 이루지 못하니 어찌 대단히 의심스럽지 않겠습니까. 《가례》의 주(註)에서 말한 '자최복'과 '대공복'의 상하 두 단락의 문세

69 변제(變除) : 상복을 바꾸거나 벗는 것을 말한다.

는 융통성 있게 봐야지 너무 구애되어서는 안 될 듯합니다. 형의 생각은 어떠한지요?

문 옛날에는 날을 택하여 제사를 지내는 것이 예법이었으니, 비록 올해 정월 초하루에 상이 났더라도 연제(練祭)를 이듬해 정월 스무날과 그믐날 사이에 행하는 경우가 있었습니다. 이러한 점 때문에 또 상례의 기한이 넘는 것을 문제로 여겨서 초기(初朞)라고 말하지 않은 듯합니다. 그러므로 《의례(儀禮)》 〈사우기(士虞記)〉에 "기년이 되어 소상을 지낸다.〔朞而小祥〕"라고 한 것이니, 이 '기(朞)' 자는 연제를 지낼 날을 점치는 깃입니다. 상이 발생한 날이 아닌데도 오히려 기(朞)라고 하였으니, 그렇다면 상이 발생한 날이 기준이 될 뿐만 아니라, 주년(周年)에 상이 발생한 달 이내도 모두 '기'라고 한 것을 여기에 근거하여 알 수 있습니다.

답 형님께서 인용한 고례(古禮)의 날을 점치는 설은 확실한 증거가 되지 못할 듯합니다. 주자(朱子)는 《가례》에서 비록 대상(大祥)과 소상(小祥)이라도 날을 점치는 고례의 법식을 따르지 않고 단지 첫 번째, 두 번째 기일을 사용하였는데, 무엇 때문에 유독 기년의 복제에 대해서만 날을 점치는 고례의 법식을 사용하여 그 달수를 더하겠습니까.

유도경에게 답하다

答柳道卿

문 《예기(禮記)》〈잡기(雜記)〉에 "비록 제부(諸父)나 형제의 상(喪이)이라도 만약 그 상이 부모의 상기(喪期) 안에 일어났다면, 그 제부나 형제의 복(服)을 벗을 때는 모두 상을 벗는 복장을 입었다가 제사가 끝나면 부모의 상복으로 돌아간다."라고 하였습니다. 이른바 상을 벗는 복장이란 곧 길복(吉服)입니다. 이로써 보건대 길복으로 제사를 마친 뒤에 부모의 상복으로 돌아가는 것이 올바른 예입니다. 그런데 《의례문해(疑禮問解)》에서 아내의 이상(二祥 소상(小祥)과 대상(大祥))을 행할 적에는 응당 포의(布衣)와 효건(孝巾)으로 제사를 지낸다고 하였으니, 오늘날에 고례(古禮)를 행하기 어려워 그런 것이 아니겠습니까.

답 이른바 길복으로 제사를 마친 뒤에 부모의 상복으로 돌아간다는 것이 꼭 맞는 말인지 모르겠습니다. 후상(後喪)이 있는 자는 전상(前喪)의 담제(禫祭)를 지낼 수 없으니, 이는 길례(吉禮)를 쓰기 어렵기 때문입니다. 더욱이 기년복 이하의 복을 벗는데 상인(喪人)인 어찌 대번에 길복을 입을 수 있겠습니까. 《의례문해》에 의거하여 행하는 것이 옳을 듯합니다.

홍우평에게 답하다
答洪禹平

문 혹 상(喪)이 발생한 날이 그믐 사이에 있어서 다음 달 초에 성복(成服)하게 되면 대공복(大功服) 이하로는 마땅히 성복한 달로 계산하여 그 달수가 차면 다음 달 초하루에 복을 벗는 것이 후한 쪽을 따르는 예법의 도리에 부합할 듯합니다. 그러나 세속에서는 모두 상이 발생한 달로 계산하여 복을 벗는다고 하니, 의심스럽습니다.

답 이것은 주자(朱子)가 증무의(曾無疑)에게 답한 설[70]이 지극히 분명하니, 응당 주자의 설에 따라 성복한 달을 기준으로 삼아야 할 듯합니다. 《의례문해(疑禮問解)》에 비록 복을 벗는 달수를 처음 사망한 날로부터 따진다는 설이 있지만, 돌아가신 스승께서 일찍이 이를 의심하였습니다. 대공복 이하의 경우 처음 사망한 날로 계산하면 달수가 차지 않으니 온당치 못한 일이 아니겠습니까.

70 주자(朱子)가……설 : 주희(朱熹)가 증무의(曾無疑)에게 답한 편지에 다음과 같은 내용이 나온다. "영형(令兄)의 상기(喪期)는 성복(成服)이 너무 늦었던 것이 참으로 이미 애초에 잘못된 것입니다. 그러나 오늘날 상련(祥練)의 예는 도리어 마땅히 성복하던 날부터 지금까지 달수를 계산해서 실제 달수를 절기로 삼아야 합니다." 《朱子大全 卷60 答曾無疑》

홍순보에게 답하다

答洪純甫

출계자(出繼子)의 아내가 본생(本生) 시부모를 위해 대공복을 입는다는 것은 《의례》에 보이고 《주자가례》도 이를 따랐으니, 의심할 여지없이 따라야 합니다. 지금 상중(喪中)의 그대 집안에서 최복(衰服)을 잘못 입고 있으니, 사유를 갖추어 영연(靈筵)에 고하고 바꿔 입는 것이 마땅할 듯합니다.

후재집

제13권

답문 예의 答問禮疑

이동보[1]에게 답하다
答李同甫

평상시에 두르는 포대(布帶)에 관한 그대의 논의는 처음부터 끝까지 수백 마디 말씀이 명백하고 정밀하지 않음이 없었으니, 읽고 난 뒤에 우러러 감탄하는 마음을 금할 수 없습니다. 다만 제가 이에 대하여 한두 가지 의심이 있어 감히 저의 견해를 여쭙니다. 지금 그대가 말씀하신 것에 관해서는 많은 말이 필요 없으니, 주자(朱子)가 여정보(余正甫)에게 답한 편지를 가지고 대략 변론하겠습니다.

삼가 살펴보건대, 이 편지를 보낸 시점이, 임금의 상(喪)이 1년 지난 뒤에 신하들이 붉은색 관복 차림으로 상(喪)에 임하자-주자(朱子)가 "당시 신하들이 예전대로 자삼(紫衫)을 입었다."라고 하였고, 또 양경중(楊敬仲)의 설이 붉은색 관복 차림으로 군상(君喪)에 임하는 것보다 낫다고 하였습니다.[2]- 여정보가 난삼

1 이동보(李同甫) : 이희조(李喜朝, 1655~1724)로, 본관은 연안(延安), 호는 지촌(芝村)·간암(艮菴)이고 자가 동보이다.

2 또……하였습니다 : 주희의 〈답여정보(答余正甫)〉에서 다음과 같은 말이 보인다. "제 생각으로는, 양경중의 설이 예에 부합하지는 않지만 오늘날 붉은색 관복 차림으로 군상(君喪)에 임하는 것보다는 훨씬 낫다고 생각합니다."

(襴衫)과 복두(襆頭) 차림으로 거상(居喪)하고자 할 때이니, 반드시 먼저 이러한 뜻을 안 뒤에야 이 편지의 본뜻이 비로소 명확해질 것입니다. 주자가 여정보에게 답장했을 당시는 효종(孝宗)이 달수를 날수로 환산하여 상기(喪期)를 마친[3] 뒤에 제정한, 거친 베로 만든 의관(衣冠)을 착용하는 예법이 이미 폐해져 임금과 신하가 모두 상복이 없었습니다. 임금은 상복이 없이 칠사(漆紗)와-칠사는 옻칠한 비단 복두(幞頭)입니다.- 담황색 포(袍)로 정사를 보았으며, 신하들은 상복이 없이 붉은 관복 차림으로 임금의 상에 임하였습니다. 이러한 때에 정보(正甫)가 난삼과 복두 차림으로 임금의 상에 임하고자 하였기 때문에 주자가 고례(古禮)를 회복할 세기라고 칭찬한 것입니다.[4]-이것은 하조(何漕)가 수레 휘장을 붉은색에서 청색으로 바꾼 것[5]을 주자가 칭찬한 것과 같은 뜻입니다.- 그러나 난삼과 복두는-주자는 시기를 뒤로 물려 담제(禫祭) 때에 입는 옷이라고 하였습

3 달수를……마친 : 복(服)을 입는 달수를 날수로 환산하여 상기를 단축하는 것을 말한다. 삼년상의 경우 27일 만에 탈상하는데, 이 제도는 한(漢)나라 문제(文帝) 때부터 시작되었다.

4 이러한……것입니다 : 주희의 〈답여정보(答余正甫)〉에서 다음과 같은 말이 보인다. "보내온 글을 자세히 검토하니, 거상(居常) 때에는 난삼과 복두를 입다가 담제(禫祭) 때에는 조삼(皂衫)으로 바꾸고자 하니 진실로 고례를 회복하는 계기가 됩니다. 그러나 난삼과 복두는 본래 상복(喪服)이 아니며 염소 갖옷〔羔裘〕과 검은 관〔玄冠〕는 또 공자(孔子)가 조문할 때 사용하지 않았던 것이니, 이는 모두 신하가 임금의 상에 슬픔을 지극히 하는 복식이 아닙니다."

5 이것은……것 : 주희(朱熹)의 〈여임강왕쉬서(與臨江王倅書)〉에 다음과 같은 내용이 보인다. "내가 장사(長沙)에서 효종의 승하 소식을 처음 들었을 때 관리들의 수레 휘장을 붉은 색에서 청색으로 바꾸라고 말하고 미처 공문이 나가지 않았는데 하조(何漕)가 이미 내가 말한 대로 바꾸어놓았습니다. 이는 마음에 불편한 점이 있기 때문에 약속하지 않아도 서로 같았던 것입니다."

니다.- 신하가 임금의 상에 슬픔을 지극히 하는 복식이 아니니, 응당 효종(孝宗)이 제정한 예법대로-〈상복차(喪服箚)〉에 "수황(壽皇 효종)이 이미 시행한 예법을 따라 거친 베로 만든 의관을 착용하고 정사를 보아야 합니다."라고 한 것이 이것과 같은 뜻입니다.- 임금과 신하가 같은 복식을 입어야 한다.-당시 신하들이 이미 상복을 벗었기 때문에 군신이 같은 복식을 입게 하고자 한 것입니다.- 이는 여정보가 달수를 날수로 환산하여 상기(喪期)를 마친 뒤에 난삼과 복두 차림으로 임금의 상에 임하고자 하였기 때문에 주자가 효종이 달수를 날수로 환산하여 상기를 마친 뒤에 제정했던 복식으로 대답하여, 달수를 날수로 환산하여 상기를 마친 뒤에 난삼과 복두 차림을 하는 것이 고례를 회복할 계기가 되기에는 충분하지만, 효종이 제정한 거친 베로 만든 의관 제도보다는 못하다고 말한 것입니다.

지금 그대는 효종이 제정한 예법이 옛 상복(喪服)의 최질(衰絰)[6]이라고 하는데, 과연 그렇다면 주자가 여기에서 마땅히 "옛날 상복처럼 해야 한다."라고 하였을 것이고, "효종이 제정한 예법처럼 해야 한다."고는 하지 않았을 것입니다. 그 아래에 총괄해서 결론짓고서 "또한 마땅할 듯합니다.〔似亦允當〕"라고 하였는데, '사역(似亦)' 두 글자는 부족하게 여기는 뜻이 있습니다. 이것은 "거친 베로 만든 의관이 비록 옛 상복의 최질 제도는 아니지만 상하가 똑같이 입되 약간 구별하고, 또 평상시에는 백견건(白絹巾)·백량삼(白涼衫)·백대(白帶)의 착용을 허락하는 것이 아마도 마땅할 듯합니다."[7]라는 말입니다. 편지의

6 최질(衰絰) : 최(衰)는 상복(喪服)을, 질(絰)은 머리에 두르는 수질(首絰)과 허리에 두르는 요질(腰絰)을 가리킨다.

7 거친……듯합니다 : 이와 관련된 내용은 다음과 같다. "내 생각으로는 효종이 제정

말미에 또 "어떨지 모르겠습니다.〔不知何如〕"라고 하였는데, 이른바 '어떨지 모르겠다.'라는 것은 또 의심하여 결정하지 못한 말입니다. 효종이 제정한 예법이 과연 옛날 상복의 최질 제도였다면 주자는 필시 고례(古禮)에 꼭 부합한다고 말하였을 것이니, 무엇 때문에 부족하게 여기는 뜻을 보이고, 또 무엇 때문에 의심하여 결정하지 못하는 말을 했겠습니까.

또 백량삼(白涼衫)으로 말하면, 주자가 어떤 이의 질문에 답하기를, "지금 백관이 착용한 양삼(涼衫)같은 것도 나쁘지는 않지만, 이는 단지 약간의 흔적을 보존한 것뿐이다.〔此只存得些影子〕"라고 하였습니다. -영종(寧宗) 때에는 백관들이 양삼을 입고 정사를 보았습니다.- '약간의 흔적〔影子〕'이라는 두 글자는 '사역(似亦)' 두 글자와 뜻이 서로 조응합니다. 더구나 그 아래 자주(自註)에 "초상(初喪) 때에는 응당 옛날의 상복(喪服)을 만들어 거상해야 예법에 합치된다."라고 하였습니다. 이는 주자가 거친 베로 만든 의관이나 백견건(白絹巾)·백양삼(白涼衫)·백대(白帶)로는 고례를 회복하기에 미진하다고 여겼기 때문에-거친 베로 만든 의관에 대해서는 효종도 고례에 가깝다고 말하였고 고례라고 말하지는 않았습니다.- 여기에 별도로 이러한 자주(自註)를 써서 '이처럼 해야만 예법에 합치된다고 말할 수 있다.'라고 한 것입니다.

두 곳의 긴요한 점이 '또한 마땅할 듯합니다.〔似亦允當〕'와 '비로소

한 예법대로 임금과 신하가 같은 상복을 입되 약간 구별을 하여 상하를 분변할 수 있게 하고……조정과 주현에서도 모두 이 제도를 적용하여 평상시에는 백견건·백량삼·백대의 착용을 허락하고……또한 마땅할 듯한데, 어떨지 모르겠습니다.〔竊謂當如孝宗所制之禮, 君臣同服而略爲區別, 以辨上下……朝廷州縣, 皆用此制, 燕居許服白絹巾白涼衫白帶……似亦允當, 不知如何.〕"

예법에 부합합니다.〔乃爲合禮〕'라는 여덟 글자에 있는데, 지금 그대는 '윤당(允當)' 위의 '사역(似亦)' 두 글자를 잘라버리고, '합례(合禮)' 위의 '내위(乃爲)' 두 글자를 잘라버리고서 마침내 "본 편지에서 말한 '윤당'이라는 말은 소주(小註)에서 말한 '합례'와 같은 뜻이다."라고 말하였습니다. '윤당'과 '합례'를 한 덩어리로 만들어 똑같은 복제(服制)로 만들고서 '주자의 뜻이 또한 반드시 이와 같았을 것이다.'고 하니, 모르겠지만 주자의 본뜻이 과연 이와 같겠습니까. 주자의 이 편지는 달수를 날수로 환산하여 상기를 마친 뒤에 난삼과 복두로 거상하자는 여정보의 논의 때문에 말한 것입니다. 가령 당시에 고례를 한결같이 회복하여 오늘날처럼 최마(衰麻)를 모두 입었다면, 정보(正甫)의 난삼과 복두에 대한 질문이 애당초 왜 나왔겠으며, 주자의 백견건・백양삼・백대에 대한 설이 또 왜 있었겠습니까.

지금 마침내 난삼과 복두를 착용할 때 두르는 포대(布帶)를 가지고 최마(衰麻)를 착용할 때에 두르는 띠로 만들었습니다. 난삼과 복두를 착용할 때 포대를 두른 것은 그 뜻이 임금의 상(喪)을 후하게 치르고자 한 것인데, 최마를 입을 때 포대를 두르는 것은 도리어 임금의 상을 박하게 치르는 꼴이 되고 말았습니다. 이것이 어찌 진정으로 주자의 뜻을 아는 것이겠습니까. 더구나 〈군신복의(君臣服議)〉[8]는 주자가 근본에 따라 크게 바로잡은 의론입니다. 거기에 임금과 신하의 최질(衰絰) 제도를 논함이 몹시 상세한데도 끝내 백견건・백양삼・백대의 제도는 말하지 않았으니, 또한 이러한 복식이 참최(斬衰) 때에 착용할

8 군신복의(君臣服議) : 주희(朱熹)가 고종(高宗)이 세상을 떠난 후 상복의 제도를 논한 글이다.

복식이 아님을 알 수 있습니다.

우장(尤丈 송시열(宋時烈))이 임금과 신하의 복제에 대한 의(議)를 올리면서 말하기를, "주자가 고금을 참작하여 예령(禮令)을 덜고 보태어 오랜 세월이 흐른 뒤에도 바꿀 수 없는 정제(定制)를 만들었으니, 신의 생각으로는 의심 없이 시행할 수 있고 또 어려울 것도 없다고 여깁니다."라고 하였습니다.

지금 《송사(宋史)》를 가지고 살펴보면, 효종(孝宗) 순희(淳熙) 14년 정미(丁未) 10월에 태상황(太上皇)-고종(高宗)-이 붕어하자, 황제-효종(孝宗)-가 명하기를, "태상황제가 갑자기 붕어하셨으니 짐은 응당 최복(衰服)으로 3년을 지낼 것이다. 신하들은 따로 달수를 날수로 환산하여 상기(喪期)를 마치는 제도를 따르라."고 하였습니다.-〈군신복의(君臣服議)〉를 가지고 살펴보건대, 당시 달수를 날수로 환산하여 상기를 마치기 이전에도 임금과 신하의 상복이 고례와 똑같지는 않았습니다.- 11월에 이르러 황제가 비로소 흰 베로 만든 건(巾)과 포(袍)로 연화전(延和殿)에서 정사를 보았고, 삭망(朔望)에 덕수궁(德壽宮)에 나아갈 적에는 초상 때처럼 최질(衰絰)에 지팡이를 잡았습니다.-삭망 때가 아니면 최질(衰絰)을 하지 않았음을 알 수 있습니다.- 이듬해 4월에 묘당에 합부(合祔)하고서 명을 내리기를, "짐이 근래에 명을 내린 것처럼 3년 동안 최질(衰絰)을 착용하고 싶었지만, 신하들이 어전에서는 복식을 바꾸기를 누차 청하였기 때문에 거친 베로 만든 의관을 착용하고서 내전(內殿)에서 정사를 보겠다. 비록 묘당에 합부하기를 기다려 청한 대로 따르겠다는 명을 내렸으나, 전례(典禮)를 상고하니 마음이 실로 편치 않다. 이대로 행하여 상제(喪制)를 마치는 것이 고례에 가까울 것이니, 나의 지극한 뜻을 헤아려 더 이상 청하지 말라."고 하였습니다. 이른바 '복식을 바꾼다.'는 것은 옻칠한 비단 복두(幞頭)와 담황색 포(袍)로 바꾼다는 것이고, 이른바 '포소(布素)'는 거친 포로 만든 의관(衣冠)입니다. 이른바 '전례를 상고하였다.'는 것은 옛날의 상례(喪禮)를 살펴보았다는 말이고, 이른바 '마음이 실로 편치 않다.'는 것은 옛날의 상례를 찾아보니 지금 이렇게 복식을 바꾸는 것이 마음에 참으로 편치 못하다는 말이고, 이른바 '이대로 행하여 상제를 마친다.'는 것은 이 흰 베옷 차림으로 3년을 마치겠다는 말이고, 이른바 '고례에 가깝다.'는 것은 이 흰 베옷이 옛날의 최질에 가깝다는 말이고, 이른바 '나의 지극한 뜻을 헤아려 더 이상 청하지 말라.'는 것은 응당 짐의 지극한 뜻을 헤아려 다시는 복식을 바꾸기를 청하지 말하는 말입니다. 처음부터 끝까지 말뜻이 통창하여 의심할 것이 없는데다 '고례에 가깝다.〔近古〕'라는 두 글자에서 더욱 명백합니다. '근고(近古)'라는 말은 고례에 가깝다는 말이지, 곧장 이것을 가지고 고례라고 말한 것이 아닙니다. 그렇다면 효종이 제정한 거친 베로 만든 의관 옛 상복의 최질(衰絰)에 가깝다는 것이지, 참으로 옛 상복의 최질의 아니라는 것이 어찌 명백하지 않겠습니까. 만약 과연 이것이 옛 상복의 최질이라면 응당 '고례(古禮)이다'라고 말하였지, '고례에 가깝다.'고는 말하지 않았을 것입니다.

광종(光宗) 소희(紹熙) 5년 갑인(甲寅) 6월에 수황(壽皇 효종)이 승하하고 -태상황(太上皇)- 광종이 병이 있어 집상(執喪)하지 못하자 영종(寧宗)이 즉위하였습니다. 11월에 삼년상의 제도를 따른다는 조서가 내렸고, 조정 안팎의 백관이 모두 양삼(涼衫)을 입고 정사를 보았는데, '대개 주희(朱熹)의 말을 따른 것이다.'라고 하였습니다. 이보다 앞서 주자가 차자(箚子)를 올려 수황(壽皇)이 제정한 거친 베로 만든 의관을 착용하는 제도를 따르도록 청했는데, -차자에 "응당 수황이 이미 시행한

법을 따라서 거친 포로 만든 의관을 입고 조정의 일을 보셔야 합니다."라고 하였고, 또 "수황이 이미 시행한 법을 모두 실추시켰으니 신은 매우 애통합니다."라고 하였고, 또 "바라건대 폐하께서는 수황이 성효(聖孝)로 이룬 법을 헤아리소서."라고 하였다.- 이때에 이르러 삼년상의 제도를 따른다는 조서를 내리고, 또 붉은색 관복을 입던 이전의 제도를 쓰지 않고 양삼으로 일하는 복장을 삼았습니다.-양삼 차림으로 정사를 본 것은 차자에서 말하지 않은 내용입니다.-

다만 주자의 말에 "효종이 고종의 상을 치를 때에는 조회를 볼 때에는 백복두(白幞頭)를 쓰고 포포(布袍)를 입었는데, 당시 신하들은 오히려 예전대로 자삼(紫衫)을 입었습니다. 금상이-영종(寧宗)- 등극하여 평상시에 흰 비단 배자(背子)를 입었는데 신하들은 도리어 양삼(涼衫)을 입었으니, 그다지 예법을 잃지는 않았으나 임금의 복식은 마침내 옛 모습을 잃었습니다."라고 하였습니다. 임금이 옻칠한 비단 복두(幞頭)와 담황색 포(袍)를 착용하고 신하들이 붉은색 관복을 입을 때에 비해 임금은 흰 비단 배자를 입고 신하는 양삼을 입었기 때문에 '그다지 예법을 잃지 않았다.'고 말한 것입니다. 이 '그다지 예법을 잃지 않았다.〔頗不失禮〕'는 네 글자를 살펴보면, '약간의 흔적을 보존하였다.〔存得些影子〕'는 말과 똑같이 미진하다는 뜻이 있습니다. 또 효종은 거친 베로 만든 의관을 착용하고 삼년상을 마쳤는데, 영종은 흰 비단 배자 입었기 때문에 '군주의 복식이 마침내 옛 모습을 잃었다.'고 말한 것입니다.

이것을 가지고 살펴보면, 《송사(宋史)》의 이른바 '영종이 삼년상의 제도를 준용한다는 명을 내렸다.'는 말은 임금이 옻칠한 비단 복두와 담황색 포를 착용하지 않고 흰 비단 배자를 입었으며, 신하들이 붉은색 관복을 입지 않고 양삼을 입은 것에 불과할 뿐, 거친 베로 만든 의관을 착용하는 제도는 끝내 시행하지 않은 것이니, 하물며 옛날 상복의 최질(衰絰)이야 말해 무엇하겠습니까. 또 차자에서 계빈(啓殯)할 때에 다시 초상(初喪) 때의 복식을 착용하도록 청하였지만, 임금이 입은 것은 단지 흰 비단 배자였고 신하들이 입은 것은 단지 양삼일 뿐이었으니, 옛 상복을 입지 않은 것을 또한 알 수 있습니다. 본 편지를 고찰하고 《송사》와 주자(朱子)의 설을 참고하면 그 말이 이와 같은데도 지금 그대가 반드시 옛날 상복의 최질이라고 하는 것은 제가 참으로 어리석어 실로 무슨 말인지 모르겠습니다.

보내신 편지에서 "주자의 뜻은 초상에는 옛 상복으로 성복(成服)하고, 평상시에는 백견건·백양삼·백대의 착용을 허락하고자 한 것이다."라고 하였는데, 이는 본 편지에서 먼저 백견건·백양삼·백대 등을 말하고 뒤의 주(註)에서 옛 상복을 말한 것과는 같지 않습니다. 본뜻을 뒤바꾸고 그 순서를 뒤집어 마치 초상에는 먼저 옛 상복으로 성복하고 평상시에는 백견두·백양삼·백대의 착용을 허락한 것처럼 말하니, 그대가 무엇 때문에 이처럼 보시는지 모르겠습니다.

또 말하기를, "정사를 보는 것이 성복(成服)할 때에 비해 가볍고, 평상시 한가로이 있을 때가 정사를 볼 때에 비해 더욱 가볍다."라고 하였는데, 이는 또 그렇지 않습니다. 부상(父喪)과 군상(君喪)에 참최(斬衰)를 입는 것은 똑같습니다. 부친상의 경우 참최로 성복한 뒤로는 본래 평상시에 달리 입는 복식이란 것이 없습니다. 그렇다면 어찌 군상에서만 달리하겠습니까. 평상시의 복식에 대한 주자의 설은 당시에 이유가 있어서 말한 것이지, 애초에 정사를 볼 때보다 가벼워서 그렇다고 말한 것이 아닙니다. 정사를 볼 때에 베로 만든 복두(幞頭)를 쓴다고 말한 것은 정사를 보기 때문에 말한 것이지, 애초에 성복할 때보다 가벼워서 그런 것이 아닙니다. 지금 그대는 그 사이에서 차례차례 경중을 나누고자 하니, 과연 명확한 증거가 있는지 모르겠습니다.

또 말하기를, "참최복(斬衰服)을 입고서 자최복(齊衰服)의 띠를 두르는 문제는 응당 상복(喪服)에서나 논해야지 평상시의 복식에서는 상관없다."라고 하였는데, 이는 또한 그렇지 않습니다. 오늘날의 복제(服制)는 실로 한 문제(漢文帝) 이후 천백 년 동안 없었던 성대한 일입니다. 위로 공상(公相)에서부터 아래로 말단 관직에 이르기까지 최복(衰服)을 입고 마대(麻帶)를 두르지 않은 자가 없으며, 유생과 천례(賤隷)에 이르기까지도 모두 포의(布衣)를 입고 마대(麻帶)를 두르니, 이는 붉은색 관복을 입고 난삼과 복두를 착용할 때와는 그 예법이 아주 다릅니다. 이것으로 살펴본다면, 양경중의 설이 그 당시에 있었기 때문에 주자(朱子)가 낫다고 한 것이지, 오늘날에 있었다면 필시 낫다고 하지 않았을 것이며, 여정보의 난삼과 복두가 그 당시에 있었기 때문에 주자가 칭찬한 것이지, 오늘날에 있었다면 필시 칭찬하지 않았을 것이며, 평상시에 두르는 포대(布帶)가 그 당시에 있었기 때문에 주자가 착용을 허락한 것이지, 오늘날에 있었다면 또한 반드시 허락하지 않았으리라는 것을 알 수 있습니다. 제가 말한 '참최복을 입고서 자최복의 띠를 둘렀다.'고 한 것은 바로 오늘날의 포대(布帶)를 가리켜 말한 것입니다.

또 말하기를, "마대(麻帶)를 두르고 삼년상을 마치는 것은 이는 유생(儒生)을 가리킨 것이지, 애초에 조정의 관리를 가리킨 것이 아니다."라고 하였는데, 이것은 그럴듯하지만 또한 그렇지 않은 점이 있습니다. 조정의 관리는 마질(麻絰)과 마교(麻絞)의 제도가 있지만, 유생은 생포(生布)로 만든 도포(道袍)만 있고 질(絰)과 교(絞)는 없습니다. 이 때문에 어쩔 수 없이 별도로 마대(麻帶)를 말한 것입니다. 조정의 조제(條制)는 상세하고 분명하게 드러내고자 힘쓰기 때문에 이처럼 한 것이지, 애초에 조정의 관리에 대해서는 말하지 않고 유생에 대해서만 말한 것이 아닙니다.

또 말하기를, "비록 유생이라 하더라도 항상 마대(麻帶)를 착용한다는 조령(條令)은 없다."라고 하였는데, 이는 또 그렇지 않습니다. 이미 "마대를 두르고 삼년상을 마친다."라고 하였으니, 이 마대가 바로 삼년 동안 항상 착용하는 띠입니다. 만약 항상 착용한다는 조령을 별도로 두지 않았다고 하여 마대를 두르지 않는다면 평상시 착용하는 띠는 과연 무슨 띠란 말입니까. 또 마대를 착용한다는 조령이 이미 있으니 굳이 다시 항상 착용한다는 조령을 둘 필요는 없을 듯합니다.

또 말하기를, "응당 선생의 설에 따라 포대(布帶)를 착용해야 하니 이것은 시왕(時王)의 제도[9]가 없기 때문이다."라고 하였는데, 이는 또 그렇지 않습니다. 오늘날 조정의 조제(條制)는 실로 고례(古禮)의 최마(衰麻) 복제(服制)를 준용하여 온 나라의 사람들이 이 조제에 따라 시행하지 않은 자가 없으니, 이것이 시왕의 제도가 아니고 무엇이겠습니까. 이미 참최의 조제가 이처럼 명백하게 있으니, 비록 주자가 오늘날 살아있더라도 응당 이에 따라 시행하였지, 난삼과 복두를 착용할 때 포대를 두르는 설을 주장하지 않았을 듯합니다.

또 말하기를, "퇴계(退溪 이황(李滉))가 이렇게 말하고, 한강(寒岡 정구(鄭逑))이 이렇게 말하고, 신재(愼齋 김집(金集))가 이렇게 말했다."라고 하였는데, 이 또한 그렇지 않습니다. 퇴계가 안동부(安東府) 관리에

9 시왕(時王)의 제도 : 당시의 왕이 제정한 제도라는 뜻이다.

게 답한 것은 곧 국상(國喪)의 내상(內喪)이니, 자최복을 입고 포대를 두르는 것이 옳습니다. 한강이 수정한 예조의 계초(啓草)와 신재의 기축년(1649, 효종즉위)〈고금상례이동의(古今喪禮異同議)〉[10]에는 모두 주자가 여정보에게 답한 편지의 설을 기록하면서 백견건·백양삼·백대에 대해서는 모두 빼버리고 기록하지 않았으니, 또 오늘날 포대의 증거가 되기에는 마땅하지 않은 듯합니다. 설사 빼버리지 않았더라도 오늘날의 상복 제도를 돌아보면 그 당시와는 절로 다른 점이 있을 듯합니다.

이 몇 가지는 어리석은 저의 견해에 모두 의심스러운 점입니다. 의심이 있으면 토론하는 것이 또한 이지를 철저히 연구하여 극치에 도달하는 한 가지 일이기에 감히 참람함을 잊고서 아울러 조목조목 여쭈니, 생각건대 그대 또한 비난하지는 않을 듯합니다. 부디 다시 명확한 말씀을 주시어 우매한 의혹을 풀어주신다면 몹시 다행이겠습니다.

10 신재(愼齋)의 기축년 고금상례이동의(古今喪禮異同議) : 기축년은 인조가 서거하고 효종이 즉위한 해이다. 이해에 김집(金集)이 소명(召命)을 받고 〈고금상례이동의(古今喪禮異同議)〉를 지었는데, 인조 서거에 따른 상례(喪禮) 절차를 고경(古經)을 고찰하여 60항목으로 나누어 설명하였다.

이동보에게 답한 별지

答李同甫別紙

문 지금 말씀하신 내용에 대해서는……명료해질 것입니다.〔今此云云……躍如矣.〕

○고종(高宗)의 상(喪)에는 신하들이 본디 붉은색 관복 차림으로 임금의 상에 임하였습니다. 그러나 《문헌통고(文獻通考)》를 고찰하건대, 그 뒤에 효종(孝宗)이 소흥(紹興 남송(南宋) 고종(高宗)의 연호) 연간에 나점(羅點)이 주장했던 논의[11]에 따라 신하들의 평상복에 붉은색 장식을 없애도록 명하였습니다. 이와 같다면 효종의 상에 붉은색 관복을 입지 않은 것을 알 수 있습니다. 주자(朱子)가 일찍이 말하기를, "금상께서 효종의 상을 치를 적에 신하들이 모두 양삼(涼衫)을 입었습니다."라고 하였으니, 이는 더욱 믿을 만합니다. 이 편지의 이른바 '금세(今世)'라는 말은 그 뜻이 '후세(後世)'라는 말과 비슷하니, 고종의 상을 치를 때를 가리켜 말한 듯합니다. 어떻게 생각하십니까?

답 주자가 말한 '붉은색 관복 차림으로 임금의 상에 임했다.'는 것은 바로 효종의 상을 치를 때를 말한 것인데, 지금 그대가 효종의 상을 치를 때 붉은색 관복을 입지 않았다고 하는 것은 어째서입니까? 이

11 소흥(紹興)……논의 : 고종(高宗) 4년에 있었던 나점의 건의는 다음과 같다. "신하들에게 명하여 달수를 날수로 환산하여 상기를 마친 뒤에도 최복(衰服)을 벗지 말고 조정에 임하여 임금을 받들어 위로하며 응당 관여해야 할 상례에 모두 최복 차림으로 종사하도록 하며 평상시의 복색에 대해서도 조금 제도를 만들어 붉은색 장식을 없애도록 하소서."

른바 '신하들이 거상할 때에 모두 양삼(涼衫)을 입었다.'는 것은 바로 영종(寧宗)이 7월에 즉위하여 주자의 차자(箚子)를 따른 뒤의 일이니, 이것을 끌어와 효종의 초상(初喪) 때에 붉은색 관복을 입지 않았다는 증거로 삼을 수 없음이 분명합니다. 이른바 '금세(今世)'라는 것은 주자의 본 편지를 가지고 살펴보면, '금세주자(今世朱紫)' 아래에 바로 "지난번에 효종이 고종을 위해 복을 입는 것을 보니〔向見孝宗爲高宗服〕"라고 하였습니다. 지금 '향견(向見)'이라는 글자로 '금세(今世)'라는 글자와 상대하여 보면, 금세가 효종의 때가 아님을 알 수 있습니다. 지금 그대는 금세의 뜻을 후세라는 말과 비슷하게 생각하여 고종의 상을 치를 때로 가리키는 것은 또한 어째서입니까? 또《문헌통고》에 비록 '효종이 나점의 논의에 따라 신하들의 평상복에 붉은색 장식을 없애도록 명하였다.'는 말이 있지만, 거친 베로 만든 의관의 착용은 효종이 일찍이 직접 시행한 일입니다. 그런데 영종 때에 이르러 주자가 오히려 그 제도가 폐해져 시행되지 않는 것을 애통하게 여겼으니, 나점의 논의가 유독 보존되었다고 어찌 장담하겠습니까. 만약 나점의 논의가 그때까지 보존되었다면 필시 여정보(余正甫)가 난삼(襴衫)과 복두(幞頭)로 거상하는 문제를 질문하지 않았을 것이고, 주자 또한 무엇 때문에 붉은색 관복으로 임금의 상에 임했다는 말을 했겠습니까.

문 주자가 여정보에게 답장할 당시는……효종이 제정한 거친 베로 만든 의관 제도보다는 못하다고 말한 것입니다.〔蓋朱子……大布之制也〕
○보내주신 말씀에 효종이 제정한 예를 가지고 전부 거친 베로 만든 의관 제도라고 하셨습니다. 그렇다면 거친 베로 만든 의관을 착용하는

제도에도 연제(練祭)·상제(祥祭)·담제(禫祭)의 일이 있었습니까?

답 거친 베로 만든 의관은 옛날 상복(喪服)에는 없었던 것으로 효종 때에 처음으로 만든 제도입니다. 본문의 문세(文勢)를 가지고 살펴보면, 효종이 제정한 예법을 거친 베로 만든 의관으로 보는 것이 어찌 명백하지 않겠습니까.-주자는 대포(大布)를 또 추로(麤布)라고 하였으니, 아마도 《가례(家禮)》의 이른바 극추생포(極麤生布)·차추생포(次麤生布) 따위인 듯합니다. 《좌전(左傳)》의 '대포(大布)' 주석에도 '추포(麤布)'라고 하였습니다.- 비록 거친 베로 만든 의관을 착용하는 제도를 썼더라도 어찌 연제·상제·담제가 없었겠습니까. 대포를 마전하는 것은 우리나라에서 생포백립(生布白笠)과 생포도포(生布道袍)를 소상(小祥) 때에 연포(練布)로 바꾸어 쓰는 것과 같습니다. 또 주자의 말과 《송사(宋史)》에는 모두 '거친 베로 만든 의관〔大布衣冠〕'이라고 하고, 또 '흰 베로 만든 의관〔白布衣冠〕'이라고 하고,-주자가 옥당(玉堂)에서 상복에 대해 상고하여 아뢰기를, "일찍이 상주할 일이 있어 직접 수황(壽皇)의 의관을 우러러 뵌 적이 있다."라고 하였으니, 백포는 필시 생포입니다.[12]- 또 '거친 베로 만든 의관〔布素〕'이라고만 하였지, 한번도 '연포 의관(練布衣冠)'이라고 말하지 않았고, 소상에 이르러서야 '연복(練服)'이라고 말하였으니,-《오례의(五禮儀)》〈성복(成服)〉에서 단지 '포과모(布裹帽)'라고 말하고 소상에 이르러서야 비로소 연포과모(練布裹帽)라고 하였으니, 뜻이 또한 이와 같습니다.- 이른바 대포(大布)·

12 주자가……생포입니다 : 이 부분은 큰 글씨로 되어 있는데, 문맥상 주석에 해당하는 내용이므로 바로잡아 번역하였다. 이 글은 주자의 〈거상에 복을 지키고 예법을 따르기를 효유함〔曉諭居喪持服遵禮律事〕〉에 "수황의 소의와 소관은 모두 거친 베로 만들었으니, 일찍이 상주할 일이 있어 신이 직접 우러러 뵌 적이 있습니다.〔壽皇素衣素冠, 皆用麤布, 嘗因奏事, 親得瞻仰.〕"라는 내용이 있다. 《晦庵文集 卷1》

백포(白布)·포소(布素)라는 것이 연포가 아님을 알 수 있습니다.

또 연제·상제·담제에 대해 말씀드리겠습니다. 살펴보건대 범조우(范祖禹)의 상소에 "지금 신하들은 달수를 날수로 환산하여 상기를 마쳤는데 임금은 실로 상을 치르고 있기 때문에 12일 만에 소상(小祥)을 지내고서 기년(朞年)에 또 소상을 지내며, 24일 만에 대상(大祥)을 지내고서 재기(再朞)에 또 대상을 지냅니다."라고 하였습니다.-이것이 이른바 궁중(宮中)에서 행하는 삼년상입니다.- 또 살펴보건대 〈군신복의(君臣服議)〉에 "고례(古禮)에는 소상에 연관(練冠)으로 바꾸어 착용하되 숙포(熟布)로 만들었는데, 오늘날 소상에는 단지 포사각건(布四脚巾)만 쓰고 연관은 쓰지 않으니 잘못입니다."라고 하였습니다. 또 살펴보건대 《송사》 정미년(丁未年) 10월 8일 을해(乙亥)에 고종(高宗)이 붕어하고, 11월 신축일(辛丑日)에 신하들이 담제(禫祭)를 지낸 뒤에 상복을 벗고 상을 마쳤다고 하였습니다.-10월 8일 을해일부터 11월 신축일까지의 기간이 달수를 날수로 환산하여 상기를 마치는 27일의 수에 꼭 부합됩니다.- 지금 이 몇 가지 설로 살펴보면, 당시의 연제·상제·담제의 예법이 고례와 어긋남이 이와 같았기 때문에 주자가 여정보(余正甫)에게 답한 편지에서 임금과 신하에게 같은 복식을 입게 하고자 한 것이며 또 고례의 13개월에 연제를 지내고 25개월에 상제를 지내고 27개월에 담제를 지내는 예법에 따라 시행하고자 한 것입니다. 대개 효종의 거친 베로 만든 의관 제도를 준용하고 또 고례에 따라 연제·상제·담제에 변제(變除)하는 절차를 시행하는 것이 주자의 뜻이었으니, 어찌 이것을 의심할 수 있겠습니까.

문 지금 그대는……결정하지 못하는 말을 했겠습니까.〔今高明……未決

之辭也.]

○《사기(史記)》에 이미 "초상 때처럼 최질(衰絰)에 지팡이를 잡았다."라고 하였으니, 효종이 삼년상을 행하지 않았다고 말할 수는 없습니다. 이 때문에 주자가 "효종이 제정한 예법대로 임금과 신하가 같은 복식을 입어야 한다."고 말한 것입니다. 이른바 '같은 복식을 입는다.〔同服〕'는 것은 곧 최질(衰絰)과 흰 베로 만든 의관을 아울러 가리킨 것입니다. 이 때문에 아래 글에서 연제·상제·담제를 말한 것이니, 연제·상제·담제는 응당 전적으로 최질(衰絰)에 속합니다. 이 편지의 첫머리에 이미 "효종이 고종을 위하여 복을 입을 적에〔孝宗爲高宗服〕"라고 하였으니, 이 '복(服)' 자는 바로 최복삼년(衰服三年)의 '복'입니다. 이 때문에 여기에 이르러 마침내 '효종이 제정한 예법대로 해야 한다.'고 말한 것입니다. 효종이 만약 최질을 착용하지 않고 흰 베로 만든 의관만 착용했다면 주자가 어찌 이처럼 찬탄했겠으며, 또 이처럼 그 제도를 따르고자 했겠습니까. 만약 흰 베로 만든 의관도 그 제정한 예법에 있다고 말한다면 괜찮지만, 전적으로 흰 베로 만든 의관만 가리킨다고 한다면 연제·상제·담제에 착용하지 않은 정도만이 아니니, 주자가 어찌 최질은 착용하지 않고 흰 베로 만든 의관만 착용하고자 했겠습니까. 이는 필시 그럴 리가 없습니다. 윗글에서 이미 양경중(楊敬仲)의 설이 예에 부합하지 않는다고 하였고, 또 여정보(余正甫)의 난삼(襴衫)이 상복(喪服)이 아니라고 하였는데, 자신은 옛 상복을 쓰지 않고 효종의 흰 베로 만든 관 제도만 따르고자 한다면 난삼과 복두가 상복이 아니라는 지적과 이미 크게 어긋나며 또 양경중·여정보와 함께 똑같이 예에 부합하지 못하게 되니, 참으로 선생이 말씀하신 '백보와 오십보의 차이'[13]입니다. 이는

문세(文勢)가 그렇지 않을 뿐만 아니라, 사리(事理)로 미루어 보더라도 절대 의심할 수 없습니다.

답 살펴보건대 《송사》에 "11월에 황제가 비로소 백포 건포(白布巾袍)를 착용하고서 연화전(延和殿)에서 정사를 보았다.-10월에 고종(高宗)이 붕어하고 이때 겨우 한 달이 지났습니다.- 삭망(朔望) 때에는 덕수궁(德壽宮)에 나아가 초상 때처럼 최질(衰絰)에 지팡이를 짚었다."라고 하였습니다. 이것을 가지고 살펴보면 삭망(朔望) 이외에는 최질에 지팡이를 짚지 않은 것을 알 수 있습니다.-〈군신복의〉를 고찰하건대, 그때의 최질도 옛날 상복의 최질을 똑같이 쓴 것은 아닙니다.- 지금 그대는 그 위에 있는 '백포 건포'는 완전히 무시하고 또 '최질' 위에 있는 '삭망' 두 글자를 빼버리고서 '최질에 지팡이를 짚었다.'는 한 구절과 한 줄로 만들어 마치 효종이 항상 최질을 착용한 것처럼 말하고, 또 이 한 구절로 인하여 미루어 부연하여 효종이 제정한 예법이 바로 옛날 상복의 최질이라고 하였습니다.

또 살펴보건대, 여정보에게 답한 편지에 "이전에 효종이 고종을 위하여 복을 입는 것을 보았는데 장례를 치르고 나서도 흰 베로 만든 의관(衣冠)을 착용하고 조회를 보았으니 이는 매우 성대한 덕이다."라고 하였으니, 이른바 '효종이 고종을 위하여 복을 입었다.'는 것은 흰 베로 만든 의관을 가리켜 말한 것이 분명합니다. 지금 그대는 '고종을 위하여 복을 입었다.〔爲高宗服〕'는 글 아래에서 또 '흰 베로 만든 의관〔白布

13 백보와 오십보의 차이 : 주희(朱熹)의 〈답여정보(答余正甫)〉에서 다음과 같은 내용이 있다. "한나라 효문제(孝文帝)는 장사를 지낸 뒤 세 차례 상복을 바꾸어 36일 만에 상복을 벗었으니, 후세에서 상을 당한 날로부터 계산하여 27일 만에 상복을 벗는 것보다는 진실로 낫지만, 그 큰 것이 바르지 않으니 그 득실이 백보와 오십보의 차이에 불과합니다."

衣冠]'이라는 말을 빼버리고서 '고종을 위하여 복을 입었다.'는 한 구절과 한 줄로 만들었습니다. 또 이 '복(服)' 한 글자로 인하여 미루어 부연하여 '최복삼년'의 '복'이라고 하니, 언뜻 보기에 비슷한 듯하지만 그 본뜻을 찾아보면 어찌 잘못이 아니겠습니까.

또한 말씀하신 내용 가운데 "효종이 만약 최질을 착용하지 않고 흰 베로 만든 의관만 착용했다면 주자가 어찌 이처럼 찬탄했겠으며, 또 이처럼 그 제도를 따르고자 했겠습니까."라고 하였습니다. 그러나 삼가 주자의 말을 살펴보면, "고종이 승하함에 수황(壽皇 효종)이 삼년 동안 포복두(布幞頭)를 쓰고 포삼(布衫)을 입었으니, 위로 천고의 잘못을 바로잡았다고 할 만합니다."라고 하였고,-이것은 찬탄하는 말입니다.- 또 〈상복차(喪服箚)〉에 "수황이 이미 시행한 법도를 따라 달수를 날수로 환산하여 상기를 마친 뒤에도 포의(布衣)와 포관(布冠) 차림으로 조회를 보시어 태상황제(太上皇帝)-광종(光宗)-를 대신하여 몸소 삼년상을 집행하는 것이 마땅합니다."라고 하였습니다.-이것은 그 제도를 따르고자 한 것입니다.- 비록 이 두 가지 설을 가지고 보더라도-이외에도 말한 것이 또 한두 가지가 아닙니다.- 그 속에 옛날의 최질(衰絰)을 포함하여 말한 적은 없지만, 주자가 찬탄함이 이와 같았고 제도를 따라 행하고자 한 것이 또 이와 같았습니다.

말씀하신 내용 가운데 또 "주자가 어찌 최질은 착용하지 않고 흰 베로 만든 의관만 착용하고자 했겠습니까."[14]라고 하였는데, 이것은 본뜻을 벗어나 스스로 말을 뒤집어 남을 공격하는 것입니다. 주자는

14 주자가……했겠습니까 : 대본에는 '朱子豈不欲服衰絰, 而只服白衣冠耶.'로 되어 있는데, 앞의 구절을 인용한 것이므로 '朱子豈欲不服衰絰'로 바로잡아 번역하였다.

여정보가 말한 난삼과 복두에 대하여 고례(古禮)를 회복할 계기라고 여겨 칭찬하였고, 소주(小註)에 또 "초상(初喪) 때에는 응당 옛날의 상복을 만들어 거상해야만 예에 부합한다."고 하였으니, 그 뜻을 알 수 있습니다. 다만 임금과 신하의 상복이 모두 폐해진 때에 효종이 거친 베로 만든 의관을 착용하는 제도를 시행했기 때문에 이처럼 누누이 찬미한 것이지, 흰 베로 만든 의관만 입고자 한 것이 아닙니다. 또 주자는 효종의 거친 베로 만든 의관이 오랜 세월동안 행하지 않았던 예를 행한 것이라고 여겨 매번 찬탄하다가 여정보의 난삼과 복두에 대한 질문을 받자, 고례를 회복할 계기가 되기에는 충분하지만 신하가 슬픔을 극진히 하는 복식이 아니니 효종이 제정한 거친 베로 만든 의관 제도를 준용하는 것만 못하다고 말한 것이니, 이는 평소 거친 베로 만든 의관을 찬탄하던 뜻에서 나온 것입니다. 편지의 본뜻은 단지 난삼과 복두를 착용하는 것이 거친 베로 만든 의관을 착용하는 것만 못하다는 말일 뿐, 본래 효종이 제정한 법을 옛 상복이라고 여긴 뜻은 없습니다. 그런데 지금 그대는 편지의 '효종이 제정한〔孝宗所制〕'이라는 네 글자를 가지고 '효종이 제정한 것은 옛날의 상복이고 대포는 아니다.'라고 하였습니다.

또한 난삼과 복두를 지적한 말을 미루어서 뒤섞어 말하여 이렇게 '크게 어긋난다.'·'똑같이 예에 부합하지 못하게 된다.'는 등의 말로 본뜻 이외의 다른 뜻을 도출해 내니, 그 말이 주밀한 듯하지만 본 편지의 뜻을 평이하게 말한 것은 아닌 듯합니다. 더구나 그 당시 붉은색 관복 차림으로 임금의 상에 임한 것으로 인하여 여정보의 난삼과 복두에 대한 질문이 있었고, 여정보의 난삼과 복두에 대한 질문으로 인하여 주자의 '효종이 제정한 예법대로 해야 한다.'는 말이 있게 된 것이니,

그 말이 매우 차례가 있고 매우 곡절이 있는데 지금 어긋난다고 말하는 것은 어째서이며, 백보와 오십보의 차이라는 것은 또 무슨 말입니까?

문 효종이 제정한……과연 이와 같겠습니까.〔孝宗所制……果如此耶?〕

○주자의 편지글 가운데는 '사역(似亦)'·'공역(恐亦)' 등의 글자와 '어떨지 모르겠습니다.〔不知何如〕'라는 말이 많습니다. 이것은 의심하여 결정하지 못한 말이 아니고 또한 부족하게 여기는 뜻이 있는 것도 아닙니다. 단지 겸사(謙辭)로 말한 것입니다. 그런데도 소주에서 말한 것은 이때 이미 초상(初喪)이 지났기 때문입니다. 윗글에 비록 임금과 신하가 같은 복식을 입어야 한다는 말이 있지만, 또한 성복(成服)의 복식을 분명하게 말하지 않았고 또 정무를 보는 복식에 대해서도 언급하지 않았습니다. 이 때문에 곧장 그 아래에 주(註)를 달아 "반드시 이처럼 해야만 예법에 모두 부합한다."라고 말한 것입니다. '연거(燕居)'로부터 '불복홍자삼년(不服紅紫三年)'까지[15]는 모두 예에 부합하는 내용입니다. 제가 이전 편지에서 '사역(似亦)'·'내위(乃爲)' 등의 글자를 빼버린 것은 네 글자를 중요하지 않게 보았기 때문이니, 지금 그대의 말씀과 크게 상반됩니다. 저의 말이 과연 틀렸고 그대의 말씀이 과연 옳다면, 면재(勉齋 황간(黃榦))의 〈상복도식(喪服圖式)〉에 어째서 '사역(似亦)' 위의 문자를 채록하면서 소주(小

15 연거(燕居)로부터 불복홍자삼년(不服紅紫三年)까지 : 이 부분의 내용은 다음과 같다. "평상시에는 백견건·백량삼·백대의 착용을 허락한다. 선인과 직급이 낮은 신하는 부제가 끝나고 최복을 벗고 조건·백량삼·청대 차림으로 상을 마치고, 서인과 이졸은 3년 동안 홍색과 자색 옷을 입지 않는다.〔燕居許服白絹巾白涼衫白帶, 選人小使臣, 旣祔除衰, 而皀巾白涼衫靑帶以終喪, 庶人吏卒不服紅紫三年.〕"

註)에 대해서는 전혀 채록하지 않은 것입니까?

답 겸사라고 말씀하신 것 또한 옳은 듯합니다. 다만 고금의 사람들이 쓴 편지를 가지고 살펴보면, 의심스럽거나 부족하게 여기는 뜻으로 말한 것이 많습니다. 더구나 이것은 소주(小註)의 '비로소 예에 부합한다.〔乃爲合禮〕'라는 말과 상대하여 보면, 겸사만은 아님이 또한 분명합니다. 또 거친 베로 만든 의관 및 평상시의 복식이 옛날 상복의 최질이 아니기 때문에 그 아래에 또 스스로 소주를 내어 "초상 때에는 응당 옛날의 상복을 만들어 거상해야만 예법에 부합한다."라고 한 것입니다. 또 "별도로 포복두(布幞頭)・포공복(布公服)・포혁대(布革帶)를 만들어 착용하고서 조회해야만 예에 부합한다."라고 말한 것은 조회를 보는 복식이 양암(諒闇)[16]이 폐해진 뒤에 임시로 만들어진 제도지만-임시 제도는 주자(朱子)의 설에 보입니다.- 또한 예에 어긋나지 않기 때문에 옛날의 상복과 똑같이 예에 부합한다고 말한 것이지, 본 편지에서 말하지 않았기 때문에 여기에 말한 것은 아닙니다. 더구나 본 편지에 "효종이 흰 베로 만든 의관을 착용하고 조회를 보았다."고 하였으니, 조회를 보는 복식을 본 편지에서 말하지 않았다고는 할 수 없습니다. 그런데도 지금 말하지 않았다고 하는 것은 어째서입니까?

주자의 이 편지는 효종이 승하하고 영종이 즉위하여 1년이 지난 뒤에 나온 것이니, 당시에 이미 효종이 제정한 거친 베로 만든 의관 제도가 폐해졌습니다. 주자가 이를 매우 애통하게 여겨 그 제도를 따르고자

16 양암(諒闇) : 고대에 상주(喪主)가 거처하던 방으로, 황제의 거상(居喪)을 의미하는 말로 쓰인다. 왕이 상을 당하면 3년 동안 정사를 직접 돌보지 않고 거상에만 힘을 다하였다.

하였기 때문에 편지에 오로지 이것을 중심으로 언급하였습니다. 지금 그 편지를 살펴보면, 처음에는 효종이 거친 베로 만든 의관을 착용하고 조회를 보았다고 말하여 찬미하였고, 중간에는 효종이 제정한 복식이 이미 폐해졌음을 말하여 몹시 애통하게 여겼고, 마지막에는 또 응당 효종이 제정한 복식대로 해야 한다고 말하여 이를 따르고자 하였습니다. 이는 상하가 조응하고 수미가 관통하니 한번 보면 대번에 알 수 있습니다.

'최질(衰絰)' 두 글자는 본 편지에는 본래 거론되지 않았습니다. 그런데 지금 그대가 단지 '효종이 제정한〔孝宗所制〕'이라는 네 글자를 가지고 부연하여 공공연히 그 사이에 삽입하고서 억지로 "이것은 필시 옛날의 상복이 이와 같았던 것이다."라고 하니, 윗글에서 말한 것이 쓸모없는 군더더기가 되었을 뿐만 아니라 아래 글에서 말한 것도 유래가 없게 되었습니다. 이 부분에 다시 깊이 생각해 보는 것이 어떻겠습니까?

그대가 말한 "'연거(燕居)'로부터 '불복홍자삼년(不服紅紫三年)'까지는 모두 예에 부합하는 내용입니다."라는 것은 또한 소주와 본문의 언외(言外)의 뜻입니다. 본 편지와 소주에서 말한 것이 각각 다른데도 지금 '마땅할 듯합니다〔似亦允當〕' 위에서 한 말을 '비로소 예에 부합합니다.〔乃爲合禮〕' 가운데에 억지로 삽입하였으니, 이는 견강부회하는 뜻을 면하지 못할 듯합니다.

또 '마땅할 듯합니다.'라는 것은 본 편지를 총결한 말이고, '비로소 예에 부합한다.'는 것은 소주(小註)를 총결한 말입니다. 편지에서 '사역(似亦)' 글자를 말한 것은 미진하다는 뜻을 대략 보인 것이고, 소주에서 '내위(乃爲)' 자를 말한 것은 비로소 극진하다는 뜻을 보인 것입니다. 두 곳의 긴요한 부분이 바로 여기에 있는데, 그대는 긴요하지 않게 여겨 빼버렸다고 하였습니다. 주자가 빼지 않은 글자를 그대가 대번에 잘라서 빼는 것은 온당치 못한 일이 아니겠습니까. 주부자(朱夫子)는 평소에 글자를 지극히 정밀하게 사용하여 한 글자도 그냥 지나치지 않았는데, 어찌 유독 여기에서만 이런 긴요하지 않은 글자를 썼겠습니까.

삼가 〈상복도식(喪服圖式)〉을 보건대, 이 편지에서 빠진 것이 소주의 말만은 아닙니다. '희유문자(熹有文字)'에서부터 '군부지복야(君父之服也)'까지의 설도 모두 빠졌습니다. 그 뜻을 비록 상세히 알 수 없지민, 아마도 혹 이것이 완성되지 못한 초고라 미처 더 수정하지 못해서 그런 듯합니다.

문 대체로 주자의……착용할 복식이 아님을 알 수 있습니다.〔大抵朱子……所可服也〕

○〈군신복의(君臣服議)〉는 전적으로 상복 제도를 논하였기 때문에 평상시 복식과 정사를 볼 때의 복식은 모두 제론(提論)하지 않았으니, 이 또한 증거로 삼을 수 있는 바가 아닐 듯합니다. 어떻게 생각하십니까?

답 지금 〈군신복의〉를 고찰하건대, 상복 제도 이외에 또한 빈장(殯葬)・궤전(饋奠)・거처・음식에 대한 말까지 두루 미쳤고 조회와 제사 때에 입는 공복(公服)도 대략 언급하였으니, 단지 상복 제도만 전적으로 논한 것이 아님을 알 수 있습니다. 또 〈군신복의〉에 "정사를 보는 날에는 지팡이와 수질(首絰)을 제거한다."라고 하였으니, 이른바 '제론(提論)하지 않았다.'는 그대의 말은 또한 제대로 살피지 못한 말인 듯합니다.

혼인(婚姻) 한 가지 일에 이르러서도 몹시 상세하게 말했는데 오직 평상시의 복식에 대해서는 끝내 말한 것이 없습니다. 더구나 평상시의 복장은 또한 복제(服制)에 해당하는 일이라 혼인에 비할 바가 아닙니다. 그런데도 지금 혼인에 대해선 언급하면서 평상시의 복장에 대해선 한마디 언급도 없으니, 이는 아마도 평상시의 복장은 고례(古禮)에 없는 바인데, 나중에 여정보의 난삼과 복두에 대한 질문으로 인하여 때에 따라서 참작하여 말한 것일 뿐, 본래 참최의 상에 착용할 복식이 아니기 때문에 여기에서 말하지 않은 듯합니다.

문 지금 《송사》를 가지고 살펴보면……고례에 가깝다고는 말하지 않았을 것입니다.〔今以宋史……不當曰近古也.〕

○보내주신 말씀에 '근고(近古)' 두 글자는 최질(衰絰)의 증거가 아니라고 하셨습니다. 제 생각에는, 효종이 본디 겸손한 덕이 있어 고례를 행하면서도 '고례에 가까울 것이다.'라고 한 것이니 이는 스스로 겸손해하는 말입니다. 효종이 이미 최질을 착용하였는데 조회 볼 때에는 거친 베로 만든 의관을 착용하였기 때문에 선생이 고례를 준용하였다고 말한 것입니다. 만약 최질을 착용하지 않고 거친 베로 만든 의관만 착용했다면 선생이 어찌 고례를 준용하였다고 말했겠습니까. 과연 그대의 말씀과 같다면 고례를 준용했다는 말을 어떻게 처리해야 합니까?

답 보내주신 말씀에 "효종은 본디 겸손한 덕이 있어 고례를 행하면서도 '고례에 가까울 것이다.'라고 한 것이니 이는 스스로 겸손해하는 말입니다."라고 하셨습니다. 그러나 이러한 뜻은 본문에 보이는 바가 아니니, 또한 그대가 자신의 뜻을 미루어 말한 것입니다. 일찍이 고종의 초상(初喪) 때 효종은 왕회(王淮)의 말을 따르지 않고서 "나로부터 고례를 만들어

가는 것이 어찌 해롭겠는가."라고 하면서 마침내 조서를 내려 "짐은 응당 최복(衰服)으로 삼년을 지낼 것이다."라고 하였고, 부제(祔祭)를 지낸 뒤에 또 조서를 내려 "짐이 3년 동안 최질(衰絰)을 착용하고 싶었지만 신하들이 어전에서는 복식을 바꾸기를 누차 청하였기 때문에 거친 베로 만든 의관을 착용하고 내전(內殿)에서 정사를 보겠다. 이대로 행하여 상제(喪制)를 마치는 것이 고례에 가까울 것이다."라고 하였습니다. 이른바 '나로부터 고례를 만들어가는 것이 어찌 해롭겠는가.'라는 말은 바로 효종이 '자신부터 시작하여 옛 상복의 최질을 착용하는 법도를 만드는 것이 어찌 해롭겠는가.'라고 말하여 뜻을 결정하여 시행하고자 한 것이니 털끝만큼도 스스로 겸손해하는 뜻은 없습니다. 이른바 '비로소 고례에 가까울 것이다.'라는 말은 효종이 비록 신하들의 거듭된 청으로 인하여 할 수 없이 복식을 바꾸어 거친 베로 만든 의관을 착용하고 정사를 보았지만, '거친 베로 만든 의관 제도가 옛 상복의 최질에 가까울 것이다.'라고 스스로 말한 것이니, 이는 효종이 자신이 입고 있는 거친 베로 만든 의관에 대해서 말한 것일 뿐, 또 스스로 겸손해하는 말이 아닙니다.

또 조서에 이미 '짐은 최질로 3년을 거상하고 싶었지만 복식을 바꾸라는 신하들의 거듭된 청으로 인해 마침내 거친 베로 만든 의관을 착용하고 정사를 보겠다.'라고 하였으니, 거친 베로 만든 의관이 최질이 아님을 알 수 있습니다. 거친 베로 만든 의관을 착용한 상태에서 '고례에 가까울 것이다.'라고 하였으니 거친 베로 만든 의관을 고례에 가깝다고 여긴 것이 또한 분명합니다. 그런데 지금 그대는 반드시 거친 베로 만든 의관을 최질로 여기고 최질을 고례에 가까운 것으로 여기고 싶어서 이렇게 겸사라는 설을 꺼내고 있으니 무엇 때문입니까? 더구나

'근고(近古)' 두 글자는 최질을 착용하겠다는 당초의 조서에는 언급되지 않았고, '거친 베로 만든 의관을 착용하고 정사를 보겠다.'는 조서에서 언급되었으니, 그것이 최질을 가리켜 말한 것이 아님은 또한 누누이 변론하지 않아도 자명한 사실입니다.

또 주자가 거친 베로 만든 의관을 가지고 고례를 준용했다고 말한 것은 다음과 같은 이유 때문입니다. 임금이 거상(居喪)하는 예법이 이미 오래전에 폐지되어 한 문제(漢文帝)는 유조(遺詔)를 내려 삼년상을 혁파하고, 진 무제(晉武帝)는 장례를 지낸 뒤에 상을 벗고, 위 문제(魏文帝)는 기년에 상을 벗고, 당(唐)나라는 달수를 날수로 환산하여 상을 벗고, 송(宋)나라 또한 달수를 날수로 환산하는 제도를 사용하여, 옻칠한 비단 복두(幞頭)와 담황색 포(袍) 등의 복식으로 정사를 보았습니다. 그러다가 효종에 이르러 비로소 포복두(布幞頭)와 포삼(布衫)을 입는 제도를 만들었으니, 이것이 실로 천고에 없던 일이기 때문에 주자가 찬미하기를 그만둘 수 없었던 것입니다.

〈상복차(喪服箚)〉에서 "수황성제(壽皇聖帝)께서 타고난 지극한 성품으로 효성이 마음에서 싹터 달수를 날수로 환산하여 상기를 마친 뒤에도 오히려 통상(通喪)[17]을 치르고 조의(朝衣)와 조관(朝冠)을 모두 대포(大布)로 만들어, 오랜 세월 얽매였던 폐단을 훌쩍 뛰어넘고 여러 왕들의 쇠미하고 비루한 풍조를 혁파하였으니, 참으로 성대한

17 통상(通喪) : 상하 구별 없이 누구에게나 통용되는 상례(喪禮)로, 삼년상을 가리킨다. 《논어》〈양화〉에 "자식이 태어나서 3년이 지나야만 부모의 품을 벗어나게 되니, 삼년상은 천하에 통용되는 상이다.〔子生三年然後, 免於父母之懷. 夫三年之喪, 天下之通喪也.〕"라고 하였다.

덕입니다."라고 하였고, 여정보에게 답한 편지에 "이전에 효종이 고종을 위하여 복을 입는 것을 보니, 장례를 치르고 나서도 흰 베로 만든 의관을 착용하고 조회를 보았다. 이는 매우 성대한 덕으로 오랜 세월의 잘못을 깨부순 것이다."라고 하였고, 이 편지에 또 "고종이 승하하고 수황이 삼년 동안 포복두(布幞頭)를 쓰고 포삼(布衫)을 착용하여 고례를 준용하였으니 위로 천고의 잘못을 바로잡았다고 할 만하다."라고 하였습니다. 이는 삼년통상(三年通喪)의 고례가 한 문제 이후로 대대로 폐지되었다가 효종에 이르러 비로소 시행되었기 때문에 '고례를 준용하였다.'고 말한 것입니다. 본문을 가지고 살펴보건대, '포복포삼(布幞布衫)' 위에 먼저 '삼년(三年)'이라는 글자를 말하고 그 아래에 '고례를 준용하였다.'고 말하였으니, 그 뜻이 어찌 분명하지 않겠습니까. 이것은 모두 삼년 동안 거친 베로 만든 의관을 착용한 것을 찬미한 말이지, 최질을 가리켜 말한 것이 아닙니다.

만약 그대의 말씀과 같다면, 주자가 응당 '효종이 삼년 동안 최질을 착용하여 고례를 준용하였다.'라고 말해야 하는데, 지금 '포복과 포삼을 착용하여 고례를 준용하였다.'라고 하였습니다. 그 문세(文勢)를 가지고 살펴보건대, 과연 최질을 가지고 말한 것입니까? 만약 그대의 설이 옳다면 주자의 설이 잘못된 것입니다. 겸사가 아닌데도 억지로 겸사라고 하고, 최질이 아닌데도 억지로 최질이라고 하니, 이는 제가 이해할 수 없습니다.

문 광종……무슨 말인지 모르겠습니다.〔至光宗……何謂也.〕
○주자의 〈상복차(喪服箚)〉는 영종(寧宗)이 왕통을 계승하여 집상(執喪)할 때에 응당 참최 삼년(斬衰三年)을 행하고 조회를 볼 때에는

효종이 제정한 흰 베로 만든 의관의 마땅한 제도를 따라야 함을 논하였고, 이어 발인(發引)할 때엔 다시 초상(初喪) 때의 복식을 쓰고, 관리와 군민(軍民)은 지나치게 화려한 것을 착용하지 못하게 하도록 청하였으니, 이 차자의 요지는 대체적으로 상복을 논한 것입니다. 그러므로 《주자대전(朱子大全)》에도 '상복에 대한 토론을 청하는 차자〔乞討論喪服箚〕'라고 한 것입니다. 그런데 지금 그대는 이 차자를 단지 거친 베로 만든 의관 제도를 삼년간 준용하기를 청하는 차자라고 하니, 이는 과연 무슨 이유입니까?

《강목(綱目)》에 이미 "효종황제의 상을 삼년상으로 치르도록 명하였다."라고 하였고, 또 "조정 안팎의 백관들이 모두 양삼(涼衫) 차림으로 정사를 보았으니, 대개 아무개(주희(朱熹))의 말을 따른 것이다."라고 하였습니다. 이미 '삼년상으로 치르도록 명하였다.'라고 하였으니, 그렇다면 발인한 이후에 임금과 신하가 그대로 3년간 최질을 착용하였음을 알 수 있습니다. 양삼 차림으로 정사를 본 것에 관해선 비록 차자에서 말하지 않은 내용이지만, 이미 최질을 착용한 만큼 정사를 볼 때 양삼 차림을 하는 것은 응당 행해야 할 일입니다. 이 때문에 선생의 말을 따른 것이라고 아울러 말한 것입니다.

'임금의 복식이 마침내 옛 모습을 잃었다.'라는 말은, 효종은 흰 베로 만든 의관을 착용하였는데 영종은 흰 비단 배자(背子)를 입었기 때문에 한 말입니다. '그다지 예법을 잃지 않았다.'라는 말은 신하들이 착용한 양삼을 가리켜 말한 것이지, 영종을 가리킨 것이 아닙니다. 그런데 지금 그대 말씀은 영종이 착용한 흰 비단 배자까지 아울러 예법을 잃지 않았다고 하니, 이 또한 의심스럽습니다. 만약 영종을 두고 그다지 예법을 잃지 않았다고 한 것이라면, 또 무엇 때문에 '임금의 복식이 마침내 그 옛 모습을 잃었다.'라고 한 것이며, 또 "임금의 복식이 도리어 미진함이 있다."라고 말한 것입니까.

또 선생의 이른바 '금상이 등극하여 평상시에 흰 비단 배자를 착용하였다.'라는 말로 살펴보건대, 〈상복차〉 이전에도 항상 흰 비단 배자를 착용한 듯합니다. 그런데 그대는 마치 이 차자를 올린 이후에야 흰 비단 배자를 착용한 것처럼 말하고, 또 임금이 흰 비단 배자를 입고 신하들이 양삼을 입는 것을 가지고 삼년상의 제도를 준용했다고 하였습니다. 역사를 기록한 자가 또한 어찌 흰 비단 배자와 양삼을 입는 것만 가지고 삼년상이라고 할 수 없다는 것을 몰라서 마침내 '효종의 상을 삼년상으로 치르도록 명하였다.'라고 썼겠습니까. 설령 영종이 흰 비단 배자를 입은 시기가 이 차자가 시행된 이후라 하더라도, 선생이 비난한 이유는 베〔布〕로 만들지 않고 비단〔綾〕으로 만들었다는 데에 있습니다. 영종이 만약 흰 베로 만든 배자(背子)를 입었다면 선생이 어찌 미진하다고 말했겠으며, 또 어찌 마침내 옛 모습을 잃었다고 했겠습니까.

답 그대 말씀에 "이 차자의 요지는 대체적으로 상복을 논한 것인데, 지금 이 차자를 단지 거친 베로 만든 의관 제도를 삼년간 준용하기를 청하는 차자라고 하는 것은 어째서인가?"라고 하였는데, 이것은 제 생각이 아니라 〈상복차〉의 설을 보고서 안 것입니다. 차자에 말하기를, "수황황제께서 달수를 날수로 환산하여 상기를 벗은 뒤에도 오히려 통상(通喪)을 치르시고 조의(朝衣)와 조관(朝冠)을 모두 거친 베로 만드셨으니, 마땅히 방책(方冊)에 드러내어 세상의 법도로 삼아야 합니다."라고 하였고, 또 말하기를, "승중(承重)의 상복[18]은 예제와 율령에 드러나 있으니, 마땅히 수황께서 이미 행하신 법도를 그대로 따라 달수를 날수로 환산하여 상기를 마친 뒤에 거친 베로 만든 의관을 착용하고 정사를 보셔야 합니다."라고 하였고, 또 말하기를, "마침내 옻칠한 비단 복두(幞頭)와 담황색 포(袍)를 착용하시어 수황께서 이미 혁파한 폐단을 다시 되살렸으니 신은 애통하게 여깁니다."라고 하였고, 또 말하기를, "바라건대 폐하께서는 우러러 수황께서 성효(聖孝)로 이루어 놓은 법을 헤아리소서."라고 하였습니다. 처음부터 끝까지 말한 것이 효종의 거친 베로 만든 의관을 준용하기를 청하는 말 아님이 없고 '최질' 두 글자는 언급하지도 않았습니다. 더구나 그대는 '관리와 군민(軍民)은 지나치게 화려한 것을 착용하지 못하게 하라.'는 것까지도 똑같이 상복의 범위 안에 넣었으니, 거친 베로 만든 의관만 어찌 상복이 되지 않겠습니까.

그대 말씀에 또 "이미 '삼년상을 치르도록 명하였다.'라고 말하였으니, 발인한 이후 임금과 신하가 그대로 3년간 최질을 착용하였음을 알 수 있다."라고 하였는데, 이 또한 미루어 부연한 설입니다. 살펴보건대, 《송사(宋史)》 광종(光宗) 소희(紹熙) 5년 6월에 수황이 승하하고 광종이 병이 있어 집상하지 못하자, 7월에 영종이 적손(嫡孫)으로서 즉위하였습니다. 8월에 주자가 환장각(煥章閣)의 대제(待制)로 소명(召命)에 나아가 강연(講筵)에서 차자를 올려 고례(古禮)의 승중(承重) 삼년복을 행하기를 청하였습니다. 윤10월에 내비(內批)로 궁관(宮官)에서 파직되었고, 11월에 이르러서야 효종의 상을 삼년상으로 치르겠다는 명을 내렸습니다. 사신(史臣)이 말하기를 "이때에 이르러-차자로 아뢰고서 4개월 만에 시행되었기 때문에 '이때에 이르렀다.'고 한 것입니다.- 삼년

18 승중(承重)의 상복 : 아버지를 대신하여 조부모의 상에 입는 복을 말한다. 영종이 아버지 광종을 대신하여 조부인 효종의 상을 치렀기 때문에 한 말이다.

상의 제도를 준용하라는 명을 내렸고, 조정 안팎의 백관들이 모두 양삼 차림으로 정사를 보았으니, 대개 주희(朱熹)의 말을 따른 것이다."라고 하였습니다. 이것을 가지고 살펴보건대, 11월 이전에는 영종이 승중복(承重服)을 입지 않고 신하들이 양삼을 입지 않았던 것을 알 수 있습니다. 이때에 이르러 비로소 삼년상의 제도를 준용하였다고 말하였지만, 임금이 입은 것은 흰 비단 배자(背子)였고 신하들이 입은 것은 양삼이었으니, 그렇다면 그 이른바 '준용하였다'는 것은 승증(承重) 삼년상의 한 가지 일을 가리켜 말한 것이지, 옛 상복의 최질을 가리켜 말한 것이 아님을 또한 알 수 있습니다. 만약 그대의 말처럼 당시에 임금과 신하가 과연 모두 옛 상복을 준용하였다면, 주자가 여기에서 찬탄하고 칭찬한 것이 필시 효종의 거친 베로 만든 의관일 뿐만이 아니었을 텐데 하나도 보이는 곳이 없습니다. 차자에서 비록 발인할 때에 다시 초상(初喪) 때의 복식을 착용하도록 청하였지만, 주자는 단지 흰 비단 배자(背子)와 양삼만을 말하였고, 사신의 기록도 '삼년상의 제도를-승중 삼년상의 제도를 가리킵니다.- 준용하여 양삼 차림으로 정사를 보았다.'라고 하였을 뿐이니, 모두 초상 때의 상복인 최질을 착용한 일이 없습니다.

또 효종의 장례가 똑같이 이 달-11월입니다-에 있었으니, 만약 발인 이후 과연 초상 때의 복식을 착용하였다면 역사를 기록하는 자가 필시 특별히 기록하여 드러내었을 것입니다. 저 양삼 차림으로 정사를 본 것도 기록하였는데, 하물며 다시 초상 때의 복식을 착용한 것을 기록하지 않았겠습니까. 지금 이러한 일을 가지고 증명하면, 옛 상복의 최질을 착용하지 않은 것이 또한 분명합니다. 그런데 지금 그대는 발인 이후에 임금과 신하가 그대로 최질을 착용하고 삼년상을 치렀다고 하니, 이는 어떤 책에 보입니까?

이른바 '대개 주희(朱熹)의 말을 따른 것이다.'라는 것에 관해 말씀드리겠습니다. 차자에 "한 문제(漢文帝)의 단상(短喪) 이후로 천자의 삼년상이 없어졌습니다. 아버지 된 자가 장차 그러하니 승중(承重)한 적손(嫡孫)도 따라서 알 수 있습니다."라고 하였으니, 이것을 본다면 당시에 승중복(承重服)을 행하지 않았음을 알 수 있는데, 지금 주자의 차자에 따라서 비로소 삼년상의 제도를 시행하였습니다. 신하들은 붉은색 관복으로 거상하였는데, 지금 주자의 차자로 인하여 비로소 바꾸었습니다. 양삼 차림으로 정사를 본 것에 대해선 비록 차자에서 말하지 않은 내용이지만 이 또한 차자의 말로 인하여 붉은 색에서 흰색으로 바꾼 것이기 '대개 주희의 말을 따른 것이다.'라고 함께 한 것입니다. 그러나 영종은 거친 베를 사용하지 않고 흰 비단을 사용하였으며, 신하들은 거친 베를 사용하지 않고 양삼을 사용하였기 때문에 '대개 따른 것이다.〔蓋用〕'라고 한 것입니다. 이른바 '대개 따른 것이다.〔蓋用〕'라는 말은 그 말을 완전히 따르지는 않았다는 말입니다.

지금 그대는 "이미 최질을 착용한 만큼 정사를 볼 때 양삼 차림을 하는 것은 응당 행해야 할 일이다. 이 때문에 '주희의 말을 따른 것이다.'고 아울러 말한 것이다."라고 하였는데, 이는 실로 그렇지 않습니다. 주자가 "포복두(布幞頭)·포공복(布公服)·포혁대(布革帶) 등을 별도로 만들어 착용하여 조회를 보십시오."라고 하였으니, 그렇다면 포복두·포공복·포혁대 등의 착용을 정사를 볼 때 응당 행해야 할 일로 삼아 '주희(朱熹)의 말을 따른 것이다.'라고 말했다면 괜찮습니다. 그런데 지금 차자에서 말하지 않은 양삼 차림을 가지고 억지로 정사를 볼 때 응당 행해야 할 일로 삼아 '아울러 주희의 말을 따른 것이다.'라고 말하니, 이것은 제가 더욱 의심하지 않을 수 없는 점입니다. 더구나 양삼의 착용은 바로 주자가 말한 '단지 약간의 흔적을 보존한 것뿐이다.'라는 것이니 어찌 정사를 볼 때 응당 행해야 할 일로 여겨서야 되겠습니까. 이른바 '그다지 예법을 잃지 않았다.〔頗不失禮〕'라는 말에서 '파불(頗不)' 두 글자가 또한 미진하다는 뜻이니, 임금이 입은 흰 비단 배자(背子)와 신하들이 입은 양삼이 바로 미진한 점입니다.

또 그대는 '등극(登極)' 두 글자를 통해서 영종이 흰 비단으로 만든 배자를 입은 것이 차자 이전에 있었음을 알 수 있다고 하였습니다. 그러나 이른바 등극이라는 것은 황가(皇家)에서 황제가 된다는 칭호이지, 황제가 된 초기를 가리켜 말하는 것이 아닙니다. 효종은 황제가 되어 거친 베로 만든 의관을 착용하였고, 영종은 황제가 되어 흰 비단으로 만든 배자를 입었기 때문에 이렇게 말한 것입니다. 또 양삼의 착용이 차자 이후의 일이라면 배자의 착용이 유독 차자 이전의 일이라는 것을 무엇으로 알겠습니까?

또 그대는 "역사를 기록한 자가 또한 어찌 흰 비단 배자와 양삼을 입는 것만 가지고 삼년상이라고 할 수 없다는 것을 몰라서 마침내 '효종의 상을 삼년상으로 치르도록 명하였다.'라고 썼겠습니까."라고 하였는데, 이 또한 그렇지 않은 듯합니다. 그 당시에 승중한 적손이 삼년복을 입는 제도가 폐해진지 오래인데, 이때에 이르러 영종이 적손으로 주자의 차자의 말을 따라서 비로소 삼년상을 행하도록 명하였습니다. 이에 역사를 기록하는 자가 그 명에 근거하여 곧장 "삼년상을 행하도록 명하였다."라고 쓴 것입니다. 그러나 이른바 '행하였다'는 것에 관해서는 주자의 설과 《송사》를 가지고 고찰하건대, 단지 임금은 흰 비단 배자를 입고 신하들은 양삼을 입는 것일 뿐, 최질의 제도를 행했다는 것은 달리 고찰할 데가 없습니다. 지금 그대가 말한 것은 또한 가정한 말이지, 실로 근거한 바가 있어서 말한 것이 아닙니다.

또 효종이 3년 동안 포복(布幞)과 포삼(布衫)을 입은 것을 주자는 삼년상을 행하였다고 칭찬하였고, 진 무제(晉武帝)가 3년 동안 소관(素冠)과 소식(蔬食)한 것을 《사기》에서 삼년상을 행하였다고 기록하였으니, 혹여 이것이 비록 옛 상복은 아니지만 기실 삼년상의 체제를 능히 행하였기 때문이 아니겠습니까. 우리 조정에서는 졸곡(卒哭) 이후에 성상이 현관(玄冠)과 오대(烏帶) 차림으로 정사를 보는데, 우암(尤菴)과 동춘(同春) 두 선정(先正)이 '이것을 가지고 임금이 삼년상을 치르지 않는다고 말해서야 되겠는가.'[19]라고 한 것도 이러한 뜻인 듯합니다.

또 효종은 거친 베를 사용하고 영종은 흰 비단을 사용하였으며, 효종은 복두와 적삼을 착용하고 영종이 배자(背子)를 착용하였습니다. 그렇다면 이른바 '그 옛 모습을 잃었다.'는 것은 비단과 베의 차이일 뿐만이 아닙니다. 설사 영종이 베로 배자를 만들었더라도 이미 복두와 적삼을 입은 효종의 옛 모습을 잃은 것입니다. 지금 그대가 "영종이 만약 흰 베로 만든 배자를 입었다면 선생이 어찌 그 옛 모습을 잃었다고 했겠는가."라고 말하는데, 배자가 옛 모습을 잃은 것이 아니고 무엇이겠습니까.

19 이것을……되겠는가 : 송준길(宋浚吉)의 〈답권사성(答權思誠)〉에 다음과 같은 내용이 보인다. "성상이 졸곡 후에 정무(政務)를 볼 때에도 현관(玄冠)에 오대(烏帶)를 착용하는 것이 《국조오례의》에 실려 있으니, 성상이 삼년복을 입는 것은 의심의 여지가 없습니다. 그 제도가 이와 같은데도 이것을 가지고 성상이 삼년복을 입지 않는다고 할 수 있겠습니까."

보내신 편지에서 말씀하기를……과연 명확한 증거가 있는지 모르겠습니다.〔自來書曰……的據耶.〕

○임금의 상(喪)에 비록 참최복을 입는 것은 똑같지만 부모의 상에 견주는 것에 불과할 뿐입니다. 이미 자리를 깔고 흙덩이를 벨 수 없으니, 어찌 부친상을 치르는 중에 평상시 복식을 달리하지 않는 것을 가지고 임금의 상도 달리해서는 안 된다고 말할 수 있겠습니까. 과연 한결같이 부친상처럼 해야 한다면 부친상을 치르는 중에도 일을 보는 복식이 있단 말입니까. 만약 복식을 달리할 수 없다면 비록 최질(衰絰)이라 한들 어찌 일을 보는데 불가하겠습니까. 주자가 이미 말하기를 "부친상의 경우는 정도 지극하고 의리도 지극한데, 군상의 경우는 복을 입는 것은 부모상과 같지만 분의(分義)에는 친소(親疏)가 있으니, 의리는 지극하지만 정은 극진하지 못한 점이 있어서이다."[20]라고 하였습니다. 이 때문에 거상(居喪)하는 것이 절로 같지 않은 것입니다. 지금 그대의 말씀은 부친상과 군상을 동일하게 여겨 전혀 구분하지 않으려 하니, 이것이 과연 주자의 뜻입니까. 포복두(布幞頭)・포공복(布公服)・포혁대(布革帶)는 최질(衰絰)에 비해 매우 가볍고, 백견건(白絹巾)・백양삼(白涼衫)・백대(白帶)는 포복두・포공복・포혁대에 비해 더욱 가볍습니다. 이것이 제가 말한 '차례로 점점 가벼워진다.'는 것이니 비록 달리 명확한 증거는 없지만 주자의 뜻이 단연 이와 같았을 것입니다. 어떻게 생각하십니까?

그대 말씀에 "임금의 상에 비록 참최복을 입는 것은 똑같지만 부모의

20 부친상의……있어서이다 : 주희(朱熹)의 〈군신복의(君臣服議)〉에 보인다.

상에 견주는 것에 불과할 뿐입니다. 과연 한결같이 부친상처럼 해야 한다면 부친상을 치르는 중에도 일을 보는 복식이 있단 말입니까 .……"라고 하였는데, 이는 또 그렇지 않습니다. 임금의 경우는 정무를 살피는 일이 있기 때문에 임시로 일을 보는 복식을 만들지 없지만, 사가(私家)는 본래 정무를 살피는 일이 없으니 어찌 이른바 '일을 보는 복식'을 별도로 둘 수 있겠습니까. 그러나 한가로이 있을 때에는 이와 다르니, 임금의 상을 치르는 동안 한가로이 있을 때와 부친상을 치르는 동안 한가로이 있는 때가 본디 다를 바가 없습니다. 그런데 지금 그대가 억지로 끌어와서 견주는 것은 어째서입니까.

또 그대는 주자의 이른바 인정과 의리의 설을 가지고 군상과 부친상에 차이가 있다는 증거로 삼았습니다. 그러나 주자는 또 말하기를, "복(服)이 부모의 상과 같다."라고 하였습니다. 오늘 그대와 함께 강론하는 문제는 바로 평상시의 복식에 관한 일입니다. 그러므로 저의 이전 편지의 내용은 '복이 부모의 상과 같다.'는 부분에 나아가 말한 것인데, 지금 그대는 도리어 인정과 의리를 가지고 말하였습니다. 알지 못하겠습니다만, 주자가 여정보에게 답하여 이 편지를 쓸 때 단지 여정보의 난삼(襴衫)과 복두(幞頭)에 대한 질문 때문에 이런 말을 한 것입니까? 아니면 그 때에 이미 임금과 아버지 사이의 인정과 의리를 헤아려서 이런 말을 한 것입니까?

그대의 말씀에 또 "포복두・포공복・포혁대는 최질에 비해 매우 가볍고, 백견건・백양삼・백대는 포복두・포공복・포혁대에 비해 더욱[21] 가볍다. 비록 달리 명확한 증거는 없지만 주자의 뜻은 확실히 이와

21 더욱 : 대본에는 '漸'로 되어 있는데, 앞서 나오는 이희조(李喜朝)의 질문 및 문맥

같을 것이다."라고 하였는데, 이는 또 억측하는 말인 듯합니다. 지금 그대는 이러한 복제가 이미 만들어진 뒤에서 거슬러 올라가 살펴보고서 이 세 가지 사이에 경중이 없지 않은 듯하였기에 이런 말을 한 것입니다. 그러나 당초 복제를 만들 때에는 이 세 가지가 각기 이유가 있어서 만들어진 것입니다. 평상시에 입는 복식에 대한 말은 주자가 여정보의 남삼과 복두에 대한 질문에 답하여 말한 것이니, 당시에 어찌 일을 보는 복식과 그 경중을 헤아려서 말했겠습니까. 일을 보는 복식은 조회를 보기 위하여 임시로 만든 것이지, 또한 평상시의 복식보다 비교적 중요하기 때문에 만든 것이 아닙니다. 성복(成服)의 복식은 선왕(先王)이 인정(人情)을 참고하고 예의(禮義)를 헤아려서 이 삼년 간 슬픔을 다할 복식을 만든 것이지, 또한 일을 보는 것보다 중요하기 때문에 만든 것이 아닙니다. 그런데 지금 그대는 단지 자신의 뜻이 이와 같다고 하여 마침내 "비록 명확한 증거는 없지만 주자의 뜻도 분명 이와 같았을 것이다."라고 하였습니다.

옛날 호씨(胡氏)가 《춘추전(春秋傳)》을 지을 적에 그 경문(經文)의 포폄(褒貶)과 상벌(賞罰)의 뜻을 밝힌 것이 매우 분명하였는데도 주자는 오히려 천백 년 뒤에 태어나서 성인의 은미한 뜻을 거슬러 추측하려는 것을 의심스러워하였습니다. 지금 그대는 주자보다 6, 7백년 뒤에 태어나서 또한 다시 거슬러 추측하여 주자의 뜻이 이와 같음을 홀로 안다고 단정해서 말하니, 이것이 어리석은 제가 의심하지 않을 수 없어 끝내 감히 반드시 그렇다고 믿지 못하는 이유입니다.

에 의거하여 '㿽'으로 바로잡아 번역하였다.

문 또 말하기를, 참최복을 입고……난삼과 복두를 착용할 때 포대를 두르는 설을 주장하지 않았을 듯합니다.〔又曰衣斬衰……布帶之說也.〕

○평상시의 복식은 본디 상복(喪服)과는 일의 체모가 절로 구별되니, 만약 그대의 말씀처럼 이미 참최복(斬衰服)을 입었으니 평상시의 복식도 최마(衰麻)를 쓰지 않을 수 없다고 한다면, 일을 보는 복식 또한 응당 최마를 써야 할 것입니다. 그런데 일을 보는 복식에 이미 최마를 쓰지 않으니, 평상시의 복식에 또 어찌 최마를 쓸 수 있겠습니까.

또 주자가 비록 양경중(楊敬仲)과 여정보(余正甫)의 설이 붉은 색 관복보다는 낫다고 하였지만 모두 예법에 합치되지 않는다고 하였습니다. 그렇다면 강론할 때에 반드시 진선진미(盡善盡美)의 방도로 제도를 정하려고 했을 것인데, 어찌 예법에 합치되는 않은 포대(布帶)를 가지고 평상시의 복식으로 정하고자 했겠습니다.

유생(儒生)이 마대(麻帶)를 착용하고 삼년상을 마치는 것은 당초 조정에서 관학(館學)의 소청(疏請)으로 인하여 마침내 사서(士庶)로 하여금 똑같이 참최를 입되 생포의(生布衣)와 마대(麻帶)로 성복(成服)하게 한 것이니, 이 마대는 곧 성복할 때의 마대이지, 평상시에도 항상 착용하도록 한 것이 아닙니다. 과연 그대의 말씀처럼 조정에서 사서(士庶)로 하여금 마대로 성복하게 하고 그대로 삼년 동안 항상 착용하게 했다면, 항상 착용하는 것은 평상시의 복식인데 무엇 때문에 조정 관리에 대해서는 거론한 것이 없고 유독 사서(士庶)에 대해서만 항상 착용하도록 했단 말입니까.

그대의 말씀에 또 "만약 항상 착용한다는 조령(條令)을 별도로 두지 않았다고 하여 마대를 두르지 않는다면 평상시 착용하는 띠는 과연 무슨 띠란 말입니까."라고 하였습니다. 조정에서 이미 법식을 정하여 조령을 반포하지 않았으니 항상 착용하는 것은 형세상 각각 자신의 뜻대로 행해야 합니다. 제 경우는 주자의 설에 따라 포대를 착용할 것입니다. 오늘날 최질(衰絰)로 성복하는 것이 진실로 조정의 조제(條制)이니 벼슬아치들이 모두 이에 따라 시행하지만, 평상시의 복식에 대해선 조정의 조제가 없습니다. 만약 주자가 오늘날 살아 있다면 필시 응당 조제에 따라 최질로 성복하고, 평상시의 복식은 조제가 없으니 자신의 뜻으로 백견건(白絹巾)·백양삼(白涼衫)·백대(白帶)를 착용할 것입니다.

답 평상시의 복식은 주자가 여정보의 난삼과 복두에 대한 질문으로 인하여 말한 것이고, 일을 보는 복식은 군주가 조회를 보기 위해 임시로 만든 것입니다. 그 주된 뜻이 이미 다르고 용처(用處)가 또 같지 않은데, 지금 그대는 "평상시의 복식에 최마(衰麻)를 쓰지 않을 수 없다면 일을 보는 복식 또한 응당 최마를 써야 할 것입니다. 그런데 일을 보는 복식에 이미 최마를 쓰지 않으니, 평상시의 복식에 또 어찌 최마를 쓸 수 있겠습니까."라고 하니, 이 말이 또 어찌 대단히 꽉 막힌 것이 아니겠습니까.

일을 보는 복식은 당초에 만든 뜻이 단지 조회를 보기 위해 임시로 만든 것이지, 애당초 평상시 복식에 베[布]를 사용하기 때문에 일을 보는 복식에도 베를 사용한 것이 아닙니다. 그러니 어찌 '이 복식이 이와 같으니 저 복식도 이와 같아야 하며 저 복식은 이와 같지 않으니 이 복식이 또 어찌 이와 같을 수 있겠는가.'라고 말해서야 되겠습니까. 《가례(家禮)》에 따르면, 상인(喪人)이 궤연(几筵)에서 제사지낼 때에는 최복(衰服)을 입고 가묘(家廟)에 들어갈 때에는 묵최(墨衰)를 착용한다고 하였습니다. 지금 만약 "궤연에서 이와 같이 하니 가묘에서도 응당 이와 같이 해야 하며, 가묘에서 이와 같이 하지 않으니 궤연에서 또 어찌 이와 같이 할 수 있겠는가."라고 한다면, 예의 본뜻을 이루지 못할 듯합니다. 더구나 조회를 볼 때에는 조회를 보기 위하여 조회를 보는 복식을 임시로 착용하는데, 평상시에는 무슨 일을 위하여 평상시의 복식을 별도로 착용해야 하는지 모르겠습니다.

그대 말씀에 "강론할 때에 반드시 진선진미(盡善盡美)의 방도로 제도를 정하려고 했을 것인데, 어찌 예법에 합치되는 않은 포대(布帶)를 가지고 평상시의 복식으로 정하고자 했겠습니까."라고 하였는데, 이는 평상시에 착용하는 백견건(白絹巾)·백양삼(白涼衫)·백대(白帶)를 진선진미라고 본 것입니다. 그러나 주자는 "양삼도 나쁘지는 않지만〔涼衫亦不害〕-'역불해(亦不害)' 세 글자도 미진하다는 뜻입니다.- 이는 또한 약간의 흔적을 보존한 것뿐이다."라고 하였고, 또 "그다지 예를 잃지 않았다."라고 하였고, 또 "또한 마땅할 듯하다."라고 하였으니, 만약 이것이 진선진미라면 무엇 때문에 이런 말을 해서 누차 부족하게 여기는 뜻을 보였겠습니까. 더구나 백생견건(白生絹巾)·백생견삼(白生絹衫)·백생견대(白生絹帶)는 《가례(家禮)》에서 조복(弔服)이라고 하였고, 주자는 기제(忌祭) 때에 백양삼(白涼衫)을 입었습니다. 문인의 질문에 답할 적에 백양삼에 대하여 소흥(紹興) 연간 사인(士人)의 복식이라고 하였고, 또 남쪽으로 천도한 뒤에는 군복이 되었다고 말하였지, 이것을 참최복을 입을 때의 진선진미의 복식으로 삼았다는 것은 들은 적이 없습니다. 그렇다면 진선진미로 여겼다는 것은 그대의 말이지, 주자의 뜻이 아닙니다. 제 생각에는 반드시 소주(小註)에서 옛 상복에 대해 말한 것처럼 해야 비로소 진선진미라고 할 수 있을 것입니다.

그대 말씀에 또 "마대(麻帶)는 곧 성복(成服)할 때의 마대이지, 평상시에도 항상 착용하도록 한 것이 아니다."라고 하였습니다. 이와 같다면 이 마대는 단지 성복 때만 사용할 뿐이니, 그 뒤에 다시 어느 곳에 쓴다는 것인지 모르겠습니다. 더구나 평상시와 출입할 적에 일체 마대를 사용하지 않고 단지 포대(布帶)만 사용한다면 이것은 여전히 이전의 국휼(國恤) 때의 복제(服制)이니 이번에 개정(改定)한 뜻이 어디에 있단 말입니까. 마대의 경우 비록 항상 착용하라는 조령(條令)이 없다고 하더라도 그럼 포대는 과연 항상 착용하라는 조령이 있습니까. 마대에 대해선 조령 없다는 핑계로 항상 착용하지 않으면서, 포대에 대해선 비록 그런 조령이 없어도 반드시 항상 착용하려고 하는 것은 어째서입니까?

또 주자가 포대의 착용을 허락한 것은 신하들이 붉은색 관복을 입고 상(喪)에 임하던 당시에 여정보의 난삼과 복두에 대한 질문으로 인해 말한 것입니다. 그런데 오늘날 최마(衰麻)를 입을 때의 포대는 그 뜻이 무엇에 기인하여 또한 착용하려는 것인지 모르겠습니다.

또 주자는 그 당시에 반드시 임금과 신하들로 하여금 똑같이 효종(孝宗)이 제정한 거친 베로 만든 의관을 착용하게 하고자 하였으니, 평상시의 복식에 베〔布〕를 쓰더라도 서로 걸맞은 듯합니다. 그러나 지금은 상하가 모두 최마(衰麻)로 성복하는데 유독 평상시의 띠만 예를 감하여 베를 쓰려고 하는 것은 또 과연 무슨 뜻입니까. 어찌 성복할 때에는 임금의 복이 무겁고 평상시에는 임금의 복이 도리어 가볍겠습니까.

또 마대를 성복할 때에만 만들어 쓰다가 그대로 버리고 항상 포대를 착용한다면 삼년상 동안 마대는 무용지물이 되니, 이름은 비록 참최복을 입는다고 하지만 실제로는 자최복을 입는 꼴입니다. 이러한 다소의 절목은 모두 어리석은 제가 미처 알지 못하는 바이고 또한 듣고 싶은 내용입니다.

조정의 관리들이 별도로 마대의 조령(條令)을 말한 것은 없지만, 조정의 관리들은 이미 마효(麻絞)로 성복하니 그렇다면 마효가 바로 마대가 아니겠습니까. 이미 마효가 있기 때문에 별도로 마대를 말하지 않은 것입니다. 또 〈군신복의(君臣服議)〉를 살펴보건대, 마요질(麻腰絰)과 마대(麻帶)라고 하였는데, 거기에서 말한 마대가 바로 마효입니다. 지금 조령(條令) 문자에 소략하고 누락된 바가 있다고 말한다면 괜찮지만, 말하지 않아서 입지 않는다고 한다면 이러한 이치는 없을 듯합니다.

또 '항착령(恒着令)' 세 글자는 그대가 새로 만들어 낸 말입니다. 이미 마대를 삼년 동안 착용한다고 하였으니, 이 마대가 즉 삼년 동안 항상 착용하는 띠입니다. 《예기(禮記)》에 "부친을 위하여 삼년 동안 참최복을 입는다."라고 하였으니, 이 참최복이 삼년 동안 항상 착용하는 상복입니다. 어찌 다시 참최복을 항상 착용하는 별도의 제도가 있겠습니까. 선왕(先王)이 예를 만들 적에 단지 '참최복에 마대를 착용하고 자최복에 포대를 착용한다.'고만 말하였을 뿐, 별도로 마대와 포대를 항상 착용하는 법제를 두었다는 것은 듣지 못하였습니다.

그대 말씀에 "조정에서 이미 법식을 정하여 조령을 반포하지 않았으니 항상 착용하는 것은 각자의 뜻대로 행해야 한다."라고 하였는데, 이는 더욱 그렇지 않은 듯합니다. 지금 조정에서 이미 삼년최마(三年衰麻)로 제도를 정하여 조령을 반포하였으니, 오늘날에는 단지 그 제도를 한결같이 따라서 시행해야 할 뿐, 어찌 각자의 뜻대로 행해서야 되겠습니까. 설령 이것이 주자의 설을 준용하는 것이라 하더라도 조정에 애초에 준용하라는 조령이 없으니, 또 어찌 조령에 있는 마대를 버리고서 도리어 스스로 조령에 없는 포대를 사용할 수 있겠습니까.

또 그대는 포대를 가지고 주자의 설을 따르는 것이라고 하였지만, 〈군신복의〉 또한 바로 주자의 설입니다. 〈군신복의〉가운데 '서인(庶人)도 최마를 착용한다.'는 설이 지극히 명백한데, 지금 그대가 신명윤(申明允)에게 답한 설을 살펴보면, 주자의 설이 옳다고 여기지 않았습니다. 그런데도 오직 이 포대에 대해서는 주자의 설을 가지고 결연히 행하여 심지어 한 세상을 바꾸고자 하니, 알지 못하겠지만 주자의 설에 혹 행할 수 있는 것이 있고 혹 행할 수 없는 것이 있는 것입니까?

그대 말씀에 "만약 주자가 오늘날 살아 있다면 필시 응당 조제(條制)에 따라 최질로 성복하고, 평상시의 복식은 조정의 조제가 없으니 자신의 뜻으로 백견건·백양삼·백대를 착용할 것입니다."라고 하였습니다. 주자가 평상시에 백견건·백양삼·백대를 사용하고자 한 것은 신하들이 붉은색 관복을 입고 상(喪)에 임하던 당시에 여정보의 난삼과 복두에 대한 질문으로 인해 한 말입니다. 지금은 그렇지 않아 새로 조제를 정하여 명백하게 반포하고 시행하여 최질(衰絰)로 성복하지 않음이 없으니, 만약 주자가 오늘날 살아 있다면 필시 조제에 따라 최질로 성복할 것입니다. 이미 최질로 성복했다면 또한 조제에 따라 최질의 마대를 착용해야 마땅하지, 어찌 자신의 뜻대로 예를 감하여 자최의 포대를 사용할 수 있겠습니까. 주자는 항상 시왕(時王)의 제도를 따랐으니, 마대는 또한 오늘날 시왕의 제도입니다. 그렇다면 그저 자신의 뜻대로 사사로이 포대를 쓰지 않으리라는 것을 알 수 있습니다. '자신의 뜻으로 쓰다(己意用)'라는 세 글자는 저로선 더욱 의심스럽습니다.

문　또 말하기를, 퇴계(退溪)가……매우 다행이겠습니다.〔又曰退溪……幸甚.〕

○퇴계(退溪)가 안동부(安東府) 관리에게 답했을 때가 비록 국상(國喪)의 내상(內喪) 때였지만, 이 글은 전부 주자가 여정보에게 답한 글을 인용한 것이니 참최상 때와 관련이 있습니다. 그렇다면 퇴계의 뜻은 내상에서만 베〔布〕를 사용할 수 있다는 것이 아닙니다. 한강(寒岡)과 신재(愼齋)가 평상시 복식에 관해 거론하지 않은 것은 모두 신하가 최질(衰絰)을 입는 제도의 시행을 청하고자 이 편지를 인용했기 때문입니다. 신하들의 평상시 복식은 본시 글을 쓴 목적 밖의 내용이니 어찌 인용할 수 있겠습니까.

답　퇴계가 안동부(安東府) 관리의 질문에 답하고 그 아래에 직접 소주(小註)을 내었는데, 임금의 상에 참최를 입을 때에는 마대를 착용하고 내상(內喪)에 자최를 입을 때에는 포대를 착용한다는 뜻을 말한 것이 지극히 분명하니, 지금의 상황에 인용해서는 안 될 듯합니다. 한강과 신재가 말한 것은 모두 최질의 시행을 청하는 일이라, 주자의 전후 여러 설에서 그 수용하기에 적합한 것을 뽑아 기록하였기 때문에 평상시의 백견건·백양삼·백대 등의 복식에 대해 모두 빼버린 것입니다.

또 그대는 평상시의 복식을 가지고 최질을 입을 때의 진선진미라고 하였으니, 그렇다면 이는 응당 아울러 청하는 내용에 함께 있어야 합니다. 그런데 지금 '최질을 청할 때에는 평상시 복식에 관한 내용이 글을 쓴 목적에 벗어난 것이다.'라고 하니, 저 진선진미라는 것이 글을 쓴 목적에 벗어난 것이 될 것입니다. 이는 또 앞뒤의 말이 모순되니, 아마 그대가 미처 제대로 살피지 못한 듯합니다.

대체로 강론하는 방도는 절대로 먼저 사적인 의견을 세워서는 안 되고, 오직 그 옳은 부분만 보고서 따라야 합니다. 만약 힘써 자신의 견해를 내세워 반드시 남을 이기고자 한다면, 설사 그 자신이 말한 것이 모두 옳다고 하더라도, 이미 마음을 비우고 뜻을 겸손하게 지녔던 옛사람의 도가 아닙니다. 하물며 반드시 모두 옳은 것이 아니라면 어떻겠습니까. 이는 실로 우리들이 함께 경계할 바입니다.

철침(撤寢)에 관하여 육사산(陸梭山 육구소(陸九韶))은 주자의 설을 듣고 사과하였고,[22] 우리 조정의 인순왕후(仁順王后) 복제(服制) 문제에 관하여 퇴계는 기고봉(奇高峯 기대승(奇大升))의 설을 듣고 자신의 생각을 고쳤습니다.[23] 그러나 육사산의 일을 주자가 칭찬하였고, 퇴계의 어짊 또한 이로 인해 폄손(貶損)되지 않았으니, 군자의 학문은 응

22 철침(撤寢)에……사과하였고 : 주희(朱熹)가 육구소(陸九韶)의 맏형인 육구령(陸九齡)에 보낸 편지 가운데 이와 관련된 내용이 보인다. 육구령 형제가 모친상을 당하자 맏형인 육구령이 졸곡(卒哭)과 부묘(祔廟)를 마친 뒤에 신주(神主)와 궤연(几筵)을 철거할 것인지, 아니면 침전(寢殿)에 다시 모실 것인지에 대해 주희에게 물었다. 육구령은 철거할 것을 주장하였고 주희는 침전에 다시 모시고 산 사람을 섬기는 예로 3년을 모시다가 삼년상을 마친 다음에 거두는 것이 옳다고 주장했다. 이에 대하여 육구령과 육구소 등은 주희의 견해에 수긍하였다. 《朱子大全 卷36 答陸子壽》

23 우리……고쳤습니다 : 1567년(명종22)에 인성왕후(仁聖王后)가 위독하자 명종(明宗)이 승정원에 명하여 복제(服制)를 고찰하여 보고하게 하였는데, 조정에서 인성왕후가 명종에게 형수가 되니 복을 입지 않아야 한다고 하였고 이황(李滉)도 그렇게 하는 것이 옳다고 하였다. 이에 기대승이 "형제가 임금의 자리를 계승할 경우 일찍이 군신의 관계가 되었으므로 곧 부모와 자식의 관계와 같은 것이니 마땅히 기년복(朞年服)을 입어야 한다."라고 주장하였다. 이에 퇴계는 크게 깨달아 글을 써서 조정에 보내기를 "나는 기모(奇某)가 아니었으면 천고의 죄인이 될 뻔하였다." 하였다. 《高峯集 高峯先生年譜》

당 이와 같아야 합니다. 어리석은 제가 이미 이로써 스스로 힘쓰고 있기에 감히 다시 그대에게 권면합니다. 서로 깊이 아끼는 사이라 저도 모르게 이렇게나 주저리주저리 말하였으니 그대가 용서해 주시리라 생각합니다.

신명윤[24]에게 답하다

答申明允

살펴보건대, 주자(朱子)의 〈군신복의(君臣服議)〉에 "은대(銀帶)·명주 신〔絲鞋〕·흰 비단 속옷〔白綾襯衫〕은 더욱 상복(喪服)에 알맞은 복식이 아닙니다."라고 하였다.

○〈상복에 대한 토론을 청하는 차자〔乞討論喪服箚子〕〉에 "응당 수황(壽皇 효종)이 이미 시행한 법도에 따라 달수를 날수로 환산하여 상기(喪期)를 마친 뒤에 포의(布衣)와 포관(布冠) 차림으로 조회를 보셔야 하는데, 창졸간의 일이라 미처 상세히 논의하지 못하여 마침내 옻칠한 비단 복두(幞頭)와 담황색 복식을 착용하셨습니다."라고 하였고, 또 말하기를, "관리와 군민(軍民) 또한 조금 제도를 만들어서 지나치게 화려한 것을 착용하지 못하게 해야 합니다."라고 하였다.

○〈여정보에게 답한 편지〔答余正甫書〕〉에 "단상(短喪 복상 기간을 단축함)"이라고 하였고, 또 "지금 세상에서는 붉은 관복 차림으로 임금의 상에 임한다."라고 하였고, 또 "대행왕(大行王)이 빈소에 계실 적에 효종(孝宗)이 입은 복식에 대해 또한 다시 강구하지 못하였다."라고 하였고, 또 "그대의 말에 난삼(襴衫)과 복두(幞頭)로 거상하고자 하니 참으로 고례(古禮)를 회복할 계기가 되기에 충분하다. 그러나 난삼과 복두는 본래 상복(喪服)이 아니니, 신하가 임금의 상에 슬픔을 지극히

24 신명윤(申明允) : 신경(申暻, 1696~?)으로, 본관은 평산(平山), 호는 직암(直菴), 자가 명윤이다.

하는 복식이 아니다."라고 하였다.

○지금 이상의 몇 가지 사항을 가지고 살펴보면, 그 당시 임금의 복식은 초상(初喪) 때는 은대·비단 신·흰 비단 속옷을 착용하였고, 조회를 보고 정무를 살필 때는 옻칠한 비단 복두(幞頭)와 담황색 복식을 착용하였으며, 신하들의 복식은 붉은색 관복이었고 관리와 군민의 복식은 화려한 복식이었다. 효종 때에는 삼년복(三年服)의 제도가 비록 신하에게는 폐지되었지만 임금에게는 여전히 시행되었는데-거친 베로 만든 의관을 착용하는 예가 있었기 때문이다.- 이때에 이르러 임금과 신하가 모두 폐하여 단상(短喪)을 행하였다.-효종의 제정한 거친 베로 만든 의관 제도도 폐지되었다.- 이런 이유로 여정보가 난삼과 복두 차림으로 임금의 상에 거상하고자 한 것이다. 이 난삼과 복두가 붉은색 관복에 비해 후하기 때문에 주자가 고례를 회복할 계기가 되기에 충분하다고 하였지만, 난삼과 복두가 본디 상복이 아니기 때문에 그 아래에 "이것은 신하가 임금의 상에 슬픔을 지극히 하는 복식이 아니다. 응당 효종이 제정한 예법대로 임금과 신하가 같은 복식을 입고,-당시 임금의 상에 대한 복(服)을 임금과 신하가 모두 폐하였기 때문에 이렇게 말한 것이다.- 평상시에는 백견건(白絹巾)·백량삼(白涼衫)·백대(白帶)의 착용을 허락한다."라고 한 것이다. 주자의 뜻은 백건과 백대를 십분 정당한 것으로 생각한 것이 아니라, 단지 여정보의 난삼과 복두에 대한 질문으로 인해 이렇게 말한 것일 뿐이니, 백건과 백대가 난삼과 복두에 비해 또 더 후하기 때문이다. 만약 그 당시에 오늘날처럼 고례의 최마(衰麻)를 모두 회복하였다면 주자가 무엇 때문에 최복에 착용하는 마대(麻帶)를 쓰지 않고 도리어 평상시에 착용하는 포대(布帶)를 취하였겠는가.

여정보의 난삼과 복대가 그 당시의 붉은색 관복보다 후하고, 주자의 백건과 백대가 또 여정보의 난삼과 복대보다 후하니, 이는 박한 데에서 점점 후한 데로 나아간 것이다. 오늘날은 한결같이 고례를 회복하여 위로는 임금에서부터 아래로는 선비와 종복에 이르기까지 모두 마대를 착용하는데, 또 다시 이런 포대의 제도를 만드니 이는 후한 데서 도리어 박한 데로 돌아간 것이다. 이것이 어찌 진정 주자의 뜻을 아는 것이겠는가.

주자가 〈군신복의〉를 지은 뒤에 또 〈상복차(喪服箚)〉를 올렸으나 모두 시행되지 못했으니 그 당시 복제(服制)를 갑자기 바꾸기 어려움이 있었다. 그런데 여정보가 또 이렇게 난삼과 복두에 관해 말했기 때문에 주자가 그 제도를 조금 발전시켜 이 백건과 백대를 언급하여 대답한 것이니, 편지의 상하 문의(文義)가 어찌 분명하지 않겠는가. 그런데 오늘날 논하는 자들은 그 당시 신민(臣民)의 복제 및 여정보의 난삼과 복두를 가지고 주자의 설을 살피지 않고, 단지 범범하게 '허복(許服)' 두 글자[25]만 가지고 주자의 설을 살피기 때문에 그 말이 이와 같은 것이니 제대로 살피지 못한 폐해인 듯하다. 더구나 그 아래 주자의 자주(自註)에 "초상에는 옛 상복을 만들어 거상해야 비로소 예에 부합한다."라고 하였다. 이른바 옛 상복이란 곧 최마(衰麻)의 복제이다. 주자는 백건과 백대가 예에 부합하기에 미진하다고 생각하였기 때문에 그 아래에 별도로 이러한 자주를 달아서 '이처럼 한 뒤에야 비로소 예에 합당하다.'고 말한 것이니, 그 은미한 뜻을 또한 알 수 있다.

25 허복(許服) 두 글자 : "조정과 주현에서도 모두 이 제도를 써서 평상시에는 백견건·백량삼·백대의 착용을 허락한다.〔朝廷州縣皆用此制, 燕居許服白絹巾白涼衫白帶.〕"라는 부분이다.

후재집

제14권

답문 예의
答問 禮疑

답문 예의 答問 禮疑

족질 재로에게 답하다
答在魯族姪

방금 영의정 대감의 수의(收議)[1]를 보니, 예전에 시종신 또는 대간을 역임한 자 이상은 모두 상장(喪杖)을 짚도록 허락해야 한다고 하였는데, 성상께서 따르셨다. 나로 말하자면 평소 대간으로 자처한 적이 없으니, 이제 와서 상장을 짚는 것은 온당치 않은 듯하다. 다만 〈상대기(喪大記)〉 성복조(成服條)에 "군주가 죽고 닷새째 되는 날 대부(大夫)에게 상장을 주고, 이레째 되는 날 사(士)에게 상장을 준다."라고 하였다. 우리나라의 경우는 어떤 관직이 사에 해당하는지 모르겠다.

주 선생(朱先生 주희) 〈군신복의(君臣服議)〉에는 "비록 서인과 군병이라도 가난하여 완전하기를 요구할 수 없는 경우가 아니면 모두 질(絰)과 장(杖)을 허락한다."라고 하였다. 지금 이를 미루어 근거로 삼아 상장을 짚을 생각인데, 이것이 그대의 뜻에는 어떠한가. 헤아려 알려주기 바란다.

1 영의정 대감의 수의(收議) : 1720년(경종즉위년) 김창집(金昌集)이 헌의(獻議)한 내용을 말한다. 《景宗修正實錄 卽位年 6月 17日》

족질 재로에게 답하다
答在魯族姪

문 국휼(國恤)의 소상(小祥)에 입는 최상(衰裳)[2]을 대공포(大功布)[3]로 다시 만들되 마전하지 않는 것이 계하받은 절목(節目)[4]의 내용입니다. 만약 가난하여 다시 만들 수 없는 자는 예전의 최상을 그대로 쓰되, 단지 부판(負版)[5], 벽령(辟領)[6], 최(衰)[7]만 제거하는 것이 또 추후에 결정한 내용입니다.

답 이 편지로 알려준 계하받은 절목을 보니, "최상은 대공포로 다시 만들되 마전하지 않는다."라고 하였는데, 지금 단지 "최상은 마전하지 않는다."라고만 하였으니, 그밖의 관(冠) 및 최복에 이어서 입는 옷은 마전해야 할 듯하다. 다만 대공포를 마전하지 않는다는 말은 의심스럽다. 살펴보건대, 《의례(儀禮)》〈상복(喪服)〉 대공장(大功章)의 주에 "대공포라는 것은 다듬는 노력을 거칠게 한 것이다."라고 하였고, 《예기(禮記)》〈복문(服問)〉에 "삼년상을 당하여 연제를 지낸 뒤에는 공최(功衰)를 입는다."라고 하였고, 주에 "공최는 부친상의

2 최상(衰裳) : 상복(喪服)의 상의(上衣)와 하의(下衣)이다.

3 대공포(大功布) : 대공복(大功服)을 만드는 베이다.

4 계하받은 절목(節目) : 1721년(경종1) 연복(練服)에 관한 절목을 말한다. 《景宗實錄 1年 6月 4日》

5 부판(負版) : 상복의 등에 붙이는 베조각이다.

6 벽령(辟領) : 상복의 양쪽 옆 깃에 대는 베조각이다.

7 최(衰) : 상복의 앞에 다는 베조각이다. 최(縗)라고 한다.

연제를 지낸 뒤에 입는 최복이다."라고 하였다. 횡거(橫渠 장재(張載)) 선생이 말하기를 "연의(練衣)는 대공포로 만든 옷이기 때문에 공최라고 한다. 공최는 윗옷이다."라고 하였고, 《가례(家禮)》에서도 "대공복은 숙포(熟布)를 사용한다."라고 하였다. 이로 보건대 이른바 대공포라는 것은 바로 연포(練布)이다. 그런데 지금 "대공포로 다시 만들되 마전하지 않는다."라고 한 것은 어째서인가. 내가 예전에 이를 돌아가신 스승께 여쭈었더니,

"〈상복〉 대공장 주에 '대공포라는 것은 다듬는 노력을 거칠게 한 것이다.'라고 하였는데, 소(疏)에 '다듬고자 한다면 잿물을 더할 수 있으나 단지 거칠게 할 뿐이다.'라고 하였다. 또 〈상복〉 참최의 전(傳)에 '관은 육승포(六升布)로 만들되 다듬을 적에 잿물을 쓰지 않는다.'라고 하였는데, 주(註)에 '다듬을 적에 잿물을 쓰지 않는다는 말은 관으로 머리를 장식하니 베는 최상의 두 배로 하여 육승포를 사용하고, 또 물로 씻되 잿물을 사용하지 않을 뿐이다. 육승포로 만든 관에 잿물을 사용하지 않는다면 칠승포 이상은 잿물을 사용한다.'라고 하였다. 이로 미루어보면 잿물을 사용하여 다듬는 것이 연포의 종류가 아니면 무엇이겠는가. 이것이 《가례》에서 '조금 거친 숙포로 대공복을 만든다.'라는 뜻이니, 본디 의심할 만한 점이 없다. 《의례문해(疑禮問解)》 후설(後說)에 이른바 '《의례》에는 대공포에 연포를 사용한다는 말이 원래 없다.'라고 한 말은 이해할 수 없다. 옛적 화양동(華陽洞)에서 우암(尤菴 송시열) 어른을 뵈었는데, 그때 윤자인(尹子仁 윤증)이 편지를 보내 연복에 대해 질문하였다. 우암 어른은 본문의 '막차를 설치하고 연복을 진설한다.'라는 한 조목을 찾아 내게 보여주며 '이것은 소상에 연복을 다시 짓는 증거로

삼기 충분하다. 선배 현인들은 어찌하여 다시 짓지 않는다고 말하였는가.'라고 하기에 나도 '그렇습니다.'라고 답하였다. 구씨(丘氏 구준(丘濬))가 인용한 《서의(書儀)》의 글을 보면 이른바 '막차를 설치하고 연복을 진설한다.'라는 말은 주자가 《의례》에 따라 《서의》의 옛 제도를 고친 부분임이 몹시 분명하다. 그러나 그 주에 단지 '연복으로 관을 만든다.'라고만 하였으니, 아마도 중요한 것을 먼저 말하여 거론한 의도인 듯하다.……"

하였다. 지금 〈상복〉, 《예기》, 《가례》 및 우재(尤齋), 돌아가신 스승의 설로 보건대 소상복(小祥服)에 연포를 사용하는 뜻은 분명하다. 그런데 지금 마전하지 않는다고 하였으니 따로 곡절이 있는지 모르겠다.

문 갈(葛 칡)로 만든 요질(腰絰)은 네 가닥의 삼으로 꼰 노끈을 세 겹으로 꼬는 것이 고례(古禮)이니, 《상례비요(喪禮備要)》 주(註)에 수록되어 있습니다. 그러나 《가례》에는 보이지 않고, 《오례의(五禮儀)》에도 없습니다. 그러므로 이번에 계하받은 절목에 애당초 거론하지 않았으니, 이는 필시 예관(禮官)이 고례를 상고하지 못한 소치입니다. 다만 생각건대 네 가닥의 삼으로 꼰 노끈을 세 겹으로 꼰다는 뜻은 창졸간에 이해하기 쉽지 않습니다. 팔도에 반포할 때 의아해하는 사람이 많아 적절히 받들어 행할 수 없을 것이니, 차라리 생략해도 무방하겠습니까?

답 〈상복〉 참최장(斬衰章) 소(疏)에 "우제와 졸곡을 마치면 마복(麻服)을 벗고 세 겹의 갈대(葛帶)를 사용한다."라고 하였고, 〈간전(間傳)〉에 "우제와 졸곡을 마치면 마복을 벗고 세 겹의 갈대를 사용한다."라고 하였다. 진씨(陳氏)의 주에 "장사지낸 뒤 갈질(葛絰)로 허리의 마질(麻絰)을 바꾸되 이전에 사용하던 마질보다 조금 작게 만든다. 네 가닥을 꼬고 쌓아서 겹친다."라고 하였고, 정씨(鄭氏)의 주에 "세 겹의 갈대는 남자의 경우를 말한다. 5분의 1을 제거하고 네 가닥으로 꼰다. 대(帶)는 가벼운 것이므로 변복(變服)한 뒤에 장식을 한다."라고 하였다. 〈잡기(雜記)〉에 "부모의 삼년상이 겹쳤을 경우 경질(潁絰)[8]로 바꾼다."라고 하였는데, 주에 "경질로 바꾼다는 것은 우제를 지내고 수복(受服)할 때 갈질(葛絰)로 허리의 마질(麻絰)을 바꾸는 것이다. 갈(葛)이 나지 않는 지방에서는 경(潁)으로 대신한다."라고 하였다. 《가례》 양씨(楊氏) 주에 "졸곡 때 남자는 마대를 벗고 갈대를 착용한다."라고 하였다.-구씨의 《서의》에서는 이를 연제 지낼 때의 복장이라고 하였다.- 이로 보건대, 연복에 세 겹의 갈대를 사용하는 데는 예법의 뜻이 있다. 지금 사용하는 두 가닥으로 만든 마질(麻絰)의 제도는 잘못된 속례(俗禮)이다.

문 연관(練冠)의 영(纓)에 대해 영의정이 "《의례》에 비단〔素〕을 사용한다는 글이 있고, 비단은 베 종류이니 베를 사용하는 것도 마땅합니다."라고 대답하니, 성상께서 《의례》에 따라 시행하라고 판하하셨습니다. 이른바 '비단을 사용한다.'라는 것은 《속통해(續通解)》〈상복변제(喪服變除)〉의 '연제 때 복을 받고 복을 벗는다.' 아래의 소주(小註)에 실려 있는 《최씨변제(崔氏變除)》에 운운한 말이고, 원래 경문(經文)이 아닙니다. 저 역시 그것이 과연 고례에 합당한지 모르겠습니다.

8 경질(潁絰) : 모시의 일종인 경(潁)으로 만든 요질(腰絰)이다.

다만 선생님의 말씀은 옳지 않은 점이 있습니다. 만약 참최관(斬衰冠)에 승영(繩纓)을 사용한다는 글 때문에 연관도 같다는 것을 분명히 알 수 있다고 하신다면, 교대(絞帶)와 관구(菅屨)는 무엇 때문에 연제 때 와서 포대(布帶)와 승구(繩屨)로 바꾸는 것입니까. "조촉(條屬)[9]이라는 것은 한 가닥의 승(繩) 및 포(布)를 통째로 구부려 무(武)를 만들고, 아래로 드리워 영(纓)으로 삼는 것이다.……"라고 한 말은 〈잡기〉 관역조촉장(冠亦條屬章)에 실려 있는 정현(鄭玄)의 고주(古註)이니, 조촉은 승과 포를 통용하여 말한 것입니다.

문 《의례》 참최장(斬衰章)의 경문(經文)에 "관에 승영을 한다."라고 하였고, 전(傳)에 "관에 승영을 하고 조촉한다."라고 하였다. 소에 "한 가닥의 승을 구부려 무를 만들고 아래로 드리워 영을 만든다."라고 하였다. 소최장(疏衰章)의 경문에 "관에 포영(布纓)을 한다."라고 하였고, 소에 "이 포영은 위의 승영과 마찬가지로 한 가닥을 구부려 무(武)를 만들고, 아래로 드리워 영(纓)을 만든다."라고 하였다. 〈잡기〉에 "상관(喪冠)은 조촉한다. 삼년상의 연관(練冠)도 조촉한다." 하였고, 주(註)에 "한 가닥의 승(繩) 및 포(布)를 통째로 구부려 무(武)를 만들고〔通屈一條繩若布爲武〕-약포(若布) 두 글자는 과연 정씨의 주석에 보이지만 진씨의 주석에는 이 두 글자가 없다.- 아래로 드리워 영(纓)을 만든다."라고 하였다. 지금 경전과 주석의 설을 먼저 보고, 또 이 〈잡기〉의 정씨 주석을 보면, 이른바 '한 가닥의 승을 통째로 구부린다.'라는 것은 참최의 연관을 말한 것이고, '약포'라는 말은 소최(疏衰)의

9 조촉(條屬) : 상관(喪冠)의 장식으로 한 가닥의 삼끈을 달아 무(武)를 장식하고 다시 아래로 늘어뜨려서 영(纓)을 만든다.

연관을 말한 것이니, 이 주는 참최와 소최의 연관을 함께 거론하여 말한 것이다. 만약 연제를 지낼 때 참최와 소최를 구분하지 않고 포를 통용할 뿐이라면, 주에서는 '포로 무와 영을 만든다.'라고만 말하였을 것이다. 무엇 때문에 '약포' 위에 또 '한 가닥의 승'이라고 말하여 이렇게 쓸데없는 말을 중복하겠는가. 여기 중간의 약(若)자를 보면 승(繩)과 포(布)를 참최와 소최에 나누어 속하게 한 것이 명백한 정도에 그치지 않는다. 그런데 지금 그대는 이 주의 설에 대해 단지 포로 무를 만든다는 말만 주장하고 '한 가닥의 승'이라는 말은 도리어 버려두어 마치 참최와 소최의 연관(練冠)의 영(纓)은 모두 포를 사용하는 것처럼 말하였으니 어째서인가.

또 그대는 "교대(絞帶)와 관구(菅屨)를 또 어찌 연제에 이르러 포대(布帶)와 승구(繩屨)로 바꾸는 것입니까.……"라고 하였는데, 그 뜻은 성복 때의 마교(麻絞)와 관구(菅屨)를 연제에 이르러 등급을 낮추어 포대(布帶)와 승구(繩屨)로 사용하는 것을 가지고 초상의 승영(繩纓)을 연제에 이르러 등급을 낮추어 포영(布纓)으로 바꾼다는 증거로 삼고자 하였다. 그러나 이는 또 그렇지 않은 듯하다. 연제를 지낼 때 포대와 승구를 사용한다는 점은 예서에 분명한 문구가 있고, 관의 영에 포를 쓴다는 것은 예서에 근거가 없다. 더구나 관포(冠布)에 연무(練武)를 사용하고 영(纓)에 연승(練繩)을 사용하는 것은 원래 이미 등급을 낮춘 것인데, 어찌 꼭 고례에 근거 없는 포영(布纓)을 사용해야 비로소 등급을 낮추었다고 하겠는가. 더구나 〈상복〉은 이미 주자의 감정을 거쳤지만, 〈상복변제〉와 〈상복제도〉는 모두 주자의 감정을 거치지 않았으니, 어찌 주자의 감정을 거치지 않은 최씨 주의 일설만을 유독 십분 옳다고 여겨 여러 설을 모두 버릴 수 있겠는가.

족질 재로에게 답하다

答在魯族姪

교대(絞帶)에 연포(練布)를 써야 한다는 뜻은 수의(收議)에 넣었는데, 내가 근거삼아 말한 것은 《의례》 주소와 장자, 정자의 설을 따른 것이다. 동춘(同春 송준길)과 돌아가신 스승 두 선정도 말씀한 것이 있다. ○돌아가신 스승께서 최규서(崔奎瑞)의 질문에 답하기를, "참최복의 교대는 《가례》의 '대공복에는 숙포(熟布)를 사용한다.'라는 문구대로 연포를 사용해도 된다."라고 하였고, 나의 질문에 답하기를, "교대 역시 칠승포(七升布)를 사용하니 그 마전하는 법 역시 최상(衰裳)과 같다."라고 하였다. ○동춘 어른의 경자년(1660, 현종1) 헌의(獻議)에 "교대 역시 연포를 써야 합니다."라고 하였다.-아마도 동춘 어른의 뜻은 〈상복도식(喪服圖式)〉에 "칠승포로 만든다."라고 하였으니 칠승포는 원래 연포이므로 곧장 연(練)자를 쓴 것이다.- ○〈간전(間傳)〉에 말하기를, "참최는 삼승포(三升布)이다. 우제와 졸곡을 지낸 뒤 성포(成布)[10] 육승포(六升布)를 입는다."라고 하였다.-육승포는 다듬되 잿물을 사용하지 않은 것이다.- ○〈복문(服問)〉에 "연제(練祭)를 지낸 뒤 공최(功衰)를 입는다."라고 하였다.-공최는 다듬고 잿물을 사용한 것이다.- ○장자(張子)의 《이굴(理窟)》에 "〈잡기(雜記)〉에 '부모상을 당하여 아직 공최를 입고 있는 경우'라고 하였는데, 여기서 '아직 공최를 입고 있는 경우'라는 것은 상제(祥祭)를 지내기 전이라 아직 연제(練祭)를 지낸 뒤의 공최

10 성포(成布) : 조금 촘촘한 베로 대개 육승포를 말한다.

복을 입고 있는 것이다."라고 하였다. 또 말하기를, "소상(小祥)에는 그 공최를 마전하여 입는다."라고 하였으니, 연(練)과 공최는 두 가지 물건이 아니다. ○면재 황씨(勉齋黃氏)가 말하기를, "살펴보건대 '연제에 다시 복을 받는다.'라는 것은 경전에 비록 분명한 문구가 없으나 연제를 지낸 뒤 공최를 입는다는 점은 예를 기록한 자가 누차 말하였다."라고 하였다. 또 말하기를, "장자의 설과 전기(傳記) 주소(註疏)의 설은 모두 대공포를 마전하여 옷을 만든다고 하였으니, 비단 중의(中衣)만 마전하는 것이 아니라 공최도 마전하는 것이다. ……"라고 하였다. ○송 구봉(宋龜峯 송익필)이 사계(沙溪 김장생)에게 답하기를, "주자가 《가례》에서 숙포(熟布)로 공최를 만들도록 정하였고, 소상(小祥) 때 연포(練布)로 바꾼다는 점은 이미 묵최(墨衰)에 대한 질문에서 질정하였으니 연포를 사용한다는 횡거(橫渠)의 뜻과 서로 부합한다. 〈연수복도(練受服圖)〉는 단지 소가(疏家)의 설에 근본하였고, 생포인지 숙포인지도 자세하지 않으니, 생포를 사용하고자 하는 자는 어디서 취하여 법으로 삼았는지 모르겠다. 포를 사용한다는 고례의 뜻을 바탕으로 횡거가 이미 정한 논의를 채집하며 주자의 말을 참고하고 《가례》의 공포(功布)는 숙포를 사용한다는 구절에 따라 상제(祥祭)에 숙포를 사용한다는 점은 의심이 없다.……" ○살펴보건대, 지금 조정에서 연제를 지낼 때 최상을 입는 제도를 이미 정했으니, 공최의 설이 비록 몹시 명백하더라도 말할 필요 없다. 그러나 여기서 운운한 것은 단지 대공복의 칠승포가 연포라는 점으로 교포(絞布) 칠승포 역시 연포라는 점을 증명하고자 한 것이다. 또 위의 몇 가지 설을 보면 초상(初喪)에는 삼승포를 쓰고, 우제에 이르러 육승포로 바꾸며, 우제 이후의 육승포는 연제 때에 이르러 대공 칠승포로 바꾸니, 대공 칠승포는 바로 연포이다. 그렇다면 교포 칠승포가 연포라는 점도 알 수 있다.

삼가 보니, 최상(衰裳)에 연포를 쓰지 않는다는 점은 달리 근거가 없고, 단지 〈단궁〉에 나오는 '연의(練衣)' 아래에 있는 '정복은 바꾸지 않는다.〔正服不變〕'라는 주를 증거로 삼았을 뿐이다. 그러나 이 점에 대해 나는 의심이 없을 수 없다. 어째서인가. 〈간전〉에 "참최복은 삼승포이고 우제와 졸곡을 마친 뒤 성포(成布) 육승을 입는다."라고 하였다. 이른바 '육승'은 다듬되 잿물을 사용하지 않은 것이다. 우제를 지낸 뒤 이미 육승포를 입었으니, 초상의 생포(生布)로 지은 최상(衰裳)은 이때에 이르러 이미 벗었다. 그렇다면 연제를 지낼 때 이미 벗은 최상을 바꾸지 않는다고 다시 말할 수 없을 듯하다. 여기에 근거하면 이른바 '바꾸지 않는다.'라는 말은 생포가 아니라는 점을 알 수 있다. 더구나 연제를 지낸 뒤 공최를 입는다는 설은 고금의 예서에 자주 보이니, 이른바 공최는 바로 대공 칠승포이며, 대공 칠승포는 연포이다.

또 《의례》를 살펴보면 '육승포는 다듬되 잿물을 사용하지 않는다.'라는 것은 자하(子夏)의 전(傳)이고, '칠승포는 잿물을 사용한다.'라는 것은 가씨(賈氏)의 소(疏)이고, '대공포는 다듬는다.'라는 것은 정씨(鄭氏)의 주(註)이다. 이는 모두 《의례》에 있으니, 사계가 이른바 '애당초 연포를 사용한다는 문구가 없다.'라는 말은 무엇을 말하는지 모르겠다. 그러므로 돌아가신 스승께서도 의심한 적이 있다. 또 비록 연포를 사용한다는 문구가 없더라도 어찌 또 연포를 사용하지 않는다는 문구가 있는가. 이로 보건대 최상에 생포를 사용한다는 것은 단지 〈단궁〉 주 아래의 '바꾸지 않는다'라는 설 뿐이다. 바꾸지 않는 것이 생포라는 점도 〈간전〉으로 말하면 역시 분명하지 않다. 이른바 '연포를 사용한다.'라는 것은 《의례》의 전, 주, 소, 《예기》의 〈간전〉, 〈복문〉, 〈잡기〉, 횡거, 주자, 면재, 경산,-구준의 《가례의절》에 '고례에 따르면 소상에 연포를 사용하니 소상에 연복을 짓지 않아서야 되겠는가.'라고 하였다.- 구봉, 동춘 및 선생의 설을 모두 근거삼아 증명할 수 있다. 또 《문해》를 살펴보면 연포를 사용하는 뜻을 자세히 말하였다. 다만 '다시 살펴보건대'라는 한 조목에 연포를 사용하지 않는다는 말이 있으나 역시 유난히 주장하는 뜻은 없다. 더구나 연포를 사용한다는 말이 애당초 없으니 이미 의심스럽고, 인용한 '정복은 바꾸지 않는다.'는 말이 생포를 뜻하는지도 분명하지 않으니 어떻겠는가. 그렇다면 어찌 〈단궁〉의 '바꾸지 않는다'라는 일개 주의 설만 오로지 주장하며 고금의 허다한 근거삼을 만한 여러 설을 전부 버릴 수 있겠는가. 더구나 《가례》 소상조(小祥條)에 "막차를 설치하고 연복을 진설한다.〔設次陳練服〕"라고 하였는데, 여기서 '연복' 두 글자는 마전한 옷을 말한 것인지 마전하지 않은 옷을 말한 것인지 모르겠다. '연복' 위에 이미 '불(不)'자가 없으니, 마전하지 않은 옷을 말한 것이 아니라는 점은 분명하다. 지금 이상의 여러 설을 보니, 돌아가신 스승의 설이 참으로 예법의 뜻을 터득했다는 점을 더욱 믿을 수 있다.

신명윤에게 답하다
答申明允

문 《예기》〈잡기〉에 이른바 "상 때문에 관례를 행한다."라는 말은 필시 망자를 위하여 성인이 되어 상을 주관하기를 바라서입니다. 성왕(成王)은 장사지낸 뒤 조묘(祖廟)에 알현하였는데, 조묘에 알현하기 위하여 관례를 행한 듯합니다.[11] 신민의 경우는 관례를 하고 안 하고가 국상의 상례와 무슨 상관이 있다고 갑자기 〈잡기〉와 성왕의 두 가지 설을 인용하는 것입니까. 삼가 예서를 살펴보니, "자신과 혼례를 주관하는 사람에게 기년상 이상이 없어야 혼례를 행한다."라고 하였는데, 대공복을 입은 사람이 아직 장사지내지 않았으면 역시 혼례를 행하는 것을 허락하지 않았습니다. 더구나 방상 삼년(方上三年)[12]을 당하였는데 차길(借吉)[13]하여 행할 수 있겠습니까. 주자가 혼인에

11 성왕(成王)은……듯합니다 : 성왕은 부친 무왕(武王)을 장사지낸 뒤 관례를 행하고서 조묘를 알현하고 제후의 조회를 받았다. 《孔子家語 冠頌》

12 방상 삼년(方上三年) : 부모상에 견주어 치르는 임금의 상을 말한다.

13 차길(借吉) : 상중에 있는 사람이 길례(吉禮)를 행하기 위해 임시로 상복을 벗고

대해 1개월 뒤에는 군민(軍民)에게 허락하고, 대상 이후에는 중대부(中大夫) 이하에게 허락하였으나 관례는 끝내 거론하지 않았습니다. 또 조정의 명령 역시 관례를 행하도록 허락한다는 문구는 없습니다. 감히 행하지 못하는 것 외에 다른 도리가 없는 듯한데, 어떠할지 모르겠습니다.

답 논의가 엄격하고 분명하다. 다만 관례를 감히 행하지 못하면 그만이거니와 만약 과연 행한다면 주 선생의 〈복의〉 '혼례'에서 말한 대로 해야할 듯하다. 1개월 뒤에는 군민에게 허락하고, 담제를 지낸 뒤에는 대대부와 중대부 이상에게 허락한 것을 기준으로 삼아 관직이 없는 경우, 관직이 있는 경우 및 관직의 높고 낮음을 구분하여 행해야 할 듯하다. 혼례는 화려하고 성대하기가 관례에 비할 바 아닌데, 주자가 오히려 그 등급에 따라 낮추어 행하도록 허락한 점에서 알 수 있다. 지금 〈복의〉의 "또 혼인 한 가지 일로 말하자면〔且以婚姻一事言之〕" 여덟 글자를 보니, 혼인 외에 말할 만한 제례나 관례가 있다는 점을 미루어 알 수 있다. 그대의 말이 비록 좋지만 단지 관직이 없는 경우, 관직이 있는 경우 및 관직의 높고 낮음을 구분하지 않고 뒤섞어 한꺼번에 말하는 것은 흠이 있는 듯하다. 《가례》에 이른바 "기년상 이상은 행할 수 없다."라고 한 것은 관례와 혼례가 마찬가지다. 방상 삼년 내에 혼례도 행하였는데, 지금 그대가 관례만은 행할 수 없다고 하는 이유는 무엇인가. 돌아가신 스승께서 말씀하시기를, "관례를 치르려고 하는데 국상을 당한 자는 원래 그대로 성복하고 관례를 치러야 한다. 그렇지 않으면 졸곡까지 기다린 뒤에 관자(冠者)만 예

길복(吉服)을 입는 것을 말한다.

식을 갖추어 행하고, 혼례에서 등급을 낮춘 것을 참고하면 더욱 안 될 것 없다."라고 하였다. 돌아가신 스승의 이 말씀 역시 〈복의〉 '혼례'를 기준으로 삼은 것이다. 〈잡기〉의 말은 본문을 보면 반드시 상을 주관하는 자의 경우를 말한 것인지 모르겠다. 성왕의 일은 그대의 말이 옳은 듯하다.

문 어떤 사람이 대상(大喪)을 당한 다음날 모친상을 당하여 대상의 성복 하루 전에 성복하게 되었습니다. 지촌(芝村 이희조(李喜朝)) 숙부는 대상의 성복에서 하루가 지난 뒤로 물러서 성복하게 하면서 "만약 대상의 성복 전이나 대상과 같은 날 성복한다면 모두 참람하고 외람된 결과로 귀결된다."라고 하였는데, 이 말이 경전에 근거가 있는지 모르겠습니다.

답 국상을 당하였을 때 성복의 선후는 〈증자문(曾子問)〉의 설[14]을 근거로 삼을 수 있다. 그러나 〈증자문〉의 설은 관직이 있는 자를 가리켜 말한 것이다. 지금 상을 당한 사람이 만약 관직이 없는 사람이라면 더욱 구애될 것 없을 듯한데 어떠한지 모르겠다. 참람하고 외람되다는 동보(同甫 이희조)의 말은 따로 근거삼을 만한 예가 있어서 그러한 듯하다. 만약 먼저 행하는 것이 참람하고 외람되다면 빈(殯) 역시 먼저 행해서는 안 되는데, 공자는 무엇 때문에 먼저 행하게 하였는가.[15]

14 증자문(曾子問)의 설 : 《예기》 〈증자문〉의 "임금의 상복(喪服)을 입고 있으면 감히 사사로운 상복을 입지 못한다.〔有君喪服於身, 不敢私服.〕"라는 구절을 말한다.

15 공자는……하였는가 : 《예기》 〈증자문〉의 "증자가 묻기를 '임금의 빈소를 차리기

문 제조(祭條)에 있는 귀봉(龜峯)의 설 아래에 어떤 이가 내상(內喪)[16]은 친척을 위해 기년복을 입는 사사로운 상과 같으니, 관혼상제는 이를 참조하여 그 설을 시행하고자 하였습니다. 아마도 퇴계(退溪)가 이른바 "내상은 군주의 상과 차이가 있다."라는 말에 근본을 둔 듯합니다. 삼가 생각하기에 내상이 비록 기년상이지만 실로 온나라 사람의 공통된 상으로 존엄하기가 분명하니, 기년복을 입는 사사로운 상에 견주어 동일하게 여겨서는 안 됩니다. 그렇다면 임금의 상과 내상의 상복이 비록 경중의 차이가 있으나 상례와 제례를 행하고 그만두는 것은 차이가 있어서는 안 될 듯합니다. 어떠한지 모르겠습니다.

답 논한 바가 옳은 듯하다.

문 대상의 성복을 하기 전 민가의 조석 상식은 예전에 지존 숙부의 집에서는 소식(素食)으로 설행하였고, 윤서응(尹瑞膺 윤봉구(尹鳳九))의 집에서는 예전처럼 영좌(靈座)에 식상(食床)을 설치하고 전(奠)을 올렸으나 다만 거애(擧哀)하지 않고 향촉(香燭)을 설치하지 않았습니다. 김성기(金聖期 김정로(金正魯))의 집에서는 곡읍과 설찬(設饌)을 평상시와 똑같이 하였고, 박상보(朴尙甫 박필주(朴弼周))는 자기 형의 영좌를 완전히 폐지하고 설행하지 않았습니다. 누가 옳은지 모르겠습니다.

전에 신하가 부모의 상을 당하면 어떻게 합니까?' 하니, 공자가 '집에 돌아가 부모의 빈소를 차린 뒤 임금이 있는 곳에 돌아오는데, 제사가 있을 때만 집에 돌아가고 조석의 상식에는 가지 않는다.' 하였다."라는 구절을 말한다.

16 내상(內喪) : 왕비 또는 대비의 상을 말한다.

답 돌아가신 스승께서 말씀하시기를, "조석 상식과 삭전, 망전은 모두 행한다. 〈증자문〉의 임금의 빈소를 차리지 않았는데 신하가 부모의 상을 당한 조목과, 임금이 죽어 빈소를 차렸는데 신하가 부모의 상을 당한 조목을 근거삼을 만하다."라고 하였다. 김성기의 집에서 설행한 것 또한 돌아가신 스승의 설을 따른 것이다.

문 〈증자문〉의 첫조목에 "'임금이 죽어서 빈소를 차렸는데 신하가 부모의 상을 당하면 어떻게 합니까?'라고 하니, 공자가 '집으로 돌아가 지내면서 큰 제사가 있을 때는 임금이 있는 곳으로 가고, 조석전을 올릴 때는 가지 않는다.'라고 하였다."라고 하였습니다. 초하루와 보름에는 임금이 있는 곳으로 가서 사사로이 전을 올리는 것을 그만두고, 조석전을 올릴 때는 임금이 있는 곳으로 가지 않고 사사로운 정을 편다는 것을 알 수 있습니다. 지금 어떤 사람은 "삭전과 망전, 조석 상식을 그만두지 않는다는 증거이다."라고 하는데, 본문을 잘못 본 소치인 듯합니다.
답 논의가 정밀하다. 다만 〈증자문〉의 본뜻은 관직이 있는 자의 경우를 말한 것이다. 관직이 없는 자의 경우는 집에 있으면서 삭전과 망전을 행해야 하는 것이 분명한 듯하다.

문 "국장(國葬) 이전에 사상(私喪)의 우제(虞祭), 졸곡(卒哭), 부제(祔祭), 연제(練祭), 상제(祥祭), 담제(禫祭)는 관직이 없는 자의 경우행해야 하고, 관직이 있는 자의 경우 물러 행한다.……"라고 하였습니다. 삼가 살펴보니 졸곡 이하의 제사는 물러 행할 수 있으나 우제는 신주를 봉안하기 위한 것입니다. 국장 5개월 뒤로 물러 행하는 것은 서둘러 우제를 행하는 뜻이 아니니, 〈상복소기(喪服小記)〉의 집설(集說)에서 이른바 "미룰 수 없다."라는 말과 어긋납니다. 어떻습니까?

답 관직이 있는 자의 경우 우제, 부제 등의 제사를 물러 행하는 것은 〈상복소기〉의 "부모상을 동시에 당하면 먼저 돌아가신 분을 장사지내되 우제와 부제는 지내지 않고 뒤에 돌아가신 분을 장사지내기를 기다린다."라는 단락을 근거로 참조한 것이다. 서둘러 우제를 행하는 것은 상도이고, 우제와 부제를 물러 행하는 것은 변고이다. 이것이 예가 같지 않은 이유이니 또 무엇을 의심하는가.

신명윤에게 답하다
答申明允

예서의 주석에 이른바 "임금을 위한 상복을 벗은 뒤에는 대상(大祥)과 소상(小祥)을 지낼 수 있다."라고 한 것은 적자(嫡子)로서 관직이 있는 사람의 경우를 말한 것이다. 그 아래에 또 "적자가 집에 있으면 스스로 예에 따라 친상(親喪)을 행한다."라고 하였으니, 적자로서 관직이 없는 경우를 말한 것이다. 위아래의 두 설이 이처럼 명백한데, 지금 그대는 분별하지 않고 뭉뚱그려 말한 것은 어째서인가. 우암 어른이 이른바 "사서인(士庶人)의 백의관(白衣冠)은 경재(卿宰)와 같다."라고 한 것은 한때 의기(義起)한 말이다. 돌아가신 스승께서 "마땅히 행해야 한다."라고 한 것은 예서 주석의 명백한 설에 근거한 말이니, 의기한 말이 비록 좋더라도 근거가 있어 의심 없는 예경 주석의 설만 못한 듯하다.

혼인은 길례인데도 국휼의 졸곡 이후에 한다. 더구나 이 담제(禫祭)를 국휼의 연제 이후에 어찌 행하지 못하겠는가. 혼인할 때 사흘 동안 임시로 길복을 입는데, 담제를 지낼 때 잠시 길복을 입어 상례가 끝났음을 보이는 것은 안 될 것 없을 듯하다. 담제를 지낼 수 없다는 수암(遂菴 권상하)의 설은 졸곡 이전을 가리켜 말한 것인데 전한 사람이 졸곡 전후를 구분하지 않고 말한 것 아니겠는가. 알 수 없다.

졸곡 전에는 시제(時祭)를 지낼 수 없다. 졸곡 이후에는 주자와 《오례의》 모두 혼인을 허락하였으니, 시제를 지내지 못할 것은 없는 듯하다. 율곡이 우계에게 답한 편지에도 지내야 한다고 말하였다. 졸곡 전에 기제(忌祭)와 묘제(墓祭)는 관직이 있는 자의 경우는 그만두어야 하고, 관직이 없는 자는 간략히 설행해야 한다. 퇴계, 율곡, 구봉, 한강, 돌아가신 스승께서 모두 이렇게 말하였다. 그런데 근래 들으니 관가에서 첩(帖)을 내려 사서(士庶)의 집이라도 모두 감히 지낼 수 없다고 하는데, 무엇 때문인지 모르겠다. '관직이 있는 자의 경우는 그만두어야 한다.'라고 하였으니, 비록 상을 당한 집안에서 삼년상 기간이 지나지 않은 새 무덤의 경우라도 관직이 있는 자라면 차이가 있어서는 안 될 듯하다. 어떻게 생각하는가? 이른바 수를 줄인다는 것에 대해 선배들은 삼헌(三獻)을 하지 않고 축문을 읽지 않는 것이라고 말하였는데, 이밖에는 상고할 곳이 없다. 나머지 세속의 명절과 크고 작은 제전(祭奠)에 대해 돌아가신 스승께서 《사례변절(四禮變節)》의 말단에 이미 확정된 논의를 남겼으니 살펴보는 것이 어떻겠는가. 다만 이러한 제사 역시 조정에서 금지하고 있으니, 받들어 따르는 외에는 다른 방도가 없을 듯하다.

족질 재로에게 주다

與在魯族姪

《예기》〈증자문〉의 “대부와 사에게 사적인 상이 있는데 상복을 벗게 되었을 때”의 주석에 “……그러나 모두 적자(嫡子)로서 제사를 주관하고 관직에 있는 경우를 말한 것이다. 만약 서자가 관직에 있으면서 군주의 상복을 입고 적자가 집에 있다면, 때에 맞추어 어버이의 상례를 행해야 한다.”라고 하였다. ○살피건대, 여기 ‘상복을 벗게 되다〔可以除〕’라는 세 글자를 보면 연제(練祭)와 상제(祥祭)를 가리켜 말한 것임을 알 수 있다. 비록 같은 형제라도 관직이 있어 군주가 있는 곳에 있으면 군주를 위한 상복을 입고, 관직 없이 집에 있으면 때맞추어 어버이의 상례를 행해야 한다. 예법의 뜻이 이처럼 분명하므로 돌아가신 스승께서 평소 이 주석의 설을 위주로 삼았고, 우암 어른은 능침이 식지 않았는데 소상(小祥)과 대상(大祥)을 행한다면 이는 군부를 박하게 대하는 것이라고 하였다. 이 때문에 당시 시행하는 자도 있었고 그만두는 자도 있었다. 몇해 전 국휼(國恤) 때 황강(黃江 권상하)의 헌의(獻議)로 인하여 관직의 유무를 막론하고 모두 금지하여 이미 국가의 독자적인 제도가 되었다고 한다. 과연 그렇다면 예법의 시비는 우선 놓아두고 논하지 말고, 단지 준행해야 할 따름이다. 이 주석의 설은 이제 쓸데없는 말이다.

율곡(栗谷 이이) 선생이 우계(牛溪 성혼) 선생에게 답하기를, “저로 말하자면 졸곡 이전에는 기제(忌祭)와 묘제(墓祭)를 모두 그만두는데,

형의 경우는 최복(衰服)이 없으니 간략히 전(奠)을 차리고 은례(殷禮)를 갖추지 않더라도 무방합니다. 졸곡 이전의 삭참(朔參)과 망참(望參)은 제사가 아니니, 평상시의 규례대로 행하는 것이 무슨 해가 되겠습니까. 절사(節祀)는 묘소 앞에서 간략히 설행해도 무방하고, 졸곡 이후의 시제(時祭)는 평상시의 규례에 따라야 합니다."라고 하였다.

○살펴보건대, 율곡 선생은 최복이 있는가 없는가에 따라 제사지내는 경우와 제사지내지 않는 경우를 나누었으니, 〈증자문〉 주석의 설에 근본을 둔 듯하다. 돌아가신 스승께서는 관직이 있는지 없는지를 가지고 기제, 묘제 및 삭참과 망참을 행하고 그만두는 기준으로 삼았으니, 그 뜻 역시 《예기》의 주석을 위주로 삼은 것이며, 또 율곡의 설을 중시한 것이다. 이번만은 율곡 때와 조금 달라 아래로 가장 낮은 관원에 이르기까지도 모두 최복을 받았으니, 이를 기준으로 삼아야 할 듯하다. 다만 그중에 최복을 입지 않은 자는 율곡과 돌아가신 스승의 설에 따라 행하더라도 무방할 듯하다.

송 구봉(宋龜峯 송익필)이 우계에게 답하기를, "크고 작은 제사를 모두 정지한다는 말은 국가의 크고 작은 제사를 말한 것입니다. 기제를 간략히 설행하여 단지 전(奠)을 올리는 예만 행하고, 아울러 국상(國喪)으로 빈소를 차렸다는 사유를 고하며, 묘제 역시 기제의 의식대로 하고, 삭망에는 술과 과일만 진설하기를 또 예법대로 하여 덜거나 보태는 것이 없다면 행하더라도 무슨 혐의가 있겠습니까. 예법에는 등급에 따라 줄이는 절차가 있으니, 부친이 그만두더라도 아들이 행하고, 군주가 중지하더라도 신하가 하기도 합니다. 어찌 능침에서 제사를 지내지 않는다고 해서 행하기 어려워하겠습니까."라고 하였다.
○이를 살펴보건대 크고 작은 제사를 모두 정지한다는 말은 집에 있으면서 관직이 없는 자의 경우는 혐의될 것이 없을 듯하다. 어떻게 생각할지 모르겠다.

족질 재로에게 답하다
答在魯族姪

국휼 졸곡 전에 사적인 상의 대상(大祥)과 소상(小祥)에 대해 사계(沙溪 김장생)는 관직이 있는 경우와 없는 경우를 구분하지 않았고, '반드시 행할 수 없는지 모르겠다.'라고 하였다. 우암 어른은 스승의 설을 굳게 지켜 관직이 없는 자에게까지 미루어 '졸곡 이전에는 연제와 상제를 지낼 수 없다.'라고 하였으며, 심지어 '능침이 식지 않았으니 군부를 박하게 대하는 것이다.'라고 하였다. 그러나 이는 남이 편지를 질문한 일을 계기로 사적으로 주고받은 이야기에 불과하다. 그 뒤 황강(黃江 권상하)이 마침내 두 선생의 말씀을 수의(收議)에 넣어 지금은 이미 바꿀 수 없는 법이 되었으니 참으로 한탄스럽다. 그러나 예서 주석의 설이 몹시 분명할 뿐만 아니라, 일의 형세로 말하더라도 구애되어 불편한 일이 많다.

지금 어떤 사람이 대상 며칠 전에 국휼을 만났는데, 졸곡을 기다린다면 상제(祥祭)를 5, 6개월 뒤로 물려 지내게 된다. 만약 앞선 국휼의 졸곡이 다가오는데 마치 중종(中宗)과 인종(仁宗) 두 임금이 잇따라 승하하였을 때처럼 또 뒤에 국휼이 있으면 또 10여 개월 뒤로 물려 지내게 될 것이니, 이는 삼년상이 4년이 되는 것이다. 또 예법은 반드시 극단적인 경우를 말해야 하니, 만약 불행히 세 번의 국휼이 있다면 또 거의 5년이 될 것이다. 이것이 어찌 온당치 않은 일이 아니겠는가. 이러한 일들은 옛사람이 필시 이미 자세히 생각하였을 것이다. 그러므로 예서 주석의 설에 이렇게 말한 것이다. 더구나 연제와 상제는 길제

(吉祭)가 아니라 원래 흉제(凶祭)이니, 더욱 혐의가 없을 듯하다. 지금 일의 형세를 헤아리지 않고 금지하는 제도를 굳게 세웠는데, 영구히 전하여 폐단이 없을지 모르겠다. 국가의 독자적인 제도를 따르지 않을 수는 없으나 예의 취지는 그렇지 않은 듯하다. 그러므로 이에 또 질문한다.

족질 재로에게 주다

與在魯族姪

관직 없는 사람의 경우 연제(練祭)와 상제(祥祭)를 금지하는 것은 끝내 의심스러운 듯하다. 지금 주자의 〈복의〉에 나오는 혼인에 관한 한 가지 일로 말하자면, "한달이 지난 뒤에는 군민(軍民)에게 허락하고, 석 달이 지난 뒤에는 사리(士吏)에게 허락하고, 복토(復土)한 뒤에는 선인(選人)에게 허락한다."라고 하였는데, 이른바 선인은 지금의 생원, 진사이다. 관직이 없는 사람은 임금에 대해서 은혜와 의리가 가벼우니, 관직 있는 사람이 은혜와 의리를 겸한 것과는 다르다. 그러므로 그 사람에 따라 각기 등급이 있는 것이다. 예법은 혼인보다 성대한 것이 없는데도 졸곡 이전에 시행하니, 이 또한 군부를 박하게 대한다고 할 수 있겠는가. 군부를 박하게 대하는 일을 주자가 어찌 시행하도록 허락하였겠는가. 혼인은 길례(吉禮)이고 연제와 상제는 상제(喪祭)이다. 지금 길례는 행하고 상제는 행하지 않으니, 이는 내가 끝내 의혹을 풀지 못하는 이유이다.

유도경에게 답하다

答柳道卿

문 시마복 이상 사친(私親)의 상을 당하면 성복하기 전에는 모두 조석 상식을 그만두어야 하니, 관직이 있는 자가 국휼의 성복 전에 조석 상식을 행하는 것은 온당치 않은 듯합니다. 더구나 은전(殷奠)[17]은 어떻겠습니까.

답 《격몽요결(擊蒙要訣)》에 "오복(五服)을 입은 사람은 성복하기 전에는 모두 제사를 그만둔다."[18]라고 하였다. 이른바 제사는 기제(忌祭)와 묘제(墓祭)를 가리키는 말이다. 지금 "시마복 이상 사친의 상을 당하면 성복하기 전에는 모두 조석 상식을 그만두어야 한다."라고 하였는데, 이 말이 어느 책에 보이는지 모르겠다. 어떤 이가 "국휼의 성복 전에 상식을 그만두는 것이 어떻습니까?"라고 하니, 돌아가신 스승께서 답하기를, "만약 한 집에 사는 부모형제의 상이 아니면 그만두기 어려울 듯하다."라고 하였으니, 이를 기준으로 삼아야 할 듯한데 어떻게 생각하는가?

17 은전(殷奠) : 초하루와 보름에 성대하게 전(奠)을 올리는 것이다.

18 오복(五服)을……그만둔다 : 《격몽요결》 〈제의초(祭儀鈔)〉 상복중행제의(喪服中行祭儀)에 "오복을 입은 사람은 성복하기 전에는 기제라도 지낼 수 없다."라고 한 말을 가리키는 듯하다.

이후이에게 답하다

答李厚而

문 〈증자문〉에 "공자가 말하기를, '임금의 상복을 입고 있으면 사사로운 상복을 감히 입을 수 없으니 또 어떻게 상복을 벗겠는가.'라고 하였다."라고 하였다. 그렇다면 임금의 상복을 입고 있는 자는 비록 어버이의 상을 당하더라도 성복할 수 없는 것입니까? 중상(重喪)의 상복을 벗지 않은 상태에서 경상(輕喪)을 당한 사례로 미루어보면, 관직이 있는 자는 비록 임금의 상중이더라도 어버이를 위해 상복을 짓는 것이 무엇이 의리에 해롭겠습니까?

답 증자의 질문은 사사로운 상복을 벗을 수 있는데-벗는다는 것은 필시 대상(大祥)일 것이다.- 임금의 상복을 입은 자로 본 것이다. 이는 임금을 위한 상복을 입기 전에 사사로운 상복을 먼저 입은 자라는 것을 알 수 있다. 임금의 상복을 입었으면 감히 사사로운 상복을 입을 수 없다는 공자의 대답으로 보건대, 임금을 위한 상복은 중하고 사사로운 상복은 가벼우므로 평상시 임금을 위한 상복을 입었으면 감히 사사로운 상복을 입을 수 없다고 말한 것이다. 지금 주석의 설은 그 앞뒤를 바꾸어 먼저 임금의 상을 당하고 나중에 사사로운 상을 당한 경우에 대해 말하기를, '감히 어버이를 위해 상복을 지을 수 없다.'라고 하였으니, 이는 경문의 본뜻에 어긋난다. 옛날에 먼저 임금의 상을 당하고 나중에 사사로운 상을 당한 경우 그 예법이 이와 같았는지 모르겠다. 감히 억측으로 대답할 수 없다.

소상과 대상 당일에 단헌(單獻)을 간략히 설행하는 것은 아마도 주자가 증무의(曾無疑)의 질문에 대하여 "이날 간략히 제전(祭奠)을 설행하여 비로소 인정을 다한다."라는 설에서 나온 듯하다. 송 구봉(宋龜峯 송익필)은 "국상을 당하여 빈소가 차려져 예를 갖추어 제사를 지낼 수 없다는 뜻으로 고하는 글이 있어야 한다."라고 하였는데, 이 말은 따르기 합당한 듯하다.

이후이에게 답하다

答李厚而

〈증자문〉에서 임금의 상중에 사적인 상복을 벗는 경우, 적자와 서자는 뒤늦게 제사를 지내고 뒤늦게 제사를 지내지 않는 차이가 있다. 적자는 승중(承重)하여 상을 주관하고 제사를 주관하는 자이므로 그 예가 이와 같고, 서자는 승중하여 제사를 주관하는 일이 없으므로 다시 뒤늦게 제사지내지 않는 듯하다. 관직 없는 서자가 상복을 벗은 뒤 제사를 지내는지 여부는 주에 이른바 "훗날 서자가 비록 임금을 위한 상복을 벗더라도 뒤늦게 제사지내지 않는다."라는 설로 미루어 보면 제사를 지내지 않더라도 괜찮은 듯하다.

박자룡에게 답하다

答朴子龍

율곡(栗谷)의 설을 보건대, 그대가 이미 최복(衰服)을 입었으니 관직 있는 사람의 경우와 같다. 국휼의 졸곡 이전에는 담제를 지낼 수 없을 듯하다. 만약 졸곡 이후를 기다린다면 그 사이가 5,6개월이나 되는데, 예서에 '시기가 지나면 담제를 지내지 않는다.'라는 명백한 문구가 있으니, '후상(後喪) 중에는 전상(前喪)의 담제를 지낼 수 없다.'라는 예를 참조하여 위(位)를 설치하여 곡읍하고 변제(變除)하더라도 무방할 듯하다. 돌아가신 스승의 설이 《남계예설(南溪禮說)》에 보이니 헤아려 행하는 것이 어떠한가. 만약 합독(合櫝)[19]한다면 길제(吉祭)가 있어야 하는데, 졸곡 이전에는 일이 몹시 구애된다. 우선 조묘(祖廟)에 부묘하였다가 졸곡 이후를 기다려 하는 것이 옳을 듯하다.

19 합독(合櫝) : 부부의 신주를 하나의 독에 모시는 것이다.

족질 약로에게 답하다
答若魯族姪

문 앞으로 상제(祥祭)를 지낸 뒤 집에 있거나 길에 있으면 어떤 옷을 입어야 합니까? 담제(禫祭)를 지낼 때 변제(變除)하여 임시로 검은 옷을 입어야 합니까?

답 〈잡기〉를 살펴보니, "부모상을 함께 당한 자는 전상(前喪)의 상복을 벗을 때 그 제복(除服)을 입고 제사를 마친 뒤 다시 상복을 입는다."라고 하였다. "제사를 마친 뒤 다시 상복을 입는다."라고 하였으니 제사를 마치기 전에는 후상(後喪)의 상복을 그대로 입은 채로 변제할 수 없음이 분명하다. 이는 유추하여 볼 수 있을 듯하다. 그 아래의 방(方氏) 주(註)에 "전상이 끝났다는 것을 보이기 위해서이다."라고 하였으니, 전상이 끝났다는 뜻은 지금의 담제(禫除)에도 근거삼을 수 있을 듯하다. 만약 사계(沙溪 김장생)의 "후상 중에는 전상의 담제를 지내지 않는다."라는 설에 따라 행한다면 그만이거니와, 지금 들으니 조정에서 이미 사가(私家)의 담제와 길제를 지내도록 허락하였다고 하니, 어찌 담제를 행하고서 변제하는 절차가 없을 수 있겠는가. 출입할 때 입는 옷 역시 근거삼을 만한 글이 없다. 얼마 전 동호(桐湖)의 여러 상인(喪人)이 이를 질문했는데, 나는 임금을 위한 복은 중하고 담복은 가벼우니 출입할 때는 모두 임금을 위한 상복을 입어야 할 듯하다고 하였다.

문 길제를 지낼 때 국휼 3년 내에는 비록 수조(受胙)하지 않더라도 고이성(告利成)[20]하는 절차는 수조를 하지 않는다고 해서 폐지할 수 없을 듯합니다.

답 고이성은 수조하는 성대한 예와는 비슷하지 않으니, 행하더라도 무방할 듯하다.

20 고이성(告利成) : 제사를 마쳤다는 것을 신에게 고하는 절차이다.

족질 재로에게 답하다
答在魯族姪

문 아내의 상을 당하였으나 아들이 없는 사람은 조석곡(朝夕哭)을 연제(練祭)가 끝날 때까지 그만두지 말아야 하는데, 어떤 이는 장례 이전에 한하여 행해야 한다고 하고, 어떤 이는 여종을 시켜 대신 행해도 된다고 하는데 어떠한지 모르겠습니다. 처자 없는 아들의 상을 당한 사람도 조석곡을 행해야 합니까?

답 아내의 상은 중대한 상제(喪制)로서 삼년상의 체제를 갖추었다. 조석곡은 상례의 중대한 절차이니, 행하지 않으면 안 될 듯하다. 장례 이전에 한하여 행하는 것은 예서에 상고할 데가 없다. 예서에 대신 곡하는 일이 있으니, 지금 이에 비추어 노비를 시켜 대신 행하더라도 무방할 듯하다. 처자 없는 자제의 상에 조석곡을 행해야 하는지는 감히 알지 못하겠다. 그러나 연로한 부형이 매일 새벽과 저녁에 기년복에 해당하는 손아랫사람을 위해 곡읍하기에는 힘이 미치지 못할 듯하다.

한영숙에게 답하다
答韓永叔

문　삭전조(朔奠條)의 부주(附註)에서 양씨(楊氏)가 "초상(初喪)을 당하면 상주를 세운다."라는 조항의 "주인은 장자를 말한다. 그가 궤전(饋奠)을 받든다."라는 문구와, "부친이 있으면 아들이 상주가 되는 예가 없다."라는 말을 끌어다 합쳐 "장자가 상을 주관하여 궤전을 받드는 것은 아들이 모친상에 대해 은혜가 중하고 복이 중하기 때문이다. 삭전은 부친이 상주가 되니, 삭전은 은전(殷奠)이므로 높은 사람이 상주가 되기 때문이다.……"라고 하였으나 이는 그렇지 않은 듯합니다. 초상을 당하면 상주를 세운다는 조항의 장자는 부모의 상에 모두 삼년복을 입는 자이고, 부친이 있으면 아들이 상주가 되는 예가 없다는 경우는 부친이 있으면서 모친을 위해 기년복을 입는 자입니다. 각각의 항목임이 분명한 정도가 아닌데, 지금 양씨는 하나로 합쳤으니 어째서입니까? 잘못 살핀 듯합니다.

답　그대의 말이 옳은 듯하다.

홍순보에게 답하다
答洪純甫

묘소는 체백(體魄)이 있는 곳이고, 궤연은 영혼(靈魂)이 있는 곳이다. 그러므로 절사(節祀)는 함께 설행한다. 만약 길이 멀어 함께 참석할 수 없다면 궤연을 중시해야 할 듯하다. 만약 다른 자질(子姪)이 있다면 두 곳으로 나누어 행하는 것이 마땅할 듯하다.

사위 이보명에게 답하다
答李甥普溟

주자가 말하기를, "천신(薦新)과 고삭(告朔)[21]은 길흉이 서로 겹치니 행할 수 없을 듯하다. 아직 장사를 지내지 않았으면 그만두어야 한다."라고 하였으니, 이로 보건대 조상 사당의 삭참과 망참은 장례 이전에는 그만두어야 하는 것이 의심없다. 만약 똑같은 상전(喪奠)이라면 길흉이 서로 겹치는 혐의가 없을 듯하니, 그만두어서는 안 될 듯하다.

21 천신(薦新)과 고삭(告朔) : 천신은 그 철에 새로 나온 음식을 사당에 올리는 것이고, 고삭은 초하루를 고하는 것이다.

족질 재로에게 답하다
答在魯族姪

자손의 상을 당하였는데 그 자손에게 아내와 아들이 있다면, 삼년 동안 궤연은 그만둘 수 없을 듯하다. 부친이 살아있는데 모친의 상을 당한 경우 1년이 지나 궤연을 철거하는 것은 예법의 뜻이 자별하니, 저것 때문에 이것을 의심해서는 안 될 듯하다.

구계훈에게 답하다
答具啓勳

예전에 스승에게 들으니, "내상(內喪)에 조문하는 자는 곡하지 않는 것이 예이다. 다만 상인(喪人)과 평소 친한 사이라면 곡해도 된다." 라고 하였으니, 이는 따라하기 합당할 듯하다.

이후이에게 답하다

答李厚而

문 동성(同姓) 유복친(有服親)의 상은 1년이 지난 뒤 비로소 여막을 만드는데, 궤연을 철거한 뒤에는 조문을 받을 곳이 없습니다. 옛사람처럼 사당 앞에 서서 눈물을 흘리며 만나야 합니까? 상주가 여전히 심상(心喪)을 치르고 있으니 다른 사람은 곡할 필요가 없지만, 동성의 가까운 친척은 사당에 들어가 전배하고 물러나 상주와 마주보고 곡하더라도 후한 쪽을 따르는 도에 해가 되지 않겠습니까?

답 이는 《예기》 〈단궁〉의 월(越)나라 사람이 조문하러 온 일[22] 외에는 상고할 곳이 없다. 다만 월나라 사람과 동성의 가까운 유복친은 차이가 있으니, 이를 근거 삼아 증명할 수 없을 듯하다. 비록 기년복이 다하여 궤연을 이미 철거하였더라도 상주가 여전히 심상 중에 있고 조문하는 자가 가까운 친척으로 친한 사이라면 처음 만나는 날에 서로 곡하고 조문하는 것은 인정상 그만둘 수 없을 듯하다. 사계(沙溪) 선생이 말하기를, "우정이 두터운 벗은 무덤의 풀이 묵은 뒤에 곡한다 해도 무슨 해가 되겠는가."라고 하였다. 무덤의 풀이 묵은 뒤라면 한 해가 지난 뒤임을 알 수 있다. 우정이 두터운 벗도 오히려 이렇게 하는데, 하물며 기년복을 입는 가까운 친척은 어떻겠는가.

22 예기……일 : 장군 문자(文子)가 죽었는데 문자의 아들이 상복을 벗은 뒤 월나라 사람이 조문하러 왔다. 문자의 아들은 심의(深衣)에 연관(練冠) 차림으로 사당에서 기다렸다가 눈물을 흘렸다. 자유(子游)는 문자의 아들이 예에 맞는 행동을 했다고 보았다. 《禮記 檀弓上》

이사근에게 답하다
答李士根

문 부인이 조문을 받는 예는 어느 책에 있는지 모르겠습니다. 이마를 조아리지 않는 것[23]은 또 무슨 뜻입니까?

답 〈단궁〉에 "제 장공(齊莊公)이 좁은 길에서 거(莒)나라를 습격하자 기량(杞梁)이 죽었다. 그 아내가 길에서 영구를 맞이하여 슬피 곡하였다. 장공이 사람을 시켜 조문하니 대답하기를 '죽은 사람의 초라한 집이 있으니 임금께서는 명을 욕되게 하지 마십시오.'라고 하였는데, 주에 "그 집에서 조문하라는 것이다."라고 하였다. 또 "노(魯)나라 부인이 북상투를 하고 조문한 것은 호태(狐駘)의 패전[24]에서 비롯되었다."라고 하였는데, 주에 "이때 집집마다 상이 났으므로 북상투를 하고 서로 조문하였다."라고 하였다. 절차는 자세히 보이는 곳이 없어 감히 알지 못하겠다. 오직 《가례》에 성복한 뒤 내외가 서로 조문하는 예가 있으니, 이를 기준으로 삼아야 할 듯하다. 머리를 조아리지 않는 것은 부인의 경우 예법의 등급을 낮추기 때문인 듯하다.

23 이마를……것 : 《예기》 〈잡기 상(雜記上)〉의 "아내의 상에 부모가 살아 있으면 상장을 짚지 않고 이마를 조아리지 않는다.〔爲妻, 父母在, 不杖, 不稽顙.〕"라는 구절을 말한다.

24 호태(狐駘)의 패전 : 《예기》 〈단궁 상〉에 "노나라 부녀자들이 북상투를 하고 조문하는 것은 대태(臺駘)에서 패전한 뒤로부터 시작되었다.〔魯婦人之髽而弔也, 自敗於臺駘始也.〕"라고 하였는데, 진호의 주(註)에 "호태의 전투는 노나라 양공(襄公) 4년에 있었으니, 주(邾)나라 사람에게 패전하였다."라고 하였다.

한영숙에게 답하다
答韓永叔

《의례》에 “죽은 사람을 알면 증(贈)을 하고, 산 사람을 알면 부(賻)를 한다.”라고 하였고, 소(疏)에 “부는 부족한 주인에게 보태주고 살아있는 사람에게 베푸는 것이다. 그러므로 산 사람을 알면 행한다.”라고 하였다. 이로 보건대 만약 산 사람만 알고서 부를 한다면, 영연(靈筵)에 부장(賻狀)[25]을 올리는 예는 없는 듯하다.

25 부장(賻狀) : 부의를 준다는 내용을 적은 글이다.

한영숙에게 답하다
答韓永叔

백포삼(白布衫)과 승대(繩帶)는 아마도 옛날 분상(奔喪)할 때 복식을 바꾸는 절차가 이와 같았던 듯하니, 부친상과 모친상이 다르지 않을 듯하다.

족질 재로에게 답하다

答在魯族姪

문 분상(奔喪)은 성복(成服)하는 예입니다. 제 생각은 비록 가벼운 상복이라도 상차(喪次)에 도착하고 나흘 뒤에 성복해야 한다는 것인데, 선생이 지난날 말씀하시기를 "오직 부모상 외에 자최(齊衰) 이하의 경우는 모두 상이 났다는 소식을 들은 날부터 계산해야 한다. 상차에 도착한 날이 만약 나흘을 채웠거나 나흘이 지났다면, 당일이라도 성복할 수 있다."라고 하였으니, 이것이 다른 점입니다.

《예기》〈분상(奔喪)〉을 다시 살펴보면, 분상자비주인장(奔喪者非主人章)의 "두 번째 곡을 하고 세 번째 곡을 할 때는 모두 문단(免袒)[26] 한다."의 주에 "주인 아닌 자는 가깝거나 먼 친척이다."라고 하였습니다. 자최이하불급빈장(齊衰以下不及殯章)에도 "두 번째 곡을 할 때는 문(免)하고 발을 구르며, 세 번째 곡을 할 때는 문하고 발을 구르며 사흘이 지나서야 성복한다."라고 하였는데, 사흘은 주에 "세번째 곡한 날의 다음날이다."라고 하였습니다. 이로 보건대 이미 "빈을 할 때 맞추어 오지 못하였다."라고 하였으니, 길이 몹시 멀어 상이 났다는 소식을 들은 지 이미 오래라는 것을 알 수 있습니다. 이는 자최 이하의 상을 당한 경우도 반드시 집에 도착하고 나흘이 지나서야 성복하는 명백한 증거입니다.

26 문단(免袒) : 시마 이하의 복에서 관을 벗고 머리를 묶어 사각건(四角巾)을 쓰는 것을 문이라 하고, 웃옷의 오른쪽 소매를 걷어 묶는 것을 단이라 한다.

또 한 가지 지극히 분명한 것이 있습니다. 〈잡기〉에 "마(麻)로 된 산대질(散帶絰)을 두르지 않고 분상하는데, 주인이 아직 성질(成絰)[27] 하지 않았을 때는 망자와 소원한 자는 함께 성질하고, 가까운 자는 산대질을 두르고 그 일수를 채운다."라고 하였습니다. 정씨(鄭氏)의 주에 "소원한 자는 소공복 이하이고 가까운 자는 대공복 이상이다. 소원한 자가 미처 성질하지 않았다면 스스로 그 일수를 따른다."라고 하였고, 소(疏)에 "소원한 자가 주인이 성질할 때 도착하면 주인과 함께 성복하고, 만약 주인이 성질할 때 도착하지 못했다면 스스로 예법의 일수를 따라서 분상한 뒤 사흘이 지나 성복한다.……"라고 하였습니다. 이로 보건대 사흘이 지나 성복하는 것이 더욱 분명하지 않겠습니까. 선생께서는 매번 《가례》에 분명한 문구가 없다고 말씀하시지만, 분상한 자가 나흘이 지나 성복하는 것은 원래 일반적인 예입니다. 또 윗글의 분친상조(奔親喪條)에 이미 나흘이 지나 성복한다는 말이 보이므로 여기서는 생략한 것입니다. 또 이른바 "분상하면 집에 도착하여 성복한다."라는 말은 단지 길에서는 비록 일수가 차더라도 성복할 수 없고, 반드시 집에 도착한 뒤에 성복한다는 뜻을 말한 것뿐입니다. 만약 "상이 났다는 소식을 들은 날부터 계산하여 집에 도착한 뒤 나흘을 채웠거나 나흘이 지났다면 성복하고, 채우지 못했다면 채운 뒤에 성복한다."라고 한다면, 이 역시 어찌 본문에 보이겠습니까.

답 그대의 말이 자세하고 분명하니 내 소견을 고치겠다.

27 성질(成絰) : 상을 당하여 수질(首絰)과 요질(腰絰)을 착용하는 것이다.

홍순보에게 답하다

答洪純甫

문 〈단궁(檀弓)〉에 "집에 빈소가 있는데 형제가 죽었다는 소식을 들으면 같은 나라인 경우 가서 곡한다."라는 말이 있습니다. 그러나 만약 며칠 거리라면 종족을 곡하기 위해 오랫동안 시신 옆을 떠나는 것은 온당치 않은 것 아닙니까? 이것과 "비록 시마복에 해당하더라도 반드시 간다."라는 말은 모두 형제만 말하고 다른 친척은 거론하지 않았는데, 무슨 뜻입니까?

답 본문에 "비록 시마복에 해당하더라도 반드시 간다."라고 하였고, 주에 "비록 시마복에 해당하고 먼 곳에 따로 사는 경우라도"라고 하였으니, 먼 곳임을 알 수 있다. 그런데도 "가서 곡한다."라고 하였다. 그렇다면 시신 옆을 떠나는 것에 구애되서는 안 될 듯하다. 이미 형제라고 말하였으니 다른 친척은 그 속에 포함된 듯하다. 그러나 이는 모두 동성친(同姓親)을 말한 것이니, 이성친(異姓親)은 그렇지 않은 듯하다.

족질 재로에게 답하다
答在魯族姪

문 〈왕제(王制)〉에 "대부, 사, 서인은 3개월 만에 장사지낸다."라고 하였는데, 주에서 공씨(孔氏)는 《좌전》의 "대부는 3개월, 사는 달을 넘긴다."라는 말을 인용하여 "대부는 죽은 달을 제하고 3개월이며, 사는 죽은 달을 세어 3개월이다. 이는 1개월을 넘기는 것이므로 달을 넘긴다고 말한 것이다."라고 하였습니다. 진씨(陳氏)는 "제후는 천자보다 낮추어 5개월, 대부는 제후보다 낮추어 3개월, 사와 서인은 대부보다 낮추어 달을 넘긴다."라고 하였는데, 윗글에 낮추어 줄인 것이 모두 2개월이므로 간략히 말한 듯합니다. 지금 제 소견으로 미루어보면 진씨의 설이 자연스러운 듯합니다. 그런데 《요해(要解)》에서는 공씨의 설만 취하였으니, 이는 과연 의도를 가지고 취사선택한 것입니까?

답 공씨와 진씨의 주석은 나도 의심스럽다. 미처 스승에게 질정하지 못한 것이 늘 한스럽다.

최일관에게 답하다
答崔一觀

문 조비(祖妣)를 장사지내면서 장차 조고(祖考)와 합장하려 합니다. 그런데 술가(術家)에게 물어보니 산의 운수가 불길하여 올해 입춘 이후로는 결코 변통할 방도가 없습니다. 내달 13일 외에는 더 이상 쓸 수 있는 날이 없는데, 상을 당한 날부터 계산하면 겨우 30여 일 간격입니다. 합장을 하자니 갈장(渴葬)[28]과 같아 인정과 예의상 온당치 않고, 석 달 동안 기다렸다가 다른 산에 임시로 매장하여 길한 해를 기다리자니 사변에 얽매여 끝내 합장하지 못할까 걱정입니다.……

답 《가례》의 "죽은 지 석달 뒤에 장사지낸다." 주에 "대부는 석 달, 사는 달을 넘긴다."라고 하였고, 〈왕제〉의 "대부, 사, 서인은 석 달 뒤에 장사지낸다." 주에 "대부는 죽은 달을 제하고 석 달이며, 사는 죽은 달을 세어 석 달이다."라고 하였다. 이로 보건대 《가례》에 이른바 '달을 넘긴다.'라는 것도 역시 석 달이다. 예법의 뜻이 이와 같으니 장래의 아직 일어나지 않은 일을 미리 지나치게 걱정해서는 안 될 듯하다. 더구나 《춘추》에서 갈장을 비난하였으니 어떻겠는가.

28 갈장(渴葬) : 장사지내는 기한이 되기 전에 서둘러 장사지내는 것이다.

홍순보에게 답하다

答洪純甫

문 장사지낼 때 선조의 묘소에 고하는 일은 단지 《의례문해》의 기록대로 하였습니다. 어떤 이는 고하는 글의 위아래에 두사(頭辭)와 '근고(謹告)' 자가 있어야 한다고 하는데, 어떻습니까?

답 두사가 있는 것은 축사(祝辭)의 형식이니, 이것이 고사와 축사가 구분되는 이유다. 말단의 '근고'자는 쓰는 것이 마땅한 듯하다.

한영숙에게 답하다

答韓永叔

문 묘역을 파고 장사지낼 때 후토(后土)에 제사지내는 축사는 성명을 일컫기도 하고 봉호와 시호를 일컫기도 하여 앞뒤가 같지 않습니다. 관직은 있으나 봉호와 시호가 없는 자는 어떻게 일컬어야 합니까? 또 본디 관직이 없는 자는 성명을 쓰지 않습니까?

답 장사를 지낼 때 시호가 생기는 것은 주(周)나라의 도이다. 그러므로 장사지내지 않았을 때의 축사에는 단지 아무 관직과 성명만 쓰고, 장사를 지낸 뒤의 축사에는 아무 관직, 봉호, 시호를 쓴다. 장사를 지내면 시호가 생기고, 시호로 이름을 바꾸기 때문이다. 관직은 있으나 시호가 없는 자는 단지 '아무 관직'이라고만 일컫고, 본디 관직이 없는 자는 살았을 때의 호칭에 따라 그 아래에 성명을 쓰는 것이 옳은 듯하다.

한영숙에게 답하다
答韓永叔

문 불삽(黻翣)에 불(黻)을 그리고 운삽(雲翣)에 구름을 그리는 것은 무슨 뜻입니까? 또 《가례》에는 보삽(黼翣), 불삽, 운삽 세 가지가 모두 실려 있으나 대부(大夫)와 사(士)가 사용하는 차이를 말하지 않았습니다. 구씨는 " 이제 대부는 불삽 둘과 운삽 둘을 사용하고, 사는 운삽 둘을 사용하고자 한다."라고 하였습니다. 사계(沙溪 김장생) 선생도 이 설을 취하여 《상례비요》에 수록하였습니다. 구씨가 《가례》를 따르지 않고 사가 불삽을 쓰지 않는 것은 어디에 근거한 것입니까?
답 화삽(畫翣)에 구름을 그리는 것은 〈상대기(喪大記)〉에 단지 "도끼를 그리지 않고 구름을 그린다."라고 한 것 외에는 달리 상고할 곳이 없다. 〈상대기〉에 "제후는 보삽 둘, 불삽 둘, 화삽 둘, 대부는 불삽 둘, 화삽 둘, 사는 운삽 둘"이라고 하였으니 이 말이 몹시 분명하다. 《가례》에도 '준격(準格)'이라고 하였는데, 준격이라는 것은 귀천에 따라 등급이 있음을 가리켜 말한 것이다.

홍자용에게 답하다
答洪子容

문 계빈전(啓殯奠)[29]은 발인하기 하루 전에 해야 하는데, 세속에서 모두 택일(擇日)의 구기(拘忌)를 따라 조전(祖奠)[30]한 뒤에 행합니다. 어떻게 해야 되겠습니까?
답 《가례》에 따라 행해야 한다. 택일의 구기에 관한 말은 몹시 터무니없는 듯하다.

29 계빈전(啓殯奠) : 발인하기 위해 빈소를 열 때 올리는 전이다.
30 조전(祖奠) : 발인하기 하루 전에 올리는 전이다.

홍자용에게 답하다
答洪子容

문 조조(朝祖)[31]할 때 만약 부위(祔位)가 망자의 자녀라면 그대로 좌탁(坐卓)에 두는 것은 온당치 않습니다. 자리 위에 내려 두는 것이 어떻겠습니까?

답 《가례》 조조의 주에 "이 예법은 평소 외출하기 앞서 반드시 어른에게 하직하는 것을 본뜬 것이다."라고 하였다. 여기서 "어른에게 하직한다."라고 하였으니, 부위의 어린 사람에게 하직하는 것이 아니라는 점을 알 수 있다. 더구나 생전에 외출하기 앞서 사당에 알현할 때 부위를 내려 둔 일이 없었는데, 어찌 조조할 때만 자리 위에 내려 둘 수 있겠는가.

31 조조(朝祖) : 발인 하루 전에 영구를 사당에 모시고 가서 전배하는 의식이다.

족질 재로에게 답하다

答在魯族姪

문 예서를 살펴보니 주인이 사당을 오르내릴 때 모두 조계(阼階 동쪽 계단)를 이용하는데, 유독 조조(朝祖)할 때만 조계를 이용하지 않는 것은 어째서입니까?

답 조조는 평소 외출하기 앞서 반드시 어른에게 하직하는 예를 본뜬 것이니, 여전히 자식의 도리를 따라 조계를 이용하지 않는 뜻을 볼 수 있다. 이는 사당에서 제사를 지낼 때 조계로 오르내리는 뜻과는 원래 같지 않다.

신명윤에게 답하다
答申明允

문 조조(朝祖)하는 한 가지 일은 지자(支子)와 지손(支孫)도 종가(宗家)의 사당에서 할 수 있습니까?

답 그런 듯하다.

윤은수에게 답하다

答尹殷叟

고조와 증조를 계승한 종자(宗子)와 따로 산다면 그 예는 행하기 어려울 듯하다. 예전에 장 여헌(張旅軒 장현광)의 문집을 보니, "조조(朝祖)를 할 수 없다는 뜻을 종가의 사당에 고하는 것이 마땅하다."라고 하였으니, 이대로 하는 것이 옳은 듯하다.

유도경에게 답하다
答柳道卿

《가례》 견전(遣奠)[32]에서 주인이 절하는 예를 말하지 않은 뜻은 무엇인지 모르겠다. 그러나 《가례》를 살펴보면 습전(襲奠)[33] 역시 절하는 예가 없고, 소렴전(小殮奠)[34]에서 비로소 "비속과 어린 사람은 모두 두 번 절한다."라고 하였으나 또 주인 이하에 대해서는 말하지 않았다. 그러므로 구씨의 《가례의절》에 "효자는 절하지 않는다."라고 하였다. 대렴전(大殮奠)[35]에서 "소렴전의 의식과 같이 한다.……"라고 하였으니, 주인이 절하는 예가 없다는 것을 알 수 있다. 아마도 망자가 처음 죽었을 때 주인이 슬프고 황망하여 예를 갖출 수 없으므로 절하지 않는 듯하다. 조전(朝奠)[36]에 이르러서야 비로소 "주인 이하

32 견전(遣奠) : 발인할 때 문 앞에서 올리는 전이다.

33 습전(襲奠) : 염습을 마치고 올리는 전이다.

34 소렴전(小殮奠) : 소렴을 마치고 올리는 전이다.

35 대렴전(大殮奠) : 대렴을 마치고 올리는 전이다.

36 조전(朝奠) : 장례에 앞서 아침마다 올리는 전이다.

는 두 번 절한다."라고 하였고, 상식(上食)에 "조전의 의식처럼 한다."라고 하였고, 석전(夕奠)에 "조전의 의식처럼 한다."라고 하였고, 삭전(朔奠)에 "조전의 의식처럼 한다."라고 하였고, '새로운 물건이 있으면 천신한다.'에 "상식의 의식처럼 한다."라고 하였고, 조전(祖奠)에 "조석전의 의식처럼 한다.……"라고 하였으니, 조전(朝奠)부터 조전(祖奠)까지 모두 절하는 예가 있음이 분명하다. 오직 견전만 "음식은 조전(朝奠)과 같이 한다."라고 하였을 뿐, 더 이상 "조전의 의식처럼 한다."라고 하지 않았다. 《의례》〈견전도(遣奠圖)〉 역시 "주인은 발을 구른다."라고만 하였고, 절하는 예는 말하지 않았으니, 이러한 곳들은 은미한 뜻이 없지 않은 듯하다. 아마도 이때 시구(尸柩)를 이미 수레에 싣고 출발을 앞두었으니 주인이 슬프고 황망하여 망자가 처음 죽었을 때와 같으므로 절하는 예가 없는 것이 아니겠는가. 오직 구씨의 《가례의절》에만 "주인 이하는 곡하고 절한다."라는 글이 있다.

족질 재로에게 답하다

答在魯族姪

문 "음식은 조전(朝奠)과 같이 하되, 포(脯)가 있다."라고 하였습니다. 조전에 본디 포가 있는데 또 무엇 때문에 따로 말할 필요가 있습니까? 의심스럽습니다.

답 견전(遣奠)의 포는 장차 포(苞)[37] 안에 넣을 것이므로 여기서 '포가 있다.〔有脯〕'라는 두 글자를 특별히 거론한 것이다.

37 포(苞) : 어육을 담는 그릇으로 대나무 따위를 짜서 만든다. 무덤에 넣는 용도다.

한영숙에게 답하다

答韓永叔

문 영구가 갈 때는 주인 이하가 곡하며 걸어서 따라가고, 반혼(返魂)할 때는 모두 수레와 말을 탑니다. 영구가 갈 때와 반혼할 때가 조금 달라서 그런 것 아니겠습니까?

답 그대의 말이 옳은 듯하다.

윤은수에게 답하다

答尹殷叟

문 발인조(發引條)의 이른바 촬초정(撮蕉亭)은 무슨 물건입니까?
답 촬초정은 무슨 물건인지 모르겠다. 언해에는 모정(茅亭)이라고 하였고, 어떤 이는 지금의 향정자(香亭子)[38]와 같은 부류라고 한다.

38 향정자(香亭子) : 향로를 운반하는 정자 모양의 작은 가마이다.

구계훈에게 답하다

答具啓勳

문 죽은 사람의 빠진 치아와 수염, 머리카락을 초종(初終)[39] 때 잊어버리고 관에 넣지 못하였으면, 어떤 이는 광중(壙中)에 넣어야 한다고 하고, 어떤 이는 따로 작은 궤를 만들어 묘소 왼편에 묻어도 무방하다고 합니다.

답 초종 때 잊어버리고 관에 넣지 못하였으면 광중에 넣는지 묘소 왼편에 묻는지 모두 예서에 상고할 곳이 없다. 예전에 보니 어떤 집에서 죽은 사람이 평소 빠뜨린 치아와 머리카락을 광중에 넣었는데, 역시 어떠할지 모르겠다.

39 초종(初終) : 망자가 처음 죽었을 때를 말한다.

이군보에게 답하다
答李君輔

문 〈의례도(儀禮圖)〉 기석예폄조(既夕禮窆條)의 "포(苞)와 소(筲)를 옆에 갈무리한다.〔藏苞筲于旁〕" 주석에 〈상대기(喪大記)〉를 인용하여 방(旁)자를 풀이하기를 "관(棺)과 곽(槨)의 사이이다."라고 하였습니다. 《가례》〈신주도식(神主圖式)〉의 주에 "그 옆에 구멍을 내어 가운데와 통하게 한다.〔竅其旁以通中〕"라고 하였고, 또 습전(襲奠)의 주인이하위위이곡조(主人以下爲位而哭條)의 주에 "삼년상 때는 밤에 시신 곁에서 잔다.〔三年之喪, 夜則寢于尸旁〕"라고 하였습니다. 발인장(發引章) 도중우애조(途中遇哀條)의 주에 "주인 형제는 모두 시구 옆에서 잔다.〔主人兄弟皆宿柩旁〕"라고 하였는데, 방(旁)자는 글뜻을 자세히 살펴보면 모두 방측(旁側 곁)의 방입니다. 그렇다면 증현훈조(贈玄纁條)에 나오는 '구방(柩旁)'의 방은 이 네 개의 방자와 다름없이 하나로 보아야 합니다. 여기에 근거하면 현훈을 관과 곽의 사이에 두는 것이 의심없습니다.

또 《개원례(開元禮)》에 "현훈(玄纁)을 시구 동쪽에 놓는다.〔玄纁奠于柩東〕"라고 하였는데, 어떤 이는 여기의 '구동(柩東)' 두 글자에 근거하여 현훈을 시구 위의 동쪽 편에 놓는데, 이는 몹시 옳지 않습니다. 《가례》 대렴조(大殮條) 주에 "축(祝)은 명정(銘旌)을 가져다 시구 동쪽의 받침대〔跗〕에 설치한다."라고 하였고, 그 아래의 경문에 또 "영상(靈床)을 시구 동쪽에 설치한다."라고 하였습니다. 현훈을 시구 위의 동쪽 편에 둔다면 명정과 영상도 시구 동쪽 편에 놓을 것입니까. 이른바 '구동'이라는 말이 동쪽 편의 옆을 가리킨다는 것은 여기서 변론하지 않아도 명백합니다.

답 변증이 명백합니다.

신명윤에게 답하다

答申明允

문 관을 내리고 흙을 덮는 것은 천고의 세월이 지나도록 영결하는 때입니다. 주인은 증례(贈禮)를 계기로 절하지만 나머지는 절하고 하직하는 절차가 없는데, 비록 절하더라도 크게 어긋나지는 않을 듯합니다.

답 주인이 절하는 것은 영결하기 때문에 절하는 것이 아니고, 증례를 계기로 절하는 것이다. 나머지 사람은 《가례》의 내용대로 곡하여 슬픔을 다해야 할 뿐이다.

족제 사직에게 답하다
答士直族弟

문 대간 이동언(李東彦)[40]은 결국 감옥에서 원한을 품은 귀신이 되었으니 참혹하여 차마 말할 수 없습니다. 비록 조정에서 직첩을 거둔 일은 없으나 관작이 화의 빌미가 되었으므로 여러 사람의 논의는 관직을 쓰지 않고자 하여 명정에는 '완산 이공(完山李公)'이라고 썼습니다. 앞으로 신주를 쓰는 일은 명정과 다르니, 어떻게 써야 온당할지 모르겠습니다.

답 신주를 쓰는 일은 예서에 근거할 곳이 없으니 감히 함부로 논할 수 없다. 다만 조정에서 이미 중죄로 처벌하였고, 자신의 지극한 원한 역시 신원하지 못하였으니, 그대의 말대로 관함을 쓰지 않고 우선 '모부군(某府君)'이라고 쓰고, 훗날 행여 변론하여 밝힐 날을 기다려 다시 쓰는 것이 좋을 듯하다. 함중(陷中)[41]에는 구준(丘濬)의 《가례의절(家禮儀節)》에 근거하여 '유명(有明) 조선(朝鮮) 고(故) 모공(某公) 휘모(諱某) 자모(字某)'라고 쓰는 것이 어떠한가? 예전에 장 여

40 이동언(李東彦) : 1706년(숙종32) 부친이 죽었는데도 오지 않고 다른 사람을 시켜 반함(飯含)하게 하였다는 이유로 감옥에 갇혀 1708년 옥사하였다.

41 함중(陷中) : 신주 뒷면의 파인 부분으로 망자의 관직과 성명을 쓴다.

헌(張旅軒 장현광)이 어떤 이의 질문에 답한 내용에 이 예법이 있었으나 그것이 어떠할지 모르겠다.

서중칙에게 답하다

答徐仲則

문 어떤 사람이 적자(嫡子)와 적손(嫡孫)이 모두 죽고 적손에게 후사가 없으며 단지 적자부(嫡子婦)와 적손부(嫡孫婦)만 있는데, 지금 그 조부의 상에 어떤 이는 적자부가 제사를 주관하여 신주에 '현구(顯舅)'라고 쓰는 것이 옳다고 하고, 어떤 이는 우선 차자(次子)가 제사를 섭행하여 신주를 썼다가 장손이 후사를 세우기를 기다려 고쳐 쓰는 것이 옳다고 합니다. 두 가지 말 중에 어느 것이 옳습니까? 만약 앞의 말을 따른다면 3년 뒤에 조고비(祖考妣)의 신주를 고쳐 쓸 때 '현(顯)'자 아래에 무어라고 써야 합니까? 과연 뒤의 말대로 한다면 조부모의 신주를 고쳐 쓸 때도 '섭사손(攝祀孫)'이라고 써야 하니, 참람한 혐의가 없겠으며 또 임시로 바꾸는 도에 어긋나지 않겠습니까. 적자와 적손의 신주는 모두 '현형(顯兄)'과 '망질(亡姪)'로 고쳐 써야 합니까?

답 예법에는 반드시 남자 상주가 한 사람도 없어야 부득이 여자 상주를 쓸 수 있다. 지금 차자가 있으니-적자의 아우이다.- 신주에 '현구'라고 써야 한다는 말은 예법의 뜻이 아닌 듯하다. 더구나 훗날 신주를 고쳐 쓸 때 구(舅) 이상 신위의 칭호는 미루어 고칠 수 없음이 분명하다. 오직 그대가 말한 "차자가 제사를 섭행하여 신주에 썼다가 장손의 처가 후사를 세우기를 기다려 고쳐 쓴다."라는 말이 옳은 듯하다. 몇해 전 우암 어른을 만나 이 예법을 여쭈었더니, 이와 같이 대답하였다.

조부모와 적자, 적손의 신주를 고쳐 쓰는 일로 말하자면 역시 그대의 말대로 해야 할 듯하다. 다만 이미 차자가 제사를 섭행하였다면 신주를 고쳐쓸 때 조부모 신주의 방주(旁註)[42]에 "아무개가 제사를 섭행합니다."라는 말 위에 단지 '손(孫)'이라고만 쓰고 '효(孝)'는 쓰지 말며, -지금 새로 돌아가신 분의 신주의 방주에 있는 '자(子)'자 위에도 '효(孝)'는 쓰지 않는다.- 적자와 적손의 신주는 우선 방주를 빼놓아 정주(正主)와 구별하고, 또 조묘(祖廟)에 부묘한 뒤 모두 훗날 후사를 세우기를 기다린 뒤 일일이 고쳐 정하는 것이 옳을 듯하다.

42 방주(旁註) : 신주 아래 왼쪽에 제사를 받드는 사람의 이름을 쓴 것이다.

박상보에게 답하다

答朴尙甫

돌아가신 스승께서 어떤 이의 질문에 답하기를,

"아우에게 고할 때는 아우 아무개라고 하니, 이름을 쓰는 것이 의심 없다. 다만 근세에 예법을 아는 집안에서는 죽은 아들의 신주에도 이름을 쓰지 않는다고 한다. 비록 아우의 축문이라도 우선 그 이름을 빼는 것이 혹시 참작하여 마땅하게 하는 것이 아니겠는가. 감히 분명히 말할 수 없다.……"

하였다. 돌아가신 스승의 이 말씀 역시 의심하여 결정하지 못한 말씀이니, 어떻게 해야할지 모르겠다. 만약 이름을 쓰지 않는다면 그만이거니와, 만약 쓴다면 축(祝)과 상주는 차이가 없을 듯하다. 《상례비요》 제주조(題主條)의 소주(小註)를 보면 알 수 있다.

한영숙에게 답하다
答韓永叔

문 《가례》 제주조(題主條)에 "탁자 맞은편에 대야와 수건을 놓는다."라고 한 것은 붓과 벼루를 놓는 탁자 맞은편에 대야와 수건을 놓는다는 것이지, 따로 탁자를 설치하여 저 탁자 맞은편이라는 말이 아닙니다. 그런데 《상례비요》 '제주(題主)의 도구'에 "탁자는 둘이니 하나는 붓과 먹을 놓고 하나는 대야와 수건을 놓는다."라고 하였으니 이는 몹시 의심스럽습니다.

답 "탁자 맞은편에 대야와 수건을 놓되 앞과 같이 한다."에서 '앞과 같이 한다.'라는 말은 앞의 소렴조(小殮條)에 이른바 '동쪽에는 받침대가 있는 것'과 '서쪽에는 받침대가 없는 것'을 말하니, 따로 탁자 하나를 설치한다는 말은 아닌 듯하다. 《상례비요》의 말은 탁자로 받침대를 대신한다는 뜻이 아니겠는가.

족질 재로에게 답하다

答在魯族姪

문 서모에게 후사로 세운 손자가 없어 오직 며느리 하나만 제사에 참석하는데, 신주에 '망고(亡姑)'라고 쓰는 것이 어떠할지 모르겠습니다. 다만 사계(沙溪 김장생)는 "부녀자의 방제(旁題)는 예서에 분명한 문구가 없다."라고 하였으니, 그렇다면 방제를 쓰지 않습니까?

답 주원양(周元陽)의 《제록(祭錄)》에 "남자 상주가 한 사람도 없어야 부인이 상주가 될 수 있다.……"라고 하였다. 그렇다면 죽은 사람의 신주는 형세상 '망고'라고 쓰지 않을 수 없다. 방주(旁註)는 사계 선생이 이미 단정하지 않았으니 어떻게 해야 될지 모르겠다. 우선 빼놓아도 무방할 듯하다.

신명윤에게 답하다

答申明允

문 삼가 들으니, 화양(華陽) 송 선생(宋先生 송시열)의 집에서는 신주에 '현(顯)'자를 쓰지 않고, 또 효종조에 '현' 자를 쓰지 말라는 명이 있었다고 하는데, 믿을 만한지 모르겠습니다.

답 신주에 쓰는 '현' 자에 대해 예전에 우암 어른을 만나 여쭈었더니 "오랑캐 원나라의 예를 어찌 따를 수 있겠는가. 우리 집안 선대의 신주는 모두 '현'자를 쓰지 않았다."라고 하였다. 효종조의 금령은 지금 처음 듣는다.

이후이에게 답하다

答李厚而

예에 따르면 남자 상주가 하나도 없어야 여자가 상주가 될 수 있다. 지금 후실(後室)이 전실(前室)의 신주를 쓰는 것은 예가 아니다. 남편 집안의 아우, 조카, 손자 항렬에 어찌 남자가 하나도 없겠는가.

이사근에게 답하다

答李士根

부인의 신주를 쓸 때는 관향을 쓰지 않는 것은 《가례》를 따라야 하니, 또 무엇을 의심하는가. 선대의 신주에 이미 썼다면 고쳐 쓰기 전에 축사(祝辭)에서 먼저 빼는 것은 어려울 듯하다. 그대의 말대로 고하고 고쳐 쓰는 것이 옳은 듯하다.

족손 치복에게 답하다
答致福族孫

문 서자가 모친의 신주에 '망모(亡母)'라고 썼다면, 방제(旁題)와 축문(祝文)에도 '효자(孝子)'라고 일컬을 수 없습니까? 첩의 아들이 승중(承重)하였다면 그 모친의 신주를 쓸 때 '서모(庶母)'라고 써야 합니까?
답 주자가 말하기를 "자기를 낳아준 모친에게 제사지낼 때만 '모(母)'라고 일컬을 수 있다."라고 하였으니 약간 구별이 있다. 그렇다면 그 아들은 '자(子)'라고만 일컬어야 할 뿐이니, '효(孝)'라고 일컬어서는 안 될 듯하다. 승중한 아들이 자기를 낳아준 모친의 신주에 '서모', '망모'라고 쓰는 것은 모두 의심스러운 듯하다. 그러나 이는 고금의 예서에 상고할 곳이 없으니 감히 억측으로 대답하지 못하겠다.

신광언에게 답하다
答申光彦

갈석(碣石)은 귀천을 막론하고 사용하니, 선배들의 문집을 살펴보면 알 수 있다. 지금 그중 한두 가지를 간략히 거론하면, 《퇴계집(退溪集)》에 상사(上舍) 박군(朴君)과 교수(敎授) 권군(權君)의 묘갈명이 있고,[43] 《율곡집(栗谷集)》에 선무랑(宣務郎) 박공(朴公)의 묘갈명이 있고,[44] 《모재집(慕齋集)》에 습독관(習讀官) 원주(元柱)의 묘갈명이 있고,[45] 《사계집(沙溪集)》에 처사(處士) 최군(崔君)의 묘갈명이 있다.[46]-나머지는 다 기록할 수 없다.- 이들은 모두 직책이 낮거나 관직이 없

43 퇴계집(退溪集)에……있고 : 《퇴계집》 권46에 실려 있는 박운(朴雲, 1493~1562)의 묘갈 〈상사 박군 묘갈명(上舍朴君墓碣銘)〉과 권규(權稑, 1493~1549)의 묘갈 〈안주교수 권공 묘갈명(安州敎授權公墓碣銘)〉을 말한다.

44 율곡집(栗谷集)에……있고 : 《율곡전서》 권17에 실려 있는 박종문(朴宗文, 1512~1565)의 묘갈 〈선무랑 박공 묘갈명(宣務郎朴公墓碣銘)〉을 말한다.

45 모재집(慕齋集)에……있고 : 《모재집》 권13에 실려 있는 원주(元柱, 1463~1499)의 묘갈 〈습독관 원주 부처 합장 묘갈명(習讀官元柱夫妻合葬墓碣銘)〉을 말한다.

46 사계집(沙溪集)에……있다 : 《사계유고》 권6에 실려 있는 최명룡(崔命龍, 1567~

는 자인데, 선정과 어른들이 모두 묘갈명을 지었으니, 이것은 후세 사람이 본받을 점이 아니겠는가.

문 어떤 사람이 비록 어버이를 위해 과거에 응시하고 말았으나, 젊어서부터 오로지 학문에 힘을 썼습니다. 그가 죽자 사우들이 애석해하며 처사(處士)라고 일컬었으니, 그의 묘표(墓表)에서 '학생(學生)' 두 글자를 빼고 특별히 '처사'라고 쓰더라도 예법의 뜻에 해가 되지 않을지 모르겠습니다.

답 처사라고 쓰는 것이 좋을 듯하다.

1621)의 묘갈 〈석계처사 최군 묘갈명(石溪處士崔君墓碣銘)〉을 말한다.

이사형에게 답하다
答李士亨

문 어버이의 상을 당하여 장사지내기 전에는 제전(祭奠)을 몸소 지낼 수 없는 것이 예입니다. 지금 이전에 돌아가신 분을 천장하여 합장하는 일을 계기로 시마복을 입고 상여를 뒤따르려고 합니다. 어떤 이는 "시마복을 입고 상여를 뒤따른다면 몸소 제전을 지내야 한다."라고 하는데, 혹시 근거할 만한 설이 있는지 모르겠습니다. 천장할 때 사당에 고하는 일은 상인(喪人)이 흉복(凶服)을 입고 사당에 들어가 직접 행해야 한다고 사계(沙溪 김장생) 선생이 말하였는데, 혹시 이러한 일들 때문에 이렇게 말한 것입니까?

답 우제(虞祭) 이전에 상인의 예법에는 직접 전헌(奠獻)을 올리는 일이 없다. 지금 예전에 돌아가신 분의 산소를 천장하면서 마침 새로 돌아가신 분과 동시에 합장하니, 조석으로 전을 올리는 절차는 새로 돌아가신 분의 궤연에 지내는 예에 따라 주인 형제는 단지 곡하고 절하기만 해야 할 듯하다. 이는 사당에 고하고 묘소에 고할 때 고하는 글에 주인의 이름을 사용하는 것과는 차이가 있는 듯하니, 혹자의 말이 어떠할지 모르겠다. 더구나 《상례비요》 천장조에는 시구가 나온 뒤에 단지 "처음 돌아가셨을 때처럼 상식을 올리고 곡하고 전을 올린다."라고만 하였고, 상인이 몸소 행한다는 문구는 보지 못하였다. 예전에 돌아가신 선생께서 어떤 사람이 모친을 장사지낼 때 부친을 천장하여 합장하는 일에 대한 질문에 답한 내용을 보니, 상이 겹친 경우에 준해야 한다는 퇴계 선생의 설을 옳다고 하였다. 평상시 부모상이 겹친 사람도 장사지내기 전에는 몸소 전을 올리는 예가 없으니, 오늘의 의심은 이를 미루어 결정해야 할 듯하다.

사위 이보명에게 답하다
答李甥普溟

천장(遷葬)할 때는 시마복을 입으니, 부모의 시구(尸柩)를 직접 보는데 차마 상복이 없을 수 없으므로 시마복을 입는 것이다. 《춘추곡량전(春秋穀梁傳)》에 "가장 낮은 복을 입어서 멀다는 것을 드러낸다.〔擧下緬也〕"라고 하였으니, 면(緬)은 멀다는 뜻이고, 하(下)는 가장 가벼운 상복을 말한다. 가장 가벼운 상복은 시마복이고, 멀기 때문에 그 상복이 가벼운 것이다. 그러나 이는 평상시 천장하는 경우를 말한 것이다. 지금 만약 부모의 삼년상을 지내고 있다면, 그 사람은 한창 무거운 상복인 자최복(齊衰服)이나 참최복(斬衰服)을 입고 있을 것이다. 무거운 상복인 자최복이나 참최복을 입고 부모의 시구를 본다면, 어찌 가장 가벼운 시마복을 다시 지을 필요가 있겠는가. 더구나 이미 자최복이나 참최복을 입고 있는데 또 시마복을 입는다면, 이는 한 사람의 상장(喪葬)에 두 가지 상복을 입는 것이다. 이것이 어찌 예법의 뜻이겠는가.

기왕 시마복을 따로 짓지 않았다면, 비록 연제(練祭)를 지낸 뒤라도 시질(緦絰)만 지어 따로 머리에 쓰면 안 된다는 것은 미루어 알 수 있다. 선생이 이른바 "따로 시마복을 짓지 않는다."라고 한 의도는 이와 같을 것이다. 다만 이번 천장은 마침 상제(祥祭)를 지내는 달과 겹치니, 만약 천장할 때 이처럼 따로 시마복을 짓지 않는 예를 따르다가 상일(祥日)에 이르러 또 최마복(衰麻服)을 벗는다면, 비단 석 달 뒤에 다시 벗을 시마복이 없을 뿐만 아니라 석달 동안은 상복이 없는 사람이 되니, 이것이 어찌 몹시 난처한 일이 아니겠는가.

어떤 이는 "대상(大祥) 때 최마복을 벗은 뒤 뒤늦게 시마복을 지어 남은 상복을 이어 석달의 수를 채운다."라고 한다. 그러나 내 생각으로 말하자면 역시 의심스러운 점이 있다. 당초 천장할 때 이미 시마복을 짓지 않았는데, 뒤에 와서 뒤늦게 짓는다면 몹시 온당치 않으니, 첫 번째 의심스러운 점이다.

천장할 때의 시마복은 본디 시구를 직접 보기 때문에 설행하는 것인데, 지금 시구를 이미 장사지낸 뒤 비로소 시마복을 짓는 것은 예법에 근거가 없으니, 두 번째 의심스러운 점이다.

천장할 때 이미 참최복으로 일을 하였으니, 참최복은 천장할 때 사용한 상복이다. 그런데 지금 이미 천장을 마친 뒤에 상제(祥祭)를 계기로 벗고 다시 시마복을 짓는다면, 이는 천장한 뒤에 쓸 곳이 없는 상복이니, 세 번째 의심스러운 점이다.

천장할 때 입은 상복은 참최복인데 천장한 뒤에 또 시마복을 입는다면, 시마복으로 참최복을 잇는 것으로 등급이 현격히 다르니, 네 번째 의심스러운 점이다. 경도(經道)와 상도(常道)를 벗어난 일이라 곳곳에서 막히니, 어떻게 처리해야 할지 모르겠다.

삼가 구준의 《가례의절》을 살펴보니, "장사지낸 뒤 다른 곳으로 나가 시마복을 벗고 소복(素服)을 입고 돌아온다.……"라고 하였다. 김학봉(金鶴峯 김성일)이 묻기를,

"길에서 소복을 입었다면 집으로 돌아와서는 어떤 상복을 입고 석달을 마쳐야 합니까?"

하니, 퇴계(退溪 이황) 선생이 말하기를,

"그대로 소복을 입어야 할 듯하다."

하였다. 또 묻기를,

"장사지낼 때 시마복을 입었고, 장사지낸 뒤 상복을 바꾸어 입고 돌아오면 더 이상 시마복을 입는 절차가 없는 것입니까?"

하니, 선생이 말하기를,

"장사지낸 뒤이니 시구를 볼 때와는 다른데 시마복을 그대로 입는다면 점차 줄이는 뜻이 없는 듯하다. 그러므로 소복을 입고 소식을 하는 것이니, 시마복을 유지하는 뜻은 그 속에 있는 듯하다.……"

하였다. 지금 구준의《가례의절》과 퇴계의 설에 근거하면 대상을 지내고 최복을 벗은 뒤 그대로 담복(禫服)을 입고 소의(素衣)와 소대(素帶)로 시마복의 개월수를 마치고, 그 다음달 초하루에 곡하며 소의와 소대를 벗고 길복(吉服)과 길대(吉帶)를 입는다면 예법의 뜻에 크게 어긋나는 지경에 이르지는 않을 듯하다.

족질 재로에게 답하다

答在魯族姪

개장할 때 입는 시마복을 예서에서 상고하면 오직 자식이 아비를 위한 경우, 신하가 임금을 위한 경우, 처첩이 남편을 위한 경우, 후사가 된 손자가 조부를 위하는 경우 뿐이다. 이밖에는 거론하지 않았다. 부친이 계시는데 모친상을 당한 경우는 예서에서 말하지 않았으니 감히 함부로 논할 수 없다. 다만 장기복(杖朞服)은 실로 삼년상의 본체를 갖추었고, 심상 3년을 펴는 제도이니, 개장할 때의 시마복은 그만둘 수 없을 듯하다. 어떻게 생각할지 모르겠다.

이여회에게 답하다

答李汝恢

문 지금 부친의 상을 치르고 장사지낼 때 모친을 천장하여 합장하는 경우, 중한 분을 먼저 제사지내고 가벼운 분을 나중에 하는 예에 따라 먼저 정당(正堂)에서 부친의 우제를 지내고, 막소(幕所)에 나아가 모친의 우제를 지내야 합니다. 그러나 반곡(反哭)하고 다시 막소로 나아가는 것은 번거로울 듯한데, 어떠할지 모르겠습니다.

답 그대가 말한 "먼저 정당에서 부친의 우제를 지낸 뒤 막소에 나아가 모친의 우제를 지낸다."라는 것이 옳은 듯하다.

신명윤에게 답하다

答申明允

예법에 "삼년복을 입어야 하는 사람은 시마복을 입는다."라고 하였다. 그렇다면 삼년복을 입어야 하는 사람이 아니라면 시마복을 입을 수 없고, 단지 소복(素服)과 포건(布巾)으로 제사를 지내야 한다. 다만 아내의 상은 중대한 기년상이니, 비록 가마(加麻)하는 절차를 따르더라도 무방할 듯하다. 왕숙(王肅)이 이른바 '복이 없는 자'[47]라고 한 것은 원래 복이 없는 자를 말한 것이 아니라 시마복이 없는 자를 가리켜 말한 듯하다. 장사지내러 오는 나머지 친척은 이날 시구(尸柩)를 직접 보므로 소복과 포건으로 옷이 바뀌었음을 대략 보일 뿐이니, 달수를 한정할 것은 없을 듯하다. 만약 시구를 보지 않는 사람이라면 소복과 포건조차도 할 필요가 없을 듯하다.

47 복이 없는 자 : 왕숙의 설에 "부모가 아니면 복이 없으니, 복이 없으면 조복에 가마를 한다.〔非父母無服, 無服則弔服加麻.〕" 하였다. 《儀禮集釋 卷19 喪服》

신명윤에게 답하다

答申明允

문 어떤 이가 "개장할 때는 시마복을 입는데 시구(尸柩)를 직접 보니 일이 초상(初喪)과 같고, 3개월은 또 3년을 본뜬 것으로 그 복이 무겁다는 것을 알 수 있으니, 조금 거친 생포(生布)를 사용하는 것이 마땅하다.……"라고 하였습니다.

답 기왕 시마복이라고 하였으니 그 복은 시마복의 제도를 따라야 한다.

문 천장할 때 묘소에 고하는 절차는 천장하기 앞서 사당에 나아가 고하고, 천장한 뒤에 신주를 모시고 정침으로 가는 것이 어떻겠습니까?

답 정침으로 모시고 가는 것은 곡읍(哭泣)하는 한 가지 일이 있기 때문이다. 사계(沙溪 김장생)와 동춘(同春 송준길)은 모두 장사를 마치고 사당에 고할 때 곡읍하는 절차가 있다고 하였으니, 정침으로 모시고 가야 한다.

문 선비(先妣)의 면례(緬禮) 때 고하는 축문은 아버님이 모두 맡았으니, 사당에 고하는 축문의 '선령(先靈)'에서 '선(先)'자를 '존(尊)'자로 고치는 것은 어떻습니까? "밤낮으로 편치 못하여 통곡하는 마음 망극합니다."는 어떤 말로 고쳐야 합니까?

답 삼가 보건대, 기제(忌祭)의 축문에 남편이 아내에게 고할 때는 '휘일(諱日)'을 '망일(亡日)'로 고치고, 신주에 쓸 때도 '망실(亡室)'이라고 하니, '망(亡)'자로 고쳐도 무방할 듯하다. 《상례비요》 초우제

(初虞祭)의 축문에 아내에게 고할 때는 "비통하고 괴로워 견딜 수 없다."라고 하였고, 장 여헌(張旅軒 장현광)이 아내에게 고하는 축문에 "비통한 마음을 견딜 수 없다."라고 하였으니, 이 두 가지 중에서 헤아려 사용하는 것이 어떠한가?

한사백에게 답하다

答韓師伯

문 우제(虞祭)에는 참신(參神)[48]이 없으나 개장하는 경우는 생전처럼 항상 모시는 예가 없으니, 우제에 참신을 하는 것이 어떻습니까?
답 시구(屍柩)를 본 뒤에는 저절로 항상 모시는 예가 생기니, 초상(初喪)의 우제를 지내는 예대로 행하는 것이 옳은 듯하다. 돌아가신 스승의 〈개장의(改葬儀)〉의 우제에도 참신하는 절차가 없다.

48 참신(參神) : 신주를 뵙는 절차이다.

후재집

제15권

답문 예의 答問禮疑

상례 반곡 喪禮 反哭

한영숙에게 답하다
答韓永叔

문 주독(主櫝)에 대해서 《가례(家禮)》는 "집에 와서 신주를 독에 넣는다."라고 하였으나 사계(沙溪 김장생(金長生)) 선생은 "어찌 묘소에서 돌아올 때는 독에 넣지 않다가 이제야 독에 넣겠는가. 융통성 있게 보아야 한다."라고 하였습니다. 《가례》의 뜻은 신주를 만든 직후에는 혼령이 의지하였는지 알 수 없으니 차마 갑자기 독에 넣어 보관할 수 없다는 것입니다. 그러므로 "돌아올 때는 어버이가 저곳(묘소)에 계신 것처럼 의심한다."라고 하였으니, 집에 와서 신주를 독에 넣는 것은 그 의리가 몹시 정미한 듯합니다. 융통성 있게 볼 수 없을 듯한데 어떻게 생각하십니까?

답 그대의 말이 좋다. 다만 여기 질문할 만한 설이 하나 있다. 지금 이하의 제례(祭禮)를 살펴보면 독을 받들고〔奉櫝〕, 독을 열고〔啓櫝〕, 독을 거두고〔斂櫝〕, 독에 넣는다〔納櫝〕는 말이 있는데, 이곳만 그렇지 않다. 발인할 때는 "신주 상자는 백(帛) 뒤에 있다.〔主箱在帛後〕"라고 하였고, 신주를 쓸 때는 "축(祝)이 신주를 꺼내어 탁자 위에 놓는다.〔祝出主, 置于卓上〕"라고 하였으니, 이른바 꺼낸다〔出〕라는 말은 상자 속에서 꺼내는 것이다. 그 아래에 '신주를 받든다〔奉主〕'라고 하였는데, 단지 '신주를 받든다'라고 하였고 '독을 받들어 수레에 올린다.〔奉櫝升車〕……'라고 하지 않았다. 발인부터 수레에 올릴 때까지 '독'자를 한 번도 말하지 않다가 집에 도착한 뒤에야 비로소 '들어가 자리에 나아가 독에 넣는다.〔入就位櫝之〕'라고 하였다. 이로 보건대 집에 도착하기 전에는 독이 없다는 것을 알 수 있다. 만약 신주와 독이 함께 묘소에 왔다면 발인부터 신주를 쓰고, 신주를 쓰고 수레에 올릴 때 반드시 제사를 지낼 때처럼 '독을 받든다', '독을 연다'라고 하였을 것이니, 한 번도 거론하지 않을 리는 없을 듯하다. 어떻게 생각하는지 모르겠다.

족제 사직에게 답하다
答士直族弟

문 어떤 사람이 전염병으로 상을 당하여 몇 달 뒤에 장사를 지냈는데, 재우(再虞)는 지냈으나 삼우(三虞)가 되기 전에 전염병이 다시 일어나 마침내 각자 달아나 피하였습니다. 삼우와 졸곡(卒哭)은 형세상 전염병이 잦아들어 다시 집으로 돌아온 뒤에 지내야 합니까?

답 《가례》 삼우 아래의 주를 살펴보면 "만약 묘소가 멀어 길에서 강일(剛日)[1]을 만나면 우선 지내지 말았다가 집에 도착해야 삼우제를 지낼 수 있다."라고 하였다. 이로 보건대 삼우와 졸곡을 재우 뒤에 즉시 지내지 않는다는 것을 알 수 있다. 또 《예기》 〈상복소기(喪服小記)〉에 "빨리 장사지냈으면 우제도 빨리 지낸다. 그러나 3개월 뒤에 졸곡을 한다."라고 하였다. 이로 보건대 졸곡은 우제 이후 여러 달이 지나도 지낼 수 있다. 이 두 조목을 오늘날 방증으로 삼는다면 우선 전염병이 깨끗이 없어지기를 기다린 뒤에 삼우와 졸곡을 지내더라도

1 강일(剛日) : 십간(十干) 중에 갑(甲), 병(丙), 무(戊), 경(庚), 임(壬)이 들어간 날이다. 이를 제외한 나머지는 유일(柔日)이라고 하는데, 제사는 유일에 지낸다.

안 될 것이 없을 듯하다. 다만 이번에 당한 일은 일반적인 규례와 다르니, 반드시 그때 가서 집에 전염병이 있어 삼우와 졸곡을 물려 지낸다는 뜻으로 사유를 갖추어 먼저 영궤(靈几)에 고한 뒤에 제사를 지내는 것이 마땅할 듯한데, 어떻게 생각하는지 모르겠다.

유도경에게 답하다

答柳道卿

문 초우(初虞)를 지낼 때부터 방 밖에 상장(喪杖)을 기대어 놓았으니, 조석으로 곡하고 상식하며 삭망에 전을 올릴 때도 모두 상장을 치워야 합니다. 그런데 지금 사람은 치우지 않는 경우가 많으니 어떠한지 모르겠습니다.

답 우제를 지낸 뒤 조석으로 곡하고 상식하며 삭망에 전을 올릴 때 상장을 치운다는 것은 예서에 분명한 문구가 없으니 감히 자세히 알지 못하겠다. 〈상복소기(喪服小記)〉의 "우제에는 상장을 짚고 방에 들어가지 않고, 부제(祔祭)에는 상장을 짚고 마루에 오르지 않는다."의 주에 "우제는 정침에서 지내니 우제를 지낸 뒤에는 상장을 짚고 방에 들어가지 않으며, 부제는 조부의 사당에서 지내니 부제를 지낸 뒤에는 상장을 짚고 마루에 오르지 않으니, 모두 슬픔을 줄이는 절차이다."라고 하였다.

〈상대기(喪大記)〉의 "세자는 왕의 조문하는 명이 있으면 상장을 치우고, 점치는 말을 들을 때와 죽은 이에게 제사를 지낼 때는 상장을 치운다."의 주에 "죽은 이에게 제사를 지낼 때라는 것은 우제, 졸곡, 부제이다."라고 하였다. "대부(大夫)와 사(士)가 빈(殯)에 곡할 때는 상장을 짚고, 구(柩)에 곡할 때는 상장을 든다."의 주에 "빈에 곡할 때 상장을 짚는 것은 슬픔이 공경보다 크기 때문이고, 구(柩)에 곡할 때는 빈을 연 뒤이니 상장을 드는 것은 공경이 슬픔보다 크기 때문이다."라고 하였다. 《개원례(開元禮)》에 "우제에는 상장을 짚고 방에 들어가지 않고, 부제에는 상장을 짚고 마루에 오르지 않으니, 상장을 짚어야 하는 자가 조석으로 곡할 때는 상장을 짚는다.……"라고 하였다. 이 여러 설을 참작하여 행하는 것이 좋을 듯하다.

문 부모를 함께 장사지내는 자는 《의례문해(疑禮問解)》에 따라 부친의 우제는 장사지낸 날 반곡한 뒤에 지내고, 모친의 우제는 이튿날 지내며, 재우 이하도 번갈아 지내야 합니다. 다만 강일(剛日)과 유일(柔日)이 섞여 있으니, 오직 강일인지 유일인지에 따라 부친의 재우와 삼우를 연달아 지낸 뒤 모친의 재우와 삼우를 연달아 지내는 것이 어떻겠습니까?

답 〈상복소기〉의 "모친을 먼저 장사지내고 우제와 부제는 지내지 않고서 뒤에 부친을 장사지내기를 기다린다."라는 내용으로 보건대, 부모를 함께 장사지내는 자는 모친의 우제와 부제를 부친의 우제와 부제를 마친 뒤에 함께 지내야 하는 것이 틀림없으니, 강일과 유일이 섞인 것은 따질 바가 아니다. 선생께서 예전에 "이와 같다면 그 사이의 날짜가 거의 십여 일이나 되는데, 이는 온당치 않은 듯하다."라고 하였다. 근래 정승 신익상(申翼相)의 집에서 이 일을 당하였는데, 〈상복소기〉의 설을 따르지 않고 두 상(喪)의 우제와 부제를 같은 날 설행하였으며, 단지 제사를 지낼 때 먼저 부친의 우제를 지낸 뒤 모친의 우제를 지냈다고 한다.-졸곡도 그러하였다.- 이는 이산(尼山 윤증)에게 묻고 행한 것이라는데, 역시 어떠할지 모르겠다.

홍자용에게 답하다
答洪子容

문 《가례》 우제조(虞祭條)에 "축(祝)이 기침을 하고 문을 연다고 세 번 고한다.〔祝噫歆告啓門三〕"라고 하였는데, 이는 먼저 기침 소리를 내고 또 문을 연다는 소리를 세 번 고한 뒤에 문을 여는 것입니다. 시제조(時祭條) 및 《상례비요(喪禮備要)》의 우제조와 시제조, 《격몽요결(擊蒙要訣)》의 시제조에서는 모두 "축이 세 번 기침을 하고 나서 문을 연다."라고 하였는데, 이 문세(文勢)로 말하자면 단지 기침 소리만 낸 뒤에 문을 여는 것이니, 문세가 서로 어긋나는 듯합니다.

답 《예기》 〈증자문(曾子問)〉의 "축이 세 번 소리를 내고 고한다.〔祝聲三告〕"의 주에 "축이 기침 소리를 세 번 내어 신령이 듣고 놀라게 한 뒤에 고하는 것이다. 희(噫)는 한탄하는 소리이고, 흠(歆)은 흠향하기를 바라는 뜻이다."라고 하였으니, 이를 보면 그 뜻을 알 수 있다. 이로 말하자면 《가례》 우제조에 운운한 말의 뜻도 이와 같다. 기침하는 이유는 문을 연다고 고하기 위해서이니, 깊이 의심할 필요 없을 듯하다. 어떻게 생각하는가?

홍자용에게 답하다

答洪子容

혼백은 예법에 따라 외진 곳의 깨끗한 땅에 묻어야 한다. 살펴보건대, 《가례회성(家禮會成)》에 "흙을 채워 광(壙)이 평평해지면 안에 혼백을 깔고 묻는다. 이때 신은 이미 신주로 옮겨갔으니 혼백은 구(柩)와 함께 묻어야 한다."라고 하였다. 후세에 묘소에 묻는 관습은 여기서 비롯된 듯하다. 그러나 이는 예서의 뜻을 잃은 듯하니 따를 수 없다. 만약 묘소 외진 곳의 깨끗한 땅에 묻는다면 괜찮을지도 모르겠다.

족질 재로에게 답하다

答在魯族姪

물로 차를 대신하는 것은 퇴계, 율곡, 사계의 설에 모두 있다. 오직 밥을 떠서 물에 섞는 절차만은 보이는 곳이 없다. 예전에 예의 취지를 살펴보니, 차를 올리는 것은 애당초 밥을 떠서 물에 섞기 위해 설행하는 것이 아니다. 삭참과 망참에도 차를 따르는 절차가 있으니, 밥을 떠서 물에 섞기 위한 것이 아니라는 점은 몹시 분명하다. 예전에 선생에게 들으니 "밥을 떠서 물에 섞는 것은 삼년 안의 조석 상식 때만 행할 수 있고, 그밖의 제사에서는 쓰지 않는 것이 옳다."라고 하였다.

문 시제(時祭)를 지낼 때 주인은 서쪽을 향하고 축은 동쪽을 향하여 제사가 끝났다고 알립니다. 그러나 우제와 졸곡 등의 제사에는 모두 주인과 축이 서로 향한다는 글이 없습니다. 슬프고 경황이 없어 미처 예의를 갖출 겨를이 없기 때문입니까?

답 상제(喪祭)는 길제(吉祭)와 다르므로 이 한 가지 절차를 생략하였다. 비단 우제와 졸곡뿐만 아니라 부제, 연제, 상제, 담제에도 모두 없다.

신명윤에게 답하다

答申明允

문 시아버지가 며느리의 상을 당하여 이미 '죽은 며느리〔亡子婦〕'라고 신주에 썼는데, 우제와 졸곡 때 병이나 일이 있어 남편에게 대신 제사지내게 한다면 축문(祝文)의 두사(頭辭)에 "시아버지가 아들 아무개를 시켜 고한다."라고 해야 합니까? 남편이 된 아들이 시아버지 대신 제사를 지내면 절을 할 수 없습니다. 만약 절한다면 이는 시아버지 대신 절하는 것입니다. 3건이 모두 의심스럽습니다.

답 며느리의 우제와 졸곡에 시아버지가 병이 있어 남편이 제사를 지내거든 기일에 앞서 사유를 갖추어 고하고, 제사지내는 당일에는 〈상복소기〉의 설대로 남편이 아내를 제사지내는 예를 곧장 행하면 3건의 막힘이 없을 듯하지만 역시 어떨지 모르겠다. 만약 남편이 아내를 제사지낸다면 절해야 할 듯하다.

한사백에게 답하다

答韓師伯

우제의 적간(炙肝)은 《가례》에 없다. 다만 《의례》 〈사우례(士虞禮)〉에 "빈객의 연장자가 간(肝)을 세로로 조(俎)에 채운다."라고 하였는데, 정씨의 주에 "조에 구운 간을 세로로 채우는 것이다."라고 하였다. 《가례의절(家禮儀節)》과 《상례비요》에 차례로 보충해 넣은 것은 여기서 나온 듯하다. 다만 삼헌(三獻)의 적(炙)은 한 그릇에 함께 담아 초헌(初獻)의 앞에 나란히 올리는데, 〈사우례〉에서도 말하지 않았다. 혹시 슬프고 경황없는 와중이라 미처 예를 갖추지 못하여 그러한 것 아니겠는가. 연제, 상제, 담제는 대개의 절차가 모두 우제를 지낼 때의 예를 따르니, 적간 역시 함께 바치는 것은 그대로 따르고 바꾸지 않는 뜻인 듯하다.

족질 약로에게 답하다

答若魯族姪

문 삼년상 중에 제사를 지낼 때 '이튿날 아침 일찍 일어나' 아래에 조곡(朝哭)한다는 글이 없는 이유는 무엇입니까?

답 어떤 이는 동이 틀 무렵 주인 이하가 들어가 곡하는 예[2]가 있으므로 조곡하는 절차가 없다고 하는데, 그럴 듯하다.

2 동이……예 : 《가례》 〈소상(小祥)〉의 "동이 트면 축(祝)이 신주를 꺼내고 주인 이하는 들어가 곡한다."라는 구절을 말한다.

족제 사직에게 답하다
答士直族弟

《가례》 우제(虞祭)의 "주인 이하는 들어가 곡한다."의 주에, "주인과 형제는 방 밖에 상장(喪杖)을 기댄다."라고 하였고, 졸곡(卒哭)의 "주인 이하는 들어가 곡한다."의 주에 "모두 우제와 같다.……"라고 하였다. '모두 같다'고 하였으니 우제와 졸곡에 상장을 기대는 것에 차이가 없다는 점이 분명하지 않은가. 부제(祔祭)에서 또 "상장을 기댄다."라고 말한 것은 우제 때 방 밖에 상장을 기댔다가 부제에 이르러 바꾸어 섬돌 아래에 기대므로 다시 특별히 말하지 않을 수 없었던 것뿐이다.

최사손에게 답하다
答崔士遜

문 종자(宗子)가 죽고 아들이 없는데 단지 조카 둘과 아우 하나만 있습니다. 지자(支子)가 부제를 지낼 때 종자의 조카가 비록 승중(承重)하지는 않았으나 임시로 종자의 일을 해야 합니까? 종자의 아우가 우선 형이 죽으면 아우가 한다는 의리로 종자의 일을 해야 합니까?

답 부제는 큰 제사이므로 친구라도 부제를 주관하는 예가 있다. 이로 미루어보면 종자에게 아들이 없더라도 종자의 아우가 섭행해야 하는 것이 틀림없다.

홍자용에게 답하다
答洪子容

문 부제를 지낼 때는 섬돌 아래에 상장(喪杖)을 기대고, 부제 이후 상식(上食)과 제전(祭奠)을 올릴 때는 상장을 짚지 않고 곡해야 합니다. 세속에 간혹 상장을 짚는 경우가 있는데 어떻습니까?
답 돌아가신 스승께서 누군가에게 보낸 답장에서 〈상복소기〉의 슬픔을 줄이는 절차에 근거하여 우제와 부제를 지낸 뒤 상식을 올릴 때는 상장을 치우는 것이 옳다고 하였으니, 이를 따라야 할 듯하다.

족질 재로에게 답하다

答在魯族姪

문 어떤 사람이 증조모와 고조모의 상을 당하여 부제를 지내야 하는데, 합부(合祔)할 신위를 이미 조천(祧遷)하여 아직 최장방(最長房)에게 있다면 이미 매안한 경우와는 차이가 있으니 먼저 조주(祧主)에게 고하고 신위를 설치하여 부제를 지내야 합니까? 만약 과연 신위를 설치하고 부제를 지낸다면 조주의 종손(宗孫)이 제사를 주관해야 합니까? 지금 제사를 받드는 장방(長房)이 제사를 주관해야 합니까? 〈상복소기〉를 살펴보면 "첩(妾)은 첩조고(妾祖姑)에게 합부하고, 없으면 신위 하나의 간격을 두고 합부한다."라고 하였는데, 공씨의 소에 "아랫글에 첩모(妾母)는 대대로 제사지내지 않는다고 하였는데, 첩은 사당이 없으니 지금 고조의 첩에게 합부한다고 한 것은 단(壇)을 만들어 합부하는 것이다."라고 하였습니다. 이로 보면 합부해야 하는 신위를 이미 조천하여 매안하였더라도 단을 만드는 예법에 따라 신위를 만들어 합부하는 것이 어떻겠습니까?

답 부제는 중대한 예법이니, 비록 조주(祧主)가 아직 최장방(最長房)에게 있더라도 망자에게 있어 합부해야 하는 신위라면 그만둘 수 없음이 분명하다. 《가례》의 "허위(虛位)를 설치하여 제사지낸다."라는 설에 따라 지방(紙牓)으로 지내면 될 듯한데, 제사를 주관하는 자가 무엇을 위주로 삼을지 모르겠다. 종법을 중시한다면 종손이 그래도 주관해야 할 듯하다. 지금 조주를 받드는 것은 단지 장방이 제사를 지내기 때문일 뿐이다. 만약 그때 제사를 지낸다는 점을 위주로 삼는다면 부제조(祔祭條)의 "종자를 중시한다."라는 뜻과 상반되지 않겠는가. 그러나 이는 고금의 예문에 모두 상고할 데가 없으니 감히 억지로 말할 수 없다. 이미 매안한 경우에는 또 어떻게 처리해야 할지 모르겠다. 그대가 인용한 〈상복소기〉의 말대로 행하는 것이 명백히 근거삼을 만하다.

문 《가례》 부제(祔祭)의 아헌종헌조(亞獻終獻條)에 "상주가 종자가 아니면 상주를 아헌으로 삼고 주부(主婦)를 종헌으로 삼는다."라고 하였는데, 이 주부는 종자의 아내입니까?
답 종헌의 주부는 상주의 아내인 듯하다. 종자가 스스로 상주가 되면 상주를 초헌으로 삼고, 상주의 아내를 아헌으로 삼으며, 친빈(親賓)을 종헌으로 삼는다. 만약 상주가 종자가 아니면 종자를 초헌으로 삼는다. 그러므로 이 때문에 상주를 낮추어 아헌으로 삼고 상주의 아내를 종헌으로 삼는 것이다. 또 《가례의절》을 보면 "상주가 종자가 아니면 종자와 종부-《가례》의 '주부'를 '종부'로 고쳤다.-가 양쪽 섬돌 사이에 선다. 상주는 종자의 우측에 있고 주부-《가례》의 '상주의 아내'를 곧장 '주부'로 고쳤다.-는 종자의 아내의 왼쪽에 있다.……"라고 하였다. 위에서는 '주부'를 '종부'로 고쳤고, 아래에서는 '상주의 아내'를 '주부'라고만 고쳐 종부와 주부를 따로 구분하였으니, 그 아래의 종헌에 이른바 '주부'가 상주의 아내라는 것은 더욱 분명한 듯하다. 《가례의절》의 본문을 살펴보는 것이 어떻겠는가.

족질 상로에게 답하다
答尙魯族姪

문 부제의 축사(祝辭)는 망자에게 관직이 없으면 무어라고 칭해야 합니까?

답 망자에게 관직이 없으면 신주에 쓰는 예에 따라 살아 있을 때의 호칭을 써도 무방할 듯하다.

족손 치복에게 답하다

答致福族孫

문 종자가 부모의 상을 치르고 있는데 기년상이나 대공상이 있으면 부제는 부묘하는 대상에 대한 상복을 입고 제사지내야 합니다. 만약 종제의 아내를 부묘한다면 자최복을 입고 제사를 지낼 수는 없을 듯한데, 종제와 자질을 시켜 대신 지내게 합니까?

답 부제는 반드시 종자가 주관해야 하니, 비록 상중에 있더라도 포직령(布直領)과 포심의(布深衣) 차림으로 지내면 될 듯하다.

이군보에게 답하다
答李君輔

문 우제(虞祭)에 이르러 교대(絞帶)에 포(布)를 사용하는 것은 가씨(賈氏)의 소에서 시작되었으며 본디 주공(周公)이 지은 경문(經文)의 뜻이 아닙니다. 가씨의 소는 면재(勉齋 황간(黃榦))가 뽑아서 〈상복도식(喪服圖式)〉에 넣었습니다. 그러므로 《상례비요》의 이후 판본에는 비록 〈상복도식〉에 따라 소상조(小祥條)에 수록하였으나, 《상례비요》의 이전 판본에는 단지 "마(麻)를 바꾸어 갈(葛)을 입는다."라고 하였을 뿐이고, 가씨 소의 "포를 사용한다."라는 문구는 애당초 뽑아 넣은 일이 없습니다.

답 우제를 지낸 뒤 교대를 마에서 포로 바꾼다는 가씨의 소는 공경대부의 신하가 주군을 위해 입는 복에 근거하여 미비한 경문을 보태 넣은 것입니다. 그 뒤 면재 황씨(勉齋黃氏 황간)가 《의례경전통해(儀禮經傳通解)》의 〈상복변제(喪服變除)〉에 엮어 넣고 주자에게 질정을 받아 마침내 후세에 준용하는 예법이 되었으니, 그 의리가 바르고 그 유래도 오래되었습니다. 예의 취지는 끝이 없고 변절(變節)은 여러 가지입니다. 그러므로 경문에서 말하지 않은 예를 주소(註疏)에서 말한 사람 역시 많습니다. 경문으로 소를 총괄하고, 소로 경문을 보충하여 서로 의미를 밝히고 문구를 서로 사용하니, 이것은 《의례경전통해》라는 책의 대체가 그러합니다. 어찌 이 한 구절만 지나치게 의심하여 몹시 급히 공격합니까.

우제의 교대를 마에서 포로 바꾼다는 말은 본디 경문에 보이지 않습니다. 그러나 질(絰)과 함께 일체 갈로 바꾼다는 말도 경문에서 본 적이 있습니까. 포를 사용하고 갈을 사용하고는 모두 경문에 보이지 않으니, 지금 가씨의 소를 근거로 삼고 주자와 황씨 이하 여러 유학자의 설을 증거로 삼는 것이 고금의 예문에 말하지 않은 갈교(葛絞)를 억지로 사용하는 것보다 낫지 않습니까. 가씨 소의 내용은 본디 미비한 경문을 보충하였고, 황씨의 〈상복변제〉는 또 주자의 감정을 거쳤으니, 그밖의 것을 막론하고 이것은 참으로 후세의 법으로 삼을 만합니다.

지금 형은 천년 뒤에 일체 갈로 바꾸어야 한다는 설을 만들어내었는데, 이것은 경문에도 보이지 않고 주소에도 보이지 않으며 후대 여러 유학자의 설에도 보이지 않습니다. 형의 생각으로 추측하여 사사로이 의기(義起)[3]한 것에 불과합니다. 비록 부지런히 변증하고 설명하였으나 감히 따를 수 없습니다. 《상례비요》의 이후 판본은 사계가 이미 예의 취지에 따라 수정한 것이니, 사용하지 않는 구본(舊本)을 인용하여 증거삼을 수는 없을 듯합니다.

3 의기(義起) : 예문(禮文)에는 없지만 의리에 입각해서 행하는 예법을 말한다. 《예기》 〈예운(禮運)〉의 "선왕의 예법에는 그러한 예가 없을지라도, 의리에 입각해서 적절하면 새로 일으킬 수도 있는 것이다.〔禮雖先王未之有, 可以義起也.〕"라는 말에서 유래하였다.

문 살펴보건대, 상복의 수질(首絰), 요질(腰絰), 교대(絞帶)는 모두 저마(苴麻)로 일체 만드니, 우제와 졸곡에 이르러 갈(葛)로 바꿀 때 역시 일체 갈로 바꾸는 것이 예의 취지상 당연할 듯합니다. 더구나 수질과 요질은 단지 갈로 바꾸기만 하고 그 질의 본체를 그대로 남겨두었는데, 교대만 포로 대신하여 그 대의 본체를 남겨두지 않을 수 있겠습니까. 이는 가씨 소의 첫 번째 의심스러운 점입니다.

정씨의 주에 "요질은 대대(大帶)를 본뜬 것이고 교대는 혁대(革帶)를 본뜬 것이다."라고 하였고, 주자가 말하기를, "혁대는 정대(正帶)이다."라고 하였습니다. 요질과 교대가 비록 경중의 차이는 있으나 상복의 정대이기는 마찬가지이니, 우제와 졸곡 때 갈을 사용하고 포를 사용하는 차이가 있는 것이 어찌 경문의 본뜻이겠습니까. 이는 가씨 소의 두 번째 의심스러운 점입니다.

또 가씨의 소로 말하자면 "질대는 우제 이후에 이르러 마를 갈로 바꾸어 착용한다. 교대의 경우는 바꾼다고 말하지 않았으나……"라고 하였으니, 예경에 교대를 갈로 바꾼다는 문구가 없다고 말한 것입니다. 그가 "살펴보건대 공경대부의 신하들은 자기 군주를 위하여 포대(布帶)를 착용하고, 자최복 이하도 포대를 사용하니, 교대는 우제를 지낸 뒤 마를 포로 바꾸어 착용하는 것이 의리상 옳다.……"라고 하였으니, 교대는 포를 사용해야 한다는 뜻을 말한 것입니다. 만약 '교대를 우제와 졸곡 때 갈로 바꾼다는 말은 과연 경문에 없다.'라고 한다면, 교대를 우제와 졸곡 때 포로 바꾼다는 말 역시 경문에 있습니까. 공경대부의 신하들이 자기 군주를 위하여 포대를 착용하는 것은 천자의 제후에게 압존되기 때문이며, 자최복에 포대를 착용하는 것은 참최복과 구별하기 위해서입니다. 주공(周公)이 교대와 포대를 구분한 뜻이 몹시 엄격하니, 우제와 졸곡 이후로 비록 변제(變除)하는 절차가 있더라도 승대(繩帶)를 바꾸어 포대(布帶)를 착용하면 여러 신하 및 자최복의 대와 똑같이 한 가지 색깔이 되어 더 이상 구별이 없을 것이니, 당초 예법을 제정한 의도에 어긋나는 듯합니다. 이것이 가씨 소가 의심스러운 세 번째 점입니다.……

답 초상 때 상복의 요질은 두 가닥을 교차합니다. 교대는 요질보다 작고 네 가닥의 삼으로 꼰 노끈을 세 겹으로 꼬는 것이니, 두 가닥과 네 가닥 사이에 차등이 자별합니다. 그러다가 우제와 졸곡에 이르러 갈로 바꿀 때, 당초 두 가닥으로 된 질대는 네 가닥으로 된 교대의 제도로 낮추며, 당초 네 가닥으로 된 교대는 포로 낮추니, 이것은 모두 점차 줄이고 수식을 다하는 절차입니다. 지금 형은 "질대와 함께 일체 갈로 바꾸어야 한다."라고 하였는데, 이른바 갈교(葛絞)라는 것은 당초의 네 가닥으로 만든 제도를 그대로 쓰는 것인지, 아니면 따로 다른 제도를 쓰는 것인지 모르겠습니다. 만약 네 가닥을 그대로 쓴다면 질대와 아무런 차등이 없고, 차례대로 점차 줄이고 수식을 다하는 뜻도 아닙니다. 마질(麻絰)과 마교(麻絞)는 이미 두 가닥으로 만들고 네 가닥으로 만드는 차이가 있는데, 갈질과 갈교만 똑같이 네 가닥입니까. 만약 따로 다른 제도를 사용한다면 그 제도가 어떠해야 할지 모르겠습니다. 이로 보건대, 갈로 바꾸고 포로 바꾸는 사이에서 정미하고 곡진한 예의 뜻을 볼 수 있으니, 의심할 수 없는 첫 번째 이유입니다.

질대와 교대를 두고 형은 비록 정대이기는 마찬가지라고 하였으나 초상 때부터 이미 차등을 두어 구별하였으니, 변제할 때에 와서만 차등이 없겠습니까. 의심할 수 없는 두 번째 이유입니다.

공경대부의 신하들이 자기 군주를 위해 포대(布帶)를 착용한다는 말은 《의례》 〈상복〉 참최장에 보입니다. 그 아래 가씨의 소에 과연 천자의 제후에게 압존되었다는 말이 있으니, 가씨가 애당초 이것이 있는 줄 몰랐던 것은 아닙니다. 그런데도 여기에 인용하였으니, 이것이 어찌 근거 없이 한 일이겠습니까. 더구나 황씨가 《의례경전통해》 〈상복변제〉에 편입하였고, 또 주자의 감정을 거쳤습니다. 주자와 황씨 또한 어찌 천자의 제후에게 압존된 줄 모르고 끝내 이 점에 대해 일언반구도 없었겠습니까. 의심할 수 없는 세 번째 이유입니다.

자최복의 포대와 교대에 대해서 형이 그 뜻이 몹시 엄격하다고 말한 것은 옳습니다. 그러나 이는 단지 본복(本服)의 경중에 근거하여 말한 것입니다. 변제(變除)하여 점차 줄이는 때로 말하자면 그렇지 않습니다. 어째서이겠습니까. 참최복과 자최복은 무거운 복인데, 연제를 지내고 변제할 때 부판(負版), 벽령(辟領), 최(衰)를 제거합니다. 부판, 벽령, 최를 제거하면 이것은 대공 이하의 복제입니다. 그런데 자최복은 연제를 지낼 때도 여전히 사용하니, 지금 우제를 지낸 뒤에 낮추어 포대를 사용하는 데 무슨 안 될 이유가 있겠습니까. 의심할 수 없는 네 번째 이유입니다.

이는 가씨의 소에 근본을 두고 《의례경전통해》에서 완성되었으며 주자에게 질정하여 〈상복도식〉에 들어간 것입니다. 우리나라 사계의 《상례비요》 이하 우암, 동춘 두 어른 및 우리 돌아가신 스승에 이르기까지 모두 준용하며 다른 말이 없었으니, 의심할 수 없는 다섯 번째 이유입니다.

대저 형은 경전에서 전후로 말한 질대는 모두 교대를 포함하고, 처음부터 끝까지 한결같은 뜻으로 일관적으로 말하였다고 여기므로 우제 이후의 갈대 역시 갈교를 포함하여 말한 것이라고 여깁니다. 그러나 이 예법은 옛일을 상고하면 이미 이와 같고, 지금 시대를 참고해도 이와 같으니, 바꾸는 절차의 차례를 분명히 볼 수 있습니다. 일체 갈로 바꾼다는 말은 형이 처음으로 주장하였고, 인용하여 증거삼은 것도 《상례비요》 구본뿐입니다. 이 단락은 이후의 정본에서 이미 수정하고 삭제하였으니, 지금 갈을 주장하는 사람은 형 한 사람 뿐입니다. 이는 터무니없는데 가까우니, 후세 사람이 고증하여 믿고 따르기 어려울 듯합니다.

이군보에게 답하다

答李君輔

문　제가 주장하여 말한 내용은 전적으로 〈사상례(士喪禮)〉와 〈사우례(士虞禮)〉에 나오고 고증과 논설이 모두 근거가 있습니다. 〈사상례〉와 〈사우례〉에서 말한 질대(絰帶)와 교대(絞帶)를 일체 갈(葛)로 바꾸는 뜻은 의미와 맥락이 몹시 정밀하고 은미하니, 잠깐 사이에는 쉽게 깨달을 수 없는 것도 괴이하지 않습니다.

살펴보건대 〈상복〉 경문 참최소에 저질(苴絰)과 교대(絞帶)라고 하였으니, 우제 이후 착용해야 하는 것도 양질(兩絰)[4]과 교대입니다. 소렴(小斂)한 뒤 이미 양질과 교대를 착용하였으니, 우제 이후 바꾸어야 하는 것도 양질과 교대입니다. 우제 이후 양질과 교대를 바꾸어야 한다면, 사당 문 밖에서도 벗어야 하는 것도 양질과 교대입니다. 이 때문에 〈사우례〉에서 말한 "사당 문 밖에서 질대를 벗는다."는 것은 다른 뜻이 아닙니다. 우제를 지낸 뒤에는 갈로 바꾼 질대를 입어야 하니, 사당 문 밖에서 먼저 마(麻)를 사용한 질대를 벗는 것입니다. 만약 "수질과 양대(兩帶)[5]는 우제 이후 바꾸어야 하지만 사당 문 밖에서 벗는 마는 요질에만 해당한다."라고 한다면, 수질과 교대의 마는 예전처럼 머리와 허리에 있을 것이니, 갈을 입을 때 장차 어떻게 처리해야 하겠습니까? 마와 갈을 함께 입어야 하겠습니까? 이는 반드시 없는 이치입니

4　양질(兩絰) : 수질(首絰)과 요질(腰絰)을 말한다.

5　양대(兩帶) : 질대와 교대를 말한다.

다. 반드시 질대를 벗는다는 말의 '질'이 수질을 가리켜 말한 것이고, 질대를 벗는다는 말의 '대'가 양대를 겸하여 가리켜 말한 것이라야 소렴 때 입은 마를 비로소 전부 벗을 수 있고, 우제를 지내고 바꾸는 갈이 모두 붙을 곳이 생깁니다.

대저 우제 이후 수질과 양대를 바꾼다는 설에 근거하면 질대를 벗는다는 것은 수질과 양대를 포함하여 말한 것임을 알 수 있습니다. 질대를 벗는다는 것이 역시 수질과 양대를 포함한다는 설에 근거하면 기록한 사람이 조갈(澡葛)과 질대(絰帶)에 수질과 양대를 포함하여 풀이하였다는 것을 알 수 있습니다. 소렴(小斂) 습질(襲絰) 아래에는 굳이 교대와 조갈을 보충하였는데, 마를 벗는다는 곳에서는 교대를 말하지 않았으니, 여기서 습질이 교대를 포함하지 않으며, 질대가 교대를 포함한다는 사실을 더욱 잘 알 수 있습니다.

만약 조갈과 질대가 교대를 포함한다고 말한다면, 우제 이후 일체 갈로 바꾸는 것도 일관적이라 의심이 없어집니다. 포로 바꾼다는 가씨의 문구가 어찌 중언부언하고 쓸데없는 뜻이 아니겠습니까. 제가 얕은 견해로 주장하는 바는 모두 이 단락에 있으니, 다시 헤아려 회답하는 것이 어떻겠습니까?

답 이 단락에 논한 내용이 바로 형이 교대를 갈로 만들어야 한다는 주장의 근거입니다. 그간 변론한 말이 거의 수만여 자나 되는데, 그 주된 뜻과 관건은 모두 여기에 있습니다. 상차조(喪次條)의 "질대를 벗지 않는다."의 '질대'에 대해 형은 이것이 필시 교대를 포함하여 말한 것이라고 여깁니다. 질대를 벗지 않는다는 말이 교대를 포함하니, 〈사우례〉의 "사당 문 밖에서 질대를 벗는다."의 '질대' 역시 반드시 교대를 포함하여 말한 것이라고 여겨 마침내 〈사우례〉의 "축(祝)이 조갈과 질대로 바꾸어 입는다."라는 말을 인용하여 "질대를 벗지 않는다는 말과 질대를 벗는다는 말의 질대가 교대를 포함하니, 조갈과 질대라는 말의 질대 역시 필시 교대를 포함하여 말한 것이다. 조갈과 질대가 교대를 포함하니, 여기서 포함한 교대는 요질을 갈로 바꿀 때 함께 일체 갈로 바꿀 것이다."라고 하며 마침내 《의례》의 허다한 '질대'라는 글자를 찾아내어 '교대' 두 글자를 보태넣었으니, 예의 취지를 억측하여 주워 모아 주장을 만들었습니다. 언뜻 보면 비록 대충 통하는 듯하지만, 그 본뜻을 찾아보면 전혀 관계가 없습니다. 이 때문에 말한 내용이 이처럼 길고 자세하지만 인용하여 증거삼을 만한 명백한 문구가 하나도 없습니다. 인용한 것은 "저 조목에 말한 것이 이와 같으니, 이 조목에서 말한 것도 필시 이와 같을 것이다."라고 하는데 불과합니다. 추측하고 부연하여 길게 늘어놓기를 그치지 않으니, 참으로 주부자가 문인에게 답한 편지에서 "왜곡된 설을 두루 끌어들여 지나치게 길게 늘어놓았다. 이것은 큰 병통인데 이처럼 얽매였으니 더 이상 벗어날 기약이 없다."라고 한 말에 가까운 듯합니다.

더구나 〈사우례〉를 보면 우제를 지내고 변제할 때, 기록한 자가 단지 "남자는 사당 문 밖에서 질대를 벗는다."라고 말하였을 뿐, 질대를 갈로 바꾼다고 말하지는 않았습니다. 그러므로 그 아래 정씨 주석에 "마를 갈로 바꾸어 입어야 한다."라고 하였습니다. 질대를 갈로 바꾸어야 한다는 말을 기록한 자가 보충하지 않았으니, 교대를 보충하지 않은 것은 괴이할 것이 없습니다. 기록한 자가 보충하지 않았으므로 가씨가 여기에 공경대부 신하들의 예를 인용하여 포교(布絞)로 보충한 것이니, 예경의 빠진 부분을 보완한 공로가 큽니다. 내가 형의 갈교설(葛絞說)을 의심하는 정도가 형이 가씨의 포교설(布絞說)을 의심하는 것보다 도리어 심합니다. 또 한 가지 할 말이 있습니다. 지금 말한 갈교라는 것을 형이 굳게 믿고 있으니 집안에서 시행하는 것은 괜찮지만, 만약 이것을 가지고 온 세상을 바꾸고자 생각한다면 결코 그럴 수 없다는 것을 알 수 있습니다.

형이 논한 우제 이후에 요질과 수질을 모두 바꾼다는 설은 본디 포교인지 갈교인지를 구별하는 것과는 관계가 없으나, 이미 형의 말을 들었으니 감히 간략히 대답하지 않을 수 없습니다. 살펴보건대, 〈단궁〉에 "여자는 갈대를 착용하지 않는다."라고 하였고, 공씨의 소에 "졸곡 때 마를 갈로 바꾸어 착용한다. 그러나 여자는 허리를 중요하게 여기고 질박하여 중요하게 여기는 것을 바꾸지 않는다. 그러므로 갈대를 착용하지 않고 기년이 되면 벗는다. 대공복 이하는 가벼운 상이니 졸곡에 이르러 모두 갈로 바꾸어 착용하는 것은 남자와 마찬가지다." 하였습니다. 진씨의 주에 "졸곡 때 남자는 마대를 벗고 갈대를 착용하며 수질은 바꾸지 않는다. 여자는 갈로 수질을 만들고 마대는 바꾸지 않는다. 그러나 여기서 말한 여자는 자최복의 상을 당한 자이므로 이와 같은 것이다. 대공복 이하 가벼운 상을 당한 자는 졸곡에 이르러 모두 갈로 바꾸니 남자와 같다.……" 하였습니다. 주와 소에 이른바 "모두 갈로 바꾸니 남자와 같다."라고 한 말의 뜻은 자최복은 여자에게 중한 복이므로 졸곡 이후 요질을 바꾸지 않으나, 대공복 이하는 여자에게 가벼운 복이므로 요질 역시 바꾸고 갈을 착용하니, 남자가 졸곡 이후 요질을 바꾸어 갈을 착용하는 경우와 같다는 것입니다. 그렇다면 이른바 "모두 바꾼다."라는 것은 대공복 이하의 상을 당한 여자의 요질을 모두 바꾼다는 말이지, 요질과 수질을 모두 바꾼다는 말은 아닙니다.

주석의 첫 단락에 "남자는 수질을 바꾸지 않는다."라고 하였습니다. "수질을 바꾸지 않는다."라고 하고서 그 아래에서 곧장 또 "요질과 수질을 모두 바꾼다."라고 하였으니, 이는 말이 되지 않습니다. 주석을 만든 사람이 만약 지극히 어리석어 글뜻을 이해하지 못한 것이 아니라면, 하나의 주석 안에서 결코 이처럼 앞뒤가 맞지 않는 말을 하지 않았을 것입니다. 더구나 이 주와 소는 모두 "여자는 갈대를 착용하지 않는다."라는 말을 풀이한 것이니, 그 아래에 이른바 "모두 갈로 바꾼다."라는 말은 윗글의 "여자는 갈대를 착용하지 않는다."라는 글자를 이어받아 말한 것입니다. 그렇다면 "모두 갈로 바꾼다.〔幷變爲葛〕"라는 네 글자는 수질에는 해당하지 않고 대(帶)만 가리켜 말한 것임을 알 수 있습니다.

또 〈간전〉의 '갈대' 아래 소에 〈단궁〉의 이 문구[6]를 인용하였고, 그 아래에 "대공복 이하의 여자 역시 갈대를 착용한다."라고 하였습니다. 이른바 '역시 갈대를 착용한다'라는 것은 남자가 갈대를 착용하므로 여자도 갈대를 착용한다는 것입니다. 지금 형은 "모두 바꾼다〔幷變〕" 두 글자를 가지고 요질과 수질을 모두 바꾸는 증거로 삼았으나 이것이 어디에 근거하여 하는 말인지 모르겠습니다. 이른바 조갈과 질대라는 말로 말하자면, 본문의 뜻이 형의 말과 다른 점이 있습니다.

살펴보건대, 〈사우례〉 문외위조(門外位條)의 "축(祝)은 문(免)[7]하고 조갈과 질대를 착용한다."의 주에 "제사지내는 예는 축이 직접 하니,

6 단궁의 이 문구 : "여자는 갈대를 착용하지 않는다.〔婦人不葛帶〕"를 말한다.

7 문(免) : 205쪽 주26 참조.

갈을 다듬어 수질과 대를 만든다. 신과 접하려면 바꾸어야 하기 때문이다."라고 하였습니다. 그 아래 문내위조(門內位條)의 "축이 문에 들어가 왼편에서 북쪽을 향한다."의 주에 "집사와 자리를 함께 하지 않으니,[8] 신을 접하여 존귀하기 때문이다."라고 하였습니다. 그렇다면 "신과 접하려면 바꾸어야 한다."와 "신을 접하여 존귀하기 때문이다."는 모두 축을 가리켜 한 말입니다.

이로 보건대 이른바 조갈과 질대라는 말은 축이 바꾸어 입은 옷입니다. 지금 형은 이 축이 바꾸어 입은 조갈과 질대를 자최복을 입은 남자의 옷으로 간주하고, 마침내 그 아래 정씨 주의 "갈을 다듬어 수질과 대로 만든다."라는 말을 요질과 수질을 모두 바꾼다는 증거로 삼았는데, 이것이 경문과 주의 본뜻에 있어서 어떠합니까. 〈사우례〉를 살펴보면 "남자는 사당 문 밖에서 질대를 벗는다."라고 하였고, 정씨 주에 "졸곡 때 마를 바꾸고 갈을 입어야 한다."라고 하였습니다. 이는 남자가 졸곡 이후 마로 만든 질대를 벗고 갈을 입어야 한다는 말입니다. 또 〈간전〉을 살펴보면 "마를 벗고 갈을 입으며 갈대는 세 겹이다."라고 하였고, 정씨 주에 "갈대가 세 겹이라는 말은 남자의 경우를 말한다."라고 하였으며, 진씨 주에 "마를 벗고 갈을 입는 것은 장사지낸 뒤 남자가 허리의 마질을 벗고 갈질을 맨다는 것이다."라고 하였습니다. 이는 모두 남자가 우제 이후 마로 만든 요질을 갈로 바꾼다고 말하였을 뿐입니다. 수질까지 함께 바꾼다는 말이 어디에 있습니까.

또 〈상복소기〉를 살펴보면 "상복을 벗을 때는 중요한 것을 먼저 한

8 집사와……않으니 : 대본에는 '不與執事同'로 되어 있는데, 《의례》 〈사우례〉에 근거하여 '同' 뒤에 '位'를 보충하여 번역하였다.

다."라고 하였고, 소에 "남자는 머리를 중요하게 여기고 여자는 허리를 중요하게 여긴다. 중요하게 여기는 것은 제거할 수는 있어도 바꿀 수는 없다. 그러므로 졸곡 때에도 가벼운 복을 입지 않고, 소상에 이르러 각기 그 중요한 것을 벗는다."라고 하였습니다. 또 살피건대 〈단궁〉의 "갈대를 하지 않는다."의 진씨 주에 "졸곡 때 남자는 마대를 벗고 갈대를 착용하되 수질은 바꾸지 않는다."라고 하였습니다. 또 〈단궁〉의 "허리에 갈질을 착용한다."의 진씨 주에 "소상 때 남자는 머리의 마질을 제거하고 요갈(腰葛)만 남긴다."라고 하였습니다. 또 《가례》의 주를 살펴보면 양씨(楊氏 양복(楊復))가 말하기를, "졸곡 때 남자는 마대를 제거하고 갈대를 착용하되 수질은 바꾸지 않는나."라고 하였습니다. 지금 이 몇 가지 설을 합하여 보면, 우제 이후 남자의 요질과 수질을 모두 바꾼다는 말은 하나도 보이지 않습니다. 오직 〈사우례〉의 "여자는 수질만 벗고 대는 벗지 않는다."의 소에 "수질은 비록 갈이지만 세 겹으로 하지 않는다."라고 하였고, 《상복변제》의 기우졸곡수복조(旣虞卒哭受服條)의 소에 "수질과 요질의 경우 남자는 모두 갈로 바꾼다."라고 하였으니, 형의 설은 여기에 근본을 두고 있습니다. 더구나 〈상복도식〉 졸곡수복도(卒哭受服圖) 수질(首絰) 아래의 주에 "마를 벗고 갈을 착용한다."라고 하였으니 이 또한 하나의 증거입니다.

저는 당초에 이런 설이 있는지 몰랐는데, 이전에 알려드린 것은 참으로 〈사우례〉, 〈단궁〉, 〈간전〉, 〈상복소기〉, 정씨, 양씨, 진씨의 설이 또 분명한 정도에 그치지 않습니다. 비록 양씨와 진씨 두 선생으로 말하더라도, 양씨는 주자의 문하에서 직접 배워 〈상복도식〉을 작성하였고, 진씨는 고금을 절충하여 《예기》의 주석을 고쳤으니, 경전의 주소 내용을 필시 익숙하게 보고 자세히 상고하였을 것입니다. 그렇다면 이 소의 내용을 결코 못 보았을 리가 없습니다. 더구나 《예기》의 진씨 주는 소의 내용을 많이 인용하였는데, 도리어 이 소만은 취하지 않았습니다. 두 선생이 이렇게 한 이유는 아마도 〈사우례〉, 〈단궁〉, 〈간전〉, 〈상복소기〉와 정씨의 설에 근본을 둔 듯합니다. 어찌 전혀 본 데 없이 근거없는 설을 만들어 내었겠습니까.

다만 저의 이전 편지에서는 단지 양씨와 진씨를 위주로 삼고 소의 내용을 취하지 않았으니, 이는 과연 온당하지 않습니다. 그러나 형의 경우는 오로지 소의 내용을 위주로 삼아 양씨와 진씨를 힘껏 공격하였으니 그것이 옳은지도 모르겠습니다. 함께 바꾼다는 설은 이미 근거가 있고, 바꾸지 않는다는 설도 증거가 많으니, 참으로 이것을 버리고 저것을 취할 수 없으며, 저것을 버리고 이것을 취할 수도 없습니다. 이것이 오늘 논쟁하며 쉽게 결정하지 못하는 이유입니다. 오직 포교(布絞)에 대한 가씨의 설만이 상하 수천 년 동안 전혀 다른 뜻이 없었으니, 우제 이후 수질을 바꾼다거나 바꾸지 않는다거나 하는 것과 달리 몹시 분명합니다. 지금 형은 모두 바꾼다는 소를 몹시 굳게 지키고, 포로 바꾼다는 소는 너무 지나치게 공격하는데, 자기 뜻에 맞으면 취하고 자기 뜻과 다르면 배척하는 생각이 아니겠습니까.

이군보에게 답하다

答李君輔

문 《가례》의 우제(虞祭) 축문(祝文)에 "일찍 일어나 밤늦게 잠들 때까지 슬피 사모하는 마음에 편안하지 않습니다.〔夙興夜處, 哀慕不寧.〕"라고 하였고, 소상(小祥) 축문에 "일찍 일어나 밤늦게 잠들 때까지 조심하고 두려워하며 몸을 게을리하지 않고 슬피 사모하는 마음에 편안하지 않습니다.〔夙興夜處, 小心畏忌. 不惰其身, 哀慕不寧.〕"라고 하였습니다. 이 두 축문의 길고 짧음이 다른 이유는 무엇입니까?……

답 연제 축문에 두 구를 보태넣은 것은 필시 의도가 있을 것인데 지금은 감히 정확하게 알 수 없습니다. 그러나 본문을 보면 네 구의 말뜻이 참으로 서로 이어져 방해가 되지 않습니다. 어떤 이는 중첩된다고 하지만 반드시 그렇지는 않은 듯합니다. 더구나 이미 주자의 감정을 거쳤으니 후세 사람은 그저 따라서 사용할 뿐, 의심할 필요 없는 곳을 의심하여 더욱 복잡하게 해서는 안 될 듯합니다. 어떻게 생각하는지 모르겠습니다.

이군보에게 답하다

答李君輔

연제와 상제를 기일에 행한다는 말은 《가례》에 실려 있고, 밖에 있다가 부고를 들은 사람은 성복(成服)한 날을 기준으로 연제와 상제를 행한다는 말은 주자가 증무의(曾無疑)에게 답한 편지에 보입니다. 이 두 조목은 모두 명백한 증거가 있으니, 후세 사람은 그저 따라 행해야 할 뿐입니다. 이밖에 이른바 "부고를 들은 날을 기준으로 연제와 상제를 행한다."라는 말은 고금의 예서에 하나도 보이는 곳이 없습니다. 지금 형은 "부고를 들은 날을 기준으로 연제와 상제를 행하는 것은 기일을 사용하는 뜻을 이어받은 것이니, 이 또한 예법상 당연하다.……"라고 하였는데, 이른바 '예법상 당연하다.'라는 말은 과연 무엇을 보고 그렇게 말한 것입니까. 부고를 들은 날이 상이 난 날과 같다고 여겨 그렇게 말한 것이 아니겠습니까. 그러나 이는 후세 사람의 억측에서 나온 이야기에 불과하니, 어찌 주자의 명백한 정론을 버리고 고금의 예문에 없는 억측에서 나온 이야기를 만들어낼 필요가 있겠습니까.

문 주자가 증무의에게 답한 편지에 따르면 연제와 상제는 오로지 성복한 날을 기준으로 계산한다고 하였는데, 이는 참으로 이해할 수 없습니다. 그러나 이미 "당시 성복이 너무 늦었으니 원래 앞에서 이미 잘못하였다."라고 하였으니, 아마 그 사람이 부고를 듣고 한 달이 지난 뒤에 성복한 듯합니다. 만약 부고를 들은 날을 기준으로 연제와 상제를 행한다면 복상하는 기간이 1년의 실제 기간을 채우지 못하고 그치니, 어찌 상례의 큰 흠이 되지 않겠습니까. 그러므로 주자의 편지에서 전적으로 성복을 가리켜 말한 것은 여기서 나온 듯합니다. 그러나 사실 이는 한때 변고에 대처한 예이니, 일반적으로 시행하는 상규는 아닙니다.

답 형은 "주자가 증무의에게 답한 편지는 한때 변고에 대처한 예이며, 일반적으로 시행하는 상규는 아니다."라고 하였는데, 이는 감히 따를 수 없습니다. 밖에 있다가 부고를 듣고 추후에 성복하는 것은 원래 상규가 아니고 실로 변례(變禮)에 해당하니, 주자의 이 말씀은 참으로 변고에 대처하는 마땅함을 얻은 것으로 실로 만세토록 바꿀 수 없는 올바른 예입니다. 이와 같이 하지 않으면 차례차례 막혀서 끝내는 필시 상기를 줄이는 폐단이 있을 것이기 때문입니다. 후세 사람이 밖에 있다가 부고를 듣고 추후에 성복하거든 그저 한결같이 주자의 이 말씀을 따른 뒤에야 곳곳마다 모두 통하여 비로소 폐단이 없을 것입니다. 주자의 총명한 역량으로 필시 이미 이 점을 헤아린 뒤에 이렇게 말하였을 것이니, 그 사이에 터럭만큼이라도 의심해서는 안 됩니다. 지금 형은 한때 변고에 대처한 예라고 핑계대니, 별도로 본 것이 있어서 그러한 것인지 모르겠습니다.

최사손에게 답하다

答崔士遜

《가례》 대공조(大功條)의 주에 "조금 거친 숙포(熟布)를 사용하고 부판(負版), 벽령(辟領), 최(衰)는 없다.……"라고 하였다. 이로 보건대 《상례비요》에 이른바 "제도는 대공최복(大功衰服)과 같다."라고 한 것은 부판, 최, 벽령이 없는 것을 가리켜 말한 것이다. 이른바 "포(布) 역시 같다."라고 한 말은 조금 거친 숙포를 사용한다는 것을 가리켜 말한 것이니, 가장자리를 꿰매는 것[9]과 함께 거론하여 그 속에 포함해서는 안 될 듯하다. 어떻게 생각하는가?

9 가장자리를 꿰매는 것 : 참최복은 가장자리를 꿰매지 않고 자최복은 꿰매는데, 이를 두고 말한 듯하다.

홍자용에게 답하다

答洪子容

연제 때 교대(絞帶)에 숙마(熟麻)를 사용한다는 것은 고례에 보이는 곳이 없다. 오직 《상례비요》요질조(腰絰條)의 아래에 "혹은 숙마를 사용해도 된다."라고 하였을 뿐이고, 교대에 대해서는 여기서도 마를 사용한다는 말이 없다. 지금 예법에 근거하여 포를 사용하는데 또 무엇을 의심하겠는가. 자최복 역시 포로 만든다. 초상 때 삼승포를 입었다가 이때에 이르러 칠승포를 사용하니, 이는 점차 줄이고 수식을 다하는 뜻인 듯하다.

홍자용에게 답하다

答洪子容

문 《예기》에 "상사(喪事)는 먼 날을 먼저 점치고 길사(吉事)는 가까운 날을 먼저 점친다."라고 하였습니다. 그렇다면 연제(練祭)의 택일은 종정(終丁)[10]을 써야 하는데, 담제(禫祭)는 초정(初丁)을 쓰는 것이 어떻습니까?

답 그대의 말대로 하라. 연제는 중정(中丁)을 써도 좋다.

10 종정(終丁) : 그 달의 세 번째 정일(丁日)이다. 첫 번째를 초정(初丁), 두 번째를 중정(中丁)이라 한다.

족제 군직에게 답하다
答君直族弟

〈상복소기〉의 "오랫동안 장사지내지 못한 경우, 상주만 상복을 벗지 않고, 나머지 마(麻)로 달수를 마치는 자는 상복을 벗는다." 주에 "마로 달수를 마치는 자는 기년 이하 시마복에 이르는 친척으로 마를 입고 달수를 채우면 상복을 벗으니, 상주가 장사지낸 뒤 상복을 벗기를 기다리지 않는다.……"라고 하였다. 지금 새로 돌아가신 분이 빈소에 있어 비록 전상(前喪)의 연제(練祭)를 물러 행하더라도 기년복을 입은 사람은 달수를 이미 채웠다면 〈상복소기〉의 내용대로 전상의 1주기에 간략히 제전(祭奠)을 설행하고 예법에 따라 상복을 벗어도 안 될 것이 없을 듯하다. 오랫동안 장사지내지 못하여 연제를 물러 행하는 경우나, 새로 돌아가신 분 때문에 연제를 물러 행하는 경우나 물러 행하기는 마찬가지이다. 연제를 물러 행하기가 마찬가지라면, 기년복을 입는 친척이 달수를 채우고 먼저 상복을 벗는 것도 다르지 않을 듯하다. 어떻게 생각하는지 모르겠다.

문 연제를 지낸 뒤에는 조석곡을 정지하지만 궤연에 전배하는 것은 퇴계가 허락하였습니다. 저는 평소 혼정신성할 때 이미 배알하는 것으로 강론하여 결정하였으니, 지금 혼정신성할 때 배알하는 뜻에 따라 연제를 지낸 뒤에 전배하는 것이 인정과 예의에 합당하겠습니까?
답 연제 이후 궤연에 조석으로 전배하는 것은 나도 당초에 퇴계의 말대로 행하였다. 그 뒤 돌아가신 선생께 여쭈었더니, 평상시 모시던 의리이니 행해서는 안 된다고 하였으므로 감히 행하지 못하였다. 더구나 이 일은 《가례》에 문구가 없으니 어떻겠는가. 다만 그대가 평소 혼정신성할 때 이미 강론하여 정하였으니, 이제 와서 갑자기 그만두는 것은 차마 할 수 없어 자기도 모르게 서글플 것이다. 이는 오직 그대가 헤아려 처리하는 것이 어떻겠는가.

족질 희로에게 답하다

答希魯族姪

아내상의 연제(練除) 절차는 수질(首絰), 부판(負版), 벽령(辟領), 최(衰)를 제거하는 것이 옳은 듯하다.

족질 재로에게 답하다
答在魯族姪

《의례》 참최장(斬衰章)의 경문에 "참최상(斬衰裳)"이라 하였고, 전(傳)에 "참최복은 삼승이다."라고 하였고, 소(疏)에 "참최복은 삼승포를 사용한다."라고 하였다. 《가례》에서 주자가 말하기를, "지극히 거친 생포(生布)를 사용한다."라고 하였다. ○살펴보건대, 이로 보면 초상(初喪)의 성복에는 지극히 거친 생포로 만든 삼승포를 사용한다.

전에 이르기를, "관(冠)은 육승포이며 다듬을 적에는 잿물을 사용하지 않는다."라고 하였고, 소에 "물을 붓되 잿물을 사용하지 않는다. 육승포에 잿물을 사용하지 않는다면 칠승포 이상은 잿물을 사용한다."라고 하였다. 대공장 주에 "대공포라는 것은 다듬는 노력을 거칠게 한 것을 말한다."라고 하였고, 소에 "다듬을 적에 잿물을 사용할 수 있다."라고 하였다. ○살펴보건대, 이로 보면 대공 칠승포는 잿물을 사용하여 다듬은 것이다.

《예기》〈간전〉에 "참최복은 삼승포이고, 우제와 졸곡을 마치면 성포(成布)[11] 육승포를 입는다." 하였고, 주에 "장사를 지낸 뒤 관(冠)을 만든 포의 승수(升數)로 최복을 만든다. 예컨대 참최복의 관은 육승포이니 장사를 지낸 뒤 육승포로 최복을 만들고, 자최복의 관은 칠승

11 성포(成布) : 촘촘하여 베의 모양을 갖춘 육승포 이상의 베를 말한다.

포이니 장사를 지낸 뒤 칠승포로 최복을 만든다." 하였다. ○살펴보건대, 이로 보면 우제를 지낸 뒤의 최복은 초상의 관을 만든 육승포를 사용한다. 이른바 '관을 만든 육승포'는 다듬되 잿물을 사용하지 않은 것이다.

《예기》 〈복문〉에 "삼년상의 연제를 지낸 사람은 그 공최(功衰)를 입는다."라고 하였고, 주에 "공최는 부친상의 연제를 지낸 뒤의 최복이다."라고 하였다. 〈잡기〉에 "삼년상 중에는 공최를 입었더라도 조문하지 않는다."라고 하였고, 주에 "삼년상의 연제를 지낸 뒤의 최복은 대공복과 같다. 그러므로 공최라고 한다." 하였다. 장자(張子 장재(張載))가 말하기를, "연(練)을 공최라고 하니, 그 공최를 마전하여 입기 때문이다."라고 하였고, 또 말하기를, "연의(練衣)는 반드시 대공포를 다듬어 만든 옷이다. 그러므로 공최라고 하니, 공최는 윗옷이다."라고 하였다. 주자가 말하기를 '대공복은 숙포를 사용한다.'라고 하였다."라고 하였다. ○살펴보건대 이를 보면 연제를 지낸 뒤의 최복은 우제를 지낸 뒤의 관을 만든 칠승포를 사용하니, 이른바 '관을 만든 칠승포'라는 것으로 잿물을 사용한 것이다. 진씨 주에 이른바 "관을 만든 베의 승수로 최복을 만든다."라는 말이 이것이다. 초상 때는 삼승의 생포를 사용하고, 우제를 지낸 뒤에는 다듬되 잿물을 사용하지 않은 포를 사용하고, 연제를 지낸 뒤에는 잿물을 사용한 칠승포를 사용한다. 점차 등급을 내려 줄이는 뜻이 어찌 몹시 명백하지 않은가. 또 연제를 지낸 뒤의 최복에 연포를 사용하는 것은 연제를 지낸 뒤의 질대(絰帶)에 다듬은 갈(葛)을 사용하는 것과 동일한 뜻이다. 그렇다면 〈단궁〉의 연의(練衣) 아래 주석의 "정복은 바꾸지 않는다.〔正服不

變〕"라는 것이 생포가 아니라는 점을 알 수 있다. 더구나 〈단궁〉의 주석은 〈복문〉, 〈잡기〉의 주석과 함께 한 사람의 손에서 나왔다. 〈복문〉, 〈잡기〉의 주석에서 이미 공최를 부친상의 연제를 지낸 뒤의 최복이라고 하였으니, "정복은 바꾸지 않는다"라는 것이 반드시 생포가 아니라는 점은 더욱 분명하다. 만약 예경의 여러 설을 합하여 보지 않고, 단지 "정복은 바꾸지 않는다." 네 글자만 보고서 "생포를 사용한다."라고 한다면, 과연 예의 올바른 취지를 터득한 것인지 모르겠다. 《상례비요》의 "연제를 지낸 뒤의 최상(衰裳)은 생포를 사용한다."라는 말은 자세히 살피지 않은 듯하다.

족질 재로에게 답하다

答在魯族姪

문 《상례비요》의 "연복(練服)의 요질(腰絰)은 갈(葛)을 사용한다." 주석에 "경초(潁草) 또는 숙마(熟麻)도 괜찮다."라고 하였습니다. 경초는 《의례》에 나오지만 숙마는 무슨 근거가 있습니까?

답 《상례비요》의 숙마는 필시 속습을 따랐을 것이다.

족질 재로에게 답하다

答在魯族姪

소상(小祥) 때 음식을 올리는 절차는 과연 빠진 문구인 듯하다. 다만 '기물을 진설하고 음식을 준비한다〔陳器具饌〕' 아래에 "모두 졸곡의 예와 같이 한다."라고 하였고, '채소, 과일, 술, 음식을 진설한다〔設蔬果酒饌〕' 아래에 "모두 졸곡과 같다.……"라고 하였다. 음식을 준비하고 음식을 진설하는 일이 모두 졸곡과 같으니, 음식을 올리는 것도 졸곡과 같다는 것을 알 수 있다. 아래 대상조(大祥條)에서도 단지 "기물을 진설하고 음식을 준비하는 것은 모두 소상과 같다."라고 하였으니, 아마도 모두 간략히 하려는 의도에서 나온 듯하다.

족질 재로에게 답하다
答在魯族姪

추후에 상이 났다고 들은 자는 성복한 날을 기준으로 실제 달수와 날수를 계산하여 연제와 상제를 지낸다는 주자의 정론이 이미 있다.-《주자대전(朱子大全)》의 〈답증무의서(答曾無疑書)〉에 보인다.- 기왕 성복한 날을 기준으로 삼는다면, 성복한 때가 하루이틀, 또는 십여 일, 또는 한두 달 늦더라도 오직 성복한 날을 기준으로 실제 달수와 날수를 계산하여 추후에 연제와 상제를 지내야 한다. 그렇다면 사계(沙溪 김장생)와 동춘(同春 송준길)이 말한 "만약 성복한 날이 같은 달이면[12] 다른 형제와 함께 연제와 상제를 지낸다."라는 말은 모두 그 실제 달수와 날수를 계산해야 한다는 주자의 말을 자세히 살피지 않은 듯하다.

또 먼저 상기를 채운 사람이 먼저 상복을 벗고, 나중에 상기를 채운 사람이 나중에 상복을 벗는다는《주자어류(朱子語類)》의 말이 명백한 정도가 아니니, 먼저 상기를 채운 사람이 물러서 나중에 상기를 채운 사람과 함께 상복을 벗을 수는 없고, 나중에 상기를 채운 사람이 기일을 당겨서 먼저 상기를 채운 사람과 함께 상복을 벗을 수 없다는 점이 분명하다. 그렇다면 신재(愼齋 김집)가 이른바 "만약 십여 일 차이가 있으면 종자(宗子)를 따라 함께 상복을 벗는다."라는 말은《주자어류》의 말을 자세히 살피지 못한 듯하다.

12 만약……달이면 : 대본에는 '若在閏月之內'로 되어 있는데,《동춘당집(同春堂集)》〈상사계선생(上沙溪先生)〉에 의거하여 '閏'을 '同'으로 바로잡아 번역하였다.

다만 서자가 집에 있고 종자가 밖에 있다가 뒤늦게 도착하면, 종자가 성복한 날을 기준으로 연제를 물려 행하고, 집에 있던 서자는 첫 번째 기일에 제전(祭奠)을 간략히 설행하고 곡하며 변제(變除)해야 한다. 만약 종자가 집에 있고 서자가 밖에 있다가 뒤늦게 도착하면, 종자는 첫 번째 기일에 연제를 행하고 서자는 성복한 날을 기준으로 곡하고 변제해야 한다. 모친과 아들이 부고를 들은 달이 다른 경우는 비록 일의 체모가 더욱 다르다고는 하지만, 이미 제사를 주관하는 종자가 있으니 연제와 상제 등의 제사는 종자를 위주로 삼아야 한다. 모친은 곡하고 상복을 벗는 규례대로 행해야 할 듯한데, 어떻게 생각하는지 모르겠다. 말단에 인용한 〈상복소기〉의 "제사를 지내는 것은 상복을 벗기 위해서가 아니다."라는 말은 참으로 옳다.

족질 재로에게 답하다

答在魯族姪

문 어떤 사람이 전염병 때문에 모친상을 당하였는데, 당시 그 역시 전염병을 염려하여 피접(避接)하러 나가 병세가 위중하여 한 달을 넘겨 병이 나아진 뒤에 비로소 부고를 듣고 성복하였습니다. 이 사람에게는 형이 있었으나 먼저 죽고 자식이 없으며 형수만 있습니다. 그러므로 그가 지금 임시로 상주가 되었습니다. 형수는 집에 있다가 상을 당하였는데, 앞으로 연제와 상제를 어떻게 해야겠습니까? 어떤 이는 "형수는 주부(主婦)에 해당하니 본래의 기일에 형수를 위해 연제와 상제를 지내야 하며, 그 사람은 부고를 들은 날을 기준으로 곡하고 상복을 벗는 것이 마땅하다."라고 하고, 어떤 이는 "형수가 비록 주부이기는 하지만 남자와는 다르고, 그는 비록 서자이지만 지금 임시로 상주가 되었으니, 단지 부인을 위해 연제와 상제를 지낼 수는 없다. 반드시 자신을 위하여 부고를 들은 날을 기준으로 거듭 지내야 한다."라고 합니다. 두 가지 설 중에 어느 것이 옳은지 모르겠습니다.

답 이 예법은 더욱 난처하여 감히 말할 수 없다. 다만 종자부(宗子婦)가 있고 차자(次子)가 임시로 상주가 되었으니, 이 차자가 이미 스스로 신주를 썼을 것이고, 우제와 졸곡을 할 때도 모두 임시로 행하였을 것이다. 그렇다면 연제와 상제 역시 종부를 위하여 섭행해야 할 듯하다. 그 사람은 추후 성복한 날을 기준으로 곡하고 변제(變除)하는 것이 종통을 중시하는 의리를 잃지 않을 듯하다. 다만 분명한 근거가 없으니 실로 억측으로 결정하기 어렵다.

문 성복한 날을 기준으로 계산해야 한다는 주자의 설은 끝내 의심이 없을 수 없습니다. 동춘(同春 송준길)이 이른바 "아마도 그 사람이 뜻밖에 상을 당하였으므로 그가 만난 상황에 따라 변통하지 않을 수 없었을 뿐이니, 원래 통상적으로 행하는 예는 아니다."[13]라는 말이 정확한 듯합니다. 밖에 있다가 상이 났다는 소식을 들은 날은 집에 있으면서 상을 당한 날과 같습니다. 집에 있던 사람은 상을 당한 날을 기준으로 연제와 상제를 지내는데, 추후에 들은 사람만 상을 들은 날을 기준으로 연제와 상제를 지낼 수 없는 것입니까. 만약 형제 중 한 사람이 하루 이틀 늦게 상이 났다고 들었는데, 집에 있는 형제가 뒤늦게 성복하여 추후에 들은 자와 같은 날 성복하면 어떻게 처리해야 하겠습니까? 또 기년복에 해당하는 사람이 1개월 내에 뒤늦게 들었다면 역시 상인(喪人)이 연제를 지내는 날에 상복을 벗을 수 없는 것입니까? 대공복 이하에 해당하는 사람이 같은 달에 뒤늦게 듣고서 달을 넘겨 성복한 자도 이를 기준으로 삼아야 합니까?

다시 주자의 설을 반복하여 자세히 살펴보면 아마도 그 사람이 당한 상은 어버이의 상이 아니라 아내의 상이고, 같은 달 내에 추후에 부고를 들었으며 성복은 이유가 있어 지체하다가 몇 달이 지난 것입니다. 만약 상이 났다고 들은 날을 기준으로 연제를 지내고자 한다면 입어야 할 상복을 입는 기간은 7, 8, 9개월에 불과하니, 11개월 만에 연제를 지낸다는 뜻이 전혀 없습니다. 그러므로 어쩔 수 없이 이렇게 의기(義起)하는 예를 만든 듯합니다.

또 부고를 들은 날을 기준으로 계산하는지 성복한 날을 기준으로

13 아마도……아니다 : 《동춘당집》 별집 권4 〈답강월당(答姜月塘)〉에 보인다.

계산하는지는 우선 놓아두고 논하지 않더라도, 만약 같은 달 안이라면 동춘이 이른바 "옛사람은 연제와 상제를 당겨 지내기도 하고 물려 지내기도 하였는데, 요컨대 그 달을 넘기지 않았을 뿐이다. 지금 어찌 날짜를 계산해야 한다는 논의를 만들어내어 당기거나 물릴 필요가 있겠는가."라고 한 말이 지극히 옳습니다. 비록 주자의 말을 보더라도 "당시 성복을 너무 늦게 하였다."라는 말이 옳은 듯합니다. 만약 성복이 늦지 않아 그 달에 하였다면, 그저 본래의 기일에 연제와 상제를 지내야 한다는 뜻입니다. 어떻게 생각하십니까?

○일이 있어 연제와 상제를 물려 지내는 경우, 자식들은 날짜가 차더라도 반드시 물러 행한 날을 기다려 비로소 변제(變除)합니다. 이로 보건대 비록 "제사는 상복을 벗기 위해 지내는 것이 아니다."라고 하지만 제사를 지내지 않았다면 역시 감히 변제할 수 없음이 분명합니다. 지금 말씀하신 내용을 자세히 살펴보면, "달수가 먼저 찬 서자는 비록 연제와 상제를 지내지 않았더라도 먼저 곡하고 상복을 벗어야 한다 ……"라고 하셨는데, 서자는 일의 체모가 종자와 다르므로 제사를 지내지 않았더라도 변제할 수 있고, 종자는 반드시 제사를 지낸 뒤에야 비로소 변제할 수 있습니다. 혹시 일이 있어 물러 지낸 경우는 종자와 서자, 먼저 채우고 나중에 채운 것을 말할 필요가 없습니다. 그러므로 서자가 종자와 함께 물러 지내는 날에 변제할 수 있는 듯합니다.

문 이 단락의 의심스러운 문구와 변고에 대처하는 절차는 몹시 난처하니, 실로 얕은 견해로 미칠 수 있는 바가 아니다. 어찌 감히 함부로 논하겠는가. 다만 동춘이 이른바 "뜻밖에 상을 당하였다."라는 말과, 그대가 말한 "어버이의 상이 아니라 아내의 상이다."라는 말은 모두 근거없는 추측으로 고증할 데가 없으니, 반드시 그렇다고 말할 수는 없을 듯하다. 하루 이틀 부고를 조금 늦게 들었으나 같은 날 성복한 경우로 말하자면, 그 예가 또 바뀐 것이니 더욱 말하기 어렵다. 그러나 주자의 설과 돌아가신 스승의 설로 미루어보면 집에 있던 사람이 종자라면 상이 난 날을 기준으로 연제를 행해야 할 듯하고, 뒤늦게 도착한 사람이 종자라면 성복한 날을 기준으로 연제를 지내야 할 듯하다. 기년복 운운한 이야기로 말하자면 역시 어떻게 해야 할지 모르겠다.

다만 돌아가신 스승께서 어떤 이의 질문에 답한 것을 보면 "〈잡기〉의 '대공복 이상은 반드시 날수를 채운 뒤에 성복한다.'라는 말이 있으니, 이로 미루어보건대 성복한 날이 이미 다르므로 상복을 벗을 때도 반드시 같은 날이어야 할 의리는 없는 듯하다.……"라고 하였다.-강역(姜櫟)의 질문에 답한 말에 보인다.- 그렇다면 상복을 벗는 절차 역시 이를 기준으로 삼아야 할 듯하다. 대공 운운한 내용은 예전에 돌아가신 스승의 설을 보니, 사계가 이른바 "대공복 이하에 해당하는 사람이 그믐에 부고를 듣고 다음 달에 성복하였다면 부고를 들은 달을 함께 계산한다."라는 말은 의심스럽다. 말단의 동그라미 아래에 있는 설은 모두 맞는 듯하다.

조하욱에게 답하다
答曹夏煜

연제를 지낸 뒤의 갈질(葛絰)은 다듬은 것을 사용하는 것이 틀림없다. 이른바 다듬는다는 것은 우계(牛溪 성혼)와 서애(西厓 유성룡)[14]가 모두 '지금의 청홀치(青忽治 칡)이다.'라고 하였다. 그러나 청홀치를 끝내 얻기 어렵다면 연포를 사용하는 것이 좋을 듯하다. 가만 보니 갈질을 사용하는 세상의 사대부들은 모두 연포를 사용할 뿐이다.

14 서애(西厓) : 대본에는 '西崖'로 되어 있는데, 일반적인 용례에 의거하여 '崖'를 '厓'로 바로잡아 번역하였다.

신명윤에게 답하다

答申明允

문 중례(仲禮 김약로)에게 보낸 편지에 이른바 "〈간전〉의 '삼승포 참최복은 우제와 졸곡에 이르러 성포(成布)로 바꾼다.'라는 말에서 초상의 최복을 우제에 이르러 이미 바꾸었다는 것을 알 수 있다. 〈단궁〉의 연(練) 아래의 주석에 '정복(正服)은 바꾸지 않는다.'라는 말은 우제 이후의 최상(衰裳)을 가리켜 말한 듯하다."라는 말씀은 참으로 지당하니, 예의 뜻을 밝힌 것이 지극히 분명합니다. 애석하게도 오랜 세월 동안 이를 이해한 사람이 없습니다. 정복은 다름아닌 최상(衰裳)이니, 이미 졸곡 때 삼승포를 성포로 바꾸었으므로 연제에 이르러 거듭 바꾸지 않고 단지 질(絰)만 바꾸는 것입니다. 만약 우제 때 바꾸지 않았다면 연제 때 정복은 본디 바꾸어야 합니다.……

답 이 조목에 논한 말은 몹시 명쾌하다. 《상례비요》에 "최상은 졸곡 이후 쓰던 관에 사용한 천으로 만든 것을 받는다. 졸곡 뒤에 쓰던 관은 대공복 칠승포이다."라고 하였고, 그 아래에 "대공복 칠승포로 다시 지어 입되 마전하지 않는다."라고 하였다. 초상 때 육승포로 만든 관은 이미 다듬은 것을 사용하였는데, 어찌 졸곡 때 칠승포로 만든 관에 생포를 쓰고 연포를 사용하지 않겠는가. 하나의 문자 사이에서 위 아래가 어긋나는 결과를 면하지 못한다. 그대가 《상례비요》의 본문을 자세히 본 뒤에 회답한다면 몹시 다행이겠다.

신명윤에게 답하다

答申明允

문 외조부(박세채)가 최규서(崔奎瑞)의 질문에 답하기를, "참최복의 교대(絞帶)에 포(布)를 사용하는 것이 비록 고례는 아니지만 《가례》의 '대공복은 숙포(熟布)를 사용한다.'라는 문구대로 연포(練布)를 사용해도 된다."라고 하였습니다. 삼가 살피건대, 여기 '비록 고례는 아니지만〔古禮四字〕' 네 글자는 노선생 역시 가씨의 소에 나오는 교대(絞帶)를 포로 바꾸는 제도가 십분 극진하며 반드시 준행해야 하는 예라고 여기지 않았으므로 이와 같이 말한 듯합니다.……

답 초상(初喪) 때 착용한 최상(衰裳)과 관(冠), 질(絰)은 우제(虞祭)를 지낸 뒤 이미 모두 바꾸었는데, 어찌하여 교대(絞帶)만 연제(練祭)에 이르도록 바꾸지 않겠는가. 돌아가신 스승께서 '비록 고례는 아니지만'이라고 말한 것은 《의례》에 명백한 문구가 없기 때문이다. 비록 그러하나 《가례》에 '대공복은 숙포를 사용한다.'라고 하였으므로 그 아래에 '대공복은 숙포를 사용한다는 《가례》의 문구에 따라 연포를 사용해도 좋다.'라고 말하였으니 그 뜻을 알 수 있다. 《가례》에서 우제 때 바꾼다고 말하지 않은 것은 간략하게 하려는 의도이다. 그러나 구씨가 연제를 지낼 때로 옮겨 사용하고, 후대의 여러 선생이 모두 옳다고 여겼다. 더구나 교대를 바꾸지 않는다는 설은 고금의 예서에 보이지 않고, 〈상복도식〉의 '마대(麻帶)를 바꾸어 포대(布帶)를 착용하며 칠승포(七升布)로 만든다.'라는 설은 명확히 근거삼을 수 있을 듯하다.

그대가 말하기를, "가씨의 소에 운운한 말은 아들이 부친을 위해, 신하가 군주를 위해 입는 정복(正服)이라는 증거로 삼을 수 없습니다. 또 자최복(齊衰服)의 대(帶)를 끌어다 참최복에 사용하는 것은 지극히 부당합니다.……"라고 하였는데, 이는 그렇지 않은 듯하다. 예법으로 말하자면 참최상이라도 연제에 이르면 이미 황색 안감에 천홍색 선을 바깥에 두른 옷을 사용하니, 지금 이 연제를 지낸 뒤에 착용하는 포교(布絞)는 연제를 지낸 뒤 황색 안감에 천홍색 선을 바깥에 두른 옷에 비하면 차이가 있다. 어찌하여 아들이 부친을 위해, 신하가 군주를 위해 입는 정복이라는 증거로 삼을 수 없다고 하는가. 자최복의 초상 때 착용한 칠승포의 관은 우제와 졸곡에 이르러 참최복에서 가져다 사용하고, 자최복의 초상 때 착용한 표괴(藨蒯 왕골)로 만든 신은 우제와 졸곡에 이르러 참최복에서 가져다 사용하니, 자최복의 교대를 우제와 졸곡에 이르러 참최복에서 가져다 사용하는 것은 변하는대로 점차 낮추는 예법의 뜻에 합당한 듯하다. 어찌 심하게 공격하는가.

조영수에게 답하다

答趙榮遂

문 선비(先妣)의 소상(小祥)이 2월 19일입니다. 제가 지금 소생부(所生父)의 상중에 있어 형세상 상제를 지낼 수가 없습니다. 《의례문해》를 살펴보니, 초려(草廬 이유태(李惟泰))가 묻기를, "어떤 이가 퇴계(退溪)에게 묻기를, '남의 후사가 된 자가 소후모(所後母)를 위해 상복을 입다가 복을 벗고 담제(禫祭)를 지내려 하는데 또 소후모의 부모상을 당하였다면 담제를 행할 수 있습니까?' 하니, 퇴계 선생이 말하기를, '상복이 다하기를 기다려 따로 이후의 달을 골라 지내는 것이 인정과 예의에 합당할 듯하다.'라고 하였습니다. 이 말이 어떠합니까?" 하니, 사계(沙溪) 선생이 답하기를, "반드시 5개월의 상복을 다 입고 담제를 지낸다면 이는 삼년상에 5개월을 더하는 것이다. 그 뒤에 만약 기년복을 입어야 한다면 1년이 더 늘어나고, 또 불행하여 거듭 기년상을 당하면 장차 4, 5년이 되도록 상복을 벗지 못할 것이니 어찌 이런 이치가 있겠는가."라고 하였습니다. 지금 이를 증거로 삼는다면 2월의 상제는 후상(後喪)의 장사를 지내지 못했다는 이유로 물러 지낼 수 없을 듯한데, 어떠한지 모르겠습니다.

답 〈잡기(雜記)〉를 살펴보면, "부모의 상을 당하여 장차 제사를 지내려 하는데 형제가 죽으면 빈소를 차리고 제사를 지낸다. 한 집에 사는 사람이 죽은 경우는 신첩(臣妾)이라도 장사를 지낸 뒤에 제사를 지낸다."의 주에 "장차 제사를 지낸다는 말은 장차 소상과 대상의 제사를 지낸다는 말이다. 마침 따로 사는 형제의 상을 당하였다면 빈소를 다 차리기를 기다려 제사를 지내야 한다."라고 하였다. 지금 그대 집의 일로 말하자면 후상(後喪)은 기년복에 해당하고 또 따로 사니, 〈잡기〉의 설대로 전상(前喪)의 소상은 지내야 할 듯하다. 다만 이는 억측에서 나온 것이니, 예를 아는 군자에게 다시 널리 물어 처리하는 것이 어떠한가?

족질 약로에게 답하다
答若魯族姪

신〔屨〕에 대해 《의례》 참최조(斬衰條)에서는 골풀〔菅〕을 사용한다고 하였고, 《가례》에서는 거친 삼〔麻〕을 사용한다고 하였다. 그런데 소상(小祥)에 이르러서는 더 이상 신에 대한 말이 없고, 오직 〈상복도식(喪服圖式)〉의 '남자연수복도(男子練受服圖)'에 신은 대공복의 초상과 마찬가지로 미투리〔繩屨〕를 사용한다고 하였으며, 《상례비요》에서 이를 따랐다. 지금 따라 쓰는 사람이 많으니, 이대로 하는 것이 어떨지 모르겠다. 만약 삼년 내내 짚신〔藁屨〕을 사용한다면 등급에 따라 줄이는 뜻이 없는 듯하다.

이훈익에게 답하다

答李勛翼

문 저희 집의 상제(祥祭)가 올해 3월에 있습니다. 그러므로 연제(練祭)는 정월에 지내야 하는데, 집안에 연달아 대단한 병고와 우환이 있어 아직 제사를 지내지 못하였습니다. 장차 3월 상일(祥日)에 연제를 지내면 또 5월에 상제를 지내야 합니까? 그렇다면 담제(禫祭)는 어떻게 합니까? 어떤 이는 "시기가 지나면 담제를 지내지 않는다."라고 하는데, 그렇다면 내달 삭전(朔奠) 때 담제의 의식처럼 상복을 벗어야 합니까?

답 살펴보건대, 〈상복소기〉의 "3년이 지나 장사지내는 경우는 반드시 두 번 제사를 지낸다."의 주에 "만약 이달에 연제를 지냈다면 다음달에 상제를 지낸다."라고 하였으니, 오늘의 예법은 이를 인용하여 방증으로 삼아야 할 듯하다. 11개월이 지나 연제를 지내고 상복을 벗어야 하는데 병고와 우환으로 이미 지났다면 13개월째의 상제날로 물려 지내게 되니, 그 뒤의 상제는 형세상 차례로 물려 지내야 한다. 만약 3월로 연제를 물려 지낸다면 4월로 상제를 물려 지내야 할 듯하다. 이렇게 한 뒤에야 〈상복소기〉의 설과 부합할 듯하다. 15개월이 지나 담제를 지내는 일은 예법에 따라 행해야 한다. 5월은 15개월이 지나 담제를 지내야 하는 달이니, 시기가 지났다고 논할 수 없을 듯하다. 만약 5월을 넘긴다면 시기가 지나서 담제를 지내지 않는 것이 의심없을 듯하다.

윤은수에게 답하다

答尹殷叟

문 부친이 계시는데 아내의 상을 당하면 비록 상장도 짚지 않고 담제도 지내지 않으나 11개월 뒤에 연제(練祭)를 지내야 합니까?

답 비록 상장도 짚지 않고 담제도 지내지 않으나 11개월 뒤의 연제는 그만둘 수 없을 듯하다. 연제를 지내고 상복을 벗는 것은 본디 담제를 지내고 지내지 않고와는 관계가 없다.

후재집

제16권

답문 答問

예의 禮疑

답문 예의 答問 禮疑

족질 재로에게 답하다
答在魯族姪

문 《가례(家禮)》에서는 대상(大祥) 이후에 곧장 체천(遞遷)을 행하며, 하루 전에 사당에 체천을 고한다고 하였습니다. 《상례비요(喪禮備要)》에는 대상 이후 부묘하는 한 가지 절차만 있는데, 그 주에도 "새 신주를 부묘할 때는 먼저 사당에 고하지 않으면 안 된다."라고 하였습니다. 체천을 고하는 예를 모방하여 하루 전에 행해야 합니까? 아니면 대상날에 해야 합니까?

답 《상례비요》의 이 주 말단에 "고하는 글은 위에 보인다."라고 하였다. 지금 고하는 글을 살펴보니 "대상이 이미 다가왔다.〔大祥已屆〕"라는 네 글자가 있다. 만약 고하는 글이 과연 대상 제사를 지낸 뒤에 있다면 "이미 지났다.〔已過〕"라고 해야지, "이미 다가왔다."라고 해서는 안 될 듯하다.

홍우평에게 답하다
答洪禹平

고례(古禮)에 담복(禫服)은 호관(縞冠)[1]에 조복(朝服) 차림이다. 그러나 주자는 사마공(司馬公 사마광(司馬光))의 《서의(書儀)》에 따라 참건(黲巾)과 참삼(黲衫)[2]의 제도를 사용하였다. 이는 후세 사람의 입장에서 따라 써야 마땅하다. 다만 순전히 백색을 쓰는 예는 선조조에 시작되어 저절로 국가의 독자적인 제도가 되어 시행한 지 이미 오래이다. 돌아가신 스승께서도 참색(黲色)이 고례이기는 하지만 갑자기 쓰기는 어렵다고 말씀하셨다. 그렇다면 담복(禫服)에 백색을 쓰는 것은 지금 따르지 않을 수 없을 듯하다.

부인의 복제로 말하자면, 주자는 "부인의 복은 고례에 상고할 곳이 없으니 우선 사마공의 《서의》를 따라야 한다."라고 하였다. 그렇다면 이른바 아황색(鵝黃色)과 청벽색(靑碧色)의 복제[3] 역시 《서의》의 설을 따른 것이다. 그러나 남자의 담복은 순백색을 썼으니 부부의 복색이 달라서는 안 될 듯한데, 어떻게 생각하는지 모르겠다.

1 호관(縞冠) : 흰 생견으로 만든 관이다.

2 참건(黲巾)과 참삼(黲衫) : 검푸른 색의 두건과 웃옷이다.

3 아황색(鵝黃色)과 청벽색(靑碧色)의 복제 : 《가례》 권4 〈상례〉 대상조에 부인의 옷은 아황색, 청벽색, 조백색(皁白色)이라 하였다.

정형주에게 답하다

答鄭衡周

문 조부를 계승한 집에서 부친의 대상을 지내고 신주가 사당에 들어오면 이미 반부(班祔)할 신위가 없고, 길제(吉祭)를 지내기 전에는 또 조부를 체천하여 네 번째 감실에 넣을 수도 없으니, 사당의 어느 곳에 봉안해야 합니까? 사당에 고하는 축문에 "예법상 조부에게 합부(合祔)해야 합니다."라는 구절은 무슨 말로 고칩니까?

답 협제(祫祭)[4]를 지내기 전에는 우선 주자의 설에 따라 동벽(壁下) 아래에 서향(西向)으로 봉안하고, 협제를 마치기를 기다린 뒤 해당하는 감실에 봉안하여 들이는 것이 마땅할 듯하다. 조부에게 합부하는 것에 대해 주자는 예를 아껴 양을 남겨두는 뜻이라고 하였으니[5] 따르지 않을 수 없을 듯하다.

4 협제(祫祭) : 4대의 신주에 함께 지내는 제사이다.

5 조부에게……하였으니 : 주자 당시 사당에 좌소우목(左昭右穆)의 차례가 없어져 죽은 사람을 조부에게 합부하지 않고 부친에게 합부하는데, 여전히 축사에 "조부에게 합부한다."는 말이 있었다. 주자는 이를 두고 오래된 예법을 보존하는 뜻이라고 하였다. 《家禮 卷6 喪禮3 祔》 예를 아껴 양을 남겨둔다는 말은 《논어》 〈팔일(八佾)〉 참조.

박종악에게 답하다

答朴宗岳

문 《상례비요》 대상조(大祥條)의 주에 "부친이 먼저 죽고 모친의 상을 당하여 대상(大祥)을 마치면 구씨(丘氏 구준(丘濬))의 《가례의절(家禮儀節)》에 따라 부친의 감실에 합부(合祔)한다.……"라고 하였으나, 또 혹자의 논의를 세워 "부친이 비록 먼저 사당에 들어가고 모친상을 마쳤더라도 증조비에게 합부하였다가 협제(祫祭)를 기다려 부친의 배위로 삼는 것이 고례의 뜻에 가깝다."라고 하는데 이는 어느 쪽을 따라야 하겠습니까?

답 구씨의 《가례의절》에 따르면 선친에게 합부하고, 사계(沙溪 김장생)의 설에 따르면 협제를 지내기를 기다린 뒤에 합독(合櫝)하니, 근거가 있는 듯하다. 혹자의 설로 말하자면 "다시 자세히 살펴보아야 한다.〔更詳之〕" 세 글자로 끝맺었으니, 의심하여 확정하지 못한 말인 듯하다.

구계훈에게 답하다

答具啓勳

문 중자(衆子)가 죽었는데 후사가 없으면 상을 마치고 부묘(祔廟)할 때 반부(班祔)한다는 뜻을 고해야 합니까? 만약 처자가 있어 따로 사당을 세웠다면 재기(再期 2주기) 때 부묘하는 절차가 없을 듯한데, 어떤 이는 조묘(祖廟)에 부묘하였다가 길제(吉祭)를 지낸 뒤 별묘(別廟)로 이안(移安)해도 무방하다고 합니다. 가르쳐주시기 바랍니다.

답 후사 없이 죽은 중자는 한결같이 《가례》 반부조(班祔條)에 따라 행해야 한다. 부묘할 때 사당에 고하는 일은 원래 하나로 이어진 일이다. 만약 처자가 있어 사당을 따로 세웠다면 재기 이후에 비록 체천하고 신주를 고쳐 쓰는 일이 없더라도 부묘한다고 고하는 절차는 그만둘 수 없을 듯하다.

박필신에게 답하다
答朴弼莘

문 조모의 담월(禫月)이 바로 9월입니다. 그런데 어떤 이는 "종자가 바깥에 있다가 부고를 조금 늦게 듣는 바람에 대상(大祥)을 물려 지냈으니, 비록 9월에 담제를 지내야 하는 사람도 상복을 벗을 수 없다.……"라고 합니다. 또 "계부(季父 박태회(朴泰晦))가 담제를 지내지 않았고, 위종(渭從 박필위(朴弼渭))도 담제를 지내지 않았으니, 그 아내가 먼저 상복을 벗는 절차를 행해서는 더욱 안 된다.……"라고 합니다. 어떻게 생각하시는지 모르겠습니다.

답 선생이 박필순(朴弼純)에게 답한 편지에, "《의례문해(疑禮問解)》에 비록 고하는 글을 올리고 신위를 설치한다는 두 가지 설이 있으나 주석에 '이미 동춘(同春 송준길)의 질문에 답한 내용이 옳은 듯하다.'라는 말이 있다. 그렇다면 오늘의 예는 곡하고 상복을 벗는 외에 더 이상 다른 방법이 없다. 참으로 제사를 주관하는 사람이 제사를 지내지 못한다면, 부인 혼자 담제를 지내는 의리가 없기 때문이다.……"[6]

6 의례문해에……때문이다 : 《남계집(南溪集)》 속집 권12 〈박필순에게 답함〔答弼純

라고 하였다. 지금 왕대부인(王大夫人 조모)의 담제를 지내는 날 곡하고 상복을 벗을 때 아마도 남자가 없고 부인만 있는 듯하니, 선생의 이 말씀은 따르기에 합당하며 별다른 도리가 없는 듯하다.

孫]〉에 보인다.

박상보에게 답하다

答朴尙甫

전에 질문한 담제의 의문에 대해 그때 미처 헤아리지 못하고 범범하게 《의례경전통해(儀禮經傳通解)》의 "시기가 지나면 담제를 지내지 않는다."라는 설과 《의례문해》의 "곡하고 상복을 벗는다."라는 설에 근거하여 운운하였다. 다만 생각건대, 이 경우는 이 설과 조금 다른 점이 있다. 남편의 담월(禫月)이 아직 다 지나지 않았으니 이는 시기가 지난 것이 아니다. 또 사친(私親)의 상은 한 집에 사는 사람의 경우와는 차이가 있으니, 제사를 지내는 일은 그만둘 수 없을 듯하다. 어떻게 생각하는지 모르겠다.

한천로에게 답하다

答韓天路

생모(生母)의 상에는 기년복을 입어야 하니, 후사로 들어가 승중(承重)한 집의 담제는 지내야지 그만둘 수 없을 듯하다.

이자후에게 답하다

答李子厚

문 승중손(承重孫)으로 조부모상과 부모상을 당한 자가 후상(後喪)의 대상(大祥)을 지내고 담제(禫祭)를 지내기 전에는 전상(前喪)의 담제도 지낼 수 없습니까? 만약 지낸다면 담제를 지낼 때 잠시 전상의 길복(吉服)을 입고, 제사를 지낸 뒤 즉시 후상의 담복(禫服)을 입어야 합니까? 회답해 주시기 바랍니다.

답 〈잡기〉의 설로 보건대 후상 중에 전상의 소상과 대상 제사를 지내니, 똑같은 흉례(凶禮)이기 때문이다. 이를 방증으로 삼는다면 후상의 담기(禫期)[7] 중에 전상의 담제를 지내도 안 될 것 없을 듯하다. 이는 똑같은 길제일 뿐만 아니라 〈잡기〉 주에 이른바 "전상이 끝났다는 것을 보인다."[8]라는 뜻에도 합당한 듯하다. 또 담제를 지내지 않는다면 그만이지만, 만약 지낸다면 전상의 길복을 잠시 착용하지 않을 수 없을 듯하다. 어떻게 생각하는지 모르겠다.

7 담기(禫期) : 담제를 지낼 때까지의 기간이다.

8 전상이……보인다 : 《예기집설》 〈잡기 하〉에 수록된 방각(方慤)의 주석에 나오는 말이다. 부친상을 당한 뒤 모친상을 당하여 부친의 상제(祥祭)를 지낼 경우, 상제에 해당하는 옷을 입은 뒤 다시 상복을 입어 부친상이 끝났음을 보인다고 하였다.

어떤 이에게 답하다

答或人

모든 상은 13개월만에 연제를 지내고 25개월만에 상제를 지내며 27개월만에 담제를 지낸다. 지금 추후에 성복한 날부터 13개월을 계산하여 연제를 물러 지내고, 또 25개월을 계산하여 상제를 물러 지낸다면, 27개월을 계산하여 담제를 물러 지내야 하니, 이는 물러 지내는 것이지 시기가 지난 것이 아니다. 연제와 상제를 이미 물러 지냈다면 담제도 차례로 물러 지내야 한다. 만약 상제만 25개월만에 물러 지내는데 그치고, 다시 담제를 지내지 않았다면 이는 27개월의 수가 차지 않은 것이다. 어찌 시기가 지났다고 할 수 있겠는가. 이른바 "시기가 지나면 담제를 지내지 않는다."라는 말은 27개월의 수가 이미 지난 경우를 말한 것이니, 여기 차례로 물려 지낸 경우와는 다르다.

윤은수에게 답하다

答尹殷叟

사계(沙溪 김장생)의 설로 보자면 후상(後喪)을 치르는 중에는 전상(前喪)의 담제(禫祭)를 지낼 수 없다. 다만 담제는 지낼 수 없더라도 담복(禫服)은 벗지 않을 수 없을 듯하다. 곡위(哭位)를 설치하고 곡하고 벗어 전상이 끝났다는 것을 보이고, 즉시 후상의 복을 다시 입는다면 괜찮을 듯하다.

강주귀에게 답하다
答姜柱龜

살펴보건대 〈상복소기〉의 "종자(宗子)는 모친이 살아 있어도 아내를 위해 담제를 지낸다."의 소에 "종자의 아내는 존귀하므로 아내를 위해 담제를 지낼 수 있다. 종자는 백세가 지나도 조천하지 않는 대종(大宗)이다."라고 하였다. 하순(賀循)이 말하기를, "종자가 아닌 나머지 적자와 서자는 모친이 살아 있는 경우 아내를 위해서 모두 담제를 지낼 수 없다."라고 하였다. 이로 보건대 부친이 살아 있으면 대종과 소종을 막론하고 아내를 위해 모두 담제를 지낼 수 없고, 오직 대종(大宗)의 아들로 부친이 죽고 모친이 살아 있는 경우만 아내를 위해 담제를 지낼 수 있다. 소종의 경우는 모친만 살아 있는 경우라도 담제를 지낼 수 없다.

족제 사직에게 답하다
答士直族弟

길제의 의문에 대해 군보(君輔 이세필(李世弼))의 설은 달을 넘기는 것을 위주로 삼으나, 주소(註疏)를 보면 그렇지 않은 듯하다. 정씨가 말하기를, "사시의 제사지내는 달에 해당하면 제사를 지내니, 달을 넘길 필요가 없다."라고 하였으니, 담제가 마침 중월(仲月)에 해당하면 담제를 지낸 뒤 즉시 길제를 지내고, 달을 넘기기를 기다리지 않는다는 말이다. 지금 만약 반드시 달을 넘기는 것을 위주로 한다면 저 중월에 담제를 지내는 자도 달을 넘기는 것을 기준으로 삼아야 한다. 그런데 지금 반드시 이달 안에 제사를 지내려는 이유는 무엇인가. 웅씨(熊氏)가 말하기를, "제사지내는 달에 해당하지 않으면 달을 넘기기를 기다린다."라고 하였으니, 중월이 아니므로 길제를 지내지 않고 달을 넘기기를 기다리는 것이다. 지금 계월(季月)이 제사지내는 달에 해당하지 않는다는 이유로 길제를 지내지 않았는데, 또 어찌 달을 넘기기를 기다려 다시 제사지내는 달에 해당하지 않는 맹월(孟月)에 제사를 지낼 필요가 있겠는가. 우복(愚伏 정경세)은 이 점을 우연히 살피지 못한 듯하다.

또 이른바 '달을 넘긴다.'라는 것은 비단 이번 달부터 다음달까지 이르러야 달을 넘기는 것이 아니라 한 달 이상을 넘기면 모두 달을 넘기는 것이다. 〈왕제〉의 주에 "사(士)는 죽은 달을 계산하여 석 달이니, 이는 한 달을 넘긴 것이다. 그러므로 '달을 넘긴다.'라고 한 것이다."라고 하였다. 이로 보건대 지금 계월에 담제를 지내는 자가 한 달을 넘겨 중월이 되기를 기다려 길제를 지내는 것이 달을 넘기는 뜻에 참으로 합당하다. 또 《가례》의 주에서 장자(張子 장재)가 이른바 "상을 마친 뒤의 협제(祫祭)"는 길제이다. 예법상 협제는 반드시 중월에 지내야 하니, 중월을 버리고 다른 달에 지낼 수 없다는 것을 알 수 있다. 더구나 신재(愼齋 김집)와 돌아가신 스승의 설이 근거하여 증거로 삼기 충분하니, 따라 행하기에 의심이 없을 듯하다. 어떻게 생각하는가?

족질 재로에게 답하다

答在魯族姪

문 《상례비요》 길제조(吉祭條)에는 단지 "시제(時祭)의 의식과 같다."라고만 하고, 새로운 신주를 설치하는 곳은 말하지 않았습니다. 만약 여전히 부위(祔位)에 두어야 한다면 신위를 설치한다는 말 아래의 주에 어찌 논하지 않은 것입니까? 축사(祝辭)에서는 어찌하여 "선고(先考)를 부식(祔食)[9]한다."라고 말하지 않은 것입니까? 지금 이미 신주를 고쳐 썼으니 조부의 신위와 마찬가지로 똑같이 따로 축문과 천헌(薦獻) 등의 절차를 갖추어야 하는데, 어찌 여전히 방친(傍親)의 대열에 합부할 수 있겠습니까. 다만 《의례문해》에 동춘(同春 송준길)의 질문에 답하기를, "길제 때는 새 신주를 우선 부위(祔位)에 모셨다가 사당에 들인 뒤 해당하는 감실에 봉안하는 것이 합당한 듯하다.……"라고 하였는데, 이는 몹시 의심스럽습니다.

답 길제 때 5대조를 아직 조천(祧遷)하지 않았고 고조 이하 여러 신위가 모두 옮겨야 하는 감실에 옮기지 않았다면, 이때 새 신주는 아직 해당하는 감실에 들이지 않고 여전히 부위에 있으므로 사계(沙溪 김장생)의 말이 이와 같았던 듯하다. 따로 축문과 전헌을 갖추어야 하는 이유는 아직 해당하는 감실에 들이기 전이니 비록 우선 부위에 두지만 그 체모는 다른 부위와 같지 않기 때문이 아니겠는가. 그동안 우리 집에서도 《의례문해》의 설에 따라 행하였다.

9 부식(祔食) : 다른 신위에 붙여 제사지낸다는 말이다.

문 길제 때 사형(舍兄 김희로(金希魯))은 관직이 있는 경우[10]에 해당하니 흑단령(黑團領)을 착용해야 할 듯합니다. 그러나 어떤 이는 "현재 관직에 있는 것이 아니니 관직에 있는 경우로 논할 수 없다."라고 하는데, 이 말이 어떻습니까?
답 그대 형님이 제사지낼 때 입는 옷은 그대의 말대로 하는 것이 좋을 듯하다. 송강(松江 정철)이 참복두(黲幞頭)의 제도를 물으니 구봉(龜峯 송익필)이 "우리나라의 법에 관직이 있는 자는 시임(時任)과 산관(散官)이 모두 사모(紗帽)를 사용한다."라고 하였다. 그렇다면 이른바 관직이 있다는 말은 시임과 산관을 통틀어 말한 것임을 알 수 있다.

문 부친이 살아있는 상태에서 모친상을 당하고 삼년 뒤 평상시로 돌아가는 절차에 대해 신재(愼齋 김집)는 길제(吉祭)를 지내는 날을 기다려 평상시로 돌아가는 것이 낫다고 하였습니다. 이는 비록 후한 쪽을 따르는 데는 해롭지 않으나 불편한 점도 있습니다.

심상(心喪)은 상복이 아니니 비록 변제(變除)하는 일은 없으나 거처와 출입, 서찰과 음식에 관한 일에 전혀 한계가 없어서는 안 됩니다. 만약 28개월째 그믐 무렵에 비로소 길제를 지낸다면, 그 전에는 모든 일에 예전처럼 상인(喪人)으로 자처해야 합니다. 이와 같다면 삼년복을 입은 자에 비해 더욱 심한 점이 있으니, 이것이 어찌 불편하지 않겠습니까. 오직 동춘(同春 송준길)이 논한 "다음 달 초하루를 기한으로 삼아야 한다."라는 말이 가장 마땅한 듯하며, 지금 세상에 통행하는

10 관직이 있는 경우 : 시임(時任)이 아니고 산관(散官)의 신분으로 보인다.

예도 그렇다고 합니다. 혹시 평소에 강론하여 정한 것이 있는지 모르겠습니다.

우복(愚伏 정경세)으로 말하자면 재기(再期) 이후에 평상시로 돌아와야 한다고 하였는데, 이것은 예법에 큰 해가 된다는 것을 분명히 알겠습니다. 부친이 살아있는 상태에서 모친상을 당한 경우의 예법은 15개월째 담제(禫祭)부터 27개월까지 똑같은 심상이니, 25개월째에 와서 곧장 평상시로 돌아온다는 것은 근거가 없습니다. 신재가 이른바 "만약 재기에 상복을 벗는다면 심제도 과연 재기에 끝나는가?"라는 말이 명백하게 깨뜨렸다고 하겠습니다. 어찌 담제를 지내지 않는다는 이유로 담제의 기한까지 폐지할 수 있겠습니까.

답 신재와 동춘의 설은 그 귀결을 요약하면 일체 모두 따르기에 합당하다. 우복의 설은 타당한지 모르겠다. 그대가 이른바 "어찌 담제를 지내지 않는다는 이유로 그 담제의 기한까지 폐지하겠는가."라는 말이 지극히 옳다.

족질 약로에게 답하다
答若魯族姪

문 신주를 고쳐쓸 때 고하는 글은 단지 선비(先妣)에게만 고하는데, 아무 봉(封) 아무 씨(氏) 아래에 "이에 선고(先考) 아무 관직 부군의 상기(喪期)가 이미 다하여 예법상 신주를 옮겨 사당에 들여야 하므로 신주를 지금 장차 고쳐 쓰려고 하니 슬픔을 견디지 못하겠습니다. ……"라고 하였는데, 어떠한지 모르겠습니다. '신주' 위에 다시 현비(顯妣) 아무 봉 아무 씨라고 써야 합니까?

답 신주를 고쳐쓸 때 고하는 글은 그대의 말이 옳은 듯하다. '신주' 위에 '현비'자를 쓰면 글은 비록 중복되지만 뜻은 분명하니, 무방할 듯하다.

문 부위(祔位)의 신주를 고쳐 쓸 때 예서에는 부위에 고하는 글이 없습니다. 그런데 아래의 여러 신위를 고쳐 쓰는 조목에 이르러서는 단지 "부위는 이를 따른다."라고만 하였습니다. 고하는 글 없이 곧장 고쳐 쓰는 것입니까? 혹시 따로 고하는 글을 지어 고쳐 쓴다는 뜻을 고해야 합니까?

답 《가례》의 "일이 있으면 고한다." 아래에 "정위(正位)에만 고하고 부위에는 고하지 않는다. 차와 술은 모두 차린다."라고 하였다. 이를 보건대 부위에는 고하는 글이 없다는 것을 알 수 있다. 만약 "신주를 다시 쓰는 예는 중요하니 고하지 않을 수 없다."라고 한다면 그 고하는 글에는 두사(頭辭) 없이 단지 "선비(先妣)의 신주를 지금 이미 고쳐 썼으니, 부위는 예법상 일체 고쳐 써야 합니다. 감히 고합니다."라고 하는 것이 어떠한지 모르겠다. 《가례》에 이른바 "정위에만 고하고 부위에는 고하지 않는다."라고 한 것은 정위에는 일이 있지만 부위에는 일이 없기 때문이다. 지금 부위를 기왕 다시 쓰는 일이 있으니, 고하는 글이 전혀 없으면 과연 온당치 않은 듯하다.

문 길제의 축문에 효자는 아무 관직이라고 일컫지 않습니까?

답 신주를 쓸 때의 축문부터 우제, 졸곡, 부제, 소상, 대상, 담제 등의 길제에는 모두 아무 관직이라고 일컫지 않고, 오직 시제, 예제, 묘제, 기제 따위에만 있다. 이는 필시 의도가 있을 것이니 따라야 할 듯하다.

이후이에게 답하다

答李厚而

문 친진(親盡)한 신주를 매안(埋安)할 때 곡하고 절하는 한 가지 일에 대해 제가 다시 생각해 보았습니다. 기일(忌日)은 상(喪)의 남은 일부이니, 선조의 기제사를 지낼 때 곡하고 곡하지 않는 데는 살아계실 때 섬긴 적이 있느냐 없느냐의 차이가 있으니, 이번에 신주를 매안할 때에도 자손의 마음으로는 비록 두렵고 슬픈 마음이 없을 수는 없으나 곡하는 것은 너무 지나칠 듯합니다. 어떻게 생각하시는지 모르겠습니다.

답 《가례》에 "고하기를 마치면 두 섬돌 사이에 매안한다."라고 하였고, 구씨의 《가례의절》에서 신주를 매안할 때의 축문에 "신주를 조천해야 하니 장차 묘소에 매안하겠습니다. 서글픈 마음을 견디지 못하여 삼가 맑은 술과 여러 음식으로 백 번 절하고 고합니다.……"라고 하였는데 모두 곡한다는 말은 없다. 그대의 말이 정밀하고 타당하여 예법의 뜻에 어긋나지 않는 듯하다.

강종수에게 답하다

答姜宗壽

부친상을 마친 뒤 체천하고 신주를 고쳐 쓰는 것은 예법의 중대한 절차이니, 아내의 장례를 치른 뒤에는 계속해서 정지할 수 없을 듯하니, 그대의 말대로 졸곡 이후에 시행하더라도 안 될 것 없을 듯하다. 다만 제사지낼 때 순길(純吉)한 옷을 입지 않고, 제사를 지내고서 수조(受胙)하는 절차를 행하지 말아서 변했다는 것을 대략 보여야 비로소 합당할 듯하다. 어떻게 생각하는지 모르겠다.

이군보에게 답하다
答李君輔

문 어떤 이가 "주자가 이른바 '백일 안팎'은 장사지내기 전과 장사지낸 뒤를 가리킨다. '만약 백일 안에 제사지내려 한다면 종백숙 형제 등에 사람이 있으으면 대신 지내게 할 수 있다.'라는 단락-《오선생예설(五先生禮說)》〈거상잡의(居喪雜儀)〉에 보인다.- 역시 장사지내기 전 선조의 기일을 가리키는 것이며, 종백숙 형제로 다른 곳에 사는 부류가 다른 장소에서 지낸다는 말이다."라고 하는데 어떠한지 모르겠습니다. 석 달 뒤에 장사지내는 것이 예법이니, 설사 90일 만에 장사지내더라도 여전히 백일 안입니다. 백일 안은 장사지내기 전이고 백일 뒤는 장사지낸 뒤라는 말이 어디에 있습니까. 대저 백일 안, 백일 뒤라고 한 것은 무엇을 가리켜 말한 것인지 모르겠습니다.

답 백일 안팎이라는 말은 억측으로 함부로 논하기 어렵습니다. 다만 〈잡기〉에 "한 집에 살면 신첩(臣妾)이라도 장사지낸 뒤에 제사지낸다."라고 하였고, 주자가 말하기를 "장사지내기 전에는 제사를 그만두어야 하고, 장사지낸 뒤에는 가벼운 복을 입은 사람을 시켜 예를 행하게 해야 한다."라고 하였고, 또 말하기를, "장사지내기 전에는 감히 제사지낼 수 없으니, 생략하는 것이 아니라 삼가는 것이다."라고 하였습니다. 지금 이러한 설들을 보면 장사지내기 전에는 결코 제사를 지낼 수 없습니다. 그렇다면 이른바 "백일 안에 제사지내려 한다면 종백숙 형제 등에 사람이 있으면 대신 지내게 할 수 있다."라는 말은 역시 장사지낸 이후를 말하는 듯하고, 또 "장사지낸 뒤에는 가벼운 복을 입은 사람을 시켜 예를 행하게 한다."라는 설과 서로 뜻이 맞습니다. 형이 이른바 "석 달 뒤에 장사지내도 여전히 백일 안이다."라는 말이 맞는 듯합니다.

다만 백일 운운한 말은 이곳에만 있는 것이 아닙니다. 범염덕(范念德)에게 답한 편지에 "만약 신구(神柩)가 있는데도 백일이 넘었다는 이유로 묵최 차림으로 출입하고자 한다면 결코 안 된다."라고 하였습니다. 이로 미루어보건대 당시 예법에 필시 백일을 한계로 삼은 일이 있는 듯한데, 상고할 데가 없어 감히 알지 못하겠습니다. 따로 사는 형제가 다른 곳에서 지낸다는 설은 예서에 이른바 "서자는 제사지내지 않는다."라는 말과 상반되니, 그것이 어떠할지 모르겠습니다.

족제 사직에게 답하다
答士直族弟

문 저희 집에서는 제가 죽은 아내의 제사를 주관하는데, 이는 제사를 받는 이가 삼년복을 입어야 하는 경우에 해당하니,[11] 선대의 사당과는 다른 듯합니다. 예법대로 제사를 그만두어도 유감이 없겠습니까? 아니면 율곡의 말[12]대로 제사를 지내야 하겠습니까?

답 이는 명백히 근거삼을 예가 없으니 감히 억측으로 말하지 못하겠다. 다만 예서에 이른바 "제사를 받는 이가 죽은 자에 대해 복이 없으면 제사를 지낸다."[13]라는 조목을 따를 수 있을 듯하다. 다만 주자는 묵최 차림으로 제사지내는 예를 행한 적이 있고, 율곡은 또 일헌(一獻)만 올리고 제사지낼 수 있다고 하였으니, 이는 실로 후대의 현인이 변통한 예법이다. 더구나 신도(神道)는 살아 있는 사람과 다르니, 죽은 이가 삼년복을 입어야 하는 경우라는 이유로 시종일관 완전히 제사를 그만두기는 어려울 듯하다. 어떻게 생각하는지 모르겠다.

11 이는……해당하니 : 김유의 아내 전주 이씨(全州李氏)는 1670년(현종11) 세상을 떠났다. 이후 1676년 김유의 부친 김징(金澄)이 세상을 떠났는데, 전주 이씨가 살아 있었다면 삼년복을 입어야 하는 경우에 해당한다는 말이다.

12 율곡의 말 : 율곡은 졸곡 이후 사시의 절사(節祀) 및 기제(忌祭)는 가벼운 복을 입은 사람이 지내되, 평상시보다 제수를 줄이고 일헌(一獻)만 올리며 축문을 읽지 않으며 수조(受胙)하지 않아야 한다고 하였다.《栗谷全書 卷27 祭儀鈔 喪服中行祭儀》

13 제사를……지낸다 :《예기》〈증자문(曾子問)〉의 "제사를 받는 이가 죽은 자에 대해 복이 없으면 제사를 지낸다.〔所祭, 於死者無服則祭〕"라는 말을 가리킨다.

최사손에게 답하다

答崔士遜

문 율곡(栗谷 이이)의 《격몽요결(擊蒙要訣)》에 있는 상중에 선조에게 제사지내는 예에 "가벼운 복을 입은 자를 시켜 일헌만 올리고 축문은 읽지 않는다."의 주에 "묘제도 같다."라고 하였는데, 이는 예전에 돌아가신 분의 무덤에 제사지내는 예를 말한 것입니다. 새로 돌아가신 분의 무덤에는 삼헌을 올리고 축문을 읽어야 합니까? 또 토신제(土神祭)는 상인(喪人)이 주관할 수 없으니, 주자가 상중에 사시의 정제(正祭)를 그만둔 예에 따라 정지해야 합니까? 자제가 대신 지내며 삼헌을 올리고 축문은 읽지 않습니까?

답 새로 돌아가신 분의 무덤에 제사지낼 때 삼헌을 올리고 축문을 읽는 것은 그대의 말이 옳다. 토신제 역시 가벼운 복을 입은 자에게 대신 지내게 한다면 괜찮을 듯하다.

이사형에게 답하다

答李士亨

문 새로 돌아가신 분과 예전에 돌아가신 분을 합장한 뒤 묘제의 예절을 갖추기도 하고 낮추기도 하고, 곡읍을 하기도 하고 하지 않기도 하는데, 끝내 구애되어 편치 않은 점이 없지 않습니다.

답 묘제의 절차는 비록 구애되는 듯하지만 이 경우 하나는 길제(吉祭)이고 하나는 상제(喪祭)이다. 길제와 상제는 다르니, 예법도 따라서 변하지 않을 수 없다. 천장하여 합장할 때 새 빈소와 예전 빈소에 함께 사용하는 상례와는 다른 점이 있다.

한천로에게 답하다

答韓天路

삼년상 중에 새로 쓴 산소의 묘제는 제복(祭服) 차림으로 지내야 할 듯하다. 머리에는 관질(冠絰)이 있고 몸에는 최마(衰麻)가 있으니, 궤연의 제사와 산소의 묘제에 어찌 차이를 둘 수 있는가. 방립(方笠 방갓)은 우리나라의 풍속으로 예경에 보이지 않는다.

이의수에게 답하다

答李宜遂

문 10월 5일은 선친의 생신입니다. 종가의 제례에 따르면 삼년상 중에는 차례를 지내고, 사당에 들인 뒤에는 정지합니다. 지금은 사당에 들이는 절차도 없고 또 담월(禫月)의 초기인데, 삼년상 중에 차례를 지내는 예에 따라 지내자니 종가의 제례를 어길까 걱정이고, 정지하자니 정리상 몹시 허전합니다. 어떻게 해야 인정과 예의에 어긋나지 않을지 모르겠습니다. 어떤 이는 "주자 역시 당신의 생신에 예제(禰祭)를 지낸 적이 있다. 이로 미루어보면 오로지 정일(丁日)이나 해일(亥日)[14]만 쓰지는 않은 듯하다. 만약 5일에 담제를 지내면 종가의 제례에 구애될 것이 없고, 또한 마음을 펼 수 있다."라고 하고, 어떤 이는 "10월 4일은 신해일이다. 이날 담제를 지내면 담제 이후로는 그만두어야 하는 제사이다."라고 하는데, 이는 모두 일이 급작스러워 참으로 불안한 점이 있습니다. 어떤 이는 "담제 이전과 담제 이후는 차이가 있으니, 생신에 따로 차례를 지내고 담제는 정일이나 해일로 물러 지내야 한다."라고 하는데, 이것이 과연 예의 취지에 합당합니까? 삼가 바라건대 헤아려 가르쳐주십시오.

답 이른바 생기(生忌)[15]의 예는 고금의 경전에 근거삼을 만한 것이

14 정일(丁日)이나 해일(亥日) : 담제(禫祭)를 지내는 날짜가 대상(大祥)을 치른 다음 달 하순의 정일이나 해일이기 때문에 이렇게 말한 것이다.

15 생기(生忌) : 죽은 사람의 생일을 말한다.

전혀 없고, 본디 풍선(馮善)[16]이 창안한 것으로 《가례회성(家禮會成)》에 보인다. 퇴계와 사계 등 여러 노선생은 모두 예에 맞지 않는 예라고 비판하였다. 다만 지금의 일은 단지 삼년상 중에 행하는 것이고, 삼년이 지난 뒤에는 마침내 정지하는데, 이는 이미 한 집안에서 사적으로 준용하는 예가 되었으나 그 사이에 여러 가지 걸리는 일이 없지 않다. 지내고자 한다면 상제(祥祭) 이후이니 한 집안의 예법에 어긋나고, 그만두자니 또 담제 이전이라 몹시 허전하다. 효자의 지극한 마음으로는 과연 어떻게 처리해야 할지 모르겠다. 다만 말미의 조목에 말한 "따로 차례를 지내고 담제는 물러 지낸다."라는 말은 예가(禮家)에서 다시 중순으로 날을 잡는 뜻[17]에 비추어볼 만하다. 이밖에는 미루어 행할 다른 도리가 없으니 그저 헤아려 처리하는 것이 어떻겠는가.

두 번째 조목에서 이른바 "생신에 담제를 지낸다."라는 말은 더욱 전후에 드문 예이다. 나의 좁은 견문과 얕은 식견으로 어찌 감히 대뜸 그 잘잘못을 논하겠는가. 주자가 생신에 예제를 지낸 뜻은 이 일과는 다른 점이 있는 듯하니, 인용하여 오늘날 준행할 증거로 삼는다면 과연 합당한지도 모르겠다.

16 풍선(馮善) : 명나라 사람으로 《가례집설(家禮集說)》의 저자이다.

17 다시……뜻 : 《가례》 〈제례〉 사시제(四時祭)에 따르면, 사시제는 중월(仲月)의 정일이나 해일에 지내되, 상순의 날짜가 불길하면 다시 중순의 날짜로 점을 쳐치고, 그래도 불길하면 점을 치지 않고 하순으로 잡는다.

홍순보에게 답하다

答洪純甫

사당에 들어갈 때 포대(布帶)를 착용하는 것은 《상례비요》의 설이 이와 같으니, 세속을 놀라게 하는 것은 논할 필요 없을 듯하다. 연제의 교대(絞帶)에 포를 사용하는 것은 본복(本服)의 제도를 변경한 복이니, 어찌 사당에 들어갈 때의 포대를 그대로 쓸 수 있겠는가.

문 상중에 묘사(廟祀)를 지낼 때 교대(絞帶)조차도 압존되기 때문에 행할 수 없는데, 어찌 상관(喪冠)을 벗고 단지 성복할 때의 효건(孝巾)만 쓰고 제사를 지낼 수 있겠습니까. 이 때문에 속제(俗制)의 상복처럼 방립(方笠)과 직령(直領)을 착용해야 한다고 말한 적이 있으나 여전히 감히 자신하지 못하겠습니다. 지금 예설을 보니 참최복을 입고 사당에 들어갈 때는 따로 포(布)로 만든 직령과 방립을 사용해야 한다는 말이 있는데, 이는 필시 근거가 있어 그러한 듯합니다.

답 그대의 말이 옳다.

문 저희 집에서 묘제를 지낼 때는 예전에 《격몽요결》에 따라 설날과 단오에는 술과 과일만 차리고, 한식과 추석 때만 예의를 갖추어 지냈습니다. 그러므로 얼마 전 단오에 이미 간략히 차리고 지냈는데, 어떤 이는 "삼년상 중에 묘제는 모두 성대히 차린다."라고 하니, 어떠한지 모르겠습니다.

답 사명일(四名日)의 묘제는 평상시의 경우 속례에 따라 성대히 차리니, 혹자의 말이 옳다. 그러나 지금은 그렇지 않아 평상시 예를 갖추는 때보다 낮추고 줄이는 차이가 있으니, 그대가 행한 것이 옳은 듯하다.

이평산에게 답하다
答李平山

문 종가에서 상사(喪事) 때문에 제사를 지내지 못한다면 같은 산소의 자손도 일체 정지해야 합니까? 제 아우의 묘소 역시 같은 산에 있는데, 이 경우는 삼년상 중이니 혹시 차이가 있습니까?
답 그대의 아우는 따로 사는 사람에 해당하고, 그 제사 또한 종가에서 주관하는 것이 아니다. 만약 묘소가 별도의 장소에 있다면 《격몽요결》의 "기년상과 대공상의 경우 간략히 지낸다."[18]라는 설과 한강(寒岡 정구) 문하의 "어찌 모두 그만둘 수 있겠는가."[19]라는 설에 따라 지내도 좋다. 다만 선영과 같은 산에 있으니, 부친의 묘소 이상에 만약 모두 제사를 그만두었다면, 그대의 조카가 비록 현재 삼년상 중이

18 기년상과……지낸다 : 《격몽요결》 〈제의초(祭儀鈔)〉 상복중행제의(喪服中行祭儀)에 "기년상과 대공상의 경우 장사지낸 뒤 평소처럼 제사지내야 하며, 장사지내기 전이면 시제는 그만두고 기제와 묘제는 위의 의식대로 간략히 지낸다."라고 하였다.
19 어찌……있겠는가 : 이서(李籍)가 문중에 중상(重喪)이 난 지 반달이 지나지 않았는데 선조의 묘소를 소제하는 것이 미안하지 않느냐고 정구에게 질문하자, 정구는 "문중 사람이 어찌 모두 묘사(墓事)를 그만둘 수 있겠는가."라고 답하였다. 《寒岡集 卷6 答問》

지만 이 한 위(位)에 대해서만 설행하는 것은 온당치 않은 듯하다. 어떻게 생각하는지 모르겠다.

족제 군직에게 답하다

答君直族弟

문 주자가 범백숭(范伯崇 범염덕(范念德))에게 답한 편지에 "사시(四時)의 제사지내는 날을 만나면 최복(衰服) 차림으로 궤연에 따로 제사를 지내고, 묵최(墨衰) 차림으로 가묘에 일상적인 제사를 지내야 한다."라고 하였습니다. 아내의 상은 비록 삼년상의 본체를 갖추었다고는 하나 부모상과는 전혀 다르니, 갑자기 선조를 받드는 예를 폐하기는 실로 미안한 점이 있습니다. 음식을 갖추어 삼헌을 올려 제사지내는 것도 괜찮을 듯한데, 어떻게 생각하는지 모르겠습니다.

답 아내의 상중에 선조에게 제사지낼 때 음식을 갖추어 삼헌을 올린다는 설은 그대의 말이 옳은 듯하다. 주자가 범백숭에게 답한 편지에 대해 돌아가신 스승께서는 "따로 제사지내는 것과 일상적으로 제사지낸다는 것은 모두 시제를 가리켜 한 말이다. 선생이 행한 바와 후대의 여러 설이 같지 않으니, 아마도 초년의 확정되지 않은 논의인데 부주(附註)에서 이를 잘못 엮어넣은 듯하다.……"라고 하였다. 돌아가신 스승의 이 설을 가지고 다시 헤아리는 것이 어떻겠는가.

한사백에게 답하다

答韓師伯

문 어버이를 장사지내는 날 이전이나 이후로 기년상 또는 대공상을 당한 경우, 그 우제와 졸곡은 어떻게 해야겠습니까? 우제는 신을 안치하기 위한 것이니, 기년상 또는 대공상 때문에 그만둘 수는 없습니까? 졸곡과 부제로 말하자면 길제(吉祭)라고 하니, 빈소를 만들기 전에는 미안한 점이 없지 않겠습니까?

답 〈잡기〉에 말하기를, "부모의 상을 당하여 제사지내려고 하는데 형제가 죽었다면 빈소를 만들고 제사를 지낸다."라고 하였다. 그렇다면 지금의 우제 역시 빈소를 만들기를 기다린 뒤에 지내야 하지 않겠는가. 다만 예서에 "장사지내는 날에는 한낮에 우제를 지낸다. 혹시 묘소가 멀다면 이 날을 넘기지 않아야 한다."라고 하였는데, 정씨가 말하기를, "효자는 신령이 방황할까 하여 세 번 제사를 지내 안정시킨다."라고 하였다. 〈상복소기〉에 "미리 장사지낸 경우는 속히 우제를 지내고 석 달 이후에 졸곡한다."라고 하였다. 이로 보건대 우제를 반드시 장사지낸 날 지내는 것은 의도가 있으니 제사지내도 무방할 듯하다.

다만 〈상복소기〉에 "장사지낸 뒤라도 속히 우제를 지낼 수 없다."라고 하였는데, 주에 "속히 우제를 지낼 수 없는 것은 사고가 가로막아서이다."라고 하였다. 이른바 사고라는 것은 그 경중이 어떠한지 모르겠으나 기왕 우제를 사고가 가로막는다고 하였으니, 기년상과 대공상 역시 사고이다. 우선 빈소를 차리기를 기다린 뒤라도 괜찮을 듯하다.

부디 이 두 가지 중에서 헤아려 처리하는 것이 어떻겠는가. 졸곡은 '석달 후에 졸곡한다'라는 설로 미루어보건대 빈소를 차린 뒤로 물러 행하는 것이 마땅할 듯하다.

이군보에게 주다

與李君輔

남의 후사가 되어 본생 부모의 상을 당한 자가 장사를 마친 뒤 후사로 들어간 집안의 시제를 지내도 되는지 질문을 받았습니다. 본생 부모는 기년복에 해당하니, 장사지낸 뒤 시제를 지내도 안 될 것 없을 듯합니다. 다만 횡거(橫渠 장재) 선생이 계부(季父)의 기년상을 당하였을 때 세 차례 시제를 그만두었습니다. 더구나 본생 부모의 상은 비록 기년복이라고는 하지만 또 심상의 절차가 있으니, 단지 기년복만 입는 경우에 비하면 경중에 차이가 있습니다. 장사지낸 뒤 즉시 시제를 지내는 것은 너무 갑작스러운 듯합니다. 횡거의 일에 따라 참작하여 지낸다면 비단 일에 근거삼을 바가 있을 뿐만 아니라 예의 취지에 있어서도 자연스러울 듯한데, 형의 생각은 어떠할지 모르겠습니다.

족질 약로에게 답하다

答若魯族姪

문 남의 후사가 된 자가 생부모의 상을 당하였는데 후사가 된 어버이의 기일이 마침 장사지내는 날 전입니다. 지촌(芝村 이희조) 어른은 "기년상을 당하였다고 해서 어버이의 기제를 그만둘 수는 없으니, 백립(白笠), 망건(網巾), 백의(白衣), 백대(白帶) 차림으로 평상시의 의식대로 제사를 지내야 한다."라고 하고, 어떤 이는 "《격몽요결》에 기년상과 대공상을 당한 경우 장사지내기 전에는 제사를 간략히 지낸다는 글이 있으니, 이에 따라 간략히 지내야 하며, 가벼운 복을 입은 자에게 대신 지내게 해도 무방하지 않겠는가. 비록 기년복을 입었지만 장사지내기 전이니, 장사지낸 뒤와는 차이가 있는 듯하다.……" 라고 합니다.

답 제사에 대한 의문을 물어보았는데, 《격몽요결》로 보면 비록 다른 친척을 위해 기년복을 입었더라도 장사지내기 전에는 간략히 지낸다. 더구나 낳아준 어버이를 위해 기년복을 입은 경우는 어떻겠는가. 또 강복(降服)의 기년상은 본복(本服)의 기년상보다 중하니, 내 생각에 장사지내기 전에는 《격몽요결》에 따라 간략히 지내되 가벼운 복을 입은 자에게 대신 지내게 하고, 장사지낸 뒤에는 동보(同甫 이희조)의 말대로 지내는 것이 좋을 듯하다.

족손 치복에게 답하다

答致福族孫

문 주자가 아들의 상을 당하여 성대한 제사를 지내지 않은 뜻으로 보건대, 종부(宗婦)의 상을 당하면 종자(宗子)가 있더라도 사시(四時)의 정제(正祭)는 본디 지낼 수 없습니다. 소상(小祥) 이후에는 지낼 수 있습니까?

답 장횡거(張橫渠 장재)는 그의 숙부상을 당하자 세 차례 시제를 그만두었다. 지금 종자가 종부의 상을 당하였으니 이는 종자의 집이 현재 상중에 있는 것이다. 주자가 유 영인(劉令人)[20]의 상을 당하자 사시의 정제를 그만두었으니, 그대의 말대로 해도 될 듯하다.

20 유 영인(劉令人) : 주자의 아내로 유면지(劉勉之)의 딸이다.

윤필에게 답하다

答尹泌

문 장모의 상을 당하여 현재 장사지내기 전인데, 아내의 기일이 마침 이때 해당합니다. 어떤 이는 "기년상과 대공상을 당한 경우 장사지내기 전에는 간략히 지낸다는 문구를 원용하여 단헌(單獻)으로 지내도 무방하다."라고 하고, 어떤 이는 "죽은 이의 부모상이니, 기년상과 대공상을 당한 경우의 문구와는 절로 경중이 다르다. 비록 간략히 지내더라도 온당치 않은 점이 있다."라고 합니다. 어떤 설이 합당한지 모르겠습니다.

답 질문한 예의(禮疑)는 고금의 예서를 살펴보아도 명백하게 근거 삼을 만한 것이 없다. 다만 강복(降服)의 기년상은 본복(本服)의 기년상보다 중하고, 더구나 출가한 딸은 모친을 위해 기년복을 입은 뒤 또 심상을 입는 절차가 있으니, 실로 방친(傍親)을 위한 의례적인 기년복에 비할 바 아니다. 장사지내기 전에는 우선 기제를 정지하는 것이 합당할 듯하다. 이는 《격몽요결》에서 범범하게 "기년상과 대공상을 당한 경우 장사지내기 전에는 간략히 지낸다."라고 한 말과는 차이가 있는 듯하다.

최사손에게 답하다
答崔士遜

문 부친상과 조모상을 함께 당하였는데 졸곡 이후 남의 위로 편지에 답한다면 때에 따라 그 칭호를 달리해야 할 듯합니다. 평범한 편지에는 애손(哀孫)이라고 칭하여 전중(傳重)하는 명목을 보존해야 할 듯합니다.

답 《통전(通典)》에 범선(范宣)이 말하기를, "조모의 상을 마친 뒤에 고자(孤子)라고 일컫는다."라고 하였고, 《의례문해》에서 사계(沙溪 김장생)가 말하기를, "조모의 담제 전에는 애손(哀孫)이라고 일컬어야 한다."라고 하니, 그 뜻은 모두 승중(承重)을 중시한 것이다. 다만 근세 사람 중에 조부상과 부친상을 당한 자가 조부상을 위로하는 편지에 답할 때는 고손(孤孫)이라 일컫고, 부친상을 위로하는 편지에 답할 때는 고자(孤子)라고 하니, 그대가 말한 "때에 따라 칭호를 달리한다."라는 말과 같다. 다만 이것이 예의 취지에 어떠한지 모르겠다.

족질 재로에게 답하다

答在魯族姪

문 답하는 편지 말단의 '근공(謹空)' 두 글자는 심존중(沈存中 심괄(沈括))의 《보필담(補筆談)》을 살펴보면 "지난 시대의 풍속에 낮은 자가 높은 자에게 편지를 보내면 높은 자는 단지 편지 끝에 '반고(反故)'라고 써서 답하였는데, 사람들은 '비반(批反)'이라고 하였다. 마치 관청의 비장(批狀)과 조서(詔書)의 비답(批答)과 같은 부류이다. 그러므로 종이 끝에 '경공(敬空)'자를 쓰는 경우가 많았는데, 감히 대등할 수 없어 단지 종이 끝을 비우고 비반을 기다린다고 스스로 말하는 것이다.……"라고 하였다. 이로 보건대 위문 편지에 쓰는 것이 참으로 마땅하고, 답하는 편지에는 쓰지 않아도 좋지만 답하는 편지에만 있는 이유는 무엇입니까? 상을 당한 사람은 더욱 공경히 예를 지켜야 하기 때문이 아니겠습니까?

답 이는 부모상을 당한 사람이 남에게 공경을 다하는 뜻에 불과하니, 그대의 편지 말미의 말이 옳은 듯하다.

한사백에게 답하다

答韓師伯

문 위장(慰狀)에서는 '계(啓)'자를 '백(白)'으로 대신하는데, 혼서식(婚書式)의 '계'자만 고치지 않는 이유에 대해 자의(諮議) 이간(李柬)은 "이것으로 저것을 미루어보면 그 뜻은 같다.……"라고 하였습니다.

답 《상례비요》 서소식(書疏式)에 '계'자를 고쳐 '백'으로 대신하고, 《의례문해》 혼서식에 '계'자로 쓴 것은 모두 사계(沙溪) 선생의 설이니 원래 "이것으로 저것을 미루어보면 그 뜻은 같다."라는 뜻이 없다. 더구나 돌아가신 스승께서는 '계'자를 고치는 것을 온당치 않다고 여겼다. 또 우리나라 예전 사람의 문집을 보면 재상에게 올리는 편지는 '계'자를 사용한 경우가 많으니, 혼서식의 '계'자는 필시 의미가 있을 것이다. 이간의 설이 어떠한지 모르겠다.

문 《의례문해》에서 후천(朽淺) 황종해(黃宗海)가 "부친이 살아있는데 모친상을 당하여 담제를 지낸 뒤의 편지는 '소(疏)'라고 일컫고 '애(哀)'라고 일컬어서는 안 될 듯하며, 다른 사람의 답장도 그렇습니다."라고 물으니, 사계는 단지 "자신을 심상인(心喪人)이라고 일컬어야 한다."라고 하였을 뿐, '소'라고 일컫고 '애'라고 일컫는 점에 대해서는 전혀 거론하지 않았습니다. 어떻게 해야겠습니까?

답 심상 중에 있는 사람이 남에게 보내는 서찰 및 다른 사람이 답하는 편지의 겉면에는 모두 "편지를 올립니다.〔狀上〕"라고 하며, 자신을 일컬을 때는 '심제인(心制人)', 다른 사람이 답하는 편지에서는 '심

제전(心制前)'이라고 일컬어야 한다. 내가 예전에 심상 중에 있을 때 돌아가신 스승의 서찰이 이와 같았다.

조영수에게 답하다

答趙榮遂

문 본생부(本生父)의 상을 당하여 다른 사람의 위문 편지에 답하는 글에 '백부 또는 숙부가 돌아가신 일을 위로하는 편지에 대한 답장'이라고 하면 온당치 않을 듯합니다. 곧장 '부모가 돌아가신 일을 위로하는 편지에 대한 답장'이라고 쓰는 것이 어떻겠습니까? 호칭은 《의례문해》에 따라 상인(喪人)이라고 일컬어야 합니까?

답 옛적 이 예법을 돌아가신 스승에게 여쭈었더니, "'화(禍)가 선친(先親)에게 미쳤다.'의 '선(先)'자를 '사(私)'자로 고치고 나머지는 《의례문해》에 따라 참작하여 사용해야 한다.……"라고 하였다. 호칭으로 말하자면 한결같이 《의례문해》의 설을 따라야 할 듯하다. 어떻게 생각하는가?

안익대에게 답하다

答安益大

문 생모의 상을 당한 첩자(妾子)를 위로할 때 '선(先)'자 아래의 호칭은 무어라 해야 합니까?

답 주자가 두문경(竇文卿 두종주(竇從周))의 질문에 답하기를 "낳아준 모친의 신주를 쓸 때 만약 적모(嫡母)를 피한다면 단지 '망모(亡母)'라고만 일컫고 '비(妣)'라고 일컫지 않는다.……"라고 하였다. 이로 보건대 조문하는 글에서는 적모를 피해야 하니, '부인(夫人)'이라고 일컬을 수 없다는 점을 미루어 알 수 있다. 다만 그 호칭은 예서에 근거가 없으니 어떻게 해야될지 모르겠다.

이군보에게 답하다
答李君輔

문 부친을 계승한 소종(小宗)이 시제 때 수조(受胙)하는 절차에 "조부가 공축(工祝)에게 명하여 너 효손(孝孫)에게 많은 복을 이르게 하였다."라고 하였으니, 이는 조부에게 수조하는 축사입니다. 그런데 이 축사로 부친의 신위에서 수조하니, 걸리는 점이 있지 않겠습니까. 제 생각에 만약 부친의 신위에 시제를 지내면 "부친이 공축에게 명한다."라고 하고, 또 "너 효자에게"라고 해야 할 듯한데, 어떠할지 모르겠습니다.

답 부친을 계승한 소종이 시제를 지내고 수조할 때의 축사는 형의 말이 옳은 듯합니다. 초헌(初獻)의 축사에서 이미 현고(顯考), 효자(孝子)라고 일컬었으니, 수조의 축사만 다르게 할 수 있겠습니까. 예전에 제 아우의 집에서 시제를 지내고 수조할 때의 축사에도 고(考)라고 하고 자(子)라고만 하였습니다.

아우에게 답하다

答舍弟

아우는 이때 이산(理山)의 임소에 있었다.

문 시제를 오랫동안 지내지 않아 마음이 편치 않으니 이곳에 지방(紙榜)을 설치하고 임시로 제사를 지내는 것이 어떻겠습니까?

답 변방 고을에 있어 오랫동안 시제를 지내지 않았으니 그곳에서 지방을 설치하고 임시로 지내는 것이 아예 지내지 않는 것보다 나을 듯하다. 다만 네가 서쪽으로 간 뒤 그간의 기제는 모두 가묘에서 지냈고, 축사는 "효자 아무개가 지금 평안도의 임소에 있어 올라오지 못하였습니다."라는 뜻으로 서두를 삼았으니, 지금 시제 또한 가묘에서 지내고 축사는 이 규례에 따라도 무방할 듯하다.

○뒤늦게 《동춘당집(同春堂集)》 별집을 살펴보니, 동춘(同春 송준길)이 "시제와 예제는 어쩌다 먼 곳에 있으면 자제를 시켜 대신 지내게 하더라도 사람을 시켜 섭행하는 의리에 어긋나지 않겠습니까?"라고 질문하자 우복(愚伏 정경세)이 "섭행해도 무방할 듯하다."라고 대답하였다.[21]

21 동춘(同春)이……대답하였다 : 《동춘당집》 별집 권3 〈우복 선생에게 올리다〔上愚伏先生〕〉에 보인다.

아우에게 답하다

答舍弟

재계하고 소식하는 중에 시제를 지내는 것은 과연 온당치 않은 듯하다. 시제는 길함을 위주로 하고 기제는 슬픔을 위주로 한다. 지금 백부의 기일이 부모에 비하면 차이가 있지만, 소식을 하는 절차와 서글픈 마음은 평범한 날과 다르니, 시제조(時祭條)에서 말한 "남녀가 성복(盛服)한다." 및 수조하고 음복하는 예에 차례차례 걸리는 점이 있다. 각기 다른 곳에서 제사를 지내는 것은 논할 바가 아니니, 조금도 구애받지 않는 중정일(中丁日)[22]로 물려지내는 것이 나을 듯하다. 어떻게 생각하는가?

22 중정일(中丁日) : 그 달의 두 번째 정일을 말한다.

유도경에게 답하다

答柳道卿

차(茶)를 올리고 갱(羹)을 올리는 것은 본디 두 가지 일로 애당초 상관이 없으니, 차는 본디 갱을 치운 뒤에 올리는 물건이 아니다. 뚜껑을 닫는 절차 역시 보이는 곳이 없다. 그러나 사신(辭神) 아래에 치운다는 글이 있으니,[23] 뚜껑을 닫는 것이 치운다는 글자 안에 포함된 듯하다.

23 사신(辭神)……있으니 : 《가례》 〈제례〉 사시제(四時祭) 초조(初祖)의 "신주에 하직하고 음식을 치운다.〔辭神撤餕〕"라는 구절을 가리키는 듯하다.

홍자용에게 답하다
答洪子容

예서에 "해가 뜰 무렵 제사를 시작하고 해가 지면 파한다."라고 하였고, 또 "5경에 제사를 지내는 것은 예법이 아니다."라고 하였다. 이로 보건대 제사를 너무 일찍 지내는 것도 예의 취지가 아닌 듯하다. 다만 예를 안다고 일컬어지는 세상의 사대부 집안을 보더라도 이른 새벽에 제사를 지내지 않는 경우가 없으니, 신령의 도가 고요함을 숭상하고 인가에서 동이 튼 뒤에는 시끄러워 고요하지 않은 일이 많기 때문에 그러한 것이 아니겠는가.

문 전염병이 도는 중에는 세속에서 제사를 그만두는 경우가 많은데 어떻습니까?
답 집안에 전염병이 치성하면 형세상 우선 제사를 그만두지 않을 수 없다. 만약 조금 먼 이웃 마을이라면 그만두어서는 안 될 듯하다.

족질 재로에게 답하다
答在魯族姪

문 유식(侑食)[24]에 대해 우제의 경우 "나아가 잔 속에 술을 보탠다."라고 하였고, 시제의 경우 "나아가 여러 위(位)의 술을 모두 가득 따른다."라고 하였습니다. 시제의 경우는 종헌(終獻)의 술 역시 아헌(亞獻)과 마찬가지로 치우고, 유식할 때 따로 한 잔을 따르는 것이 아니겠습니까. 《가례》 초헌(初獻) 아래에 "집사가 술과 간을 치우고 술잔을 제자리에 둔다."라는 말이 있고, 아헌과 종헌에서는 모두 "초헌의 의식과 같다."라고 하였으니, 이로 보건대 아헌과 종헌의 술도 치우는 듯합니다. 또 《격몽요결》 시제의(時祭儀)에 "아헌은 술을 붓지 않고 종헌도 같다."라고 하였습니다. 종헌의 술은 만약 술을 붓는 절차가 없다면 비록 다시 보태고자 해도 할 곳이 없습니다. 《격몽요결》로 보건대 따로 따르는 것이 더욱 맞는 듯합니다. 어떠한지 모르겠습니다.

답 그대의 말이 몹시 정밀한 듯하다. 다만 그 본뜻이 반드시 이와 같은지는 모르겠다. 살펴보건대, 《가례》 시제 초헌에 "잔을 가져다 띠풀 위에 붓는다."라고 하였고, 아헌에 "초헌의 의식과 같으나 다만 축문은 읽지 않는다."라고 하였으니, 술을 붓는 절차가 있다는 것을 알 수 있다. 종헌에 "아헌의 의식과 같이 한다."라고 하였으니, 술을

24 유식(侑食) : 신에게 식사를 권하는 절차로, 삼헌을 마친 뒤 술을 따르고 숟가락을 꽂고서 밖으로 나와 기다리는 것이다.

붓는 절차가 있다는 것도 역시 알 수 있다. 더구나 소주(小註)의 양의(楊儀)[25]에 《의례》의 〈소뢰궤식례(少牢饋食禮)〉, 〈사우례(士虞禮)〉, 〈특생궤식례(特牲饋食禮)〉 등을 인용하여 삼헌(三獻)에 모두 술을 붓는 절차가 있다고 밝혔으니 어떻겠는가. 유식에 이르러 "주인이 나아가 여러 위의 술을 모두 가득 따른다."라고 하였는데, 지금 초헌의 의식으로 보면 술을 따르고 술을 붓는 사이에 그 곡절을 몹시 자세히 말하였으나 한 번도 '가득 따른다'라고 말하지 않았다. 그러다가 유식에 이르러 비로소 '가득 따른다'라고 하였다. 여러 위 앞의 잔에 있는 술을 띠풀 위에 부어 가득 차지 않았으므로 유식할 때 다시 잔에 술을 보태어 가득 채우는 것이니, 이는 따로 한 잔을 따른다는 말은 아닌 듯하다.

또 우제 유식에 "나아가 잔 속에 술을 보탠다.〔就添盞中酒〕"라고 하였다. 지금 "나아가 잔 속에 술을 보탠다."라는 다섯 글자로 보건대 따로 한 잔을 따르는 것이 아니라는 뜻은 더욱 분명하다. 시제와 우제가 비록 다르지만 나아가 잔 속의 술을 보태는 절차는 피차 차이가 없는 듯하다. 또 구씨의 《가례의절》에 삼헌에 모두 술을 붓는 절차가 있고, 《상례비요》 및 돌아가신 스승의 《제의정본(祭儀正本)》 등의 책에 모두 아헌과 종헌에는 술을 붓지 않는다는 말이 없다. 오직 율곡(栗谷)의 《격몽요결》에만 있다. 그러나 《격몽요결》의 말 하나 때문에 고금의 여러 설을 모두 버릴 수는 없다. 어떻게 생각하는가?

'술을 치운다〔撤酒〕'는 두 글자는 과연 초헌에 보인다. 지금 그대가 이를 인용하여 아헌과 종헌에도 술을 치운다는 증거로 삼았지만, 이는

25 양의(楊儀) : 양복(楊復)의 《의례도(儀禮圖)》를 말한다.

그렇지 않다. 지금 아헌을 보면 "구운 고기를 올리고 분헌(分獻)[26]하는 절차는 초헌의 의식과 같다."라고 하였다. 구운 고기를 올리고 분헌하는 절차는 모두 술을 치우기 이전의 일이니, 이른바 "초헌의 의식과 같다." "아헌의 의식과 같다."라는 말이 술을 치우는 절차를 포함하여 말한 것이 아니라는 점을 알 수 있다.

26 분헌(分獻) : 정위(正位)가 아닌 신위에 술을 올리는 것이다.

족질 약로에게 답하다
答若魯族姪

문 시제의 분향(焚香)과 재배(再拜)를 《상례비요》에는 보태넣었는데, 《삼례의(三禮儀)》에서는 《가례》를 따라 생략하였습니다. 어느 쪽을 따라야 할지 모르겠습니다.

답 시제의 분향과 재배는 돌아가신 스승께서 한결같이 《가례》를 따라 생략하였으니, 어찌 의도가 없겠는가.

문 《가례》에 "부위(祔位)의 작헌(酌獻)은 의식대로 하되 축문은 읽지 않는다."라고 하였습니다. 이미 "의식대로 한다."라고 하였으니 작헌하는 예는 한결같이 정위(正位)와 같이 재배해야 합니다. 어떠한지 모르겠습니다.

답 부위에 작헌하는 예는 《가례》가 옳다고 보아야 할 듯하다.

송기손에게 답하다
答宋基孫

문 시제는 예법상 각기 차려야 합니다. 다만 4대를 제사지내는 집에 만약 전배(前配)와 후배(後配)가 있다면 거의 십여 분이나 되니, 가난한 집에서 각기 제수를 차리려면 힘이 미치기 어렵습니다. 그러므로 시제를 그만둔 자가 십중팔구입니다. 삭참과 망참 때는 하나의 감실(龕室)에 과일 한 그릇만 차리니, 이로 미루어 보건대 고비(考妣)를 합하여 차리는 것도 근거가 없지 않습니다.

답 합하여 차리는 것은 예의 뜻에 어긋나는 듯하다. 주자는 "시제는 밥 한 그릇과 국 한 그릇"이라고 말하였고, 신독재(愼獨齋 김집)는 각 위 앞에 석어(石魚 조기) 한 마리를 차리고 지냈으며, 우복(愚伏 정경세)은 조밥 각 한 그릇으로 지냈다. 이와 같이 한다면 비록 각기 차리더라도 어찌 가난하여 제사지내지 못하는 일이 있겠는가. 제사를 지낼 때는 단지 성의를 다해야 할 따름이니, 제수의 많고 적음은 논할 바가 아니다. 그러므로 예서에 "고인 물과 냇가의 풀도 상제에게 올릴 수 있다."라고 하였다.

문 미식(米食)과 면식(麪食)은 지금 세속에서 아무 떡과 아무 면으로 대신합니다. 그런데 지사 신식(申湜)이 편찬한 《가례언해(家禮諺解)》에 미식은 인병(引餅 인절미)이고 면식은 상화(霜花 상화떡)라고 하였습니다. 이것이 과연 옳습니까?

답 신식의 설은 지나치게 구애된 듯하다. 돌아가신 스승께서 어떤 이의 질문에 답하기를, "우리나라의 풍속은 마른 음식 하나와 젖은 음식 하나를 규례로 삼는데, 중국에도 면식을 삶아서 쓰는 경우가 있다.……"라고 하였으니 따라야 할 듯하다.

문 자(鮓)는 식해(食醢), 포해(脯醢)의 해(醢)와 같은 듯하니 젓갈〔젓〕인 듯합니다.

답 운서(韻書)에 "자(鮓)는 생선을 묵힌 것이니, 소금과 쌀에 생선을 담가 절인 것이다."라고 하였다. 의서(醫書 《동의보감(東醫寶鑑)》) 탕액편(湯液篇)에 "자(鮓)는 젓갈〔젓〕이다."라고 하였다. 지금 운서를 보니 이른바 자(鮓)라는 것 역시 식해인 듯하다. 의서에는 '젓갈〔젓〕'이라고 하였는데, 옛날에 젓갈〔젓〕을 만들 적에 소금과 쌀에 생선을 담가 절였는지 모르겠다. 삼가 《시소(詩疏)》를 보니, "해(醢)를 만드는 경우는 반드시 먼저 그 고기를 포 떠서 말리고 잘게 썰어서 기장 누룩과 소금을 섞고 좋은 술에 적셔 항아리에 넣고 흙을 바르면 백일 뒤에 숙성된다."라고 하였다. 그렇다면 해(醢)를 만드는 법과 자(鮓)를 만드는 법은 다르니, 한 가지 물건으로 볼 수 없을 듯하다.

묘제(墓祭)의 부주(附註)에서는 자(鮓)과 포(脯)만 말하고 해(醢)는 말하지 않았는데, 자세히 쓰지 않았을 뿐 별다른 뜻은 없는 듯하다. 《삼례의》 제찬도(祭饌圖)에 이미 포(脯)와 해(醢)가 있고 또 자(鮓)가 있으니, 자는 해가 아니라는 점을 알 수 있다. 또 《제의정본》-돌아가신 스승이 편찬하였다.- 제찬도를 보면 자(鮓) 아래의 주에 "구운 고기 또는 말린 고기이다."라고 하였으니, 이는 아마도 구운 고기와 말린 고기를 대신 사용하는 듯하다.-예전에 돌아가신 스승께서 직접 말씀하신 것을 들었는데 역시 이와 같았다.-

문 예전에 들으니 우재와 동춘은 복건(幅巾)에 심의(深衣) 차림으로 제사를 지냈다고 합니다. 상의와 하의를 한결같이 옛제도에 따랐으니 비록 입자(笠子 갓)를 쓰지 않더라도 무방하겠습니까?

답 입자는 우리나라의 제도이다. 복건을 썼다면 또 입자를 쓸 필요는 없을 듯하다.

문 신주를 꺼낸다고 고하는 축문은 주인이 직접 읽고, 초헌한 뒤의 축문은 축(祝)이 읽는데, 구별한 의도가 있습니까?

답 신주를 꺼낸다고 고하는 것은 주인의 일이므로 주인이 고하고, 초헌의 축사는 축의 일이니 축이 읽는 것이니, 달리 깊은 뜻은 없는 듯하다. 더구나 초헌 때 주인은 여러 가지 절차가 있는데 모두 직접 행하고, 축문을 읽는 임무는 맡은 사람이 있으니 주인이 어찌 직접 읽을 수 있겠는가.

그대가 이른바 "근세의 집안에서는 반드시 높은 항렬이 아헌과 종헌을 맡는다."라고 한 말은 퇴계의 설에서 나온 듯하다. 그러나 퇴계가 스스로 상고할 수 없고 단지 정리상 말한 것이라고 하였으니, -문집에 보인다.- 이는 확정되지 않은 논의이다. 돌아가신 스승께서 어떤 이의 질문에 답하기를, "《가례》에서 부친 항렬이 종헌과 아헌을 맡도록 허락하지 않은 것은 부친 항렬이 주인에게 높은 항렬이기 때문이다. ……"라고 하였다. 부디 이 두 선생의 설을 헤아려 처리하는 것이 어떻겠는가.

문 수조조(受胙條)에 "고이성(告利成) 한 뒤 자리에 있는 자는 모두 재배하고, 주인은 재배하지 않는다."라고 하였습니다. 이 재배는 사신(辭神)이 아니니 무슨 뜻입니까? 주인이 절하지 않는 것도 은미한 뜻이 있습니까?

답 주인은 이미 홀을 꺼내 쥐고 엎드렸다가 일어나 두 번 절하였으므로 동계(東階) 위에 서고, 자리에 있는 자와 함께 재배하지 않는 것이다.

문 삼가 《가례》를 보니 "축이 하사(嘏辭)[27]를 읽은 뒤 주인이 자리 앞에 술을 두고 엎드렸다가 일어나 재배하고 무릎을 꿇고 밥을 받아 맛본다."라고 하였습니다. 그렇다면 이 재배는 본디 하사를 들은 뒤에 절하는 예이지, 고이성한 뒤에 절하는 것이 아닙니다. 축과 자리에 있는 자가 모두 재배하는데 주인만 앞서 재배를 하였다고 이 고이성한 뒤의 절을 하지 않을 수 없을 듯합니다. 어떠한지 모르겠습니다. 제 생각에 고이성하는 절차는 봉양이 끝났음을 고하고 시동에게 일어나기를 청하는 뜻입니다. 그러므로 축이 곧장 시동 앞에 고하지 않고 주인에게 고하는 것이니, 은미한 뜻이 있는 듯합니다. 지금 이 주인이 절하지 않는 것도 피혐하는 은미한 뜻이 없지 않은 듯합니다.

답 평소의 소견은 지난 편지에 말한 내용과 같았으므로 감히 운운하였는데, 지금 회답을 받으니 깨우치고 반성한 것이 많다. 그러나 그대가 이른바 "주인이 절하지 않는 것은 피혐하는 은미한 뜻이 없지 않다."라는 말 역시 의심스러운 듯하다. 고이성은 시동에게 고하는 것이다. 그러므로 고이성하면 시동이 듣고서 일어난다. 또 《예기》에

27 하사(嘏辭) : 축이 신을 대신하여 주인을 축복하는 말이다.

"공자가 말하기를 '상(殤)에게 제사지낼 때는 고이성하지 않는다.' 하였다."의 주에 "시동이 없으므로 이 예를 폐하는 것이다."라고 하였다. 이로 보건대 고이성은 시동에게 고하는 것이지 주인에게 고하는 것이 아니라는 사실을 알 수 있다. 이 경우 주인에게 피혐할 의리는 없는 듯한데, 어떻게 생각하는지 모르겠다.

문 예전에 들으니 우암과 동춘이 제사를 지낼 때는 느리고 빠르기가 각기 달라 우옹은 빠름을 숭상하고 동춘은 느림을 숭상하였다고 하는데, 이는 과연 정확한 전언입니까? 제 생각에 신의 도는 빠름을 숭상하고, 정성과 공경은 오래되면 느슨해지기 쉬우니, 중도를 지키지 못할 바에는 차라리 빨리 하는 잘못을 저지르는 것이 어떻겠습니까?

답 우옹과 동춘 두 어른이 제사를 빠르고 느리게 지냈다는 말은 지금에서야 그대의 말을 통해 처음 듣는다. 그러나 중도를 지킨다면 더욱 좋을 것이다.

신명윤에게 답하다

答申明允

방친(傍親)의 시제에 대해 《가례》 사당장(祠堂章)에서 "후손 없는 방친은 반부(班祔)한다."라고 하였는데, 아래의 시제조(時祭條)에 "자제와 부녀로 하여금 각기 부위(祔位)에 진설하게 한다."라는 말이 있다. 이를 참조하면 방친의 제사를 지내는 자가 시제를 설행해도 안 될 것 없다. 예를 아는 사람에게 다시 물어 처리하는 것이 어떻겠는가.

신명윤에게 답하다
答申明允

주자는 사계절 시제를 지낸 뒤 즉시 가택의 토지신에게 제사를 지냈으니, 축문이 《주자대전》에 보인다. 돌아가신 스승께서도 토지신에게 올리는 축문이 있었고, 우리집에서도 지낸다.

족질 재로에게 답하다
答在魯族姪

문 《가례》 선조제(先祖祭) 진기(陳器)의 주에 "큰 쟁반은 여섯 개이다."라고 하였는데, 이곳은 본디 네 개가 되어야 옳은 듯합니다. "작은 쟁반은 여섯 개다."라고 하였는데, 다른 본에는 간혹 네 개로 되어 있으나 잘못인 듯합니다. 아랫글 구찬(具饌)의 주를 보면 알 수 있습니다.

답 큰 쟁반 여섯 개와 작은 쟁반 네 개가 잘못이라는 그대의 말이 옳은 듯하다.

족질 상로에게 답하다
答尙魯族姪

문 예제(禰祭)에 대해서 《가례》에는 "부친을 계승한 소종(小宗) 이상은 모두 제사지낼 수 있다.〔繼禰之宗以上, 皆得祭〕"라고 하였습니다. 다만 조부를 계승한 소종은 가까운 이에게만 풍성하게 한다는 혐의가 있어 그만두고 제사지내지 않는데, 예법에 어긋나지 않습니까?
답 《가례》에 말하기를 "부친을 계승한 소종 이상은 모두 제사지낼 수 있다."라고 하였는데, 지금 '이상(上字)'이라는 글자로 보건대 조부를 계승하고 증조를 계승하고 고조를 계승한 소종이 지내더라도 혐의가 없을 듯하다. 주자는 4대를 계승한 소종으로서 9월마다 예제를 지냈다.

유도경에게 답하다
答柳道卿

문 주자가 어떤 이의 "사적인 기일을 만나서 탁자를 설치하고 향을 피워도 괜찮은가?"라는 질문에 답하기를 "만약 의리에 크게 장애가 되지 않는다면 시행해도 무방하다."라고 하였으나, 망곡(望哭)의 절차에 대해서는 논하지 않았습니다. 그렇다면 비록 어버이의 기일이라도 탁자를 설치하고 향을 피우기만 하고 망곡하지 않아야 합니까? 만약 친족의 집이나 빈집에 있다면 망곡해도 무방합니까?
답 객지에서 어버이의 기일을 만났다면 망곡해야 한다. 만약 시끄럽고 번잡한 곳에 있으면 행할 수 없으니, 선생의 말씀이 이와 같았던 것이다.

한사백에게 답하다

答韓師伯

문 《가례》 기일조(忌日條)에 "고비(考妣)의 경우, 주인 이하는 곡하고 슬픔을 다한다.〔若考妣則主人以下哭盡哀〕"라고 하였습니다. '주인 이하〔主人以下〕' 네 글자를 보면 비록 오복친(五服親)으로 제사에 참여한 자라도 모두 거애(擧哀)해야 하고, '고비의 경우〔若考妣〕' 세 글자를 보면 비록 조고비(祖考妣)의 기일이라도 곡하지 않아야 합니다. 그런데 《상례비요》에서는 '고비의 경우'라는 세 글자를 말하지 않고 범범하게 '주인 이하는 곡하고 슬픔을 다한다.'라고 하였으니, 《가례》의 본문에 어긋나는 듯하여 역시 몹시 의심스럽습니다.

답 '주인 이하'는 주인의 처첩 및 아우들, 아우들의 처, 자매들과 손자이니, 살아 있을 때 섬긴 사람은 모두 '이하'에 해당한다. 지금 오복친이라고 하였으니, 그중에 복이 가볍고 정이 소원한 자가 있을 것이다. 기제는 상중의 제사와 다르니 모두 곡하게 할 수는 없을 듯하다. '고비의 경우'의 '고비'자를 보면 그대가 이른바 "비록 조고비의 기일이라도 곡하지 않아야 한다."라는 말이 옳은 듯하다. 《상례비요》에서 '고비'자를 삭제한 의도는 알 수 없다. 구씨의 《가례의절》에는 조고비가 살아 있을 때 섬긴 사람은 모두 곡한다고 하였다.

송기손에게 답하다
答宋基孫

문 《상례비요》 소주의 "고비를 함께 제사지낸다."라는 정씨의 설은 회재(晦齋 이언적)의 말인데 사계(沙溪 김장생)가 인용하였으니 필시 분명한 근거가 있을 것입니다. 예전에 우재(尤齋 송시열)의 설을 보니 "정씨(程氏)의 《제의(祭儀)》에는 원래 함께 지낸다는 말이 없는데, 회재의 이 말은 어디에 근거하였는지 모르겠다.……"라고 하였습니다.

답 내가 예전에 스승에게 들으니 "회재의 《봉선잡의(奉先雜儀)》 기일조(忌日條) 아래에 정씨의 〈사선범례(祀先凡例)〉의 '고비를 함께 제사지낸다.'라는 설을 인용하였는데, 정씨를 정자(程子)로 간주하였고, 《의례문해》 소주에서 사계가 또 회재의 설을 인용하였다. 그러나 정자의 문집에는 함께 제사지낸다는 말이 없다. 근래 살펴보니 이른바 정씨는 -1자 빠짐- 산(山) 정씨이지 과연 정자가 아니었다."라고 하였다.-산(山) 위의 한 글자는 잊어버려 기억하지 못하겠다.-

문 고이성(告利成)은 수조(受胙)한 뒤의 절차입니다. 기제(忌祭)에는 수조하지 않으니, 고이성도 그만두는 것입니까?

답 고이성은 제례가 이미 이루어졌다고 고하는 것 뿐이니, 본디 수조하는지 여부와는 관계가 없다.

문 이미 고이성의 절차를 행하였다면 시제(時祭)의 규례대로 축(祝)

이하는 모두 두 번 절하고 주인은 절하지 않는 것입니까? 아니면 축이하와 함께 두 번 절해야 합니까? 또 우제조(虞祭條)를 보면 고이성만 하고 두 번 절하는 절차가 없는데, 이는 예를 줄이는 뜻에서 나온 듯합니다. 기제 역시 상(喪)의 남은 일부이니, 우제의 규례대로 고이성만 하고 두 번 절하지 않는 것입니까?

답 먼저 두 번 절하는지 함께 두 번 절하는지는 상고할 데가 없으니 감히 자세히 알지 못하겠다. 다만 지금 사대부들이 행하는 예로 보건대 그대가 한 말의 말단에 있는 설이 옳은 듯하다.

안익대에게 답하다
答安益大

문 종가가 먼 곳에 있는데 부모의 기일이나 혹은 질병과 사고 때문에 가서 참석할 수 없다면 간략히 찬물(饌物)을 차리고 지방(紙榜)으로 제사를 지내니, 이렇게 행하는 집이 많습니다. 이 예가 어떠한지 모르겠습니다. 신도(神道)는 통일되어 있으니 종가에서 제사를 지냈다면 지손의 집에서 거듭 지내는 것은 종통을 중시하는 의리로 헤아리건대 문란함을 면하지 못합니다. 곡위만 설치하고 곡하는 것이 인정과 예의에 마땅하겠습니까? 만약 다른 고을의 나그네 신세라면 곡위를 설치하기가 형세상 어려울 것입니다. 묘소 아래로 말하자면 타향과 다르니, 곡위를 설치하고 곡해야 합니까? 분묘에서 곡해야 합니까?

답 찬물을 간략히 차리고 지방으로 제사를 지내는 것이 부당하다는 점은 그대의 논의가 옳은 듯하다. 곡위를 설치하여 망곡하는 것은 우리집에서도 늘 행하는 것이다. 다만 예의 뜻에 과연 맞는지는 모르겠다. 묘소 앞에서 곡한다는 설은 상고할 데가 없어 감히 분명히 말할 수 없다.

이군보에게 답하다
答李君輔

묘제에 관한 설은 형의 말이 어찌 명백하지 않겠습니까마는 어리석은 저의 견해로는 의심이 없을 수 없습니다. 지금 형의 말을 가지고 《가례》의 본문을 보면, 이른바 "일년에 한 번 제사지낸다.〔歲一祭之〕"의 제사는 친진(親盡)한 위(位)의 묘제입니다. 이른바 "삼월 상순의 제사"는 아직 친진하지 않은 위의 묘제입니다. 친진하여 집안에서 제사를 그만두면 그 자손은 일년에 한 번 그 묘소에서 제사지내 조상을 추모하고 영원히 사모하는 마음을 펴니, 이는 실로 지극한 인정이요 곡진한 예법입니다.

이 "일년에 한 번 제사지낸다." 네 글자를 보면 아래에 있는 삼월 상순의 제사와 그 예법이 같지 않습니다. 일년에 한 번 제사지낸다는 것은 일년 안에 한 번 제사지낸다는 것을 범범히 말한 것이고, 삼월 상순이라는 것은 삼월 상순 안에 설행할 수 있다는 말입니다. 지금 형은 반드시 합하여 하나로 만들고자 하니, 이것이 첫 번째 의심스러운 점입니다.

또 친진한 묘소와 아직 친진하지 않은 묘소가 하나의 언덕에 함께 있는 경우, 이미 일년에 한번 제사를 지냈는데 또 삼월 상순에 똑같이 예를 갖추어 제사를 지낸다면, 이는 일년에 두 번 제사지내는 것이지 한 번 제사지내는 것이 아닙니다. 한위공(韓魏公 한기(韓琦)), 사마공(司馬公 사마광(司馬光)) 두 정 부자(程夫子 정호(程顥), 정이(程頤))는 또 10월 1일에 묘제를 지냈는데, 주 선생(朱先生 주희)과 여 동래(呂東萊 여조겸)가 따라서 행하였습니다. 만약 일년에 한 번 제사를 지내고서 또 삼월 상순의 제사와 10월 1일의 제사를 지낸다면, 이는 일년에 세 번 제사지내는 것이지 한 번 제사지내는 것이 아닙니다. 더구나 우리나라는 또 사명일(四名日)의 묘제가 있으니, 만약 일년에 한 번 제사를 지내고 또 사명일의 제사를 지내면 이는 일년에 다섯 번 제사지내는 것이지 한 번 제사지내는 것이 아닙니다. 이것이 두 번째 의심스러운 점입니다.

이천(伊川)이 말하기를 "고조 이하에게 제사지내는데 단지 풍쇄(豐殺)와 소삭(疏數)[28]은 같지 않다.……"라고 하였습니다. 지금 친진한 묘소에 예를 갖추어 일년에 한 번 제사를 지냈는데, 사명일의 제사를 또 예를 갖추어 지낸다면 그 풍쇄가 같지 않은 점이 어디에 있습니까. 또 이미 일년에 한 번 제사를 지냈는데 또 사명일의 제사를 지낸다면, 이는 친진한 위의 제사가 도리어 잦고 아직 친진하지 않은 위의 제사가 도리어 드문 것이니, 이것이 세 번째 의심스러운 점입니다.

5대 이상 15, 6대 조상의 묘소와 고조, 증조, 조부, 부친의 묘소가 함께 한 구역에 있다면 합하여 계산하면 20여 대입니다. 15, 6대 조상

28 풍쇄(豐殺)와 소삭(疏數) : 풍쇄는 제사의 규모가 크고 작은 정도를 말하고 소삭은 제사의 빈도가 잦고 드문 정도를 말한다.

에게 이미 일년에 한 번 제사지내고, 20여 대의 묘소에 또 사명일에 함께 성대한 제사를 지낸다면, 이는 비단 예법에 절도가 없을 뿐만 아니라 가난한 자손은 형세상 할 수가 없으니, 이것이 네 번째 의심스러운 점입니다.

가볍게 준비한다〔薄講〕라는 말에 대해 형은 비록 요경(堯卿 이당자(李唐咨))의 사적인 견해라고 하였지만, 주자는 그르다고 하지 않았고 도리어 해가 없다고 말하였으니, 심하게 배척할 수는 없을 듯합니다. 돌아가신 스승께서 심 사과(沈司果 심원준(沈元浚))에게 묘제에 대해 하신 말씀의 뜻은, 일년에 한 번 제사를 지내지 않고 사시에 묘제를 지내면 피차가 또 현격히 다르므로 온당치 않다는 것이니, 그 주된 뜻은 전적으로 일년에 한 번 제사지내려는 데 있습니다. 우복(愚伏 정경세)이 동춘(同春 송준길)에게 답한 말에 비록 "찬품(饌品)에 풍성하고 간략함이 있을 수 없다."라고 하였으나 그 뜻은 일년에 한 번 제사지내는 것을 위주로 말한 것입니다. 형 집안의 화산(花山) 묘제에 대해서 형은 스스로 《가례》에 근본을 두었다고 말하지만, 《가례》에는 단지 친진한 묘소에 일년에 한 번 제사지낸다고 하였을 뿐입니다. 그런데 지금 사시에 성대한 제사를 지내고 있으니 《가례》의 본뜻을 크게 잃었습니다. 그런데도 《가례》에 근본을 두었다고 말하니 저는 믿지 못하겠습니다.

외조부모의 제사는 친진하면 제사를 그만두는 경우로 논할 수 없으니, 퇴계의 대답이 그렇지 않을 수 없었던 것입니다. 이는 모두 오늘날의 증거로 인용할 수 없을 듯합니다. 제 생각에 일헌(一獻)만 설행하라는 사계(沙溪 김장생)의 설이 헤아려 절충하는 방도가 있어 영원히 시행해도 폐단이 없고, 자손이 가난해도 힘을 다할 바탕이 됩니다. 어떻게 생각하는지 모르겠습니다.

족질 재로에게 답하다

答在魯族姪

문 묘제의 소주(小註)에 있는 주자가 아들에게 경계한 글에 "앞으로는 묘소 앞에서와 똑같이 하여 채소, 과일, 젓갈, 포(脯), 밥, 다탕(茶湯) 각 한 그릇으로 내가 어버이를 편안히 하고 신령을 섬기는 뜻을 극진히 해야 한다.……"라는 말이 있습니다. 현석(玄石 박세채)이 말하기를, "윗글에서 후토(后土)에게 제사지낼 때는 단지 네 그릇이라고 하였는데 지금 이렇게 말하였다. 앞뒤의 두 가지 음식을 합쳐서 묘소 앞에서와 똑같이 한다는 것은 나중에 고친 부분인 듯하다.……"라고 하였습니다. 이른바 탕(湯)이라는 것은 갱(羹)을 가리키며 지금의 이른바 어육탕(魚肉湯)은 아닌 듯합니다. 또 이미 "묘소 앞에서와 똑같이 한다."라고 하였는데, 빠뜨릴 수 없는 고기와 간은 유독 말하지 않았으니 의심스럽습니다.

답 다탕(茶湯)의 탕은 차를 만드는 물건인 듯하니, 갱을 가리켜 말한 것은 아닌 듯하다. 《통례(通禮)》 참조(參條) 아래의 주와 〈상례〉 조전(弔奠) 아래의 주를 보면 알 수 있다. 더구나 돌아가신 스승께서 두 가지 음식에 답한 말에서도 어육을 탕이라고 하지 않았으니 어떻겠는가. 또 탕과 갱에 대해 나는 의심한 적이 있다. 《운회(韻會)》에 "탕은 뜨거운 물이다."라고 하였고, 또 "뜨거운 물을 붓는 것이다."라고 하였다. "갱은 다섯 가지 맛을 조화한 것이다."라고 하였고, 또 "고기를 갱이라 한다."라고 하였다. 이로 보건대 탕과 갱은 두 가지 물건이 분명하다. 경전을 살펴보면 갱을 탕이라고 한 적이 없는데, 지금 그대는 뒤섞어 하나의 물건으로 보니, 어디에 근거한 것인지 모르겠다. 주자가 아들에게 경계한 글에 이른바 "채소, 과일, 젓갈, 포, 밥, 다탕……"이라고 한 것은 대강을 말한 듯하니, 비록 '고기와 간〔肉肝〕' 두 글자는 없으나 이미 "묘소 앞과 똑같이 한다."라고 하였으니 고기와 간도 그 속에 있는 듯하다.

족손 치복에게 답하다

答致福族孫

문 묘제의 축문은 비록 낮고 어린 사람의 제사라도 지어야 합니까?

답 기제에 축문이 있으니 묘제도 그러한 듯하다. 묘제의 축문은《상례비요》에 보인다.

해주 소현서원의 원유에게 답하다
答海州紹賢書院院儒

문 박공(朴公 박여룡(朴汝龍))과 조공(趙公 조광현(趙光玹))은 선생 율곡(栗谷 이이)의 문인으로 선생의 사당 옆에 종향(從享)되었습니다. 같은 날 제사를 지낸다면 전적으로 향사하는 예를 쓸 수 없을 듯한데, 변두(籩豆)의 제식(祭式)에 대해 애당초 어른에게 질문하지 못하였습니다. 사변사두(四籩四豆)로 원묘(元廟)의 의식과 일체 봉행하자니 몹시 온당치 않습니다.

창주서원(滄洲書院)의 의식에 따르면 종향한 현인들에 대해서는 분전관(分奠官)이 술잔을 올리는 의식은 있으나 축문을 읽는 절차 등은 따로 없습니다. 천곡서원(川谷書院)과 도산서원(陶山書院)에서는 종향한 한훤(寒暄 김굉필)과 월천(月川 조목)의 신위에 대해 단지 이변이두(二籩二豆)가 있을 뿐이며, 종헌(終獻) 때 따로 술잔을 올리는 의식은 있으나 또 삼헌(三獻) 및 폐백을 바치고 축문을 읽는 일은 없습니다. 이 예법을 따라야 할 듯합니다.

다만 이 향사(鄕祠)[29]는 담 밖에 있으니 원묘와 동시에 제사를 지낼 수는 없습니다. 그러므로 원묘의 제사를 마친 뒤 따로 전을 올릴 것인데, 창주서원 및 천곡서원, 도산서원과 일의 형세가 조금 다른 듯합니다. 그렇다면 문묘의 동무(東廡)와 서무(西廡)의 규례로 보면 반드시 참작하여 등급을 조절하는 방도가 있어야 할 듯합니다. 보(簠) 하나, 간(簋) 하나, 변(籩) 둘, 두(豆) 둘과 단헌(單獻)으로 제사를 지내고, 폐백을 바치는 일이 없어야 하겠습니까? 같은 사당이 아니니 압존한다는 혐의가 없겠습니까?

원묘의 주문공(朱文公) 축문에 정암, 퇴도, 율곡, 우계, 사계 선생을 배향하였다고 말하였으니, 또 박공과 조공을 종향하였다는 뜻을 그 사이에 보태 넣을 수는 없습니다. 따로 축문이 있어야 합니까? 지금 문묘의 문선왕(文宣王 공자) 축문에는 동무(東廡)와 서무(西廡)에 종향하였다는 말이 없고, 동무와 서무에는 달리 축문이 없으니, 이대로 빼두어야 하겠습니까? 또 원묘의 배위에 축문이 없는데 향사에 도리어 축문이 있다면 온당치 않은 단서가 없겠습니까? 만약 축문이 있어야 한다면 함께 지어주시는 것이 어떻겠습니까?

답 변두의 품식은 문묘 석전(釋奠)의 의식을 보면 높이고 낮춤이 현격히 다르니, 이 향사의 경우는 원묘보다 낮추어야 할 듯하고, 축문 역시 문묘처럼 없애는 것이 마땅한 듯하다. 박공과 조공은 율곡 선생의 문인이고 지금 이 향사는 또 원묘와 지극히 가까운 곳에 있으니, 비록 담 밖에 있다고는 하지만 실제로는 양무(兩廡)에 배향된 것과 차이가 없다. 또 선생은 두 공의 스승인데도 주자에게 압존되어 축문이 없으니, 유독 두 공에 대해서만 축문이 있다면 온당치 않은 듯하다.

29 향사(鄕祠) : 소현서원의 향현사(鄕賢祠)를 말한다.

문 위차(位次)는 나이 순서대로 한 줄에 함께 제향해야 할 듯한데, 원묘는 주문공을 주벽(主壁)으로 삼고 오선생(五先生 조광조, 이황, 이이, 성혼, 김장생)을 소목에 따라 자리하되 동쪽을 위로 삼았습니다. 지금 이 향사에서 한 줄로 자리한다면 원묘처럼 동쪽을 위로 삼아야 합니까? 사가(私家)의 사당 의식처럼 서쪽을 위로 삼아야 합니까?

답 위차에 관한 설은 돌아가신 스승 현석 선생의 설을 살펴볼 만하다. 그 설에 "만약 동쪽과 서쪽의 위차를 따지자면 창주서원(滄洲書院)에 종사할 때는 염계를 동쪽에 두고 명도를 서쪽에 두었으니,[30] 이는 동쪽을 위로 삼은 것이다. 남강(南康)에 사당을 세웠을 때는 염계를 서쪽에 두고 오현을 동쪽에 두었으니,[31] 이는 서쪽을 위로 삼은 것으로 그 규례가 한결같지 않다. 창주서원에 종사할 적에는 부자를 주벽으로 삼고 종사하는 분들은 동무와 서무에 두었으니, 옛 소목의 순서와 비슷한 듯하다. 그러므로 동쪽을 위로 삼은 것이다. 남강서원 역시 부자를 주벽으로 삼았으나 이미 두 사당과 학궁을 따로 세운 뒤이므로 서쪽을 위로 삼은 것이니, 지금 공사(公私) 사당의 위차와 같은 듯하다. 그렇다면 서쪽을 위로 삼아야 할 듯하다.……"라고 하였

30 창주서원(滄洲書院)에……두었으니 : 주자가 복건성(福建省) 건양(建陽)에 세운 창주정사(滄洲精舍)를 말한다. 공자와 안자(顔子), 증자(曾子), 자사(子思), 맹자(孟子), 주돈이(周敦頤), 정호(程顥), 정이(程頤), 소옹(邵雍), 사마광(司馬光), 장재(張載), 이동(李侗)을 제향하였는데, 주돈이를 서쪽 첫 번째 자리에 두고 정호를 동쪽 첫 번째 자리에 두었다.

31 남강(南康)에……두었으니 : 주자가 남강군지사(南康軍知事)로 부임하여 사당을 세워 주돈이(周敦頤), 정호(程顥), 정이(程頤)를 제향하고, 따로 사당을 세워 그 지방 출신인 도연명(陶淵明), 유환(劉渙), 유서(劉恕), 이상(李常), 진관(陳瓘) 등 오현(五賢)을 제향하였다.

다. 이대로 시행하는 것이 어떠한가?

문 박공을 사당에 제향하는 날, 관찰사 이집(李濮) 공과 판관 서종(徐宗) 공이 한때 봄가을 제물을 올리도록 정식으로 삼았습니다. 그러므로 관청에서 제수를 준비하였습니다. 그러나 향촌의 사당은 국가의 법전에 실려 있지 않으니, 관청의 제수로 향사하는 것이 온당하지 않은 듯합니다. 《한강집》에도 이러한 논의가 있습니다.[32] 서원으로 하여금 제향을 준비하게 하였으나 희생으로 쓸 돼지를 준비하지 못하여 축문에 "살진 닭이며 맑은 술"이라고 하였는데, 이것이 예법의 뜻에 합당합니까?

답 봄가을의 제수는 한강의 말이 옳은 듯하다. 축문은 쓰지 않으면 그만이거니와 쓴다면 그대가 말한대로 이른바 "살진 닭이며 맑은 술"이라는 말이 마땅할 듯하다.

문 박공(朴公)은 송애(松崖)라는 호가 있으니 위판에 '송애 박공'이라고 썼습니다. 조공은 따로 호칭이 없으니 '좌랑 조공'이라고 써야 하겠습니까? 한 사당 안에 이렇게 차이가 있으니 어떤 이는 조공이 살던 곳에서 논의를 모아 호칭해야 한다고 하는데, 역시 무방하겠습니까?

32 한강집에도……있습니다 : 서계서원(西溪書院)의 유생이 제물을 관청에서 구해 쓰기가 구차하여 서원에서 준비하였는데, 희생으로 쓸 돼지는 관청에서 구하지 않을 수 없어 정구에게 질문했다. 정구는 도산서원(陶山書院)의 축문에 "살진 닭이며 맑은 술"이라는 말이 있으니 돼지를 쓰지 않고 닭을 쓴 것이 분명하다고 답변하였다. 《寒岡集 卷6 答西溪書院儒生》

답 조공(趙公)에게 칭호가 없으니 직명을 써도 무방할 듯하다. 다른 서원에도 이러한 사례가 많다. 지금 한두 곳을 말하자면 선산(善山) 향현사(鄉賢祠)는 강호(江湖) 김숙자(金叔滋)와 참봉 김취성(金就成), 초계(草溪) 연곡사(淵谷祠)는 찰방 전치원(全致遠)[33], 인동(仁同) 향현사의 참봉 강익(姜翼), 뇌계(濡溪) 유호인(兪好仁)이다. 나머지는 다 기록하지 못한다.

33 전치원(全致遠) : 대본에는 '金致遠'으로 되어 있는데, 《탁계집(濯溪集)》 권2 〈연곡사상향문(淵谷祠常享文)〉에 의거하여 '全致遠'으로 바로잡아 번역하였다.

후재집

제17권

차기 소학
箚記 小學

차기 소학 箚記 小學

소학 차기 범례

小學箚記凡例

1. 어린아이를 기르는 방도는 《소학》보다 긴절한 것이 없지만 처음 배우는 선비들이 간혹 읽기 어렵다고 괴로워한다. 이 때문에 본문과 주해(註解) 이외에 널리 고금의 여러 서적을 찾아 이 책에 대해 발명한 것이 있으면 대부분 수록하여 참고에 대비하였다.

1. 차기는 한결같이 《소학집설(小學集說)》을 위주로 하였고, 율곡(栗谷)의 《소학집주(小學集註)》에 이미 드러난 제가(諸家)의 주해는 스스로 참고할 수 있기 때문에 함께 수록하지 않았다.

1. 간혹 하나의 일인데 주해가 같지 않은 경우는 그 설을 둘 다 보존하여 그 득실을 상고하게 하였다.

1. 만약 하나의 일이라면 비록 여러 사람의 말이라도 모두 이어서 쓰고 ○ 표시가 없다.

1. 상고할 수 있는 고인(古人)의 성명이나 근거할 수 있는 본문의 출처는 함께 채록(採錄)하여 참고하여 열람에 편리하게 하였다

1. 글자의 음(音)과 뜻은 어린아이들이 강습 초기에 먼저 알지 않아서는 안 된다. 이 때문에 모든 음과 뜻은 한결같이 운서(韻書)를 따

르되 다른 책을 참고하여 되도록 상세하게 써서 보는 자들이 쉽게 알 수 있게 하였다.

1. 이 책은 어린아이가 먼저 읽을 책이기 때문에 한결같이 상세하게 쓰는데 중점을 두어 복잡하고 세밀한 것을 피하지 않았다.

1. 각 조목 아래에 간혹 내 의견을 논변할 경우엔 '안(按)' 자를 넣어서 구별하였다.

제사

題辭

표제(標題)-주(註)-

표(標)는 운서(韻書)[1]에 '드러내다〔表〕'는 뜻이라고 하였고, 《광운(廣韻)》에 '들다〔擧〕', '기록하다〔記〕'는 뜻이라고 하였다.

이는 생물의 이룸이다.〔利者生物之遂〕-주(註)-

《논어》의 '끝난 일이라 간하지 않는다.〔遂事不諫〕' 주석에 "수사(遂事)는 일이 비록 이루어지지는 않았으나 형세상 그만둘 수 없는 것이다."라고 하였다.

털끝만큼도 보태지 않는다.〔不加毫末〕

살펴보건대, 이 네 글자는 혹 성분(性分) 측면으로 본다면 성분에 털끝만큼도 보태지 않는다는 말이고, 혹 공부 측면으로 본다면 공부에 털끝만큼도 보태지 않는다는 말이다. 그러나 그 아래의 '모든 선이 충족하다.〔萬善足焉〕'와 주석의 '천성이 완전하다.〔天性渾全〕' 등의 말을 가지고 보면 위의 설이 더 나은 듯하다.

물욕이 서로 가린다.〔物欲交蔽〕

살펴보건대, 물욕이 서로 가린다는 것은 수많은 욕망이 다투어 이르

1 운서(韻書) : 저자가 참고한 운서는 《고금운회거요(古今韻會擧要)》이다.

기 때문에 '서로 가린다.'고 한 것이지, 물(物)과 욕(欲)이 각각 하나의 물사(物事)가 되어 번갈아 침범하는 것을 말하는 것이 아니다. 지금 언해(諺解)에서는 물(物)과 욕(欲)을 뚜렷하게 두 가지 물사로 만들었으니 본뜻을 잃은 듯하다.

포기(暴棄)

《맹자》에 "스스로를 해치는〔自暴〕 자와는 함께 도(道)를 말할 수 없고, 스스로를 버리는〔自棄〕 자와는 함께 일할 수 없다. 말할 때마다 예의(禮義)를 비난하는 것을 일러 '스스로를 해친다〔自暴〕'고 하고, 나는 인(仁)에 머물거나 의(義)를 행할 수 없다고 포기하는 것을 일러 '스스로를 버린다〔自棄〕'고 하는 것이다."라고 하였다.

그 뿌리를 북돋으며 그 가지를 발달시킨다.〔以培其根, 以達其枝.〕

진씨(陳氏) 주석에 "《소학》의 가르침으로 뿌리를 배양하고, 《대학(大學)》의 가르침으로 가지를 발달시킨다."라고 하였다. 요씨(饒氏)는 "그 인의예지(仁義禮智)의 성(性)을 기르기를 마치 나무의 뿌리를 배양시키듯이 하고, 그 측은(惻隱)·수오(羞惡)·사양(辭讓)·시비(是非)의 단서와 어버이를 사랑하고 형을 공경하고 임금에게 충성하고 어른에게 공손히 하는 도를 확충시키기를 나무의 줄기를 발달시키듯 한다."라고 하였으니, 이것은 진씨의 주석과 같지 않다.

밝은 명이 환하다.〔明命赫然〕

살펴보건대, 이것은 《서경》〈태갑〉의 이른바 '하늘의 밝은 명을 돌아보며 살핀다.〔顧諟天之明命〕'라는 것과 《중용》의 이른바 '천명을 성이라고 한다.〔天命之謂性〕'는 것이 이것이다. 하늘이 부여한 것으로 말하면 명(命)이라고 하고, 사람이 받은 것으로 말하면 성(性)이라고 하니, 그 실제로는 하나이다. 반드시 '밝다〔明〕'고 말한 것은 그 본체가 본래 밝기 때문이다. '혁연(赫然)'은 또 그 밝음을 형용한 것이다.

안팎이 있지 않다.〔罔有內外〕

살펴보건대, 아래 글에서 말한 '덕(德)'이 안이고, '업(業)'이 바깥이니,[2] 덕이 안에서 높아지고 업이 밖에서 넓어지는 것이다. 이는 모두 하늘이 명한 마땅한 이치로 애초에 안팎의 차이가 있지 않다.

요씨(饒氏)가 말하기를, "사물의 이치가 연구되고 앎이 지극해지고 뜻이 성실해지고 마음이 바루어지고 몸이 닦여져 안에 쌓여진 덕이 지극히 높아지니, 이로 말미암아 미루어 나가면 집안이 정제되고 나라가 다스려지고 천하가 평정되어 밖에서 시행된 업이 지극히 넓어지면 그 본연의 성을 회복할 수 있을 것이다.……〔物格知至意誠心正身修而德之積於內者, 極其崇高, 由是推之, 使家齊國治天下平而業之施於外者, 極乎廣博, 則有以復其性之本然云云.〕"-주(註)-

살펴보건대, 덕은 마음속에 얻어진 도(道)이고, 업은 '수업(受業)'·'소업(所業)'의 업(業)과 같다. 격물(格物)·치지(致知)·성의(誠意)·정심(正心)·수신(修身) 공부가 업이 아님이 없으니, 이것은

2 아래……바깥이니 : 아래 글은 "덕이 높고 업이 넓다.〔德崇業廣〕"이다.

《대학(大學)》의 일이다. 덕이 이미 안에서 높아지고 업이 이미 밖에서 넓어진 뒤에야 애초의 선한 본성을 회복할 수 있으니, 이른바 '덕이 높아지고 업이 넓어져서 그 처음을 회복한다.'는 것은 그 뜻이 이와같은데 지나지 않는데, 지금 요씨의 설은 거꾸로 말한 듯하다. 대체로 사람은 반드시 먼저 그 본연의 성을 회복한 뒤에야 이것을 미루어 집안을 정제하고 나라를 다스리고 천하를 평정하는 공을 이룰 수 있다. 어찌 먼저 집안을 정제하고 나라를 다스리고 천하를 평정한 뒤에 비로소 그 본연의 성을 회복하는 자가 있겠는가. 내가 요씨의 설을 살펴보건대, 아마도 덕이 높은 것을 명덕(明德)에 소속시키고 업이 넓은 것을 신민(新民)에 소속시켰기 때문에 이렇게 말한 듯한데, 스스로 그 말이 거꾸로 되었음을 깨닫지 못했다. 더구나 본문에서는 단지 이치를 궁구하고 몸을 닦는 것만 말했을 뿐, 애초에 집안을 정제하고 나라를 다스리고 천하를 평정하는 것을 거론하지 않았으니, 요씨의 설은 더욱 온당치 못한 듯하다. 율곡(栗谷)이 요씨의 주석에서 '사가제국치천하평(使家齊國治天下平)' 여덟 글자를 빼버렸으니, 그 뜻도 이 때문일 것이다.

교육이 해이하다.〔教弛〕

이(弛)는 《설문(說文)》에 '활시위를 풀다〔弓解〕'는 뜻이라고 하였다.

어지럽게 잡아당기다.〔紛拏〕

나(拏)는 《설문》에 '잡다〔持〕'는 뜻이라고 하였다. 또 '끌어당기다〔牽引〕'는 뜻이고, 또 '번거롭다〔煩〕'는 뜻이다. 《한서(漢書)》〈곽거병전(霍去病傳)〉에 "흉노가 서로 치고 당겼다.〔匈奴相紛拏〕"라고 하였는데, 안사고(顔師古) 주석에 "분나(紛拏)는 어지럽게 서로 치고 당기는 것이다."라고 하였다.

시끄럽게 공격한다.〔喧豗〕

회(豗)는 운서(韻書)에 '서로 치다〔相擊〕'라고 하였고, 또 '시끄러운 소리〔喧聲〕'라고 하였다. 이백(李白)의 시에 "나는 물결과 폭포수 줄기 다투어 시끄럽다.〔飛湍瀑流爭喧豗〕"는 구절이 있다.

이에 모으다.〔爰輯〕

집(輯)은 운서(韻書)에 '거두다〔斂〕'는 뜻이라고 하였다.

거의 후대의 학자들을 깨닫게 할 것이다. 처음 배우는 어린아이〔庶幾覺悟後來之學者爾, 初學之小子〕-주(註)-

살펴보건대, '이(爾)' 자는 어떤 사람은 위의 '학자(學者)'에 붙여서 읽는데 이 경우 '이' 자는 허자(虛字)이고, 어떤 사람은 아래 '초학(初學)'에 붙여서 읽는데 이 경우 '이' 자는 실자(實字)이니, 어느 것이 옳은지 모르겠다. 최사손(崔士遜 최민학(崔敏學))은 "'이' 자를 위 구절에 붙여 어조사로 삼는 것이 옳은 듯하다."라고 하였다.

서제

書題

서제(書題)

선사(先師) 문순공(文純公 박세채(朴世采))이 "《소학》 책의 제사(題辭)이다."라고 하였다.

스승을 높이고 벗을 가까이 하는 도〔隆師親友之道〕

살펴보건대, 오씨(吳氏)는 "도(道)는 당연한 이치이다."라고 하였고, 《집해(集解)》에는 "도는 강습의 방법이다."라고 하였고, 사계 선생(沙溪先生)은 "도는 수양의 방법이다."라고 하였으니, 세 설이 같지 않다.

한격을 감당할 수 없다.〔扞格不勝〕

한격(扞格)은 운서(韻書)에 '들어가지 못하다.〔不入〕'는 뜻이라고 하였고, 또 '서로 어긋나다.〔相抵捂〕'는 뜻이라고 하였다. 《예기》 〈학기(學記)〉의 '발생한 후에 금지시키면 완강하게 저항하여 감당할 수 없다.〔發然後禁, 則扞格【격(格)은 호(胡) 자와 객(客) 자의 반절이다.】而不勝〕' 주석에 "한(扞)은 막음이고 학(格)은 동학(凍洛 땅이 얼어 단단함)의 학(洛)과 같으니, 땅이 언 것이 단단하여 들어가기 어려움을 이른다."라고 하였고, 율곡 선생은 "격은 '백성이 감히 막는 자가 없었다.〔民莫敢格〕'[3]는 격(格) 자와 같으니 거역의 뜻으로, 본래의 글자대로 읽는다."라고 하였고, 사직(士直 김유(金楺))은 "율곡의 설을 따른다면 격은 의서(醫書)의 관격(關格)[4]의 뜻이고, 사마온공(司馬溫公)은 격물(格物)의 '격' 자를 해석하여 '격은 물리친다〔扞〕·막는다〔禦〕와 같다'라고 하였으니, 이 '격' 자와 율곡의 설을 참고해서 봐야한다."라고 하였다.

고금의 차이가 없다〔無古今之異〕

오눌(吳訥)이 말하기를, "고금의 차이가 없다는 것은 주자(朱子)가 수집하여 책을 만든 것이 이것이다."라고 하였고, 사계 선생(沙溪先生)은 "《대학혹문(大學或問)》에서 《소학》을 논한 부분에 '옛 법 가운데 오늘날 시행하기에 합당한 것을 또한 수집하여 책을 만들었다.'라는 말이 있으니, 오씨의 설과 서로 발명이 된다."라고 하였고, 우계 선생(牛溪先生)은 "고금의 차이가 없다는 것은 인성(人性)을 가리켜 말한 것이다."라고 하였다. 살펴보건대, 고금의 차이가 없다는 것은 바로 《소학》의 물 뿌리고 쓸며 응하고 대답하며 어버이를 사랑하고 형을 공경하며 스승을 높이고 벗을 가까이 하는 방도를 가리킨 것이니, 세상은 비록 고금의 차이가 있지만 도는 일찍이 고금의 구별이 없다. 오늘날 세상의 사람들이 비록 《소학》의 완전한 책을 보지는 못했지만 전기(傳記)에 섞여 나오는 것이 아직도 많이 있다. 다만

3 백성이……없었다 : 《자치통감》 권7 진시황(秦始皇) 26년에 "왕분(王賁)이 연(燕)나라에서 남쪽으로 제(齊)나라를 공격하여 갑자기 도성인 임치(臨淄)로 쳐들어가니 백성들이 감히 막는 자가 없었다.〔王賁自燕南攻齊, 猝入臨淄, 民莫敢格者.〕"라는 구절이다.

4 관격(關格) : 먹은 음식이 갑자기 체하여 가슴 속이 막히고 대소변이 통하지 않는 증상이다.

읽는 자들이 옛날과 지금은 마땅함이 다르다고 생각하여 실행하지 않는다. 그러나 이는 이른바 물 뿌리고 쓸며 응하고 대답하며 어버이를 사랑하고 형을 공경하며 스승을 높이고 벗을 가까이하는 등의 일은 실로 고금의 차이가 없어 일찍이 오늘날에 행할 수 없는 것이 아님을 전혀 알지 못하는 것이 또한 분명하다. 또 살펴보건대, 전기에 섞여 나오는 것이 진실로 고금의 차이가 없을 수 없지만 그 가운데 고금에 따라 다르지 않는 것이 있으니, 바로 어버이를 사랑하고 어른을 공경하는 일이 이것이다.

수(蒐)

운서(韻書)에서 봄 사냥을 수(蒐)라고 하였고, 또 '찾다〔索〕'는 뜻이라고 하였다. 《집운(集韻)》에는 '수(搜)' 자와 통용한다고 하였다.

회암이 쓰다.〔晦菴題〕

살펴보건대, 주자(朱子)가 다른 서문(序文)에는 '신안(新安) 주희(朱熹)'라고 아울러 칭하였는데, 여기에서 유독 회암(晦菴)이라고 칭한 것은 어째서인가? 아마도 혹 주부자(朱夫子)가 이 책을 쓸 때에 어린아이들을 가르치고 있었기 때문에 이름을 칭하지 않은 듯하다. 또 《모시(毛詩)》, 《대학》, 《중용》 등속은 모두 옛 성현이 찬술한 책이므로 그 서문에 감히 사호(私號)를 칭하지 않고 이름을 칭한 것이고, 지금 이 《소학》은 주부자가 스스로 찬집한 책이므로 이름을 칭하지 않고 사호만 칭한 듯하다.

총론

總論

격언(格言)

격(格)은 '이르다〔至〕'는 뜻이고, 또 '바르다〔正〕'는 뜻이다.

참설(讒說)

돌아가신 스승이 말하기를, "《순자(荀子)》에 선량한 사람을 해치는 것을 참(讒)이라고 했으니, 참설은 선을 해치는 설이라는 말과 같다."라고 하였다.

많은 사람들의 말이 밖에서 들어온다.〔衆口辨言鑠於外〕

돌아가신 스승이 말하기를, "변언(辨言)은 시속(時俗)의 강변(强辯)과 능변(能辯)의 일종이다. 외(外)는 근거를 가지고 실제로 올바른 이치를 해치는 것인 듯하다."라고 하였다. 《맹자》의 '밖으로부터 나를 녹여 들어온다.〔由外鑠我〕' 주석에 "삭(鑠)는 불로 쇠를 녹이는 것의 명칭이니, 밖에서부터 녹여서 안에 이르는 것이다."라고 하였다.

사람을 만드는 틀이다.〔那箇是做人底樣子〕

나개(那箇)는 《어록해(語錄解)》[5]에 '어느 것〔어닉것〕'이라고 하였다. 나(那)는 또 '저〔뎌〕' 또는 '어디〔어딕〕'의 뜻이고, 미훈(眉訓)에는 '저〔彼〕'이다. 주(做)는 '만들다〔作〕'는 뜻이다. 저(底)는 "해당하는 곳〔當處〕으로, 혹 '적(的)'으로 쓴다. 또는 '그런 것이〔그런거시〕'이다. 미훈에는 '한〔ᄒᆞᆫ〕'이라고 하였다. 또 양자(樣子)는 '본'이다.

상면에 나아가 자세히 강구한다.〔就上面講究委曲〕

사계 선생(沙溪先生)은 "상면(上面)은 《소학》의 상면이다."라고 하였고, 우복(愚伏) 정경세(鄭經世)는 "모든 일마다의 상면이다."라고 하였고, 《주자어류(朱子語類)》[6]에는 "《소학》은 어버이를 섬기고 어른을 섬기는 것을 배워서 또 곧장 그 일을 이해하는 것이고, 《대학》은 상면에 나아가 그 이치를 상세하게 강구하여 어버이를 섬기는 이유가 무엇인지, 어른을 섬기는 이유가 무엇인지 강구하는 것이다."라고 하였고, 또 "임금이 되어선 인(仁)에 그치고 신하가 되어선 경(敬)에 그치는 따위를 옛사람이 《소학》에서 모두 이해하였지만 그 사이에는 다소의 일이 있으니, 이를테면 인(仁)이 반드시 인이 되는 이유가 있고 경(敬)이 반드시 경이 되는 이유가 있다. 이 때문에 또 《대학》의 치지(致知)와 격물(格物)에 대하여 끝까지 궁구하여 극진하게 하는 것이다."라고 하였다. 상면(上面)은 '운녁'이니, 하면(下面)·외면(外面)·이면(裡面)·전면(前面)·후면(後面)이 그 뜻이 같다. 위곡(委曲)은 위(委)도 '곡(曲)' 자의 뜻으로 '굽이

5 어록해(語錄解) : 이황(李滉)과 유희춘(柳希春) 및 그 제자들이 송나라 이래의 문헌에 나타나는 구어체(口語體)의 어휘인 어록(語錄)을 풀이한 책이다. 아래에 계훈(溪訓)·미훈(眉訓)을 표시하여 각각 이황과 유희춘의 해석임을 나타내었다.

6 주자어류(朱子語類) : 대본에는 '語錄'으로 되어 있는데, 《주자어류》 권7에 의거하여 '語類'로 바로잡아 번역하였다.

굽이〔고븨고븨〕'이니, 곡진(曲盡)이라는 말과 같다.

함양(涵養)

함(涵)은 운서(韻書)에 '젖다〔濡〕'는 뜻이라고 하였다.

다만 그 위로 나아가 약간의 정채를 점화해 낼 뿐이다.〔只就上點化出些精彩〕

살펴보건대, '위에 나아간다〔就上〕'는 것은 윗글의 '상면에 나아간다.〔就上面〕'와 뜻이 같다. 점화(點化)는 치장하여 변화한다는 뜻인 듯하니, 서하(西河)의 용문(龍門) 아래에 그 이마를 절벽에 부딪친 큰 물고기가 화하여 용이 되었다. 사(些)는 '조그마한〔죠고매〕'이다. 정채(精彩)는 '꽃같다〔곳곧다〕'이다. 출(出)은 거성(去聲)이다.

스스로 그 마음을 길러서 자신도 알지 못하고 깨닫지 못하는 사이에 저절로 좋게 된다.〔便自養得他心, 不知不覺自好了.〕

변(便)은 '곧〔곳〕'이고 또 '쉽다'는 뜻이다. 득(得)은 어조사이고, 또 '옳다〔올타〕'는 뜻이고, '얻다〔得〕'는 뜻이 있다. 타(他)는 '저〔뎌〕'이고 또 '남의〔ᄂᆞ믜〕'라는 뜻이다. 미훈(眉訓)에는 '저〔彼〕'이고, 또 '아무개 사람〔某人〕'이라고 하였다. 료(了)는 어조사이고, 또 '마치다〔뭇다〕'는 뜻이고, 또 '알다〔아다〕'는 뜻이다. 미훈에 "말구(末句)에 있는 것은 일이 이미 끝났다는 뜻이다."라고 하였다.

다만 허다한 잡동사니들만 이해한다.〔只去理會許多閑汨董〕

거(去)는 어조사이고, '가다〔去〕'는 뜻이 있다. 미훈에는 '이 일을 버리고 저것을 하다.'는 뜻이라고 하였다. 이회(理會)는 "헤아리다〔혜아리다〕'는 뜻이고, 또 '생각하다〔싱각다〕'는 뜻이고, 또 '알다〔아다〕'는 뜻이다. 미훈에는 '강구하다'라고 하였고, 계훈(溪訓)에는 '정리하고 성찰하다'라고 하였다. 허다(許多)는 '많다〔만타〕'는 뜻이다. 한(閑)은 '느긋하고 한가하다〔閑漫〕'는 뜻이고, 또 '속절없다〔쇽졀업다〕'는 뜻이다. 골동(汨董)은 '잡되다'이다. 《성리대전보주(性理大全補註)》에 "남쪽 사람들은 생선과 고기를 섞어서 밥 속에 두는 것을 골동갱(汨董羹)이라 하였으니, 어지럽게 뒤섞여 분리되지 않은 일을 말한다. 옛날 나부(羅浮)의 영로(穎老)가 음식을 취하여 이것저것 섞어 끓였는데, 그것을 '골동갱'이라고 하였다."라고 하였다.

이미 스스로 3분을 갖고 있다.〔已自有三分了〕

살펴보건대, 3분은 즉 10분의 3이다.

다스려 내다〔出治〕

살펴보건대, 출(出)은 '점화출(點化出)'의 출(出)과 같다. 치(治)는 닦고 다스리는 뜻이다.

모두 놓치고 지나다.〔都蹉過了〕

도(都)는 '온전히〔오로〕'라는 뜻이고, 차과(蹉過)는 '디뎌서 지나게 하다〔드틔텨디내다〕'는 뜻이다.

다시 되돌아 갈 수 없다.〔不能更轉去做〕

살펴보건대, 어린아이가 밥을 먹게 되면 오른 손을 쓰도록 가르치고, 말을 하게 되면 남자아이는 '유(唯)', 여자아이는 '유(兪)'라고 가르친다. 6세에는 숫자와 방위의 명칭을 가르치고, 7세에는 남녀가 함께 앉지 않고 함께 먹지 않는 것을 가르친다. 이렇게 성동(成童)에 이르기까지 모두 해야 할 일이 있으니 지금 이미 장성하였다면 형세상 다시 겨우 말하고 밥 먹을 수 있던 때로 돌아가 그 일을 할 수 없고, 6세, 7세 때로 돌아가 그 일을 할 수 없다. 전거(轉去)는 '도로 가다'라는 말과 같다.

지두(地頭)

지두(地頭)는 《어록해》에 '땅끝〔싸읏〕'이라고 하였다.

차주(箚住)

차주(箚住)는 미훈(眉訓)에 '굳게 서다.〔堅立〕'는 뜻이라고 하였다. 사계 선생은 "차(箚)는 꽂아두는 것이다. 물건을 꽂아 두면 옮겨 갈 수 없기 때문에 '차주'라 한다."라고 하였다.

각근(脚跟)

근(跟)은 《설문》에 '발꿈치〔足踵〕'라고 하였다. '고(古)'와 '근(根)'의 반절로, 음(音)은 '근'이다.

현재(現在)

《중용장구(中庸章句)》의 소위(素位)[7]이니, '현재(現在)'라는 말과

7 소위(素位) : 《중용장구》 제14장의 "군자는 현재 처한 위치에 알맞게 행동한다.〔君

같다.

단지 열 달의 공부가 필요하다.〔只消旬月工夫〕

소(消)는 《어록해》에 '필요하다〔須〕'와 같다고 하였다.

이주한(李周翰)

《주자어류(朱子語類)》에 보인다. 주자(朱子)가 이백간(李伯諫)에게 답한 편지에 "주한이 (편지로) 생각을 터놓고 어울렸는데 면식이 없는 것이 매우 안타까울 뿐이다."라고 하였다. 퇴계 선생이 "편지는 만나기 이전이었고 《주자어류》의 말은 이미 만난 뒤이다."라고 하였다.

시문(時文)

살펴보건대, 시문은 규정이나 법식이 시속(時俗)에 부합하는 글인 듯하니 바로 과문(科文)이다.

모름지기 스스로 알아야 한다.〔這須是自見得〕

저(這)는 《어록해》에 '이'라고 하였고, 미훈(眉訓)에 '이〔此〕'라고 하였다.

또한 옛사람의 말이 있다.〔也有古人說話〕

야(也)는 어조사이고, 또 '또〔乺〕'라는 뜻이다. 반어사로 '오히려〔猶

子素其位而行〕"라고 하였다.

且〕'라는 뜻을 지니고 있다. 속어(俗語)에서 억눌렀다가 다시 들어 올리는 것을 '그래도〔그려도〕'라고 말하는 것과 같다. 미훈(眉訓)에 '또한〔亦〕'이라는 뜻이고 '오히려〔猶〕'라는 뜻이라고 하였다.

또한 이해해야 한다.〔亦要理會〕

요(要)는 《어록해》에 '구하다〔求〕'는 뜻이고, 또 '부디〔브듸〕'라는 뜻이고, 또 '하여금〔ᄒᆞ여곰〕'이라는 뜻이라고 하였다.

문위와 제도〔文爲制度〕

《예기》〈중니한거(仲尼閑居)〉의 "공자가 '제도가 예에 달려있고 문장이 예에 달려있다.〔制度在禮, 文爲在禮〕'라고 하였다."의 마씨(馬氏) 주석에 "제도는 문위(文爲)의 체(體)고, 문위는 제도의 용(用)이다. 보궤조두(簠簋俎豆)와 같은 제기(祭器)가 이른바 제도이고, 위 아래로 오르내리는 것이 이른바 문위이다."라고 하였다. 생각건대, 문위와 제도를 어떤 이는 《소학》과 《대학》을 겸하여 보았다고 하고, 어떤 이는 단지 소학만 가지고 말했다고 하는데, 어느 것이 옳은지 모르겠다.

입개(立箇)

개(箇)는 《어록해》에 어조사라고 하였다.

육씨(陸氏)

자(字)는 자정(子靜), 호는 상산(象山), 시호는 문안(文安)이다. 공부 방법이 깊이 생각하여 갑자기 깨우쳤다. 진사에 급제하여 지형문

군(知荊門軍)의 벼슬을 지냈다. 생도가 수십 내지 백여 인이었다.

주대(做對)

사계 선생이 "오늘날의 연구(聯句)와 같다."고 하였다.

여씨(呂氏)

자는 백공(伯恭), 호는 동래(東萊), 시호는 성(成)이다. 여이간(呂夷簡)의 6세손이고 여호문(呂好問)의 손자이다. 개봉(開封) 사람으로, 무주(婺州) 금화(金華)에 우거하였다. 융흥(隆興 송 효종(宋孝宗)의 연호)에 진사에 급제하여 벼슬이 비서성 저작(祕書省著作)에 이르렀다.

《이아》의 훈고〔爾雅訓詁〕

《이아(爾雅)》는 주공(周公)이 지은 책이다. 훈고(訓詁)는 《이아》에 석훈(釋訓)과 석고(釋詁) 두 편이 있다. 훈(訓)는 '말하는' 것이니, 사물의 모양을 말하여 남에게 고해주는 것이다. 고(詁)는 '옛〔古〕'이니 고금의 말을 전달하여 사람들에게 알게 하는 것이다.

탈연(脫然)

살펴보건대, 탈연(脫然)은 몸이 한 사물에 덮여 있다가 하루아침에 벗어나 떠나는 것이다. 다시 쇄연(灑然)의 뜻을 겸하고 있다.

등급을 건너뛰다.〔躐等〕

엽(躐)은 운서에 '넘어가다〔踰跨〕'는 뜻이라고 하였다. 《예기》에 "배움에 등급을 건너뛰지 않는다."라고 하였다.

진씨(陳氏)

자는 안경(安卿), 호는 북계(北溪)이고, 장주(漳州) 용계(龍溪) 사람이다. 주자(朱子)가 장주 태수(漳州太守)로 있을 적에 나아가 수학하였는데, 선생이 매번 '우리 유학이 사람을 얻었다.'라고 칭찬하였다. 성품이 효성스럽고 우애가 있어 이름이 천하에 알려졌다. 특별히 아뢰어 천주(泉州) 안계 주부(安溪主簿)로 제수되었다. 저서에 《사서구의(四書口義)》 등이 있다. 선생이 일찍이 "안경은 도리를 본 것이 매우 정밀하니 제생(諸生) 가운데 미칠 수 있는 자가 없다."라고 하였다.

정자는 주경 공부가 소학의 빠진 것을 보충할 수 있다고 말하였다.〔程子說主敬工夫可以補小學之闕〕

살펴보건대, 정자의 말은 '궐(闕)' 자까지이다. 주자(朱子)가 "《소학》이 전해지지 않아 이천(伊川)이 '경(敬)' 한 자를 보충하였다."라고 하였다.

차례를 따르다〔循序〕

순(循)은 《설문》에 '행함이 순하다.〔行順〕'는 뜻이라고 하였다. 《광운》에는 '의지하다〔依〕', '따르다〔沿〕'는 뜻이라고 하였다.

내외를 합하다.〔合內外〕

선사(先師)가 "내(內)는 마음이고 외(外)는 몸이니, 경(敬)하면 몸과 마음을 합하여 공부할 수 있다고 말한 것이다."라고 하였다.

강령(綱領)

살펴보건대, 강(綱)은 그물에 벼리가 있는 것과 같다는 말이고, 영(領)은 옷에 옷깃이 있는 것과 같다는 말이다.

이씨(李氏)

자는 공회(公晦), 호는 과재(果齋)이고, 소무(邵武) 광택(光澤) 사람이다. 진사시에 급제하여 국자학록(國子學錄)이 되었다. 단정하고 신중하며 순수하고 독실하였으며 학문이 넓고 문장에 능하였다. 저서로 《전심정어(傳心精語)》와 《자양연보(紫陽年譜)》가 있다.

편차(編次)

편(編)은 《설문》에는 '죽간을 엮다〔次簡〕'라고 하였고, 《자림(字林)》에는 '끈으로 물건을 엮다〔以繩次物〕'라고 하였다. 또 '나열하다〔列〕'는 뜻이다.

진씨(眞氏)

자는 희원(希元), 호는 서산(西山), 시호는 문충(文忠)으로 포성(浦城) 사람이다. 본성은 신(愼)인데 효종(孝宗)의 이름을 피하여 진(眞)으로 바꾸었다. 경원(慶元) 5년에 굉사과(宏詞科)에 급제하였다. 조정에서 벼슬한 몇 년간 주소(奏疏)가 무려 수십 만언이었으며 곧은 말을 한다는 명성이 조야(朝野)에 진동하였다. 한탁주(韓侂胄)가 위학(僞學)[8]을 금지한다는 설을 세워 선류(善類)를 금고하고 근세 대유(大儒)의 모든 서적을 공개적으로 금지하였는데, 공이 홀로 늦게 출사하여 개연히 사문(斯文)으로 자임하니 정학(正學)이 마침내 후세에 밝아졌다.

허씨(許氏)

자는 평중(平仲), 호는 노재(魯齋), 시호는 문정(文正)으로 하내(河內) 사람이다. 경전(經傳)・자사(子史)・예악(禮樂)・명물(名物)・성력(星曆)・병형(兵刑)・식화(食貨)・수리(水利)에 통하지 않음이 없었다. 원(元)나라에서 벼슬하여 집현대학사(集賢大學士)가 되었고, 위국공(魏國公)에 추봉(追封)되었다.

형[9]이 말하기를〔衡曰〕

'왈(曰)' 자는 다른 본에는 없다.

공허함으로 들어가고 공리로 흐른다〔入於空虛, 流於功利.〕

살펴보건대, 공허(空虛)는 노자(老子)와 불씨(佛氏)의 부류와 같고, 공리(功利)는 관중(管仲)과 상앙(商鞅)[10]의 무리와 같다.

8 위학(僞學) : 남송(南宋) 영종(寧宗) 당시 권신(權臣) 한탁주(韓侂胄)가 주자학(朱子學)을 가리켜 부른 말이다. 당시 주희(朱熹)가 한탁주의 간사함을 탄핵하자, 한탁주가 "탐욕과 방탕은 사람의 참된 정이고, 청렴과 수신(修身)은 모두 사람을 속이는 것이다."라고 하면서, 도학(道學)을 위학이라고 배척하여 주희의 관작(官爵)을 삭탈(削奪)하고 도학을 하는 이들의 등용을 금했다.《宋史 卷188 朱熹列傳》

9 형 : 형은 허씨(許氏) 즉 허형(許衡)이다.

10 관중(管仲)과 상앙(商鞅) : 춘추 전국 시대에 부국강병(富國强兵)을 주장한 법가

(法家)들이다. 관중은 제 환공(齊桓公)을 도와 제후의 패자(霸者)가 되게 사람이고, 상앙은 진 효공(秦孝公)을 도와 진의 부국강병을 이룬 사람이다. 이들은 엄한 법령을 만들어 국가의 이익을 위해 가혹하게 법을 시행하였다.

입교
立敎

명(命)은 령(令)과 같다.-주(註)-

주자(朱子)가 "하늘이 이 사람을 세상에 내는 것은 조정이 이 관원에게 명하는 것과 같고, 사람이 이러한 성(性)을 소유하는 것은 관원이 이러한 직임을 지니는 것과 같다."라고 하였다.

건순(健順)-주(註)-

주자가 "근원과 정체(定體)에 나아가 말하면 오행(五行)이 나누어지기 전에는 단지 음양(陰陽)이라고 하고, 오성(五性)이 나누어지기 전에는 단지 건순(健順)이라고 말하다. 오행과 오성이 나누어짐에 미쳐서 말하면 양(陽)이 목(木)과 화(火)가 되고 음(陰)이 금(金)과 수(水)가 되며, 건(健)이 인(仁)과 예(禮)가 되고 순(順)이 의(義)와 지(智)가 된다."라고 하였다.

부정한 음식을 먹지 않는다.〔不食邪味〕

사(邪)는 《설문》에 '부정(不正)'이라고 하였다. 사계 선생이 "부정한 음식이란 의서(醫書)의 이른바 '임산부가 특이한 음식을 먹으면 뱃속의 아이가 그것을 닮는다.'는 것을 말한다."라고 하였다. 살펴보건대, 사계 선생의 이 말은 세속의 이른바 '임산부가 토끼 고기를 먹으면 태어난 아이가 언청이가 되고, 거위 고기를 먹으면 태어난 아이가 엄지와 검지발가락과 하나로 붙는다.'는 따위이다. 살펴보건대, 부정한 음식이란 바로 올바르지 않은 음식이니, 음식이 의리에 어긋나 그 바름을 잃어 먹어서는 안 되는 것이다. 아래 글에서 부정한 색〔邪色〕을 풀이하여 '바르지 못한 색〔不正之色〕'이라고 하고, 음란한 소리〔淫聲〕를 풀이하여 '바르지 못한 소리〔不正之聲〕'라고 한 것으로 비추어보면 뜻이 매우 분명하다. 일반사람들도 먹고 마시고 보고 듣는 것에 신중하게 해야 하는데 아이를 임신했을 때 감화되는 시기에는 더욱 삼가지 않아서는 안 된다. 그렇다면 의리에 부합하지 않아 그 바름을 잃은 것을 먹고 보고 듣는 것이 어찌 가당하겠는가. 대체로 이 장은 '잠잘 때 옆으로 눕지 말고〔寢不側〕'부터 '시를 외우고 바른 일을 말하게 한다〔誦詩道正事〕'에 이르기까지 처음부터 끝까지 한 가지 뜻이니, 그 대략을 강구하면 '아이를 임신했을 때에는 한번 마시고 한번 먹고 한번 듣고 한번 보는 것이 모두 의리의 올바름에서 나와야 한다.'라고 말하는데 불과할 뿐이다. 《대대기(大戴記)》에 "옛날 태교의 도에 왕후가 요구하는 음식이 바른 음식이 아니면 태재(太宰)가 되〔升〕을 짊어지고 감히 조리하지 않았다."라고 하였다.

할은 썰어놓은 고기이다.〔割, 切肉也.〕-주(註)-

사직(士直)이 "《논어》에는 그 아래에 '그 음식에 맞는 장이 갖추어지지 않았으면 드시지 않았다.'라는 문장이 있기 때문에 '썰어놓은 고기'라고 풀이하였지만,[11] 여기에서는 모든 음식을 통틀어 말한 것이

11 논어에는……풀이하였지만 : 《논어》〈향당(鄕黨)〉에 "자른 것이 바르지 않으면 드시지 않았고, 그 음식에 맞는 장이 갖추어지지 않았으면 드시지 않았다.〔割不正, 不食; 不得其醬, 不食.〕"이라고 되어 있는데, 주석에 "고기를 자른 것이 반듯하지 않은

다.”라고 하였다.

밤에는 악사에게 시를 외우며 바른 일을 말하게 하였다.〔夜則令瞽誦詩道正事〕

살펴보건대, 시를 외우는 것을 반드시 밤에 하는 것은 어째서인가? 밤에는 정신이 정일하고 맑아서 잡념이 없기 때문이 아니겠는가. ‘바른 일〔正事〕’은 《집해(集解)》에서 요전(堯典)과 순전(舜典)으로 주남(周南)과 소남(召南)의 대를 삼아서 시서(詩書)를 아울러 말한 것[12]이 그 뜻이 매우 좋다. 그러나 《집설(集說)》에서 ‘일이 예에 부합하는 것〔事之合禮者〕’이라고 말한 것은 그 설이 통할 뿐인 듯하다.

이와 같이 하면 아이를 낳음에 용모가 단정하며 재주가 보통사람보다 뛰어날 것이다.〔如此則生子形容端正才過人矣〕

《열녀전》에 “임신했을 때는 반드시 감촉하는 바를 삼가야 한다. 마음이 사물에 감촉하면 그 자식의 모습과 소리가 닮는다. 그러므로 임신부가 능히 이에 삼가면 자식을 낳았을 때 용모가 단정하고 재주와 식견이 남보다 뛰어나다.”라고 하였다.

〈내칙〉에 아이를 낳았을 때에는 여러 어머니와 가한 자를 가려 뽑

것을 먹지 않음은 잠깐이라도 바름에서 떠나지 않은 것이다.〔割肉不方正者, 不食, 造次不離於正也.〕”라고 하였다.

12 집해(集解)에서……것 : 《집해》에서 “시는 이남의 따위이고 정사는 이전과 같은 따위이다.〔詩, 二南之類; 正事, 如二典之類.〕”라고 하였다.

되……자식의 스승으로 삼아야 한다.〔內則曰凡生子, 擇諸母與可者……使爲子師.〕

살펴보건대, '범생자(凡生子)' 세 글자는 〈내칙〉 본문에 없다. 주자(朱子)는 "'가(可)'는 《열녀전》에 '아(阿)'로 되어 있으니 이른바 '보모〔阿母〕'이다. 《후한서(後漢書)》에 아모(阿母)라는 말이 있다."라고 하였으니, 이는 〈내칙〉 본주(本註)와 같지 않다. ○장락 유씨(長樂劉氏)-이름은 이(彝)이고, 자는 집중(執中)이다.-가 "너그러우면 관용의 덕이 진실로 많고, 여유로우면 일에 임하여 흔들리지 않고, 자애로우면 어진 성품이 충만하고, 은혜로우면 은혜로운 뜻이 흡족하고, 온화하면 말과 행동이 순수하고 온화하고, 선량하면 마음과 뜻이 순수하고 익숙하고, 공손하면 용모와 행동이 반드시 장엄하고, 공경하면 밝고 성실하여 산만하지 않는다. 이 여덟 가지 선을 갖추고서 두려움과 신중함을 더하고 과묵함을 견지하는 것이 부인의 완전한 덕이다. 그러한 뒤에야 자식의 스승을 삼을 수 있다. 만약 그 처음이 바르지 않고 그 익힘이 선하지 못하면 어찌 능히 그 성품을 바르게 할 수 있겠는가."라고 하였다. 〈내칙〉 주석에 "사(師)는 선도(善道)로 가르치는 자이다."라고 하였다.

오른손을 쓰도록 가르친다.〔教以右手〕

《집해(集解)》에 "오른 손을 쓰도록 가르치는 것은 그 편리함을 취한 것이다."라고 하였으니, 〈내칙〉 본주에서 '강함을 취한' 것과 조금 다르다.

남자는 빨리 대답한다.〔男唯〕

〈곡례(曲禮)〉의 '대답하는 것을 반드시 조심스럽게 해야 한다.〔必愼唯諾〕' 주석에서 정현(鄭玄)은 "유(唯)가 낙(諾)보다 공손하다."라고 하였고, 방씨(方氏 방각(方慤))는 "유(唯)의 소리는 빠르고 질박하며, 낙(諾)의 소리는 느리고 세련되다."라고 하였다.

남자는 띠를 가죽으로 만든다.〔男鞶革〕

운서(韻書)에 반(鞶)은 큰 띠이고, 반(縏)은 작은 주머니라고 하였다. 그렇다면 큰 띠인 '반(鞶)' 자와 작은 주머니인 '반(縏)' 자는 같지 않으니, 이 '반(鞶)' 자는 운서에 따라서 단지 큰 띠로 보는 것이 좋을 듯하다. 사직(士直)은 "큰 띠는 어린아이에게 마땅한 바가 아니니, 작은 주머니로 보는 것이 나을 듯하다."라고 하였다.

두 짝을 문이라 하고 외짝을 호라 한다.〔耦曰門, 奇曰戶〕-주(註)-

《설문》에 "문(門)은 '듣다〔聞〕'는 뜻으로, 두 개의 '호(戶)' 자로 구성되어 있다."라고 하였고, "호(戶)는 '보호하다〔護〕'는 뜻으로, 반쪽 문이 호(戶)가 된다."라고 하였다. 또 바깥에 있는 것을 문(門)이라고 하고, 안에 있는 것을 호(戶)라고 한다.

글쓰기와 계산을 배운다.〔學書計〕

서계(書計)는 《주관(周官)》〈보씨(保氏)〉의 이른바 '육서(六書)와 구수(九數)'[13]가 이것이다. 숫자로 반드시 그 많고 적음을 계산하기

13 육서(六書)와 구수(九數) : 육서(六書)는 상형(象形)・회의(會意)・전주(轉注)・지사(指事)・가차(假借)・형성(形聲)이고, 구수(九數)는 방전(方田)・속미(粟米)

때문에 또 '계(計)'라고 한 것이다.

옷은 저고리와 바지를 비단으로 만들지 않는다.〔衣不帛襦袴〕

〈내칙〉에 "어린아이는 갖옷을 입지 않고 비단옷을 입지 않는다."고 하였다.

간략하고 진실한 것을 청하여 익힌다.〔請肄簡諒〕

간량(簡諒)은 〈내칙〉 주석에 "일설에 간(簡)은 간요(簡要)이니, 어린아이로 하여금 일을 익히게 하되 힘써 그 요점을 따르게 하고 이리저리 분잡하게 하지 않는 것이다."라고 하였다.

상에 맞춰 춤을 춘다.〔舞象〕

《예기》 〈문왕세가(文王世子)〉의 '하관상(下管象)' 주석에 "하관상이란 당 아래에서 관악기로 상무(象舞)의 곡을 연주하는 것이니, 《시경》 〈주송(周頌)〉의 '유청(維淸)'이 바로 상무의 악가(樂歌)이다."라고 하였다.

활쏘기와 말타기를 배운다.〔學射御〕

사(射)는 오사(五射)[14]를 말하고, 어(御)는 오어(五御)[15]를 말한다.

·차분(差分)·소광(少廣)·상공(商功)·균수(均輸)·영부족(嬴不足)·방정(方程)·구고(句股)이다. 《周禮 地官 大司徒》

14 오사(五射) : 활을 쏘는 다섯 가지 법으로, 화살이 사포(射布)인 후(侯)를 꿰고 지나가 촉만 희게 보이는 백시(白矢), 먼저 한 대를 쏘고 잇달아 세 대를 쏘는 삼련(參連), 화살 깃의 머리〔羽頭〕는 높고 촉은 낮게 하여 번쩍이며 날아가는 섬주(剡注),

악은 팔음의 악기이다.〔樂, 八音之器也.〕-주(註)-

살펴보건대, 《설문》에 "악(樂)은 오성(五聲)과 팔음(八音)의 총칭이다."라고 하였으니, 지금 주석에서 악을 팔음의 악기라고 한 것은 온당치 못한 듯하다. 중고(仲固)가 "악의 대체를 가지고 말한다면 진실로 그러하지만, 어린아이가 학습하는 것을 가지고 말한다면 악기로 악(樂)을 풀이하지 않을 수 없다."라고 하였다. 나는 "그렇지 않다. 이른바 음악을 배운다는 것은 음악의 성률(聲律) 배우는 것이지 어찌 단지 그 악기를 배우는 것만 말하겠는가. 어린아이가 음악을 배움이 어른이 음악을 배우는 것과 비록 거칠고 정밀하고 깊고 얕은 차이는 있지만 그 배우는 것은 똑같은 성률이다. 만약 단지 악기를 배울 뿐이라고 한다면 배우는 것이 단지 무엇이 금기(金器)이고 무엇이 석기(石器)이고 무엇이 사기(絲器)이고 무엇이 죽기(竹器)인지 배우는 것이니, 13세 아이가 배우는 것이 어찌 이와같을 뿐이겠는가. 결코 이럴 리는 없을 듯하다."라고 하였다.

20세에 관례를 한다.〔二十而冠〕

《예기》〈관의(冠義)〉 주석에, 진씨(陳氏)가 "남자는 양(陽)의 부류

신하가 임금과 함께 활을 쏘는데 임금과 나란히 서지 않고 한 자 뒤로 물러나는 양척(襄尺), 화살 네 대로 사포를 뀐 모습이 우물〔井〕 자 모양인 정의(井儀)이다.

15 오어(五御) : 말을 모는 다섯 가지의 법으로, 수레가 달릴 때 수레의 방울 소리가 서로 호응하게 모는 명화란(鳴和鸞), 골짜기의 절벽을 따라 수레를 몰되 물에 떨어지지 않게 하는 축수곡(逐水曲), 천자를 나타내는 표시나 자리를 지날 때 예의를 갖추는 과군표(過君表), 도로를 통과하면서 자유자재로 달려가는 무교구(舞交衢), 사냥을 할 때 짐승을 쫓으면서 왼쪽에서 활을 쏘아 잡는 축금좌(逐禽左)이다.

이니 20세에 관례를 행하는 것은 음(陰)의 수(數)로 양(陽)을 이루는 것이다. 여자는 음(陰)의 부류이니 15세에 계례(笄禮)를 행하는 것은 양(陽)의 수로 음(陰)을 이루는 것이다."라고 하였다.

대하(大夏)

대하(大夏)는 《주례》 주석에 "우(禹)임금의 음악이다. 우 임금이 물을 다스리고 토지 구분하여 구주(九州)를 만들었으니, 그 덕이 중국을 크게 할 수 있었음을 말한 것이다."라고 하였다.

효도와 공경을 돈독히 행한다.〔惇行孝悌〕

살펴보건대, 어린아이가 행할 바가 효도하고 공경하는 일 아님이 없지만 간략하지 않음이 없다가 20세 성인에 이른 뒤에야 비로소 돈후한 효제의 행실을 요구하니, 이 '돈(惇)' 한 글자를 보면 알 수 있다.

안에 아름다움을 쌓아두고 표현하지 않는다.〔內而不出〕

'안에 두고 꺼내지 않는다.'는 것은 〈내칙〉 주석에 "일설에 말을 꺼내어 남을 위해 계획하지 않는다."라고 하였다. 살펴보건대, 아래 글의 '사물에 대하여 계책을 내고 생각을 발하다.〔方物出謀發慮〕'는 설을 가지고 보면, 이른바 '남을 위해 계획하지 않는다.'는 설 또한 좋으니, 하나의 뜻을 갖출 수 있다.

◑ 이 장의 "10세에 글쓰기와 계산을 배우고, 13세에 음악을 배우고, 성동(成童)에 활쏘기와 말타기를 배우고, 20세에 예(禮)를 배운다."에서 이른바 육예(六藝)[16]의 학문이 갖추어졌다.

예는 오례이다.〔禮, 五禮〕-주(註)-

길례(吉禮)·흉례(凶禮)·군례(軍禮)·빈례(賓禮)·가례(嘉禮)이다.

30세에 아내를 둔다.〔三十而有室〕

《주례》〈지관(地官) 매씨(媒氏)〉의 '매씨는 만민의 짝을 관장한다.〔掌萬民之判〕' 주석에 "판(判)은 반(半)이니 짝을 얻어 합쳐진다. 그 반을 합치기를 주관하니 부부를 이루어주는 것이다. 남자는 30세에 장가들게 하고, 여자는 20세에 시집가게 한다."라고 하였다. 《예기》〈곡례(曲禮)〉에 "30세를 '장(壯)'이라 하니 아내를 둔다."라고 하였다. 《공자가어(孔子家語)》에 "애공(哀公)이 '예(禮)에 남자는 30세에 아내를 두고 여자는 20세에 남편을 두니, 너무 늦은 것이 아니겠습니까.'라고 묻자, 공자가 '예는 그 극한을 말한 것이니 이보다 넘지 않는다는 것입니다. 남자는 20세에 관례를 행하니 아버지가 될 단초[17]가 있고, 여자는 15세에 출가하는 것을 허락하니 남에게 시집갈 도가 있습니다.'라고 대답하였다."라고 하였다. 《백호통(白虎通)》에 "남자는 30세가 되면 근골이 강해지니 아버지가 될 수 있고, 여자는 20세가 되면 피부가 충만해지니 어머니가 될 수 있다. 합하여 50이 되니 대연(大衍)의 수(數)[18]에 응하여 만물을 낳는다."라고 하

16 육예(六藝) : 예(禮)·악(樂)·사(射)·어(御)·서(書)·수(數)이다.

17 단초 : 대본에는 '道'로 되어 있는데, 《공자가어(孔子家語)》에 의거하여 '端'으로 바로잡아 번역하였다.

18 대연(大衍)의 수(數) : 《주역》〈계사 상(繫辭上)〉에 "대연(大衍)의 수는 50이다."

였다. 방씨(方氏)는 "시집가는 것은 반드시 20세 이전에 해야 하고 장가드는 것은 반드시 30세 이전에 해야 한다. 음(陰)은 적은 것으로 아름다움을 삼고, 양(陽)은 장성한 것으로 강함을 삼기 때문이다."라고 하였다.

널리 배워 일정한 곳이 없으며 벗에게 공손히 하되 그의 뜻을 살핀다.〔博學無方, 遜友視志.〕

'널리 배우고 일정한 곳이 없다'는 것에 대하여, 사수(士秀)는 "학문은 일정한 스승이 없고 오직 선인(善人)이 있는 곳이면 가서 스승으로 삼는 것을 말한다."라고 하였다. 나는 "그렇지 않다. 이는 《맹자》의 '어진 이를 등용하는데 부류를 따지지 않았다〔立賢無方〕'의 '무방(無方)'과 그 뜻이 같다. 주자(朱子)가 '방(方)은 류(類)이니, 오직 어질면 지위에 그를 세우고 그 부류를 따지지 않는 것이다.'라고 하였다. 그렇다면 이른바 '널리 배워 일정한 곳이 없다.'는 것도 배우는 바가 일정하지 않고 오직 선을 배운다는 말이니, 그 뜻이 배워야 할 학문을 응당 모두 배워서 배우지 않는 바가 없다는 것에 불과할 뿐이다. 배우지 않는 바가 없기 때문에 널리 배우고 일정한 곳이 없다고 말한 것이니 배우는 것이 한 방향이 아니라는 말이다."라고 말하였다. 사수가 "윗글에서 이미 '널리 배우고 가르치지 않는다.〔博

라고 한 데서 온 말로, 천지(天地)의 수(數)를 최대한으로 불린 수치로, 50이라는 숫자는 천수(天數)인 1, 3, 5, 7, 9의 합계 25와 지수(地數)인 2, 4, 6, 8, 10의 합계 30을 합한 수 55를 크게 잡은 것이다. 이 천지의 수는 천지간의 만상(萬象)을 연출하기 때문에 대연 50이라 한다.

學不敎〕'고 말하였으니, 그렇다면 여기에서 응당 다시 '널리 배우고 일정한 곳이 없다'고 말하지 않을 것이다. 더구나 그 아래에 이어서 '벗에게 공손히 하되 그의 뜻을 살핀다〔遜友視志〕'고 말하였으니, 스승과 벗을 상대적으로 말하여 뜻이 더욱 분명하다."라고 하였다. 나는 "'널리 배우다〔博學〕'는 두 글자가 상하에 똑같지 나오지만 문세(文勢)로 살펴보면 윗글의 '널리 배우다.〔博學〕' 아래엔 '가르치지 않는다〔不敎〕'라는 두 글자를 말하였으니, 널리 배우는 공부가 아직 얕은 수준임을 알 수 있고, 아래 글의 '널리 배우다' 아래엔 '일정함이 없다〔無方〕'라는 두 글자를 말하였으니 널리 배운 공부가 이미 깊음을 알 수 있다. 어찌 '널리 배우다'는 두 글자가 중첩되게 나왔다는 이유로 갑자기 의심하여 가까이에 있는 본문의 올바른 뜻을 버리고 멀리서 말 밖의 다른 뜻을 찾아서야 되겠는가. 스승과 벗을 상대적으로 말했다는 것은 더욱 뜻을 잃을 듯하다. 옛사람이 스승과 벗을 상대적으로 말한 경우가 또한 있었지만 스승을 말하고 벗을 말하지 않은 경우와 벗을 말하고 스승을 말하지 않은 경우 또한 많았다. '밖으로 외부의 스승에게 나아간다〔出就外傳〕'라고 한 경우에는 스승만 말하였고, '유익한 벗이 셋이다〔益者三友〕'라고 한 경우에는 벗만 말하였으니, 이러한 문자는 혼동해서는 안 된다. 《예기》의 '폐백을 진열하되 일정한 방소가 없다.〔旅幣無方〕' 주석에 '여(旅)는 진열하는〔陳〕는 것이니, 뜰에 진열한 폐백이 한 지방에서 바친 것이 아니기 때문에 일정한 방소가 없다고 한 것이다.'라고 하였다. 〈단궁(檀弓)〉의 '봉양하는데 일정함이 없다.〔就養無方〕' 주석에 '가까이 나아가 봉양하되 일정한 한도가 없다.'라고 하였으니, 이러한 설을 보면 '일정한 곳이 없다'는 뜻이 더욱 분명하다."라고 하였다.

농지를 받고 정역에 이바지한다.〔受田給政役〕-주(註)-

《주례》〈지관(地官) 수인(遂人)〉에 "수인은 나라의 들을 관장한다. 들판의 땅을 분별하여 전지(田地)를 주는데, 한 지아비가 1전(廛)과 밭 100묘(畝)를 받았다. 옛날에는 한 지아비와 한 지어미가 사전(私田) 100묘와 공전(公田) 10묘를 받았으니, 여덟 집이 880묘가 되고 나머지 공전 20묘는 여덟 집에서 2묘 반씩 나누어 얻어 여사(廬舍)로 삼았다. 성읍(城邑)에 사는 백성도 각각 2묘 반을 얻어 봄에는 백성으로 하여금 모두 나가서 들에 있게 하였으며 겨울에는 모두 읍에 들어오게 하였다."라고 하였다. 《주례》〈천관(天官) 태재(太宰)〉의 '정역(政役)을 듣는다.〔聽政役〕' 주석에서, 정사농(鄭司農)은 "정(政)은 군정(軍政)을 말하고, 역(役)은 군사를 징발하고 역도(役徒)를 일으킴을 말한다."라고 하였고, 정강성(鄭康成)은 "정(政)은 부세(賦稅)를 말하니, 정(正)으로 쓰기도 하고 정(征)으로 쓰기도 한다."라고 하였고, 〈지관(地官) 균인(均人)[19]〉의 '지정을 고르게 한다.〔均地政〕' 주석에 "정(征) 자로 읽으니 세금이다."라고 하였다.

40세에 비로소 벼슬한다.〔四十始仕〕

〈곡례(曲禮)〉의 '40세에는 강건하여 벼슬을 한다.〔四十强而仕〕' 주석에 "옛날에는 40세에 비로소 명을 받아 벼슬을 하였으니, '사(仕)'라는 것은 사(士)가 되어 남을 섬기고 관부(官府)의 작은 일을 처리하는 것이다."라고 하였다.

19 균인(均人) : 대본에는 '遺人'으로 되어 있는데, 《주례》〈지관(地官) 균인(均人)〉에 의거하여 '均人'으로 바로잡아 번역하였다.

방물(方物)

주자(朱子)가 "방(方)은 대(對)와 같으니, 비교하여 사물의 이치를 궁구하는 것이다."라고 하였다.

명을 받아 대부가 되어 관부의 정사를 맡는다.〔命爲大夫, 服官政.〕

살펴보건대, 명(命)은 즉 '재명(再命)'·'삼명(三命)'의 명(命)이다. 《주례》〈춘관(春官) 대종백(大宗伯)〉의 '구의(九儀)의 명(命)으로 나라의 지위를 정립한다.' 주석에 "삼명(三命)은 하대부(下大夫)의 지위를 받는 것이고, 사명(四命)은 상대부(上大夫)가 되는 것이다."[20]라고 하였다. 〈곡례〉의 '쉰 살에 관부의 정사를 맡는다.〔五十服官政〕' 주석에 "관부의 정사를 맡는다는 것은 대부가 되어 남의 우두머리가 되어 나라의 큰일에 참여하여 듣는 것이다. 재주가 쓸 만하면 벼슬시키고, 덕이 이루어지면 명하여 대부로 삼는다."라고 하였다.

70세에 일을 되돌려준다.〔七十致事〕

〈왕제(王制〉의 '70세에 정사를 되돌려준다.〔七十致政〕' 주석에 "정사를 되돌려주는 것은 직임의 노고를 감당할 수 없기 때문이다."라고 하였다. 공영달(孔穎達)의 《정의(正義)》에 "70세를 노(老)라고 하니, 집에서는 자손에게 집안일을 전해 주고 관직에서는 임금에게

20 삼명(三命)은……것이다 : 《주례》〈춘관(春官) 대종백(大宗伯)〉의 '삼명에 작위를 받고〔三命受位〕' 주석에서 "삼명(三命)은 하대부(下大夫)의 작위를 받는 것이다."라고 하였고, '사명에 제기를 받는다.〔四命受器〕' 주석에서 "제기를 받아 상대부(上大夫)가 되는 것이다." 라고 하였다.

맡은 직사를 돌려주고서 물러나 전리로 돌아간다."라고 하였다.

여스승이 유순한 말씨와 용모를 가르친다.〔姆教婉娩〕

모(姆)는 《좌전(左傳)》에 "백희(伯姬)가 여스승을 기다렸다."라고 하였다. '막(莫)' 자와 '투(透)' 자의 반절(半切)이다. 《의례》〈사혼례(士昏禮)〉 주석에 "모(姆)는 나이 50세 된 부인으로 자식을 낳지 못하여 쫓겨났으나 다시 시집가지 않아 부녀자의 도리를 남에게 가르칠 수 있는 사람이다."라고 하였다. 완(婉)은 운서(韻書)에 '유순하다〔順〕'는 뜻이라고 하였고, 만(娩)은 운서에 '곱다〔媚〕'는 뜻이라고 하였다. 경원 보씨(慶源輔氏)가 "완(婉)은 완곡한 뜻이 있고, 만(娩)은 완만한 뜻이 있다."라고 하였다. ○사계 선생(沙溪先生)은 "세종조(世宗朝)에 사신(詞臣)이 《예기》의 구절을 정하여 '모교(姆教)'로 한 구를 삼았는데 옳지 않다. 본조의 언해(諺解)도 이로 인하여 잘못되어 본뜻을 잃었을 뿐이다. '모(姆)'로 한 구를 삼고 '교(教)'는 아래로 붙여 읽는 것이 옳다."라고 하였다. 살펴보건대, '모교'로 한 구를 삼으면 여자를 위주로 말한 것이니 그 아래 '완만청종(婉娩聽從)'은 바로 여자의 일이다. '모'로 한 구를 삼으면 여스승을 위주로 말한 것이니 그 아래 '교완만청종(教婉娩聽從)'부터 '예상조전(禮相助奠)'까지 모두 여스승이 여자를 가르치는 것을 가지고 말한 것이다. 아래 설이 순조로운 위의 설만 못한 듯하다. 다만 본주(本註)를 보면 '이는 모두 여자의 덕을 가르친 것이다.' · '이는 모두 여자의 일을 배우도록 가르친 것이다.' · '이는 모두 제사의 예를 가르친 것이다.'라고 하였으니, 이 주석의 세 '교(教)' 자를 음미해보면 이 한 구절은 처음부터 끝까지 여스승이 가르치는 것으로 보는 것이 또한 옳을 듯하다.

마시(麻枲)

삼〔麻〕에 씨가 있는 것을 시(枲)라 한다. 《예기》〈간전(間傳)〉의 '용모가 시와 같다.〔貌若枲〕' 주석에 "시(枲)는 수삼〔牡麻〕이다."라고 하였다.

임(紝)

임(紝)은 운서(韻書)에 '베틀 실〔機縷〕'이라고 하였고, 《시경》의 '채빈(采蘋)' 주석에는 '비단〔繒帛〕'이라고 하였다.

조(組)

조(組)는 《설문》에 "끈〔綬〕의 등속이니, 작은 것은 면류관 끈을 만든다."라고 하였고, 《시고(詩詁)》에 "조(組)는 사이사이에 5가지 색을 넣어서 만든다."라고 하였고, 《증운(增韻)》에 '날줄과 씨줄〔經緯〕', '짜다〔織〕'는 뜻이라고 하였고, 《시경》에 "고삐를 잡기를 실끈처럼 하도다.〔執轡如組〕"라고 하였다. 살펴보건대, 지금 끈의 등속이라는 《설문》의 뜻으로 보면, '직임(織紝)'의 '직(織)' 자는 응당 '임조순(紝組紃)' 세 글자의 서술어로 봐야 하니, 이 '임조순' 세 물건을 짜는 것을 말한 것이다. 다만 본주에서 '조(組)'를 '짜다〔織〕'는 뜻으로 풀이한 것이 더 순조롭다. 사직(士直)은 "직(織)과 임(紝)은 모두 짜는 것인 듯하다. '생사와 누에고치를 다룬다.〔治絲繭〕'라고 말하였으니 비단이 저절로 그 속에 있는데 무엇 때문에 굳이 다시 말하겠는가."라고 하였다.

순(紃)

순은 《설문》에 '둥근 채색 끈〔圜采〕'이라고 하였다. 〈잡기(雜記)〉의 '순은 5가지 색을 사용한다.〔紃以五采〕' 주석에 "순(紃)은 솔기 가운데 다는 것으로, 오늘날의 끈〔絛〕과 같다."라고 하였다.

주장(酒漿)

《주례》 〈천관(天官) 주정(酒正)〉의 '주정은 사음(四飮)의 물건을 변별하는데……세 번째가 장(漿)이다.' 주석에 "장(漿)은 오늘날의 '신맛 나는 술〔截漿〕'과 같다. '재(截)'라는 말은 '재(載)'로, 미즙(米汁)을 섞은 것이다."라고 하였다. 〈내칙〉의 '장(漿)' 주석에는 '식초물〔醋水〕'이라고 하였다. 조지산(曺芝山)-이름이 호익(好益)이다.-은 "매우 묽은 죽으로 술을 조금 섞어 만들었다."라고 하였다.

변두(籩豆)

변(籩)은 《설문》에 '대그릇〔竹豆〕'이라고 하였다. 면의 지름이 1자〔尺〕이고 병(柄)[21]이 1자로, 4되를 담는다. 두(豆)는 《설문》에 "옛날에 고기를 담아 먹던 그릇이다."라고 하였다. 《주례》 〈해인(醢人)〉의 '해인이 사두에 담겨있는 것을 관장한다.〔醢人掌四豆之實〕' 주석에 "4되를 담는다."라고 하였다. 《논어》 주석에 "변(籩)은 대그릇〔竹豆〕이고 두(豆)는 나무그릇〔木豆〕이다."라고 하였다. 《삼례도설(三禮圖說)》에 "변(籩)은 대추〔棗〕, 밤〔栗〕, 수포(脩脯), 구이(糗餌)[22]

21 병(柄) : 변(籩)과 두(豆) 아래의 받침이다.

22 구이(糗餌) : 쌀이나 보리 등을 볶아서 이를 가루로 내어 만든 식품을 말한다.

를 담는 등속이고, 두(豆)는 절인 채소〔菹〕와 젓갈〔醢〕을 담는 등속이다."라고 하였다.

저해(菹醢)

저(菹)는 《설문》에 '초채(酢菜)'라고 하였는데, 서현(徐紘)의 주석에 "쌀알을 식초와 섞어서 채소를 절인 것이다."라고 하였다. 《주례》에 "칠저(七菹)는 구(韭)·청(菁)·묘(茆)·규(葵)·근(芹)·태(菭)-풀 이름이다-·순(筍)이다."라고 하였다. 해(醢)는 《설문》에 '육장(肉醬)'이라고 하였다. 《주례》〈해인(醢人)〉 주석에 "육즙(肉汁)이니, 고기로 젓갈을 만들면 즙이 많다."라고 하였다. 《시경》의 '육장과 젓갈을 올린다.〔醓醢以薦〕' 주석에 "젓갈을 만드는 사람은 반드시 먼저 그 고기를 포로 떠서 말려서 잘게 썰어 기장누룩과 소금으로 버무리고 좋은 술에 적셔서 항아리 속에 넣고 흙을 발라 밀봉해 두면 100일 후에 숙성이 된다."라고 하였다.

제수 올리는 것을 돕는다.〔助奠〕

엄릉 방씨(嚴陵方氏)가 "어른을 도와서 귀신에게 제수를 올리는 것이다."라고 하였다. 경원 보씨(慶源輔氏)는 "처음에 용모와 덕을 가르치고 중간에는 여자의 일을 가르치고 마지막에 제사의 예법을 가르치니 부녀자의 일이 이에 극진하다."라고 하였다.

15세에 비녀를 꽂는다.〔十五而笄〕

계(笄)는 《설문》에 '비녀〔簪〕'라고 하였다. 그 끝에 닭 모양을 조각하였다. 〈상복소기(喪服小記)〉에 "계는 머리카락을 말기 위한 것이다."라고 하였다. 엄릉 방씨는 "계는 부녀자의 머리 장식이니, 성인(成人)의 복식이다."라고 하였다.

20세에 시집가니 특별한 사정이 있으면 23세에 시집간다.〔二十而嫁, 有故二十三年而嫁.〕

왕씨(王氏)가 "여자가 20세 이후에 시집갈 수 있는 것이 아니라, 20세가 되도록 시집가지 않으면 예(禮)가 아님을 말한 것이다."라고 하였다. ○살펴보건대, 20세에 부모상을 당한 여자가 상기(喪期)가 끝나기를 기다리면 22세에 시집가야 하는데 지금 23세라고 한 것은 어째서인가? 사수(士秀)는 "상을 당한 것이 혹 20세 말기면 상기를 마침이 부득이 23세 초기에 있기 때문에 이렇게 말한 것이 아니겠는가."라고 하였다. ○곽숙운(郭叔雲) 자종(子從)이 말하기를, "〈내칙〉에 '여자 나이 15세에 비녀를 꽂고 20세에 시집가니 특별한 사정이 있으면 23세에 시집한다.'고 하였는데, 23세에 시집간다고 말한 것은 한 번의 초상일 뿐만이 아닙니다. 그러므로 정현(鄭玄)이 '부모상'이라고 한 것입니다. 먼저 부친상을 당하여 상기를 마치기 전에 모친을 위해 삼년상을 입을 경우에는[23] 사정이 있어 24세에 시집가니 23세에 그치지 않습니다."라고 하니, 주자(朱子)가 답하기를, "〈내칙〉의 설은 또한 대략적으로 말한 것일 뿐이다. 조금 늦어도 1년을 넘지 않으니 24세에 시집가는 것도 늦은 것이 되지 않는다."라고 하였다. 지금 '대략적으로 말한 것이다'라는 주자의 설을 가지고

23 모친을……경우에는 : 대본에는 '卽得爲母三年'으로 되어있는데, 《예기(禮記)》〈내칙(內則)〉에 의거하여 바로잡아 번역하였다.

본다면 이른바 23세라는 뜻을 알 수 있다.

예를 갖추어 맞이하면 처가 되고 그냥 따라가면 첩이 된다.〔聘則爲妻, 奔則爲妾.〕

방씨(方氏)가 "빙(聘)은 저쪽을 통하여 이쪽에 묻는 것을 말하고, 분(奔)은 이쪽에서 저쪽으로 가는 것을 말한다."라고 하였다.

속이지 않음을 항상 보여준다.〔常視毋誑〕

'부모(父母)'의 '모(母)' 자는 '여(女)' 자 안에 두 점이 있으니 여자의 두 젖을 상징하고, '무자기(毋自欺)'의 '무(毋)' 자는 '여(女)' 자 안의 획이 밖으로 나왔으니 간음하는 여자의 상(象)이 있다. 간음이 있으면 금지해야 마땅하기 때문에 무(毋) 자를 금지하는 말로 삼았다. 장락 유씨(長樂劉氏)는 "어린아이의 성품은 천성 그대로 순수하고 밝아서 외물(外物)에 대하여 좋다거나 나쁘다는 인식이 없으니, 배우는 바에 따라 이루어지지 않음이 없다. 그러므로 진실을 보여 주면 진실함이 그 마음에 돈독하고, 거짓을 보여 주면 거짓이 그 뜻에 돈독하다."라고 하였다.

설 때에는 반드시 방향을 바르게 한다.〔立必正方〕

〈사상견례(士相見禮)〉에 "방향을 바르게 하여 서고 임금을 향해 비스듬히 서지 않으니, '의(疑)'는 비스듬히 향하는 것을 말한다."라고 하였다.

숙(塾)

《이아(爾雅)》에 "문 곁의 당(堂)을 숙(塾)이라고 한다."라고 하였다. 《고금주(古今註)》에 "숙(塾)이라는 말은 '익숙하다〔熟〕'는 뜻이다. 신하가 와서 임금을 조회할 적에 문 밖에 이르러서 응대할 일을 다시 상세하게 생각하는 것이다."라고 하였다. 《예기》의 '집에 숙이 있다.〔家有塾〕' 주석에 "옛날에 벼슬살이하다가 늙은 뒤에는 여리(閭里)로 돌아가 가르치며 아침저녁으로 문 곁의 당에 앉아 있었는데 이곳을 숙이라고 한다."라고 하였다.

상(庠)

《맹자》에 "주(周)나라에서는 상(庠)이라고 하였으니 상은 봉양한다는 뜻이다."라고 하였다. 《예기》의 '유우씨가 상상에서 국로를 봉양한다.〔有虞氏養國老於上庠〕' 주석에 "상(庠)이라는 말은 예를 살피고 일을 두루 살피는데 상세하게 하는 것이다."라고 하였다.

서(序)

《맹자》에 "은(殷)나라에서는 서(序)라고 하였다."라고 하였다. 《예기》 〈명당위(明堂位)〉의 '하후씨의 서이다.〔夏后氏之序〕' 주석에 "서(序)는 국사(國事)에 선후의 순서를 정하는 것이다."라고 하였다.

학(學)

학(學)은 《설문》에 '깨닫다〔覺悟〕'는 뜻이라고 하였다. 학(學)·교(校)·상(庠)·서(序)의 총칭이다.

2천5백 가가 주가 된다.〔二千五百家爲州〕-주(註)-

《예기》 본주에는 '2천5백〔二千五百〕' 위에 '만(萬)' 자가 있다. 살펴보건대, 《주례(周禮)》의 '5당이 주가 된다.〔五黨爲州〕' 주석에 "당은 5백 가(家)이니 주는 2천5백 가이다."라고 하였고, 《전한식화지(前漢食貨志)》에 "5당이 주가 되고 5주가 향(鄕)이 되니, 향은 만2천5백 가이다."라고 하였다. 이것을 가지고 본다면 《예기》의 주석이 잘못된 듯하다.

왕공의 원자와 중자 및 경·대부·사의 아들과 뽑혀 올라온 우수한 선비들을 가르쳤다.〔以教元子衆子及卿大夫士之子與所升俊選之士焉〕-주(註)-

《대학》 서문에 "천자(天子)의 원자(元子)와 중자(衆子)부터 공(公)·경(卿)·대부(大夫)·원사(元士)의 적자(適子)와 모든 백성의 준수한 자에 이르기까지 모두 태학(太學)에 들어갔다."라고 하였다. 《예기》 〈왕제(王制)〉에 "지방 고을에 명하여 우수한 선비를 논하여 사도(司徒)에게 올리게 하니 이들을 선사(選士)라고 한다. 사도가 선사 가운데 빼어난 자를 논하여 태학에 올리니 이들을 준사(俊士)라고 한다."라고 하였다.

인륜을 가르치다.〔教以人倫〕

"인륜(人倫)에 스승은 언급하지 않음은 어째서입니까?"라고 물으니, 주자(朱子)가 "스승의 의리는 바로 벗의 의리인데, 구분짓자면 임금과 아버지와 같다. 벗은 많고 스승은 적기 때문에 그 많은 것을 가지고 말한 것이다."라고 하였다.

성인(聖人)은 요임금을 말한다. 계는 신하의 이름이다.〔聖人謂堯也,

契臣名.〕-주(註)-

살펴보건대, 《맹자》 본주에 주자(朱子)가 "계는 순(舜)임금 신하의 이름이다."라고 하였다. 주자가 이미 계를 순임금의 신하로 삼았으니 이른바 성인은 순임금을 가리켜 말한 것인데, 여기에서 요임금이라고 한 것은 어째서인가? 중고(仲固)는 "계를 명하여 사도(司徒)로 삼은 것이 이미 요임금 때 있었고, 순임금은 단지 예전에 임명한 대로 따라서 경계하고 신칙한 것뿐이다. 그러므로 요임금이라고 말한 것이다."라고 하였다. 내가 "그렇다면 응당 '계는 요임금의 신하이다'라고 말해야 하는데, 주자가 《맹자》 본주에서 무엇 때문에 순임금의 신하라고 한 것인가?"라고 하니, 중고가 "계가 사도가 된 것은 비록 요임금 시절에 있었지만 계가 순을 섬긴 지 매우 오래되었고 그 가르침을 펼쳐 공을 이룬 것이 단지 순임금 시대에 있었기 때문에 순임금의 신하라고 말한 것이다."라고 하였다.

오교를 공경히 펼치되 너그럽게 하라.〔敬敷五教, 在寬.〕

채씨(蔡氏)가 "성현은 일에 대하여 공경하지 않음이 없지만 이것은 또 일의 큰 것이다. 그러므로 특별히 경(敬)으로 말한 것이다."라고 하였다. 관(寬)은 너그러움으로 대하는 것이다. 진씨(陳氏)-이름이 아언(雅言)이다.-가 "가르침을 펼치는 도는 반드시 경(敬)을 위주로 하되 더욱 너그럽게 해야 한다. 만일 경에만 한결같으면 혹 급박해지는 잘못이 있고, 너그러움에만 한결같으면 혹 해이해지는 잘못이 있으니 모두 불가하다."라고 하였다.

전악(典樂)

악(樂)은 《설문》에 "오성(五聲)과 팔음(八音)의 총칭이다."라고 하였다. '白'은 북 모양을 형상하고, '幺幺'가 '木' 위에 있다.

주자(冑子)

《광운》에 "주자(冑子)는 국자(國子 왕세자와 공경대부의 자제)이다."라고 하였다.

곧으면서 온화하면……간략하면서도 오만함[24]이 없다.〔直而溫……簡而無傲.〕

주자가 "곧으면서도 온화하며 너그러우면서도 엄숙한 것은, 곧음〔直〕과 너그러움〔寬〕이 본시 좋지만 온화함〔溫〕과 엄숙함〔栗〕을 겸하면 지극히 좋다. 그러나 강함〔剛〕과 간략함〔簡〕 두 글자의 경우는 조금 폐단이 있다. 이 때문에 '사나움이 없고〔無虐〕'·'오만함이 없는〔無傲〕' 것으로 경계하였으니 그 잘못을 막기 위한 것이다. 내가 나누어 구별하여 그 잘못을 막기 위함을 보이려는 것은 강함과 간략함 때문에 하는 말이지 위의 곧음과 너그러움 두 구절은 해당되지 않는다."라고 하였다.

팔음이 잘 어울려야 신과 사람이 화합할 것이다.〔八音克諧, 神人以和.〕

팔음(八音)은 《주례》〈춘관(春官)〉 주석에 "쇠〔金〕는 종(鍾)과 박(鎛)이고, 돌〔石〕은 경(磬)이고, 흙〔土〕은 훈(塤)이고, 가죽〔革〕은

24 오만함 : 대본에는 '虐'으로 되어 있는데, 《소학》〈입교(立敎)〉에 의거하여 '傲'로 바로잡아 번역하였다.

고(鼓)와 도(鼗)이고, 실〔絲〕은 금(琴)과 슬(瑟)이고, 나무〔木〕는 축(柷)과 어(敔)이고, 박〔匏〕은 생(笙)이고, 대〔竹〕는 소(簫)와 관(管)이다."라고 하였다. ○《주례》〈춘관(春官) 대사악(大司樂)〉의 '육률(六律)・육동(六同)・오성(五聲)・팔음(八音)・육무(六舞)로 크게 음악을 합주하여 인귀(人鬼)・천신(天神)・지기(地祇)를 이르게 하고 만방을 화열하게 하고 만백성을 화합시키고 빈객을 편안하게 하고 먼 나라 사람들을 즐겁게 하고 동물을 고무시킨다.' 주석에 "육률은 양(陽)의 소리를 합한 것이고, 육동은 음(陰)의 소리를 합한 것이다. 이 12가지는 구리〔銅〕로 율관(律管)을 만들어 돌아가며 상생하는데, 황종(黃鍾)이 처음이 되고 그 길이는 9촌(寸)이다. 각각의 소리가 이를 토대로 셋으로 나누어 상생(上生)의 경우에는 1분을 더하고, 하생(下生)의 경우에는 1분을 던다. 크게 음악을 합주하는 것은 육대(六代)의 음악[25]을 두루 연주하되, 동지(冬至)에 연주하여 천신(天神)과 인귀(人鬼)를 이르게 하고, 하지(夏至)에 연주하여 지기(地祇)와 물혼(物鬼)을 이르게 하여 날개 있는 새나 털 달린 짐승 등속을 감동시킨다."라고 하였다.

오성십이율(五聲十二律)-주(註) ○《맹자》〈이루(離婁)〉 차기(箚記)의 오음육률(五音六律)과 참고하여 볼 것.-

《한서(漢書)》〈율력지(律曆志)에 "궁(宮)이 사성(四聲)의 벼리가 되고 궁이 임금이 된다."라고 하였다. 《악서(樂書)》에 "궁은 토(土)

25 육대(六代)의 음악 : 황제(黃帝)・요(堯)・순(舜)・하(夏)・상(商)・주(周)의 음악이다.

의 음이니 그 수가 81이며[26] 그 소리가 가장 크고 중앙에 해당한다. 소리가 비장(脾腸)에서 나와서 입을 다물고 통하니 그 소리가 원만하고 중앙에 해당하기 때문에 합하는 것을 주관한다. 상(商)은 쇠〔金〕가 울리는 소리로 가장 맑다. 상(商)이라는 말은 해친다는 뜻이다. 십이율 가운데 '이칙(夷則)'의 '이(夷)' 자도 해친다는 뜻이다. 상(商)은 신하가 된다."라고 하였다. 《전한서(前漢書)》 〈율력지〉에 "각(角)은 부딪침이니, 물이 땅에 부딪쳐 나와서 뾰족한 모서리를 이고 있다. 각은 백성이 되고 오행(五行)에서는 목(木)이 된다. 치(徵)는 복〔祉〕이니, 물이 성대하여 복이 많은 것이다. 치는 일〔事〕이 된다."라고 하였다. 《악서》에 "소리가 심장에서 나와 이빨을 다물고 입술을 벌리는 것을 치(徵)라고 한다. 치는 불〔火〕이다. 우(羽)는 집〔宇〕이다. 물(物)이 모이고 쌓이면 집이 덮어준다. 우는 물(物)이 된다."라고 하였다. 《악서》에 "소리가 신장에서 나와 이빨을 벌리고 입술을 모으는 것을 우(羽)라고 한다. 우는 물〔水〕이다."라고 하였다. ○신안 진씨(新安陳氏)가 "황종(黃鍾)이 첫 번째 궁(宮)이 되는데 그 길이가 9촌이다. 8칸을 띄워 아래로 임종(林鍾)을 낳아 치(徵)가 되니, 3분의 1을 덜어내어 그 길이는 6촌이다. 임종이 8칸을 띄워 위로 태주(大簇)를 낳아 각(角)이 되니 3분의 1을 늘려 그 길이는 8촌이다. 이 세 율관은 길이가 모두 온전한 촌(寸)을 이루고 나머지가 없지만, 나머지 율관은 여분이 들쭉날쭉하여 고르지 않다. 태주

26 그 수가 81이며 : 황종의 율관(律管)은 원통의 길이가 9치이고, 원통의 둘레는 직경 3푼에 원주율 3을 곱하여 9푼이 되는데, 이 9치와 9푼을 곱한 81이 양수(陽數)의 극(極)인 황종의 수(數)가 된다.

(太簇)가 아래로 남려(南呂)을 낳아 우(羽)가 되고, 남려가 위로 고선(姑洗)을 낳아 각(角)이 된다. 임종이 두 번째 궁이 되니 궁이 치를 낳고 치가 상을 낳고 상이 우를 낳고 우가 각을 낳는다. 이하는 모두 이와 같다. 이렇게 중려(仲呂)에 이르러 열두 번째 궁이 된다. 12궁마다 각각 5성이 있으니 모두 60성이다. 궁(宮)·치(徵)·상(商)·우(羽)·각(角)은 8칸을 띄워 서로 낳는 순서이다. 소리가 탁하고 긴 궁성에서부터 점차 맑고 짧아지니, 그 순서는 궁·상·각·치·우가 된다. 가령 황종이 궁이 되면 1율관 거리의 태주가 상(商)이 되고, 또 1율관 거리의 고선이 각(角)이 되고, 또 2율관 거리의 임종(林鍾)이 치(徵)가 되고, 또 1율관 거리의 남려(南呂)가 우(羽)가 되니, 우가 황종의 궁과의 거리가 또 2율관이다. 서로 거리가 1율관이면 음절이 조화롭고, 서로 거리가 2율관이면 음절이 멀다. 그러므로 치(徵)와 각(角)의 사이에서 치 가까이에서 한 소리를 거두어 치에 비해 조금 낮은 것을 변치(變徵)라고 하고, 궁과 우의 사이에서 궁 가까이에서 한 소리를 거두어 궁보다 조금 높은 것을 변궁(變宮)이라고 하니, 오성이 미치지 못하는 것을 구제하기 위함이다.

팔음에 입히다.〔被之八音〕-주(註)-

중고(仲固)가 "'팔음에 입히다.'고 할 때의 '팔음'은 팔음의 악기를 말한다."라고 하였다. 나는 "그렇지 않다. 이미 팔음이라고 했으니 여덟 가지 음이지 악기가 아니다. 《예기》에 '소리가 문채를 이룬 것을 음(音)이라고 한다.'고 하였으니, 그렇다면 이른바 '팔음'이란 즉 여덟 가지 음이라는 것을 알 수 있다. 더구나 이 주석 위에 이미

'팔음' 두 글자를 말하였고 그 아래에 '금석사죽포토혁목(金石絲竹匏土革木'을 말하였으니, 아래에서 비록 다시 '음'이라는 한 글자를 말하지 않더라도 위의 '음' 자가 이미 이어지고 있는 것이다."라고 하였다. 중고가 "이른바 팔음에 입힌다는 것은 십이율의 소리를 팔음의 악기에 입히는 것이다. 십이율이 이미 소리인데 팔음이 또 소리라면 어찌 소리를 소리에 입힐 리가 있겠는가."라고 하였다. 나는 "그렇지 않다. 이것을 가지고 저것에 가하는 것을 통상 '입힌다〔被〕'라고 하니 그렇다면 이 소리를 가지고 저 소리에 가하는 것도 입힌다고 말할 수 있다. 어찌 굳이 악기에 입힌 뒤에야 입힌다고 말할 수 있겠는가. 쇠〔金〕·돌〔石〕·실〔絲〕·대〔竹〕·박〔匏〕·흙〔土〕·가죽〔革〕·나무〔木〕은 원래 모두 자연의 소리이니, 쇠는 쇠의 소리가 있고, 돌은 돌의 소리가 있다. 다만 율려(律呂)로 조화시키지 않으면 그 청탁과 고하가 절문에 부합하지 않을 뿐이다. 이에 성인(聖人)이 음양 십이율을 만들어 팔음에 입혀서 그 청탁고하의 소리를 조절한 뒤에야 비로소 절문에 부합하고 비로소 문채를 이룬 음이 되었을 뿐이니, 즉 주자(朱子)의 이른바 '음악에는 오성과 십이율이 있어 팔음의 절도를 삼는다.'라고 한 것이 이것이다. 또 《맹자》의 '팔음을 그쳤다.〔遏密八音〕' 집주(集註)에 '팔음은 금기(金器)·석기(石器)·사기(絲器)·죽기(竹器)·포기(匏器)·토기(土器)·혁기(革器)·목기(木器)의 음이다.'라고 하였으니, 이 말이 더욱 분명함이 된다."라고 하였다.

성정을 함양하고 인재를 육성하며 귀신을 섬기고 상하를 조화롭게 하였으니 그 체용과 공효가 광대하고 심절하다.〔養性情育人材, 事神

祗和上下，其體用功效廣大深切.〕-주(註)-

살펴보건대, '곧으면서도 온화하고 너그러우면서도 엄숙하고 강하면서도 사납지 않고 간략하면서도 오만함이 없는〔直而溫，寬而栗，剛而無虐，簡而無傲.〕' 것이 바로 성정을 함양하는 것이고, '너를 전악으로 명하니 주자를 가르쳐라.〔命汝典樂，敎胄子.〕'라는 것이 바로 인재를 육성하는 것이고, '서로 차례를 빼앗지 말아야 신과 사람이 화합할 것이다.〔無相奪倫，神人以和.〕'는 것이 바로 귀신을 섬기고 상하를 조화롭게 하는 것이다. 음악이 성정을 함양하는 원리와 인재를 육성하는 원리와 귀신을 섬기는 원리와 상하를 조화롭게 하는 원리가 바로 체(體)이고, 그 성정을 함양하고 인재를 육성하고 귀신을 섬기고 상화를 조화롭게 하는 것이 바로 용(用)이고, 그 성정이 길러지고 인재가 육성되고 귀신이 섬겨지고 상하가 조화롭게 되는 것이 바로 공효(功效)이다.

지방에서 세 가지 일로 모든 백성을 가르쳐서 우수한 자를 빈객으로 삼아 등용하였다.〔以鄕三物，敎萬民而賓興之.〕

《주례》 본주에 "백성이 세 가지 일에 가르침이 이루어지면 향대부(鄕大夫)가 그 현명하고 유능한 자를 천거하여 음주(飮酒)의 예를 갖추어 빈객으로 예우하고 그것이 끝나면 왕에게 그 명부를 올린다."라고 하였다.

향대부(鄕大夫)-주(註)-

〈왕제(王制)〉 주석에 "대사도(大司徒)가 향대부에게 명하여 향학(鄕學)의 선비 가운데 재주와 덕이 동류에서 출중한 자를 논술하여 손님으로 예우하고 그 사람을 사도(司徒)에게 올리게 하였다."

지와 인과 성과 의와 충과 화이다.〔知仁聖義忠和〕

정자(程子)가 "'성인도 생각하지 않으면 미치광이가 된다.〔惟聖罔念作狂〕'[27]의 '성(聖)'은 《주례》의 '육덕(六德)의 성(聖)'과 같으니 통명함을 이르는 것이다."라고 하였다. 생각건대, 덕을 이룬 순서를 가지고 말하면 인(仁)이 지(知) 앞에 있지만, 덕에 들어가는 순서를 가지고 말하면 지(知)가 인(仁) 앞에 있다. 이는 어린아이를 가르치는 글이기 때문에 덕에 들어가는 순서로 말한 것이다.

공경하지 않는 형벌〔不弟之刑〕

'공경하지 않는다.〔不弟〕'는 《주례》 본주에 "스승과 어른을 공경하지 않는다."라고 하였다.

백성을 어지럽히는 형벌〔亂民之刑〕

백성을 어지럽히는 것은 《주례》 본주에 "명물(名物)을 어지럽히고 제도를 고치고 이단(異端)을 잡고서 정사를 혼란시킨다."라고 하였다. 〈왕제(王制)〉의 '명물을 어지럽히고 제도를 고치며 이단을 잡아서 정사를 혼란시키면 죽인다.' 주석에 "명물을 어지럽히고 제도를 고치고 혹 이단과 사도(邪道)를 끼고서 사람들을 속이고 의혹시키는 것이 모두 정사를 어지럽히기에 충분하다. 그러므로 마땅히 죽여야

27 성인도……된다 : 《서경》 〈다방(多方)〉에 "성인도 생각하지 않으면 미치광이가 되고, 미치광이도 생각하면 성인이 된다.〔惟聖罔念作狂, 惟狂克念作聖.〕"라고 하였다.

할 바에 해당한다."라고 하였다. 살펴보건대, 왕망(王莽)과 왕안석(王安石) 무리가 조종(祖宗)의 옛 법을 가볍게 고쳐서 천하의 큰 혼란을 초래한 것이 여기에서 말한 '제도를 고친다'는 일인 듯하다.

봄과 가을에 예와 악을 가르치고 겨울과 여름에 시와 서를 가르쳤다.〔春秋教以禮樂, 冬夏教以詩書.〕

《통전(通典)》 주석에 "봄과 여름은 양(陽)이고, 시와 악은 소리〔聲〕이니 소리 또한 양이다. 가을과 겨울은 음(陰)이고, 서와 예는 일〔事〕이니 일은 모두 음이다."라고 하였는데, 진씨(陳氏)는 "구주(舊註)의 음양의 설은 너무 얽매인 듯하다."라고 하였다. 또 "〈문왕세자(文王世子)〉-《예기》 편명-에는 '봄에는 시를 외우고 여름에는 현악기를 연주한다.'라고 말하여 이것과 같지 않다."라고 하였다.

선생이 가르침을 베풀거든 제자가 이를 본받는다.〔先生施教, 弟子是則.〕

여씨(呂氏)가 "선생이란 부형(父兄)에 대한 호칭이다. 덕과 나이가 남의 스승이 될 만한 사람은 부형과 같기 때문에 또한 선생이라 칭한 것이고, 스승을 부형처럼 여긴다면 배우는 자가 자신을 자제(子弟)에 견준 것이므로 제자라고 칭한 것이다. 《논어》에 '술과 밥이 있을 때 선생에게 드시게 한다.〔有酒食, 先生饌.〕'라고 하였으니, 선생이라는 호칭은 또한 부형과 통용된다."라고 하였다.

온순하고 공손하며 스스로 겸허하게 하여 전수받은 바를 극진히 해야 한다.〔溫恭自虛, 所受是極.〕

《주자대전(朱子大全)》 주석에 "반드시 그 마음을 비운 뒤에야 능히 받아들이는 바가 있다. 극(極)은 그 본원(本源)을 다함을 말한다."라고 하였다.

교만하여 힘을 믿지 말아야 한다.〔毋驕恃力〕

주자가 "힘을 믿는 것은 기력을 믿고서 제멋대로 남을 구타하는 따위이니, 어려서부터 덕을 숭상하고 힘을 숭상하지 않는 일을 가르치는 것이다."라고 하였다. 살펴보건대, 힘을 믿는 것을 주자가 기력을 믿고서 제멋대로 남을 구타하는 것이라고 하였으니, '온화하고 유순하며 효도하고 공손한〔溫柔孝弟〕' 것과 서로 반대된다.

반드시 덕이 있는 사람에게 나아가야 한다.〔必就有德〕

《주자대전》에는 '유덕(有德)'이 '기덕(其德)'으로 되어 있다.

높이고 낮추고 반복하다.〔抑揚反覆〕-주(註)-

신안 진씨(新安陳氏)가 "억양은 성음(聲音)의 높낮이이고, 반복은 앞뒤가 중복되고 반복되는 것이다."라고 하였다.

시는 성정에 근본하여 사악한 것도 있고 바른 것도 있어서……사람들로 하여금 선을 좋아하고 악을 미워하는 마음을 흥기시킨다〔詩本性情, 有邪有正……使人興起其好善惡惡之心.〕-주(註)-

살펴보건대, '선을 좋아함〔好善〕'은 위 구절의 '정(正)' 자와 호응되고, '악을 미워함〔惡惡〕'은 위 구절의 '사(邪)' 자와 호응된다. 사악함이 있기 때문에 그 시를 읽음에 사람들로 하여금 악을 미워하는 마음을 흥기시키고, 바름이 있기 때문에 그 시를 읽음에 사람들로 하여금 그 선을 좋아하는 마음을 흥기시키는 것이다.

사람의 살과 피부의 모임과 힘줄과 뼈의 묶임을 견고하게 할 수 있다.〔固其肌膚之會, 筋骸之束.〕-주(註)-

《예기》〈예운(禮運)〉 본주에 "회(會)는 '부합하는〔合〕' 것으로, 물(物)이 그 '법도〔則〕'에 부합하는 것이니, '머리 모양은 곧음에 부합해야 한다.〔頭容宜合於直〕'는 따위이다. 속(束)은 수렴(收斂)하는 것이니, '손 모양은 공손해야 한다.〔手容宜恭〕'는 따위이다."라고 하였다. 채청(蔡淸)이 "이 주석은 온당치 않다. 사람의 살과 피부는 원래 모여 있고 힘줄과 뼈는 원래 묶여 있으니 오직 마음이 운행하는 바에 달려 있을 뿐이다. 마음을 보존하여 잃어버리지 않으면 살과 피부의 모임과 힘줄과 뼈의 묶임이 저절로 견고하여 풀리지 않는 것이지, 억지로 다스리는 것을 말하는 것이 아니다.

그 간사하고 더러운 것을 깨끗이 씻어내고 그 찌꺼기를 말끔히 없앤다.〔蕩滌其邪穢, 消融其查滓.〕-주(註)-

신안 진씨(新安陳氏)가 "사예(邪穢)는 사욕의 더러운 악을 말하니 모두 깨끗이 씻어내어 남음이 없게 하고, 사재(查滓)는 도리를 억지로 힘쓰고 아직 숙련되지 않은 것을 말하니 모두 녹여 버려 흔적이 없게 한다."라고 하였다.

배움의 마지막에 의가 정밀하고 인이 완숙해져서〔學者之終, 所以至於義精仁熟.〕-주(註)-

운봉 호씨(雲峯胡氏)가 "시(詩)에서 흥기하는 것은 지(知)의 일이니 악(樂)에서 완성되면 지(知)가 정밀해진다. 그러므로 '의가 정밀하다〔義精〕'라고 한 것이다. 예(禮)에 서는 것은 행(行)의 일이니, 악에서 완성되면 행이 익숙해진다. 그러므로 '인이 완숙해진다〔仁熟〕'라고 한 것이다."라고 하였다.

자하가 말하기를……나는 반드시 그를 배웠다고 말하겠다.〔子夏曰……吾必謂之學矣.〕

주자(朱子)가 "사람이 진실로 자품이 좋으면 배우지 않아도 스스로 이 분수를 다할 수 있다. 그러나 가령 배운다 하더라도 이 분수를 배우는데 지나지 않을 것이다. 그러므로 '사람들은 비록 배우지 않았다고 말하더라도 나는 반드시 이미 배웠다고 말할 것이다.'라고 한 것이다."라고 하였다.

후재집

제18권

차기 箚記

소학 小學

차기 소학 箚記 小學

명륜
明倫

관(盥)

관(盥)은 《운회(韻會)》에 '손을 씻다〔澡手〕'는 뜻이라고 하였고, 《증운(增韻)》에 "대야에 물을 담아 씻는 것이 관(盥)이다."라고 하였다.

수(漱)

수(漱)는 〈내칙(內則)〉 본주(本註)에 '입을 씻다〔滌口〕'라고 하였고, 《운회》에는 "'선(先)'과 '주(奏)'의 반절이고, '입을 헹구다〔蕩口〕'는 뜻이다."라고 하였다.

즐(櫛)

즐(櫛)은 《운회》에 '측(側)'과 '슬(瑟)'의 반절이라고 하였고, 《설문(說文)》에 "빗의 총칭이다."라고 하였다.

쇄(縰)

쇄(縰)는 해운(蟹韻)에 있는 것은 '머리싸개〔纚〕'인데, '소(所)'와 '해(蟹)'의 반절로, 머리를 감싸는 것이다. 지운(紙韻)에 있는 것도 '머리싸개〔纚〕'이다. 《설문》에 "쇄는 관직(冠織)이니, 검은 비단으로 머리카락을 감싸는 것을 말한다."라고 하였다. 〈사관례(士冠禮)〉에 "머리싸개〔纚〕는 너비가 온폭이고 길이가 6자〔尺〕이다."라고 하였다. 〈내칙〉 주석에 "검은 비단 머리싸개〔緇纚〕는 6자 길이의 한 폭이니 충분히 머리를 감싸 묶을[1] 수 있다."라고 하였다.

총(總)

총(總)은 〈내칙〉 본주에 "또한 비단으로 만들어 머리카락 밑 부분을 묶고 나머지를 상투 뒤에 늘어뜨려 장식으로 삼는다."라고 하였다.

모(髦)

〈상대기(喪大記)〉의 '모를 벗다〔脫髦〕' 주석에 "모(髦)는 어릴 때에 머리카락을 잘라 만든 것으로 성인이 되어 양쪽으로 늘어뜨리니 다팔머리 모습이다. 자식이 부모를 섬김에 항상 어린아이 때의 뜻이 있음을 밝힌 것이다. 아버지가 죽으면 왼쪽 모(髦)를 벗고 어머니가 죽으면 오른쪽 모를 벗는다."라고 하였다. 《시경》 〈위풍(衛風)〉의 '저 양모를 늘어뜨린 분〔髧彼兩髦〕' 주석에 '양모는 머리카락을 자르는데 정수리 양옆 각(角)에 해당하는 곳의 머리털을 남겨둔 것이다.〔兩髦者, 翦髮夾囟〕'라고 하였고, 소주(小註)에 "신(囟)은 음이

1 묶을 : 대본에는 '黑'으로 되어 있는데, 《예기주소(禮記註疏)》에 의거하여 '結'로 바로잡아 번역하였다.

'신(信)'으로, 머리가 모인 곳이니 뇌의 덮개이다."라고 하였다. 공씨(孔氏)[2]는 "사(士)는 빈(殯)을 하고서 모를 벗고 제후는 소렴(小斂)하면 벗는다. 부모 중에 먼저 죽은 자가 있으면 죽은 지 3일 째에 모를 벗었다가 상기(喪期)를 마치고서 또 붙인다."라고 하였다. 항씨(項氏)는 "모(髦)는 어린 시절의 타(鬌)를 상징한다. 아이가 태어나 석 달이 되면 머리털을 잘라서 타를 만드는데, 남자아이는 각(角)을 만들고 여자아이는 기(羈)를 만든다. 정수리 양옆의 머리털을 남겨 두는 것을 각(角)이라 하니 두 개의 상투이고, 정수리에 종횡(縱橫)으로 교차되도록 남겨 두는 것을 기(羈)라 하니 세 개의 상투이다. 머리카락으로 거짓 상투를 만들어 양 어깨 위에 늘어뜨리니, 오늘날 어린아이가 하나의 띠로 두 상투를 연결하여 이마 위에 가로로 매는 것 같은 것이 이것이다."라고 하였다.

유(緌)

유(緌)는 〈내칙〉 본주에 "관 끈〔冠纓〕을 턱 아래에서 묶어 견고하게 묶고서 나머지를 아래로 드리운 것을 유(緌)라고 한다."라고 하였다. 〈단궁(檀弓)〉의 '상관은 끈을 남겨 늘어뜨리지 않는다.〔喪冠不緌〕' 주석에 "관(冠)에는 반드시 비녀〔笄〕가 있어 갓끈으로 비녀를 매어 턱을 따라 내려와 묶은 것을 영(纓)이라고 하고, 그 남은 끈을 앞에 드리운 것을 유(緌)라고 한다."라고 하였다.

2 공씨(孔氏) : 대본에는 없는데, 《운계만고(雲溪漫稿)》에 의거하여 '孔氏'를 보충하여 번역하였다.

필(韠)

필(韠)은 《설문》에 '불(韍)'이니-불(韍)은 《설문》에 '필(韠)'이라고 하였다. 가죽으로 만든다.- 앞을 가리는 것으로, 가죽으로 만든다. 아래의 너비가 2자〔尺〕이고, 위의 너비가 1자이고, 그 중앙 목 부분은 5치〔寸〕이고, 양쪽 끝의 어깨 부분과 가죽 띠의 너비는 2치이다."라고 하였다. 옛날에는 땅에 자리를 깔고 앉아서 제사에 임하였기 때문에 폐슬(蔽膝)을 설치하여 젖는 것에 대비하였다. 정현(鄭玄)은 "필(韠)이라는 말은 가린다는 뜻이다."라고 하였다. 〈옥조(玉藻)〉에 "임금은 붉은 가죽, 대부는 흰 가죽, 사(士)는 검붉은 가죽으로 만든다. 천자는 곧고 제후는 위아래가 모나고, 대부는 위는 모나고 아래는 모서리를 제거하여 둥글게 하고, 사(士)는 위아래가 바르다."라고 하였다. 《시경》〈채숙(采菽)〉 주석에 "불(韍)·겹(韐)·필(韠)는 모두 폐슬의 상(象)으로, 제도는 같지만 명칭이 다르다."라고 하였다. 신안주씨(新安朱氏)는 "면복(冕服)에서는 불(韍)이라고 하고, 다른 복장에서는 필(韠)이라고 한다."라고 하였다.

홀(笏)

살펴보건대, 홀(笏)은 '홀연히〔忽〕'의 뜻이니, 일이 있으면 그 위에 기록하여 홀연히 잊는 것에 대비하는 것이다. 〈옥조(玉藻)〉에 "천자(天子)는 옥을 사용하고, 제후(諸侯)는 상아를 사용하고, 대부(大夫)는 물고기 수염으로 꾸민 대나무를 사용하고, 사(士)는 아래를 상아로 꾸민 대나무를 사용한다."라고 하였다.

핍(偪)

핍(偪)은 '필(筆)'과 '역(力)'의 반절로, '핍(逼)' 자와 통용하여 쓴다. 《시경》에 "붉은 슬갑은 다리[3]에 있고 사폭은 그 아래에 있도다.〔赤芾在股, 邪幅在下〕"라고 하였는데, 정강성(鄭康成)이 말하기를, "핍(偪)은 정강이를 묶어서 발부터 무릎에 이르기 때문에 아래에 있다고 한 것이다. 대개 1폭 비단으로 발에 비스듬히 묶기 때문에 사폭(邪幅)이라고 한 것이요, 바싹 묶는 것이기 때문에 핍(偪)이라고 한 것이다. 핍(偪)은 바로 '등(縢)'이니, 묶는 것이다. 단지 부인은 사용하지 않기 때문에 며느리가 시부모를 섬김에는 핍(偪)이 없다."라고 하였다. '핍(幅)' 자와 통용하여 쓴다.

구(屨)

구(屨)는 《운회》에 '구(俱)'와 '우(遇)'의 반절이라고 하였고, 《설문》에 '신〔履〕'이라고 하였다. 또 '가죽신〔鞮〕'이라는 뜻이니, 제(鞮)는 가죽신〔革履〕이다. 《주례》 주석에 "아래를 한 겹으로 댄 것을 '이(履)'라 하고, 이중으로 댄 것을 '석(舃)'이라 한다."라고 하였다.

기(綦)

기(綦)는 〈내칙〉 본주에 "신코의 장식이니 바로 구(絇)이다."라고 하였다. 살펴보건대, 《가례》 심의장(深衣章) 흑리(黑履) 주석에 '구(絇)와 기(綦)를 흰색으로 한다.'라고 하였고, 유해손(劉垓孫)은 "신에는 구(絇)가 있으니, 신의 첫머리에 끈으로 코를 만든 것을 말한

3 다리 : 대본에는 '上'으로 되어 있는데, 《시경》에 의거하여 '股'로 바로잡아 번역하였다.

다. 혹은 비단 1치〔寸〕를 접어서 구(絇)를 만드는데, 끈을 구멍에 꿰기 위한 것이다. 신 뒤꿈치에 기(綦)를 연결하니 신을 묶기 위한 것이다."라고 하였다. 이것으로 본다면 기(綦)와 구(絇)는 결코 두 가지 물건인데 〈내칙〉 주석에 하나의 물건이라고 하였으니 어느 것이 옳은지 모르겠다. 《주례》〈천관(天官〉 주석에 "구(絇)의 의미는 구속(拘束)함이니 이것으로 다닐 때 경계로 삼는다. 눈길을 낮추어 함부로 돌아보지 않는 것을 말한다."라고 하였다. 〈곡례(曲禮)〉의 '기구(綦絇)' 주석에 "기(綦)는 신을 묶는 끈이다."라고 하였다. 《곡양전(穀梁傳)》에 "제(齊)나라에서는 기(綦)라고 하고, 초(楚)나라에서는 섭(踂)라고 하고, 위(衛)나라에서는 첩(輒)이라고 한다."라고 하였다.

머리를 감싸 상투를 만든다〔韜髮作髻〕-주(註)-

결(髻)은 《운회》에 "묶은 머리〔束髮〕이다. 혹 결(結)로 쓴다."라고 하였다. 《사기》〈육가열전(陸賈列傳)〉에 "북상투[4]를 틀고 두 다리를 뻗고 앉았다.〔魋結箕踞〕"라고 하였는데, 추결(魋結)은 음이 '추결(椎髻)'이다. 《한서(漢書)》 주석에 "한 줌으로 묶은 상투의 모양이 망치와 같은 것이다."라고 하였다.

단은 현단복이다.〔端, 玄端服也.〕-주(註)-

〈내칙〉 본주에 "상의는 치포(緇布)를 쓰고 하의는 같지 않으니, 상

4 북상투 : 대본에는 '椎'로 되어 있는데, 〈육가열전(陸賈列傳)〉에 의거하여 '魋'로 바로잡아 번역하였다.

사(上士)는 검은 색 하의를 입고, 중사(中士)는 황색 하의를 입고, 하사(下士)는 잡색 하의를 입는다."라고 하였다. 《주례》 〈춘관(春官)〉에 '재복에는 현단과 소단이 있다.〔齊服有玄端素端〕'라고 하였는데, 그 주석에 정사농(鄭司農)은 "옷에 저고리와 치마가 있는 것이 단(端)이다."라고 하였고, 정현(鄭玄)은 "단(端)이라는 것은 그 바름을 취한 것이다.[5] 사(士)의 상의〔衣〕와 소매〔袂〕는 모두 2자 2치로 속폭(屬幅)[6]은 너비와 길이가 같고, 그 소맷부리〔袪〕는 1자 2치이다.[7] 대부 이상은 사치스럽게 하는데, 사치스럽게 한다는 것은 2분의 1을 더하는 것이다. 2분의 1을 더하면 대부의 소매는 3자 3치이고, 소맷부리는 1자 8치이다."라고 하였다. 정현이 말하기를, "현단복은 옛날에 임금과 신하가 모두 입었는데, 단(端)은 그 바름을 취한 것이다."라고 하였고, "사(士)의 상의와 소매는 모두 2자 2치로 속폭은 너비와 길이가 같다."라고 하였다.

좌우에 소용품을 차는 것은 몸의 양 옆에 행주·수건·깍지·팔찌 따위를 차서 사용에 대비하는 것이다.[8]〔左右佩用, 謂身之兩旁, 佩紛帨玦捍之類, 以備用也.〕-주(註)-

5 바름을 취한 것이다 : 대본에는 '荒其正也'로 되어 있는데, 아래의 '단은 그 바름을 취한 것이다.〔端取其正〕'에 의거하여 '取其正也'로 바로잡아 번역하였다.

6 속폭(屬幅) : 옷깃에 이어 붙이는 별도의 옷감을 말한다.

7 사(士)의……2치이다 : 소매〔袂〕는 소매 가운데 가장 넓은 부분인 팔꿈치 부분을 말하고, 소맷부리〔袪〕는 소매 가운데 가장 좁은 부분인 끝부분을 말한다.

8 몸의……것이다 : 대본에는 '左右佩用, 謂身之兩旁佩紛帨玦捍之類'로 되어 있는데, 《소학》에 의거하여 '謂身之兩旁, 佩紛帨玦捍之類, 以備用也'를 보충하여 번역하였다.

〈내칙〉 본문의 '자식이 부모를 섬긴다.〔子事父母〕'는 글 아래에 "좌우에 소용품을 차는데 왼쪽에는 행주〔紛〕와 수건〔帨〕를 차고 오른쪽에는 깍지〔玦〕와 팔찌〔捍〕를 찬다."라고 하였다. 〈내칙〉 본주에 "분(紛)은 그릇을 닦는 것이고 세(帨)는 손을 닦는 것이니 모두 수건이다. 깍지〔玦〕는 활 쏘는 자가 오른손 엄지손가락에 끼우는 것이니 활시위를 당겨서 활의 몸체를 벌리는 것이다. 팔찌〔捍〕은 습(拾)이니, 왼쪽 팔에 감싸서 옷소매를 집어넣어 활시위 당기는 일을 편리하게 하는 것이다."라고 하였다. 사계(沙溪) 선생은 "분(紛)은 행주〔帉〕과 같다."라고 하였다.

배냇머리를 잘라 뿔 상투를 만든다.〔翦其胎髮爲鬌〕-타(鬌)는 음이 타(朶)이다. 주(註)-

타(鬌)는 가운(架韻)에 있는 것은 '도(都)'와 '과(果)'의 반절이다. 어린아이는 머리털을 잘라 타(鬌)를 만드는데, 〈내칙〉 주석에 "타(鬌)는 머리털을 남기는 것이니, 머리털을 남겨 뿔 모양을 만드는 것을 말한다."라고 하였다. 지운(支韻)에 있는 것은 '중(重)'과 '수(垂)'의 반절로, 《설문》에 "머리카락이 빠지는 것이다."라고 하였다.

며느리가 시부모를 섬김에……좌우에 소용품을 찬다.〔婦事舅姑, 左右佩用.〕

살펴보건대, '좌우에 소용품을 찬다.〔左右佩用〕'는 말은 〈내칙〉 본문에는 없고, 단지 "왼쪽에는 행주와 수건을 차고 오른 쪽에는 바늘통을 찬다."라고 하였다. 아마도 이는 윗글 '자식이 부모를 섬기다〔子事父母〕' 아래에 이미 '좌우에 소용품을 찬다.'라고 말하였기 때문에 이곳에 다시 말하지 않은 듯하니, 윗글을 이어받은 것이다. 그러나 주자(朱子)는 〈내칙〉 본문의 '왼쪽에는 행주와 수건을 차고 오른쪽에는 바늘통을 찬다.'는 글로 인하여 '좌우에 소용품을 찬다.'라고 고쳤으니, 이는 윗글의 '자식이 부모를 섬긴다.'와 같은 사례로 쓴 듯하다.

향주머니를 매다.〔衿纓〕

장락 유씨(長樂劉氏)가 말하기를, "남녀가 부모를 섬기거나 며느리가 시부모를 섬길 적에 모두 향주머니〔纓〕를 매어 향물(香物)를 차니, 여자가 혼인을 허락하고 매는 향주머니와는 다르다.-살펴보건대, 〈곡례(曲禮)〉의 '여자가 혼인을 허락하면 향주머니를 맨다.〔女子許嫁纓〕' 주석에 "혼인을 허락하면 향주머니를 매니, 매인 곳인 있음을 보이는 것이다."라고 하였다.- 왜냐하면, 혼인을 허락하고 이미 향주머니를 찼으니 혼인할 때에는 다시 차는 것이 없고, 혼인한 뒤에는 남편이 벗겨주어 다시 쓰는 바가 없기 때문이니, 시부모를 섬길 때 차는 향주머니는 혼인을 허락하고 찼던 향주머니가 아닌 것이다. 정씨(鄭氏)가 '혼인을 허락하고서 차는 향주머니는 다섯 가지 채색으로 만들었다.'고 하였으니, 그렇다면 부모와 시부모를 섬길 때 차는 향주머니도 다섯 가지 채색일 것이다."라고 하였다. 사직(士直 김유(金楺))이 말하기를, "〈사혼례(士昏禮)〉에는 단지 '남편이 직접 신부의 향주머니를 벗겨준다.'라고만 말하였고, '다시 쓰는 바가 없다.'는 글이 없다. 내 생각에는, 향주머니는 부인이 항상 차는 물건인데, 혼례 때에는 잠자리에 들기 때문에 벗겼던 것뿐이다. 그렇다면 여기에서 말한 향주머니〔纓〕는 바로 혼례 때에 찼던 향주머니이다. 왜냐하면, 아래 글에 나오는 아직 관례와 계례를 하지 않은 남녀도 향주머니를 매어 향물을 차기 때문이다. 이미 향물이 있으니 여기서 말한 향주머니〔纓〕는 향낭(香囊)이 아님이 분명하다. 어떠할지 모르겠다."라고 하였다.

침관(箴管)-주(註)-

〈내칙〉 본주에 "침관이란 바늘을 바늘통 안에 둔 것이다."라고 하였다. 산음 육씨(山陰陸氏)-이름은 전(佃)이고 자(字)는 농사(農師)이다.-가 말하기를, "바늘통은 바늘을 담는 통이다."라고 하였다.

부모와 시부모의 처소에 갈 적에는 계신 곳에 이르러[9] 기운을 낮추고 목소리를 부드럽게 하여 옷이 춥거나 덥지 않은지 여쭙고 아프거나 가려운 데가 있으면……공손히 부축하고 붙들어 드린다.〔適父母舅姑之所, 及所下氣怡聲, 問衣燠寒, 疾痛苛癢……敬扶持之.〕

장락 유씨(長樂劉氏)가 말하기를, "계신 곳에 이르러 기운을 낮추고 목소리를 부드럽게 하는 것은 주무시는 것을 깨울까 염려해서이다. 옷이 덥거나 추운지 묻는 것은 그 춥고 더움이 절도에 맞지 않을까 묻는 것이고, 아프거나 가려운 것을 여쭈는 것은 그 체후가 편안하지 못할까 살피는 것이다. 억(抑)은 안마하는 것을 말하고, 소(搔)는 긁어주는 것을 말한다. 이는 모두 노쇠하고 병든 부모를 어루만지고 돌보는 것이니, 한결같이 공경에서 나오는 것이지 감히 형식적으로 여기는 것이 아니다. 부모가 나가거나 들어올 때에 앞서기

9 계신 곳에 이르러 : 대본에는 없는데, 《소학》에 의거하여 '及所'를 보충하여 번역하였다.

도 하고 뒤서기도 하는 것은 그 마땅함을 보아서 그 힘을 돕는 것이다."라고 하였다. 양(癢)은 《운회(韻會)》에 "양(痒)은 '양(癢)' 자와 통용하여 쓰니, 피부가 가려운 것이다."라고 하였다. 사직이 말하기를, "시아버지와 며느리 관계에 있어서는 의당 구별이 있어야 할 듯한데 여기에서는 부모와 일례로 말하였으니, 어떠할지 모르겠다."라고 하였다.

연소자는 대야를 받들고 연장자는 물을 받든다.〔少者奉槃, 長者奉水.〕

엄릉 방씨(嚴陵方氏)가 말하기를, "대야를 받드는 일은 수고롭기 때문에 연소자가 하고, 물을 받드는 일은 편하기 때문에 연장자가 한다."라고 하였다. 《설문》에 "반(盤)은 승반(承槃)이니, '반(槃)' 자와 통용하여 쓴다. '포(蒲)'와 '관(官)'의 반절이다."라고 하였다.

부드러운 안색으로 받든다.〔柔色以溫之〕

엄릉 방씨가 말하기를, "안색은 남과 자신의 정을 통하는[10] 것이니, 자신이 부드러운 안색이라야 어버이의 안색을 부드럽게 할 수 있다."라고 하였다.

온(溫)은 받든다는 뜻이다.〔溫, 承藉之義.〕-주(註)-

살펴보건대, 여기의 승(承)은 '안색을 받들어 뜻을 따른다.〔承顔順志〕'고 할 때의 '승(承)' 자와 같고, 자(藉)는 '조자(繅藉 다섯 채색으

10 통하는 : 대본에는 '承'으로 되어 있는데, 《예기(禮記)》에 의거하여 '通'으로 바로잡아 번역하였다.

로 꾸민 받침)'의 '자(藉)' 자와 같다.

조자로 옥을 받드는 것처럼 한다.〔藻藉之承玉然〕-주(註)-

《주례》〈춘관(春官) 전서(典瑞)〉의 '조자는 다섯 채색으로 꾸민다.〔繅藉五采〕' 주석에 "조(繅)는 다섯 가지 채색 무늬가 있는 것으로 옥을 올려놓는 것이다. 나무로 가운데 골격을 이루고 가죽을 입혀서 채색한다."라고 하였다. 사계(沙溪) 선생이 말하기를, "조자는 《주례》에서 '옥을 받드는 기구'라고 하였다."라고 하였다.

빗질하고 머리를 싸맨다.〔櫛縰〕

살펴보건대, 쇄(縰)는 검은 비단으로 머리카락을 싸서 상투를 만드는 것이다. 그렇다면 이것은 관례와 계례를 올린 남녀에게 쓸 수 있는데 지금 어린아이에게도 쓰는 것은 어째서인가? 《가례(家禮)》 관례장(冠禮章)을 보건대, '관례를 올릴 자는 쌍계(雙紒)를 한다.'라고 하였는데, 이른바 쌍계라는 것이 바로 쌍 상투〔雙髻〕이다. 아마도 중국 제도는 어린아이라 할지라도 상투를 만들어 비단으로 감싸는 듯하다.

머리를 양 갈래로 갈라 뿔처럼 묶는다.〔總角〕

《시경》〈위풍(衛風)〉의 '총각(總角)' 주석에 "여자가 혼인을 허락하기 전에는 비녀를 꽂지 않고 단지 머리를 묶어서 꾸민다."라고 하였다. 엄릉 방씨(嚴陵方氏)가 말하기를, "남자는 각(角)을 만들고 여자는 기(羈)를 만드는데, 여기에서 남녀를 겸하여 말하면서 단지 뿔처럼 만들었다고 말한 것은 남자를 들어서 여자를 포괄한 것이다."라고 하였다. 살펴보건대, 윗글에서 자식이 부모를 섬기는 것과 며느리가 시부모를 섬기는 것을 말할 때에는 모두 '총(總)'이라고 하고, 오직 이곳의 관례와 계례를 올리지 않는 자에 대해서는 총각(總角)이라고 말하였다. 이른바 '총'이란 비단으로 머리카락의 밑 부분을 묶는 것을 뿐이고, 이른바 '총각'이란 비단으로 그 머리카락을 묶어서 뿔처럼 만드는 것이니, 어린아이의 머리꾸밈이다.

용취(容臭)

사계(沙溪) 선생이 말하기를, "《시경》〈대아(大雅) 독공유(篤公劉)〉의 '병봉용도(鞞琫容刀)' 주석에 '용도(容刀)는 용취(容臭)라는 말과 같으니, 칼집 속에 이 칼을 용납함을 말한 것일 뿐이다.'라고 하였고, 소주(小註)에서 주자(朱子)는 「용취는 오늘날의 향낭(香囊)과 와 같은 것이 이것이다.」라고 하였고, 안성 유씨(安成劉氏)는 「취(臭)는 향기 나는 물건으로 채초(茝草)와 난초(蘭草) 같은 따위이니, 또한 향낭 속에 이러한 향기 나는 물건을 담기 때문에 '용취'라고 한 것일 뿐이다.」라고 하였으니, 여기에서 이른바 '용취'는 향낭으로 풀이하는 것이 옳다. 다만 이와같다면 윗글의 '향주머니를 맨다〔衿纓〕'는 글과 중첩되니, 다시 이점을 자세히 살펴야 한다." 라고 하였다.

모든 내외의 사람들〔凡內外〕

오씨(吳氏)의 집해(集解)에 "이는 내외의 노비에 대해 말한 것이다." 라고 하였다. 사직(士直)이 말하기를, "이 장은 부자유친(父子有親)을 밝힌 것이다. 그렇다면 내외의 노복으로 여기는 것은 옳지 않은 듯한데, 어떠할지 모르겠다."라고 하였다.

대자리〔簟〕

점(簟)은 '도(徒)'와 '점(點)'의 반절이다. 《설문》에 '대자리〔竹席〕'라고 하였다. 몸에 가까이 닿는 자리이다.[11] 송(宋)나라와 위(魏)나라 지역에서는 생(笙)이라고 하고 혹은 거곡(籧篖)이라고 하였으며, 관서(關西) 지방에서는 점(簟)이라고 하고 혹은 제(筓)라고 하였다. 거칠게 짠 것은 거저(籧篨)라고 한다.

앉으려 하시거든 자리를 받들어 어느 쪽으로 향할지 물으며, 눕는 자리를 고치려 하시거든 자리를 받들어 발을 어느 쪽으로 두실지 묻는다.〔將坐, 奉席請何鄕, 將衽, 奉席請何趾.〕

〈곡례(曲禮)〉의 '자리를 어느 쪽으로 향할지[12] 묻고, 발을 어느 쪽으로 두실지 묻는다.〔請席何鄕, 請衽何趾.〕' 주석에 "앉는 자리를 깔 때에는 얼굴을 어느 방향으로 둘 것인지 묻고, 눕는 자리를 깔 적에는[13] 발을 어느 방향으로 둘 것인지 묻는 것이다."라고 하였다. 석(席)은 《설문》에 "깔개〔藉〕이다. 천자와 제후의 자리는 보불(黼黻) 모양으로 테두리를 장식하였다.〔天子諸侯席有黼黻純飾〕"라고 하였

11 몸에……자리이다 : 《예기》 〈내칙(內則)〉의 "베개와 자리를 걷는다.〔斂枕簟〕"의 주석에 나오는 말이다.

12 향할지 : 대본에는 '向'으로 되어 있는데, 《예기》에 의거하여 '鄕'으로 바로잡아 번역하였다.

13 눕는……적에는 : 대본에는 '請臥席'으로 되어 있는데, 《예기》에 의거하여 '設臥席'으로 바로잡아 번역하였다.

는데, 석(席)은 '건(巾)' 자와 '서(庶)' 자로 구성되었으니, 건(巾)이 바로 순(純)이다. 서현(徐鉉)은 "자리는 손님을 대우하는 예이다. 한 사람이 아니기 때문에 '서(庶)' 자가 붙은 것이다."라고 하였다. 《석명(釋名)》에는 "석(席)은 '펼치다〔釋〕'는 뜻이니, 걷을 수도 있고 펼칠 수도 있다."라고 하였다. 《증운》에는 "볏짚으로 짠 것을 천(薦)이라고 하고, 부들로 짠 것을 석(席)이라고 한다."라고 하였다. 또 겹으로 된 것을 연(筵)이라고 하고, 홑으로 된 것을 석(席)이라고 한다. 임(衽)은 《주례》〈옥부(玉府)〉의 '옥부가 왕의 평상복을 주관한다〔玉府掌王之燕衣服燕〕' 주석에서 정사농(鄭司農)은 "임석(衽席)은 홑자리이다."라고 하였고, 공씨(孔氏)는 "석(席)의 치수는 3자 3치에다 3분의 1치이다."라고 하였다.

침상을 잡다.〔執牀〕

상(牀)은 《운회》에 "상(牀)은 몸을 편안히 두는 곳이다."라고 하였다. 《광아(廣雅)》에는 "서(棲)를 상(牀)이라고 한다."라고 하였다. 또 8자〔尺〕 되는 것을 상(牀)이라 하고, 3자 5치 되는 것을 탑(榻)이라고 한다.[14]

궤(几)

궤(几)는 《운회》에는 "사람이 기대어 앉는 곳이다."라고 하였고, 《설문》에는 "걸터앉는 자리이다.〔踞几〕이다."라고 하였고, 《광운》

14 3자……한다 : 대본에는 '三尺曰榻'으로 되어 있는데, 《고금운회거요(古今韻會擧要)》와 《통속문(통속文)》에 의거하여 '三尺五曰榻'으로 바로잡아 번역하였다.

에는 "탁자〔案〕의 등속이다."라고 하였다.

협(篋)

협(篋)은 《설문》에는 '감장(椷藏)'-감(椷)은 《운회》에 '나무 상자〔木篋〕'라고 하였다.-이라고 하였고, 《광운》에는 '상협(箱篋)'이라고 하였다.

독(襩)

독(襩)은 긴 저고리로, 허리까지 이어진 상의(上衣)이다.

대모(敦牟)

대(敦)는 《운회》에 "그릇 이름이다."라고 하였다. 《예기》 〈명당위(明堂位)〉의 '유우씨의 두 대〔有虞氏之兩敦〕' 주석에 "대(敦)라는 그릇은 덮개가 있고 꼭지가 있는데, 서직(黍稷)을 담는 그릇이다."라고 하였다. 모(牟)는 제(齊)나라 사람들은 질솥〔土釜〕을 모(牟)라고 하였는데, '무(堥)' 자와 통용하여 쓴다. 질그릇〔瓦器〕으로, 서직을 담는 그릇이다.

치이(巵匜)

《정운(正韻)》에 "치(巵)는 술잔〔酒器〕이다. 뿔을 가지고 만들었고 4되〔升〕를 담는다. 고자(古字)에는 저(觗)로 되어 있다."라고 하였다. 안사고(顏師古)는 "치(巵)는 둥근 술그릇이다."라고 하였다.[15]

15 안사고(顏師古)는……하였다 : 《한서》 〈고제기(高紀第)〉의 "상이 옥 술잔을 받들어 태상황을 위해 축수하였다.〔上奉玉巵, 爲太上皇壽.〕"는 부분의 옥 술잔〔玉巵〕에 대한 안사고의 주석이다.

한 고조(漢高祖)가 옥 술잔〔玉巵〕을 받들어 태상황(太上皇)을 위해 축수하였다. 이(匜)는 손을 씻을 때 물을 따르는 그릇으로, 손잡이가 있어 물을 따를 수 있다. 《광운》에 "이(匜)는 국자〔㮁〕-음은 희(犧)이고, 구기〔勺〕와 같은 모양이다.-와 비슷하다."라고 하였다.

준(餕)

《운회》에 "남은 음식을 준(餕)이라고 하고, 또 남이 남긴 것을 먹는 것을 준(餕)이라고 한다."라고 하였다. 살펴보건대, 대(敦)・모(牟)・치(巵)・이(匜)는 모두 존자(尊者)가 사용하는 것이므로 아들과 며느리가 평소에 감히 쓸 수 없고, 부모와 시부모가 혹 대・모・치・이에 담긴 남은 음식을 줄 때에는 받아서 먹는다. 그렇다면 이른바 '준이 아니거든〔非餕〕'의 준(餕)은 그릇에 담긴 남은 음식을 말하는 것이지, 단지 대・모・치・이를 준(餕)으로 삼은 것이 아니다. 어른이 그릇에 담은 남은 음식을 주지 않으면 감히 그 그릇을 사용할 수 없는 것이다.

애핍(挨偪)-'挨'는 음이 '애〔의〕'이다. 주(註)-

애(挨)는 '영(英)'과 '개(皆)'의 반절로, 밀고 치는 것이다.

추워도 감히 옷을 껴입지 않는다.〔寒不敢襲〕

습(襲)은 《운회》에 "홑옷과 겹옷을 갖추는 것을 습(襲)이라고 한다."라고 하였다. 《예기》에 "옷을 껴입는 것은 아름다움을 가리는 것이다."라고 하였다. 윗옷을 벗어서 밖으로 드러내는 것을 석(裼)이라 하고, 덮어서 밖을 가리는 것을 습(襲)이라고 한다.

감히 어깨를 드러내지 않는다.〔不敢袒裼〕

단석(袒裼)은 《증운》에 "한쪽 옷소매를 벗는 것이다."라고 하였다. 《시경》의 '옷통을 벗고 맨몸으로 범을 때려잡는다.〔袒裼暴虎〕' 주석에 "맨살을 드러내는 것을 단(袒)이라고 하고, 상의를 벗는 것을 석(裼)이라고 한다."라고 하였다.

설의금(褻衣衾)

설(褻)은 《설문》에는 '사복(私服)'이라고 하였고, 《광운》에는 '속옷〔裡衣〕'이라고 하였고, 《증운》에는 "해진 옷을 설(褻)이라고 한다."고 하였다.

수(漱)

손으로 빠는 것은 수(漱)라고 하고, 발로 빠는 것은 한(澣)이라고 한다. 〈곡례〉의 '제모는 치마를 빨지 않는다.〔諸母不漱裳〕' 주석에 "수(漱)는 빠는 것이다."라고 하였다.

한(澣)

한(澣)은 《운회》에 "옷의 때를 빠는 것이다. '완(浣)' 자와 통용하여 쓴다."라고 하였다.

탄(綻)

탄(綻)은 《설문》에 "옷의 솔기가 터진 것이다."라고 하였다.

철(綴)

철(綴)은 제운(霽韻)에 있는 것은 '주(株)'와 '위(衛)'의 반절로, 《광운》에 '이어 붙이다〔連綴〕'는 뜻이라고 하였다. 설운(屑韻)에 있는 것은 '주(株)'와 '열(劣)'의 반절로, 《설문》에 '잇다〔聯〕'는 뜻이라고 하였는데, 서개(徐鍇)가 "엇갈리게 얽어 꿰맨 모양을 본뜬 것이다."라고 하였다.

쇄제(刷除)-주(註)-

쇄(刷)은 설운(屑韻)에 있는 것은 '소(所)'와 '열(劣)'의 반절로, '닦다〔刮〕', '깨끗하다〔淸〕'는 뜻이다. 힐운(黠韻)에 있는 것은 '수(數)'와 '활(滑)'의 반절로, 《설문》에는 '닦다〔刮〕'는 뜻이라고 하였고, 《박아(博雅)》에는 "솔질하는〔篚〕' 것을 쇄(刷)라고 한다."라고 하였다. 또 '쓸다〔掃〕'는 뜻이다. 《광운》에는 '닦다〔拭〕'는 뜻이라고 하였다.

겨울에는 따뜻하게 해드리고……새벽에는 안부를 살핀다.〔冬溫……晨省〕

남전 여씨(藍田呂氏)가 말하기를, "겨울에 따뜻하게 해드리고 여름에 시원하게 해드리며 저녁에 잠자리를 보살펴드리고 새벽에 문안드리는 것은 부모의 몸을 봉양하는 것이다. 한 해 동안은 겨울에 춥고 여름에 더운데 따른 알맞음이 있고, 하루 동안은 새벽에 일어나고 밤에 잠드는데 따른 알맞음이 있으니, 자식이 몰라서는 안 된다."라고 하였다. 주자(朱子)가 말하기를, "이것이 비록 사시(四時)와 하루의 다름이 있지만, 하루 사이에도 수시로 거처를 편안하게 하여 혹 따뜻하고 시원함이 적절한지 살펴야 한다."라고 하였다. 《예기정의(禮記正義)》에 "밤을 먼저 말하고 새벽을 나중에 말한 것은 하룻

밤을 보내는 동안의 예를 겸하여 보인 것이다."라고 하였다.

익히는 바를 반드시 일삼는다.〔所習必有業〕

살펴보건대, 익히는 바를 반드시 일삼는다는 것은 익히는 공부가 반드시 바른 것이어야 한다는 말이다. 이 '필유(必有)' 자를 살펴보면 그 업이 전일하여 다른 곳에 마음을 쓰지 않음을 알 수 있다.

《예기》에 말하기를〔禮記曰〕

사계(沙溪) 선생이 말하기를, "《소학》에서 인용한 《예기》는 그 글이 편명과 관련이 있는 것은 곧장 편명을 기론하였으니, '무릇 아이를 낳았을 때에는 여러 어머니를 가려 뽑는다.〔凡生子擇於諸母〕'에선 〈내칙(內則)〉을 거론하고, '어린아이들에게 항상 속이지 않음을 보인다.〔幼子常視毋誑〕'에선 〈곡례(曲禮)〉를 거론한 것이 여기에 해당한다. 그 글이 편명과 관련이 없는 경우는 《예기》라고만 말했을 뿐이니, 〈제의(祭義)〉의 '효자로서 부모에게 깊은 사랑이 있는 자〔孝子之有深愛〕'가 여기에 해당한다."라고 하였다.

동동촉촉(洞洞屬屬)

《운회》에 "동동(洞洞)은 효도하고 공경하는 마음이 지극한 것이고, 촉촉(屬屬)은 공경하는 모양이다."라고 하였다.

엄각(儼恪)

엄(儼)은 '의(疑)'와 '검(檢)'의 반절로, 《설문》에 '머리를 들다〔昂頭〕'는 뜻이라고 하였다. '엄(嚴)' 자와 통용하여 쓴다. 각(恪)은 '극

(克)'과 '각(各)'의 반절로, 《설문》에 '공경하다〔敬〕'는 뜻이라고 하였다.

서남쪽 구석을 차지하다.〔主奧〕

주(主)는 '차지하다〔當〕'는 뜻이다. 《예기정의》에 "방의 제도는 남쪽의 문이 동남쪽 모서리에 가깝다. 그렇다면 서남쪽 모서리는 깊숙하고 어두워 일이 없는 곳이기 때문에 오(奧)라고 명명한 것이다. 응당 존자(尊者)를 일없는 한가롭고 즐거운 곳에 모셔야 하기 때문에 어른의 거처가 반드시 서남쪽 구석에 해당하는 것이다. 이미 존자가 거처하는 곳인 만큼 자식은 처해서는 안 된다."라고 하였다. 정씨(鄭氏)는 말하기를, "아버지와 방에 함께 있을 때를 두고 말한 것이다."라고 하였다.

자리 한 가운데〔中席〕

《예기정의》에 "한 자리에 네 사람이 앉으니, 함께 앉을 때에는 자리 끝이 상석이 되고 혼자 앉을 때에는 자리 중앙이 높은 자리가 된다. 어른은 응당 혼자 앉고 남과 함께 앉지 않으니 앉을 때 항상 중앙에 앉는다. 그러므로 낮은 자가 중앙에 앉을 수 없는 것이다.

문설주와 문지방〔棖闑〕-주(註)-

《예기》 본주에 "문의 중앙에 문지방〔闑〕이 있고, 문지방의 양 옆에 문설주〔棖〕가 있다."라고 하였다. 정(棖)은 '제(除)'와 '경(庚)'의 반절로, 음이 '정〔뎡〕'이다. 정(棖)을 문설주〔楔〕라고 말한다. 〈옥조(玉藻)〉의 '군주가 문에 들어오면 개(介)는 문지방을 스치고, 대부는 문설주와 문지방 중간에 선다.[16]〔君入門, 介拂闑, 大夫中棖與闑之間.〕' 주석에 "얼(闑)은 문 중앙에 세워진 짧은 나무이고, 정(棖)은 문의 양 옆에 있는 긴 나무이다."라고 하였다. 얼(闑)은 '얼(臬)' 자와 통용하여 쓴다.

평미레〔槩〕

개(槩)는 《설문》에 "'두곡의 곡식을 편편하게 만드는〔杚斗斛〕' 뜻이다."라고 하였는데, 골(杚)는 두드리고 문지르는 것이니, 즉 두곡의 양을 편편하게 깎는 것이다.

시동〔尸〕

시(尸)는 《운회》에 "'주(主)'이니, 옛날에 시동을 세워 신의 역할을 맡겼다."라고 하였다. 《주례》 〈춘관(春官) 수조(守祧)〉의 '장차 제사를 지낼 때에는 각각 그 옷을 시동에게 준다.〔若將祭祀, 則各以其服授尸〕' 주석에 "시동이 죽은 자의 상복(上服)을 입고서 살아있을 때의 모습을 형상한다."라고 하였다. 〈제통(祭統)〉에 "손자가 조부의 시동이 되니, 시동노릇을 하는 자는 제사 지내는 사람에게 아들 항렬이다."라고 하였다.

구차하게 꾸짖지 않으며 구차하게 웃지 않는다.〔不苟訾, 不苟笑.〕

여씨(呂氏)가 말하기를, "구차하게 꾸짖는 것은 헐뜯음에 가깝고,

16 대부는……선다 : 대본에는 '大夫中棖'으로 되어 있는데, 《예기》에 의거하여 보충하여 번역하였다.

구차하게 웃는 것은 아첨에 가깝다."라고 하였다.

벗에게 죽음을 허락하지 않는다.〔不許友以死〕

"공자(孔子)가 광(匡) 땅에서 어려움에 처했을 때 안연(顔淵)이 뒤쳐졌는데, 가령 공자가 해를 당했다면 안연은 공자를 위해 목숨을 바쳤겠습니까?"라고 묻자, 정자(程子)가 말하기를, "어찌 안연만 공자에게 그렇게 했겠는가. 만약 두 사람이 함께 가다가 난을 만났다면 진실로 서로 목숨을 바쳐야 한다."라고 하였다. 또 "어버이가 살아있다면 어떻게 합니까?"라고 묻자, "비유하자면 두 사람이 호랑이를 잡을 때 한 사람이 온 힘을 다하면 한 사람도 응당 함께 나가서 힘을 써야 하는 것과 같다. 만일 무기를 들고 사직(社稷)을 지키다가 급박한 상황에 이르러 '내게는 어버이가 있다.'라고 말한다면 이는 대단히 불의한 일이다. 이 때에 어찌 어버이가 살아있고 없고를 따지겠는가. 응당 미리 '내게는 어버이가 있어 행할 수 없다.'고 말했다면 그만이지만, 어찌 그 상황에 닥쳐서 스스로 회피하겠는가. 옛날에 어떤 두 사람이 함께 숭산(嵩山)에 살았는데 주점에 함께 가서 술을 마셨다. 한 사람이 만취해서 땅에 누워 밤이 깊도록 돌아가지 못하는데 한 사람은 또 부축할 힘이 없었다. 보통 넓은 들판에 맹수와 도적이 있기에 이 사람이 마침내 돌아가기를 멈추고 새벽까지 곁에서 지켰으니 따로 돌아가기를 생각했겠는가."라고 하였다. 어떤 이가 "안로(顔路)가 살아 있는데 안자(顔子)가 남에게 죽음을 허락한 것은 어째서입니까?"라고 묻자, 주자(朱子)가 답하기를, "일이 우연히 이런 상황에 이르렀다면 단지 목숨을 바칠 뿐이니, 이는 '벗에게 죽음을 허락하는 않는' 뜻과는 별개이다. 벗에게 죽음을 허락하지 않는 것은 환난을 당하기 이전에는 이처럼 처신할 수 있지만, 이미 어려움을 당한 상황에선 이렇게 말할 수 없다."라고 하였다.

감히 제멋대로 하지 못함을 백성에게 보인 것이다.〔示民不敢專〕

엄릉 방씨(嚴陵方氏)가 말하기를, "〈곡례〉에 '자식 된 자는 삼명(三命)에 이르러 하사품을 받을 적에 수레와 말에는 미치지 않는다.'라고 하였다. 임금이 하사하는 것도 감히 받을 수 없는데, 하물며 제멋대로 남에게 주겠는가. 이 때문에 '감히 제멋대로 하지 못함을 백성에게 보인 것이다.'라고 한 것이다."라고 하였다.

아들과 며느리로서 효도하고 공경하는 자〔子婦孝者敬者〕

방씨(方氏)가 "효도하기 때문에 명에 거역하지 않고, 공경하기 때문에 명에 태만하지 않다."라고 하였는데, 사직(士直)은 말하기를, "거역하지 않고 태만하지 않은 것을 효도와 공경으로 나누어 말하는 것은 온당치 않다."라고 하였다.

자식으로서 효도하고 며느리로서 공경한다.〔子而孝, 婦而敬.〕-주(註)-

사계(沙溪) 선생이 말하기를, "옳지 않은 듯하다. 효도와 공경은 마땅히 아들과 며느리를 통틀어 보아야 한다."라고 하였다. 살펴보건대, 경문(經文)에 이미 '자식과 며느리로서 효도하고 공경하는 자'라고 통틀어 말하고 효도와 공경을 자식과 며느리로 나누어 말하지 않았으니, 사계의 《경서변의(經書辨疑)》의 설이 옳은 듯하다.

채초와 난초〔茝蘭〕

채(茝)는 《광운》에 '향초'라고 하였다. 안사고(顔師古)는 "오늘날의 백지(白芷)이다."라고 하였고, 어떤 사람은 미무(蘪蕪)라고 하였다. 채(茝)는 지(芷)와 글자는 다르지만 뜻은 같다. 초(楚)나라에서는 이(蘺)라고 하고, 진(晉)나라에서는 효(虈)라고 하고, 제(齊)나라에서는 채(茝)라고 하였다. 난(蘭)은[17]《설문》에는 '향초'라고 하였다. 줄기는 둥글고 꽃은 희며 꽃받침은 붉은데 물가에서 자라 8월에 꽃을 피운다. 또 다른 이름은 수향(水香)이고, 세속에서 연미향(燕尾香)이라고 부른다. 물에 삶아서 풍질(風疾)을 치료하고 기름을 만들어 머리에 바를 수 있다.

며느리가 만약 사친의 형제가 있어……시부모가 내려준 뒤에 준다.
〔婦若有私親兄弟……賜而後與之.〕

경원 보씨(慶源輔氏)-이름은 광(廣)이고 자는 한경(漢卿)이다.-가 말하기를, "'남이 준 것을 새로 받는 것처럼 기뻐하는〔喜如新受賜〕' 것은 남이 나에게 주어서 내가 시부모에게 바칠 수 있으니 그 기쁨이 새로 받는 것과 같은 것이다. 처음에는 남이 주고 지금은 어버이가 주는데 또 간직하여 어버이의 물건이 다 떨어지기를 기다리니 그 마음이 끝내 시부모에게 한결같은 것이다. '반드시 다시[18] 그 옛 것을 청하는〔必復請其故〕' 것은 진실로 사사로이 축적함이 없고 사사로이 주지 않는 자가 아니면 이처럼 할 수 없다."라고 하였다. 혹자는 말하기를,

17 난(蘭)은 : 대본에는 없고, 저자가 참고한 《고금운회거요(古今韻會擧要)》에서 '난(蘭)'에 대해 설명한 부분이다.

18 다시 : 대본에는 없는데, 《예기》와 《소학》에 의거하여 '復'를 보충하여 번역하였다.

"청(請)은 '여쭙는〔稟〕' 것과 같고, 고(故)는 '사유〔由〕'와 같으니, '부청기고(復請其故)'라는 것은 주려고 하는 사유를 다시 여쭙는 것인 듯하다."라고 하였다.

빨리 대답하고 느리게 대답하지 않는다.〔唯而不諾〕

〈옥조(玉藻)〉 본주에 "유(唯)는 빠르고 공손한 것이고, 낙(諾)은 느리고 태만한 것이다."라고 하였다.

부모가 병들다.〔親癠〕

제(癠)는 《운회》에 '병(病)'이라고 하였는데, 방씨(方氏)가 말하기를, "사람의 기체(氣體)가 화평하면 안정되고〔齊〕, 화평하지 못하면 안정됨을 해친다. 그러므로 제(癠)라고 한 것이다."라고 하였다.

아버지가 돌아가신 뒤에 아버지의 책을 읽지 못하는 것은……구택의 기운이 남아 있기 때문이다.〔父沒而不能讀父之書……口澤之氣存焉.〕

엄릉 방씨(嚴陵方氏)가 말하기를, "수택(手澤)은 땀이 스며든 것이고, 구택(口澤)은 침이 스며든 것이다. 입에 기운이 있기 때문에 또 기(氣)라고 말한 것이다."라고 하였다. ○권(棬)은 《운회》에 "나무를 휘어서 만든 사발이다. 되〔升〕 모양과 비슷한 그릇으로 나무를 휘어서 만들었다. '권(圈)' 자와 통용하여 쓴다."라고 하였다.

비자(婢子)·서자(庶子)

선사(先師) 문순공(文純公 박세채(朴世采))이 말하기를, "비자(婢子)는 부모가 두었다고 이미 말했으니, 그렇다면 비첩(婢妾)의 소생인 듯하다. 서(庶)는 서얼(庶孼)의 서(庶)이니, 오늘날 법문(法文)에 천첩(賤妾)의 자식과 양첩(良妾)의 자식이 구분되는 것과 같다."라고 하였다. 살펴보건대, 정현(鄭玄)의 주석에 단지 '천한 사람과 통하여 낳은 자식'이라고 하였으니 비첩의 소생이라는 것을 의심할 것이 없다.

아들이 두 첩이 있을 때……종신토록 변하지 않는다.〔子有二妾……沒身不衰.〕

엄릉 방씨(嚴陵方氏)가 말하기를, "부모가 사랑하는 사람도 이와같은데 하물며 부모의 몸은 어떻겠는가. 부모가 돌아가신 뒤에도 변함이 없는데 하물며 부모가 살아계실 때에는 어떻겠는가."라고 하였다. 사직(士直)이 말하기를, "자식이 부모의 마음을 자신의 마음으로 삼는다면 부부의 예가 행해짐에 마음이 저절로 이르는 것이지, 억지로 힘써 예를 행하지만 정은 쇠함을 말한 것이 아니다. 응씨(應氏)가 이를 논하여 '아들의 정은 비록 변했으나 부부의 예를 행하지 않을 수 없다.'라고 한 것은 효자의 마음에 미진한 듯하다."라고 하였다.

부모가 사랑하는 사람을……하물며 사람에게 있어서랴.〔父母之所愛……況於人乎?〕

서산 진씨(西山眞氏)가 말하기를, "진 무제(晉武帝)는 풍담(馮紞)의 참소에 미혹되어 태후의 말을 생각하지 않고 제왕(齊王) 유(攸)를 멀리하였고, 당 고종(唐高宗)은 무후(武后)을 총애하는데 빠져서 후사를 부탁한 태종(太宗)의 명을 생각하지 않고 장손무기(長孫無忌)를 죽였으니, 모두 예경(禮經)의 죄인이다."라고 하였다.

맏며느리는 제사 지내고 빈객을 접대함에 있어 매사 반드시 시어머니에게 여쭌다.〔冢婦所祭祀賓客, 每事必請於姑.〕

총(冢)은 《운회》에 '크다〔大〕'는 뜻이라고 하였다. 엄릉 방씨(嚴陵方氏)가 말하기를, "맏아들의 처를 총부(冢婦)라고 하는 것은 종자(宗子)의 처를 종부(宗婦)라고 하는 것과 같다."라고 하였다. ○사직(士直)이 말하기를, "이미 매사라고 말하였으니, 그렇다면 주석에서 '제사와 빈객은 크나큰 예이니 반드시 여쭙고 물어서 행해야 한다.'라고 말한 것은 옳지 않은 듯하다.

개부(介婦)

개(介)는 《운회》에 '돕다〔助〕'는 뜻이라고 하였다. 〈증자문(曾子問)〉의 '개자(介子)' 주석에 "개(介)는 보좌〔副貳〕의 뜻이다."라고 하였다.

대등하게 맞서다.〔敵耦〕

《한서(漢書)》〈식화지(食貨志)〉에 "밭을 갈 때엔 두 보습〔耟〕이 짝〔耦〕이 되고 또 두 사람이 한 짝〔耦〕이 된다."라고 하였다. 엄릉 방씨(嚴陵方氏)가 말하기를, "둘이 서로 맞서는 것이 적(敵)이고, 둘이 서로 합하는 것이 우(耦)이다."라고 하였다.

부형과 종족에게 가한다.〔加於父兄宗族〕

살펴보건대, '부귀로써 부형과 종족에게 가하지 않는다.〔不敢以富貴加於父兄宗族〕'는 11글자는 〈내칙〉 본문에는 다른 대문(大文) 아래 맺는말로 썼는데,[19] 주자(朱子)가 여기에 합하여 썼다.

당돌(唐突)-주(註)-

당돌(唐突)은 《운회》에 당돌(傏突)로 쓴 것은 '공손하지 않다〔不遜〕'는 뜻이다. 당(傏)은 한편 당(唐)으로 쓰니, '큰소리치다〔大言〕'는 뜻이다. 또 '당돌(搪揬)'로 쓴 것은 '부딪치다〔觸〕'는 뜻이다. 돌(揬)은 한편 돌(突)로 쓰는데, 개가 사람을 엿보다가 생각지도 못한 틈에 갑자기 뛰쳐나가는 것이다.

이간(以諫)

서산 진씨(西山眞氏)가 말하기를, "《논어》에 '부모를 섬기는데 있어서는 완곡하게 간해야 하니, 부모의 뜻이 내 말을 따르지 않음을 보더라도 더욱 공경하고 어기지 않으며 수고로워도 원망하지 않아야 한다.'라고 하였으니, 부모를 섬기는 자는 응당 두 책의 내용을 합하여 생각해야 한다."라고 하였다.

세 번 간해도 따르지 않으면 울부짖으며 따른다.〔三諫而不聽, 則號泣

19 부귀로써……썼는데 : 《예기》 〈내칙〉에는 '소종(小宗)의 적자(適子)와 서자(庶子)는 대종(大宗)의 종자(宗子)와 종부(宗婦)를 공경히 섬겨 비록 존귀하고 부유하더라도 감히 존귀하고 부유함으로써 종자의 집에 들어가지 않으며 비록 수레와 뒤따르는 자가 많더라도 밖에 두고서 간솔하게 들어간다.' 뒤에 '소종의 자제가 만약 높은 분으로부터 기물과 의복, 갖옷과 이불, 수레와 말을 선물로 받았으면 반드시 그중에 상등의 것을 종자에게 올린 뒤에야 감히 그다음의 것을 입고 사용한다. 만약 바치는 바가 있지 않으면 감히 종자의 문에 들어가지 않으며 감히 부귀함으로써 부형과 종족에게 가하지 않는다.〔不敢以富貴加於父兄宗族〕'라고 되어 있는데, 《소학》 〈명륜(明倫)〉에서는 '……간솔하게 들어가며 감히 부귀함으로써 부형과 종족에게 가하지 않는다.'라고 바로 연결시켰다.

而隨之.〕

엄릉 방씨(嚴陵方氏)가 말하기를, "신하가 임금에게 있어서 세 번 간하여 따르지 않는데도 다시 머물러 있으면 지위를 지키는 것이다. 지위를 지키는 것은 의(義)에 하지 않는 바이기 때문에 달아나는 것이다. 자식이 어버이에 있어서 세 번 간하여 따르지 않는다고 마침내 정말로 끊어버리면 은혜를 해치는 것이다. 은혜를 해치는 것은 인(仁)[20]에 차마 할 수 없는 일이기 때문에 따르는 것이다."라고 하였다. 율곡 선생이 말하기를, "아버지와 아들 사이엔 떠날 수 있는 도리가 없다. 이 때문에 부르짖어 울면서 따르는 것이다."라고 하였다. 우복(愚伏) 정경세(鄭經世)가 말하기를, "아버지와 아들은 천륜으로, 떠날 수 있는 도리가 없다. 그러므로 세 번 간하는 것으로 절도를 삼아서는 안 되니, 어버이가 가는 곳을 뒤따라 울부짖으며 그 정성을 다하여 반드시 부모가 깨닫기를 기약해야 한다."라고 하였다.

관을 쓴 자는 머리를 빗지 않는다.〔冠者不櫛〕

엄릉 방씨가 말하기를, "관자(冠者)라고 말한 것은[21] 어린아이와 구별한 것이다."라고 하였다.

다닐 때에 두 팔을 벌리고 휘젓지 않는다.〔行不翔〕

20 인(仁) : 대본에는 '人所不忍'로 되어 있는데, 《예기집설(禮記集說)》에 의거하여 '仁所不忍'으로 바로잡아 번역하였다.

21 관자(冠者)라고 말한 것은 : 대본에는 '冠者'로 되어있는데, 《예기집설》에 의거하여 '言冠者'로 바로잡아 번역하였다.

상(翔)은 〈곡례〉의 '방안에서 팔을 벌리고 휘젓지 않는다.〔室中不翔〕' 주석에 "다닐 때 양 팔을 날개처럼 벌리는 것을 상(翔)이라고 한다."라고 하였다. 또 '곡하러 들어가서는 용모를 꾸미지 않는다.〔入臨不翔〕' 주석에 "불상(不翔)은 용모를 꾸미지 않는 것이다."라고 하였다.

말할 때에 태만한 말을 하지 않으며 거문고와 비파를 타지 않는다.〔言不惰, 琴瑟不御.〕

방씨(方氏)가 말하기를, "말할 때에 태만한 말을 하지 않는 것은 근심하고 애쓰느라 감히 태만할 수 없어서이다. 음악을 말할 때 반드시 거문고와 비파를 들어 말하는 것은 이것이 항상 연주하는 악기로 선비가 별탈이 없으면 떼어놓지 않기 때문이다."라고 하였다.

노하여도 큰소리로 꾸짖는 데까지 이르지 않는다.〔怒不至詈〕

이(詈)는 《운회》에 "정면에서 대놓고 비난하는 것을 매(罵)라고 하고, 빗대어 비난하는 것을 이(詈)라고 한다."라고 하였다.

병이 있어 약을 먹다.〔有疾飮藥〕

약(藥)은 《설문》에 "병을 치료하는 풀이다."라고 하였고, 《이아(爾雅)》에는 "음식의 독을 제어하는 데에 작약(芍藥)보다 좋은 것이 없다. 그러므로 유독 약(藥)이라는 명칭을 얻은 것이다."라고 하였다.

의원이 3대를 계승하지 않았다.〔醫不三世〕

엄릉 방씨(嚴陵方氏)가 말하기를, "의원의 의술(醫術)이 아버지와 할아버지와 자손 사이에 전수된 것이 아니면 의술이 근원이 없어 정밀하지 못하니 그 약을 복용할 수 있겠는가. 《주관(周官)》 〈사도(司徒)〉에 '대대로 내려오는 일로 능함을 가르친다.〔以世事敎能〕[22]'고 한 것은 진실로 이런 이유 때문이다."라고 하였다.

3년 동안 고침이 없다.〔三年無改〕

서산 진씨(西山眞氏)가 말하기를, "아버지의 도(道) 가운데 선한 것은 종신토록 지켜야 하고 불선한 것은 속히 고쳐야 하는데, 무엇 때문에 3년이 필요한가? 내 생각에는 이른바 '3년 동안 고침이 없다'는 것은 반드시 고쳐야 할 바이지만 아직 고치지 않아도 되는 것이다. 그러므로 차마 대번에 고칠 수 없는 것뿐이다. 공자(孔子)의 말씀은 반드시 이유가 있어서 하신 말씀이니, 자식된 자가 이런 경우에 처하면 그 상황에 따라 의(義)로 제재하는 것이 가하다. 임금을 들어 말하면, 무왕(武王)은 문왕(文王)의 뜻을 계승하였으니 종신토록 고치지 않은 자이고, 선왕(宣王)은 여왕(厲王)의 폭정을 이었으니 3년을 기다리지 않고 고친 자이다. 계승할 만함이 비록 문왕만은 못하지만 또 고쳐야 됨이 여왕의 폭정만 못한 경우가 바로 공자가 말한 3년 동안 고침이 없다는 경우이다.

22 대대로……가르친다 : 《주례》 〈지관(地官) 사도(司徒)〉에 "대대로 내려오는 일로 능함을 가르치면 백성이 그 직업을 잃지 않는다."라고 하였는데, 이에 대하여 《주례주소(周禮注疏)》 권10에 "이는 아버지와 할아버지가 하던 일을 자손이 계승해서 하면 그 본업을 잃지 않기 때문이다."라고 하였다.

군주가 희생의 간을 잘라서 제사지내면 부인이 앙자(盎齊)[23]를 올리고 군주가 희생을 가르면 부인이 술을 올린다.〔君制祭, 夫人薦盎, 君割牲, 夫人薦酒.〕-주(註)-

〈예기(禮器)〉[24]-편명이다.-의 '군주가 직접 희생의 간을 잘라서 제사지내면[25] 부인이 앙자를 올리며 군주가 직접 희생을 가르면 부인이 술을 올린다.〔君親制祭, 夫人薦盎, 君親割牲, 夫人薦酒〕' 주석에 "희생을 죽이고서 피와 날고기[26]를 올리면 군주가 직접 희생의 간을 잘라서 실(室)에서 신에게 제사지낸다. 이때 군주는 직접 술을 올리지 않고 오직 부인이 앙자를 올린다. 익힌 고기를 올릴 때에도 군주가 희생의 몸을 직접 자르지만 또한 술을 올리지는 않는다. 그러므로 부인이 술을 올리는 것이다."라고 하였다. 《통전(通典)》에 "축(祝)이 희생의 창자 기름을 꺼내어 화롯불에 사르고 실(室)에 들어가 신에게 고한다.[27] 왕이 직접 울창주에 간을 씻어서 태워 신주(神主) 앞에 놓고 주인이 직접 그 간을 자르니, 이것이 이른바 제제(制祭)이다."라고 하였다. 자(齊)는 《운회》에 "조화시키다〔和〕는 뜻이다. 또

23 앙자(盎齊) : 제사에 사용하는 다섯 종류의 술〔오제(五齊)〕 가운데 하나로, 흰 빛깔을 내는 탁주이다.

24 예기(禮器) : 대본에는 '祭器'으로 되어 있는데, 《예기》 〈예기(禮器)〉에 의거하여 '禮器'로 바로잡아 번역하였다.

25 군주가……지내면 : 대본에는 '君親制'로 되어 있는데, 《예기》 〈예기(禮器)〉에 의거하여 '君親制祭'로 바로잡아 번역하였다.

26 날고기 : 대본에는 '牲'으로 되어 있는데, 《예기》 〈예기(禮器)〉에 의거하여 '腥'으로 바로잡아 번역하였다.

27 실(室)에……고한다 : 대본에는 '入而詔神于室'로 되어 있는데, 《통전(通典)》 〈예전(禮典)〉에 의거하여 '入以詔神于室'로 바로잡아 번역하였다.

도량(度量)으로 제도에 알맞게 만든 술을 자(齊)라고 한다."라고 하였다. 《주례》〈주정(酒正)〉의 '앙자(盎齊)-음이 자(粢)이다.-' 주석에 "앙(盎)은 옹(翁)과 같으니, 술이 완성되면 파뿌리처럼 하얀 색을 띤다."라고 하였다.

안에서 치재하고 밖에서 산재한다.〔致齊於內, 散齊於外.〕

《주례》〈천관(天官)[28] 태재(大宰)〉의 '제사지내기 10일 전에 집사를 거느리고 날을 점쳐서 마침내 경계한다.〔前期十日, 帥執事而卜日遂戒〕' 주석에 "전기(前期)는 택일 전의 날이고, 10일은 산재 7일과 치재 3일을 포함한다."라고 하였다. 〈세동(祭統)〉에 "장차 재계하려 할 때엔 간사한 외물을 막고 기욕을 그치게 하며〔訖其耆欲〕-흘(訖)은 '그친다〔止〕'는 뜻이다.- 귀로는 음악을 듣지 않아 감히 그 뜻을 분산시키지 않는다. 마음을 구차하게 지니지 않고 반드시 도를 따르며, 손발을 구차하게 움직이지 않고 반드시 예를 따른다. 그러므로 군자가 재계하는 것은 그 순수하고 밝은 덕을 전적으로 이루기 위함이니[29] 그러한 뒤에야 신명(神明)과 사귈 수 있다."라고 하였다. 〈곡례〉의 '재계하는 자는 음악을 듣지 않고 조문하지 않는다.〔齊者不樂不弔〕'에 관한 여씨(呂氏) 주석에 "음악을 들으면 기운이 흩어지고 슬퍼하면 마음이 동요하니, 음악을 듣지 않고 조문하지 않는 것은 재계의

28 천관(天官) : 대본에는 '春官'으로 되어 있는데, 《주례》〈천관(天官)〉에 의거하여 '天官'으로 바로잡아 번역하였다.

29 그……위함이니 : 대본에는 '專其精明之德'로 되어 있는데, 《예기》〈제통(祭統)〉에 의거하여 '專致其精明之德'로 바로잡아 번역하였다.

뜻을 온전히 하는 것이다."라고 하였다.

마늘을 먹지 않는다.〔不茹葷〕-주(註)-

《한서(漢書)》〈왕망전(王莽傳)〉의 '아욱을 먹지 않는다.〔不茹園葵〕' 주석에 "채소를 먹는 것을 여(茹)라고 한다."라고 하였다. 운서(韻書)에 따르면, 훈(葷)은 냄새나는 채소이니, 부추·파·마늘·아위(阿魏) 따위이다. 서방(西方 불가(佛家)를 말함)에서는 대산(大蒜)·소산(小蒜)·흥거(興渠)·자총(慈蔥)·각총(茖蔥)을 다섯 훈채로 삼고, 도가(道家)에서는 부추·마늘·평지〔蕓薹〕·고수〔胡荽〕·염교〔薤〕를 다섯 훈채로 삼는다.

사랑하는 마음을 다하면 존재하고……어찌 공경하지 않을 수 있겠는가.〔致愛則存……夫安得不敬乎?〕

엄릉 방씨(嚴陵方氏)가 말하기를, "애(愛)는 추모하는 마음을 말하고, 각(愨)은 그리워하는 정성을 말하니, 그 추모하는 마음을 다하면 어버이가 비록 죽었더라도 존재하고, 그 그리워하는 정성을 다하면 귀신이 비록 은미해도 드러난다."라고 하였다. 각(愨)은 《설문》에 '삼가다〔謹〕'는 뜻이라고 하였고, 《광운》에는 "'삼가다〔愿〕', '정성스럽다〔誠〕'는 뜻이라고 하였다.

무덤에 심은 나무〔丘木〕

《운회》에 "높으면서 향배(向背)가 있는 것이 구(丘)이다."라고 하였다. 살펴보건대, 구(丘)는 '무덤〔丘墓〕'의 구(丘)이다.

대부는 제기를……일상생활 용품을 만들지 않는다.〔大夫祭器……燕器.〕

〈곡례(曲禮)〉에 "집안의 집기를 만들 때에는 제기(祭器)가 우선이고 식기(食器)가 나중이다."라고 하였다. 〈왕제(王制)〉 본주(本註)에 "전록(田祿)이 없는 자는 제기를 마련하지 않으니 빌리는 것이 가하다."라고 하였다. 〈곡례〉에 "전록이 없는 자는 제기를 마련하지 않는다."라고 하였다.

몸을 세우고 도를 행한다.〔立身行道〕

살펴보건대, '도를 행한다〔行道〕'는 것에 관한 오씨(吳氏) 주석에 "행동이 반드시 도를 말미암는다."라고 하였는데, 선사(先師) 문순공(文純公 박세채(朴世采))이 말하기를, "도를 행한다는 것은 그 배운 바의 도를 행하는 것이니, 오씨의 주석이 온당치 못하다."라고 하였다.

부모를 드러낸다.〔以顯父母〕

살펴보건대, 현(顯)은 높이고 영화롭게 하는 뜻이다. 《맹자》의 '안자(晏子)는 자기 임금의 이름을 드러나게 하였다.〔晏子以其君顯〕' 주석에 "현(顯)은 이름을 드러내는 것이다."라고 하였으니, 뜻이 이것과 같다.

임금을 섬김이 효의 중간이다.〔中於事君〕

살펴보건대, 증자(曾子)가 말하기를, "임금을 섬김에 충성하지 않는 것은 효가 아니다."라고 하였으니, 이것을 가지고 본다면 임금 섬김이 효가 된다는 뜻을 알 수 있다.

사해에 모범이 될 것이니 이것이 천자의 효이다.〔刑于四海, 此天子之孝.〕

《시경》〈대아(大雅) 사제(思齊)〉의 '내 아내에게 모범이 된다.〔刑于寡妻〕' 주석에 "형(刑)은 모범이 되는 것이다."라고 하였다. 살펴보건대, '이것이 천자의 효이다.〔此天子之孝〕'라고 할 때의 '차(此)' 자는《효경(孝經)》 본문에 '개(蓋)' 자로 되어 있다. 아래 글의 '제후경대부(諸侯卿大夫)'에도 그러하고, 오직 '서인의 효〔庶人之孝〕' 위에만 '차(此)' 자가 있다.

예절에 맞게 하고 법도를 삼가다.〔制節謹度〕

살펴보건대, 진씨(陳氏) 주석에 "제절(制節)는 스스로 예절에 맞게 하는 것이다."라고 하였는데, '제절' 두 글자를 가지고 보면, 그 문세(文勢)가 이와같지는 않은 듯하다. 또 그 아래에 "부유함이 천승을 소유하였으니 가득 찼다고 이를 만하다.〔富有千乘, 可謂滿矣〕"라고 하였는데, 지금 '부유(富有)' 의 '부(富)' 자로 미루어 보면, 이른바 '제절'이라는 것은 재물의 사용을 절제하는 것인 듯하니, 사마공(司馬公 사마광(司馬光))의《거가잡의(居家雜儀)》에서 말한 '재물의 사용을 절제한다.'라는 것과 같다. 이는 천승의 부유함을 지녔더라도 그 재물의 사용을 절제하고 또 그 법도를 삼가고 지킬 수 있다면 비록 가득 차더라도 넘치지 않는다는 말일 뿐이다. 또 살펴보건대, 파양동씨(鄱陽董氏) 정(鼎)의《효경》 주석에 "재물의 사용을 절제한다." 라고 하였으니, 이 설을 따라야 할 듯하다.

사직(社稷)

사(社)는 토신(土神)이니 구룡(句龍)[30]을 배향하고, 직(稷)은 곡신

(穀神)이니 주기(周棄)[31]를 배향한다.

제후(諸侯)

후(侯)는 《이아(爾雅)》에 "공후(公侯)이니, 임금이다. 오등작(五等爵)[32]의 두 번째를 후(侯)라고 한다."라고 하였다. 《설문》에는 '과녁〔射侯〕'이라고 하였다. 옛날에 활쏘기로 현자를 선발하였는데, 활이 적중한 자가 봉작(封爵)을 얻었기에 이로 인하여 제후(諸侯)라고 한 것이다. 또 《서경》의 '오백 리는 후복이다.〔五百里侯服〕'에 대하여 공씨(孔氏)는 "후(侯)는 '살피다〔候〕'는 뜻이니, 정찰하는 임무를 받아 섬기는 것이다."라고 하였다.

법복(法服)

살펴보건대, 옛날에 길복(吉服)이 여섯 종류이고 흉복(凶服)이 다섯 종류였는데, 법복은 조회할 때 착용하는 피변복(皮弁服) 따위이다.

종묘(宗廟)

묘(廟)는 《운회》에 "선조의 모습을 높이는 것이다."라고 하였다. 《고금주(古今註)》에는 "묘(廟)는 모습〔貌〕이니, 선조의 용모를 떠오르게 하는 것이다."라고 하였다.

30 구룡(句龍) : 원래 공공씨(共工氏)의 아들이었는데, 수토(水土)를 잘 다스려서 뒤에 후토신(后土神)이 되었다고 한다. 《春秋左氏傳 昭公29年》

31 주기(周棄) : 주(周)나라 시조 후직(后稷)으로, 요(堯)임금 때 농정(農政)을 담당하였다.

32 오등작(五等爵) : 공(公)·후(侯)·백(伯)·자(子)·남(男)을 말한다.

제사(祭祀)

제(祭)는 《광운》에 '바치다〔享〕', '올리다〔薦〕'는 뜻이라고 하였다. 또 제(祭)는 '사귀다〔際〕'는 뜻이니, 사람과 귀신이 서로 사귀는 것이다. 사(祀)는 '같다〔似〕'는 뜻이니, 선조를 장차 볼 것처럼 하는 것이다.

사(士)

사(士)는 《설문》에 "사(士)라는 것은 일〔事〕이니, 일을 맡은 것에 대한 칭호이다."[33]라고 하였다. 또 《한서(漢書)》 〈식화지(殖貨志)〉에 "배워서 벼슬자리에 있는 자를 사(士)라고 한다."라고 하였다.

서인(庶人)

서(庶)는 《설문》에 '대중〔衆〕'이라고 하였다.

옥연고습(沃衍皐隰)-주(註)-

옥(沃)은 《설문》에 '물을 대다〔漑灌〕'는 뜻이라고 하였고, 《시고(詩詁)》에는 '기름지다〔潤澤〕'는 뜻이라고 하였다. ○연(衍)은 《증운》에 "산비탈을 연(衍)이라고 한다."라고 하였고, 《주례》 〈지관(地官)〉 주석에 "낮고 평평한 것을 연(衍)이라고 한다."라고 하였다. ○고(皐)는 《운회》에 "'못〔澤〕'이라는 뜻이니, 《시경》의 '학이 구고에서 운다.〔鶴鳴九皐〕' 주석에 '아홉 번 꺾어진 못'이라고 하였다.

33 사(士)라는…… 칭호이다 : 이것은 《백호통(白虎通)》에 나오는 말로, 설문에 인용되어 있다.

또 '물가 기슭〔岸〕'이라는 뜻이다."라고 하였다. ○습(隰)은 《설문》에 "비탈지고 하습한 곳이다."라고 하였다. 《춘추공양전(春秋公羊傳)》에 "낮고 평평한[34] 것을 습(隰)이라고 한다."라고 하였다.

천자로부터……있지 않다.〔自天子……未之有也.〕

주자(朱子)가 말하기를, "경문(經文)의 맨 처음에는 효(孝)의 처음과 끝을 총괄하여 논하였고, 중간에는 천자 · 제후 · 경대부 · 사 · 서인의 효를 펼쳐서 진술하였고, 마지막에는 이를 결론지어 '그러므로 천자로부터 서인에 이르기까지 효를 잘 마치지 못하고서 환란이 미치지 않는 자는 없다.'라고 하였으니, 처음과 끝이 서로 호응하고 차례가 서로 이어진다."라고 하였다.

임금과 부모가 임하다.〔君親臨之〕

어떤 이가 말하기를, "군친(君親)의 '군(君)' 자는 《주역》의 이른바 '엄군(嚴君)'의 '군(君)' 자와 같다."-《주역》에 '집안사람에게는 엄군(嚴君)이 있으니 부모를 말한다.'라고 하였다.-라고 하였는데, 옳은지 모르겠다.

'낙'은 온화한 안색과 부드러운 태도를 말한다.〔樂謂愉色婉容〕-주(註)-

살펴보건대, '공경 · 근심 · 슬픔 · 엄숙함〔敬憂哀嚴〕'은 모두 자식의 입장에서 말한 것이다. 그러므로 '온화한 안색과 부드러운 태도〔愉色婉容〕'라고 '낙(樂)' 자를 풀이한 것이다.

34 낮고 평평한 : 대본에는 '平下'로 되어 있는데, 《춘추공양전(春秋公羊傳)》에 의거하여 '下平'으로 바로잡아 번역하였다.

불효라는 것이 다섯 가지이다.〔不孝者五〕

신안 진씨(新安陳氏)가 말하기를, "다섯 불효의 순서가 가벼운 것부터 점차 말하여 무거운 것에 이르렀다."라고 하였다.

박(博)

박(博)은 《설문》에 "박(簙)은 국희(局戲)이다."라고 하였는데, '박(博)' 자와 통용하여 쓴다.

한(狠)

한(狠)은 《설문》에 '따르지 않다〔不聽從〕'는 뜻이라고 하고, 《광운》에는 "흉악하고 포악하다〔狠戾〕'는 뜻이라고 하였다. 또 '앞으로 나가기 어려운〔行難〕' 것을 말하는데, 송의(宋義)가 "한(狠)은 양(羊)과 같으니, 양은 잡아끌수록 더욱 나아가지 않는다."라고 하였다.

증자가 말하기를……재앙이 그 어버이에게 미친다.〔曾子曰……烖及其親.〕

살펴보건대, 행동거지가 장엄하지 못하면 반드시 나태한 생각이 거리낌 없이 일어나고, 임금을 섬김에 충성스럽지 못하고 관직을 맡음에 신중하지 못하면 반드시 형벌에 빠지고, 친구 간에 신의가 없으면 반드시 의(義)를 거스르고 남을 저버리는 잘못이 있고, 싸움터에서 용감하지 않으면 반드시 구차히 살아남아 나라를 욕되게 하는 근심이 있으니, 이 다섯 가지는 어버이를 욕되게 하기에 충분하다. 그러므로 재앙이 그 어버이에게 미친다고 한 것이다. 재(烖)는 《설문》에 "자연적인 화재를 재(烖)라고 한다. 주자(籒字)로는 재(烖)라고 쓰고, 혹은 재(災)라고 쓴다."라고 하였다. 《설문》에 '화(火)'라고 하고 '재(災)'라고 하였으니, 집이 불타는 것이다.

다섯 가지 형벌의 종류가 3천 가지이다.〔五刑之屬三千〕

《주례》〈추관(秋官) 사형(司刑)〉의 '사형(司刑)이 오형의 법을 관장하니, 묵형(墨刑)에 해당하는 죄가 5백 가지이고, 의형(劓刑)에 해당하는 죄가 5백 가지이고, 궁형(宮刑)에 해당하는 죄가 5백 가지이고, 월형(刖刑)에 해당하는 죄가 5백 가지이고, 사형에 해당하는 죄가 5백 가지이다.' 주석에 "이것이 2천5백가지 조목이다."라고 하였다. 살펴보건대, 이것은 《서경》〈여형(呂刑)〉과 같지 않다.

이상은 부자지간의 친함을 밝힌 것이다.

사(史)

사(史)는 '부사(府史)'[35]의 '사(史)'이니, 문서를 맡은 관리이다.

홀(笏)

홀(笏)은 〈옥조(玉藻)〉의 '군주 앞에서 지적하여 표시할 것이 있 때 홀을 사용하며, 군주 앞에 나아가 명을 받으면 홀에 쓴다.〔凡有指畫於君前, 用笏, 造受命於君前, 則書於笏.〕' 주석에 "일 때문에 지적하여 표시하는 바가 있을 때 손을 쓰면 용모를 잃는다. 그러므로 홀을 쓰

35 부사(府史) : 《주례》〈천관(天官) 서관(序官)〉에 따르면, 재화와 문서의 출납을 담당하는 관리로, 부(府)는 재화를 관리하고 사(史)는 문서를 관리한다.

는 것이다. '나아가 명을 받는다〔造受命〕'는 것은 군주가 있는 곳에 나아가 명을 받는 것이다."라고 하였다. 홀은 길이가 2자〔尺〕 6치〔寸〕이다. 그 한가운데 넓이는 3치인데 차츰 줄여서 6분의 1을 줄인다.[36] -나머지는 위에 보인다.-

임금의 심부름꾼이 된 자〔爲君使者〕

사(使)는 치운(寘韻)에 있는 것은 '소(疏)'와 '이(吏)'의 반절이다. 《운회》에 "명을 받드는 사람〔將命者〕'이다. 또 남을 보내어 빙문(聘問)하는 것을 '사(使)'라고 한다."라고 하였다. 아래 글의 '사자귀(使者歸)'과 '사자반(使者反)'도 모두 같다. 지운(紙韻)에 있는 것은 '상(爽)'과 '사(士)'의 반절로, 《설문》에 '시키다〔令〕', '부리다〔役〕'는 뜻이라고 하였다.

조복을 입고서 명하며 당에서 내려가서 명을 받는다.〔朝服而命之, 下堂而受.〕

〈곡례(曲禮)〉 본주(本註)에 있는 여씨(呂氏)의 설은 다음과 같다. "군주가 있는 곳에 사람을 보낼 때에는 당에서 내려가지 않고 갔다가 돌아오면 당에서 내려가 명을 받는 것은 처음에는 자신의 명으로 갔고 나중에는 임금의 명으로 돌아왔기 때문에 심부름꾼이 돌아온 뒤에 그 공경을 지극히 하는 것이다."

36 그……줄인다 : 홀의 중앙의 넓이는 3치인데, 천자와 제후는 중앙에서 위로 차츰차츰 줄여나가 그 끝은 3치의 6분의 1을 줄여 2치 반이 되고, 대부와 선비는 중앙에서부터 아래로 차츰차츰 줄여나가 그 끝은 3치의 6분의 1을 줄여 2치 반이 된다.

불러서 손님을 접대시킨다.〔召使擯〕

빈(擯)은 '필(必)'과 '인(仞)'의 반절로, 《운회》에 '손님을 인도하다〔道賓〕'는 뜻이라고 하였다. 《주례》 〈추관(秋官) 사의(司儀)〉의 '사의가 빈상의 예를 관장한다.〔司儀掌擯相之禮〕' 주석에 "나가서 손님을 접대하는 것을 빈(儐)이라고 하고, 들어와서 예를 돕는 것을 상(相)이라고 한다. 옛날에 제후는 서로 손님이 되는 예(禮)가 있는데 각각 보좌하는 자가 있었으니, 손님의 보좌를 개(介)라고 하고, 주인의 보좌를 빈(儐)이라고 하였다."라고 하였는데, 빈(儐)은 '빈(擯)' 자와 통용하여 쓴다.

손을 좌우로 하다.〔左右手〕

주자(朱子)가 말하기를, "왼쪽 사람에게 읍(揖)하는 것은 명을 전하고 나갈 때이고, 오른쪽 사람에게 읍하는 것은 명을 전하러 들어올 때이다."라고 하였다.

빈은 명수의 반을 쓰니 예를 들어 구명의 상공은 다섯 사람을 쓴다.〔擯用命數之半, 如上公九命則用五人.〕-주(註)-

《주례》 〈행인(行人)〉에 "상공(上公)은 9인의 개(介)가 있고, 후(侯)와 백(伯)은 7인의 개가 있고, 자(子)와 남(男)은 5인의 개가 있으니, 각각 그 명수(命數)를 따른다. 손님이 대문 밖에 머물면 주인이 빈(擯)을 시켜 나가서 일을 청하게 하는데, 경(卿)이 상빈(上擯)이 되고 대부(大夫)가 승빈(承擯)이 되고 사(士)가 소빈(紹擯)이 된다. 주인 나라의 군주가 공(公)이면 빈(擯)이 5인이고, 후(侯)와 백(伯)이면 4인이고, 자(子)와 남(男)이면 3인이니, 각각 그 명수의 반을 쓴다. 손님보다 낮추어 겸손함을 보인 것이다.-손님의 개(介)는 그 명수를 따르지만, 주인의 빈(擯)은 명수의 반을 쓴다.- 상빈(上擯)이 군주의 명을 받아 승빈(承擯)에게 전하고 이어서 전하여 말빈(末擯)에게 이른다. 말빈은 이것을 말개(末介)에게 전하고 차례로 이어서 전하여 위로 손님에게 이른다. 손님이 상개(上介)에게 명하며 복명하면 다시 차례로 빈(擯)에게 전하여 주인 나라의 군주에게 도달한다. 그런 뒤에 주인 나라의 군주가 나아가 손님을 맞이하여 들어온다."라고 하였다. ○《주례》〈춘관(春官) 대종백(大宗伯)〉에 "구의(九儀)의 명(命)으로 나라의 지위를 바로잡는다. 일명(壹命)은 직책을 받고-처음으로 명을 받아 정식 관리가 되니, 열국(列國)의 사(士)가 자(子)·남(男)에서 대부(大夫)가 되는 것을 말한다. 천자의 하사(下)도 일명이다.- 재명(再命)은 의복을 받고-정사농(鄭司農)은 '제복(祭服)을 받아 상사(上士)가 된다.'라고 하였고, 정현(鄭玄)은 '이는 열국의 대부가 자·남에서 경(卿)이 되는 것이다. 천자의 중사(中士)도 재명이다.'라고 하였다.- 삼명(三命)은 지위를 받고-정사농은 '하대부(下大夫)의 지위를 받는 것이다.'라고 하였고, 정현은 '이는 열국의 경이다. 천자의 상사(上士)도 삼명이다.'라고 하였다.- 사명(四命)은 기물을 받고-정사농은 '제기(祭器)를 받아 상대부(上大夫)가 되는 것이다.'라고 하였고, 정현은 '이는 공(公)의 고(孤)[37]이다. 천자의 하대부(下大夫)도 사명이다.'라고 하였다.- 오명(五命)은 법칙을 하사받고-정사농은 '칙(則)은 법(法)이다. 나가서 자·남이 되는 것이다.'라고 하였고, 정현은 '칙(則)은 아직 나라를 이루지 못한 땅에 대한 명칭이다. 천자의 사명(四命)의 하대부로서 봉지(封地)에 나가 1등급 더해져 1백

37 고(孤) : 《서경》〈주관(周官)에 "소사(小師)·소부(小傅)·소보(小保)를 삼고(三孤)라고 한다."라고 하였다.

리나 2백 리의 땅을 하사받는 자이다. 사방 3백 리 이상이 나라를 이룸이 된다.'라고 하였다.- 육명(六命)은 관직을 하사받고-정사농은 '자·남이 들어가 경이 되어 한 관직을 다스리는 것이다.'라고 하였고, 정현은 '이는 천자의 육명의 경으로서 관직을 하사받은 자이니, 가신(家臣)을 두어 가읍(家邑)을 다스리게 하는 것이 제후와 같다.'라고 하였다.- 칠명(七命)은 나라를 하사받고-천자의 육명의 경으로서 봉지에 나가 1등급 더해진 자이다. 정사농은 '후(侯)·백(伯)의 나라로 나가는 것이다.'라고 하였다.- 팔명(八命)은 목(牧)이 되고-공덕(功德)이 있는 백(伯)에게 명(命)을 더해주어 제후를 마음대로 정벌할 수 있게 하였다. 정사농은 '주(州)의 목(牧)과 천자의 삼공(三公)도 팔명이다.'라고 하였다.- 구명(九命)은 백(伯)이 된다.-공덕이 있는 상공(上公)에게 명(命)을 더하여 이백(二伯)[38]으로 삼아 오후(五侯)와 구백(九伯)[39]을 정벌할 수 있게 한 자이다.-

새가 날개를 편듯하였다.〔翼如也〕

경원 보씨(慶源輔氏)가 말하기를, "사람이 빨리 달리면 손이 쉽게 흐트러지고 팔이 쉽게 흔들리는데, 지금 빨리 달려 나아감에 몸을 펴고 두 손을 맞잡은 모양이 단정하고 아름다워 마치 새가 날개를 편 것 같으니, 이른바 '다급한 상황에서도 도에서 떠나지 않는다.'는 것이 이것이다."라고 하였다.

손님이 돌아보지 않았다.〔賓不顧矣〕

38 이백(二伯) : 주(周) 나라 제도에 동백(東伯)과 서백(西伯)의 두 백이 있어서 동쪽과 서쪽으로 나누어서 다스렸다.

39 오후(五侯)와 구백(九伯) : 공·후·백·자·남의 다섯 등급 제후와 구주(九州)의 장(長)을 말한다.

《의례(儀禮)》〈빙례(聘禮)〉에 "손님이 나가면 대부가 외문(外門) 밖에서 전송하여 재배(再拜)하고, 손님이 돌아보지 않으면 빈(擯)이 물러난다."라고 하였다. 주자(朱子)가 말하기를, "옛날에는 손님이 물러날 적에 주인이 문밖으로 전송하러 나가서 재배하면 손님이 다시 돌아보지 않고 떠났다."라고 하였다.

서 있을 때는 문 한가운데 서지 않는다.〔立不中門〕

쌍봉 요씨(雙峯饒氏)가 말하기를, "중간에 문지방〔闑〕이 있고, 양 옆[40]에 문설주〔棖〕가 있다. 문설주는 대문의 양 옆[41]에 있는 나무이니 오늘날의 벽척(壁尺)과 유사하다. 문지방은 두 문이 서로 모이는 중간에 나무 하나를 항상 설치하여 움직이지 않게 둔 것으로, 동서(東西) 두 문짝에 각각 가운데 있다. 군주가 출입할 때에는 모두 왼쪽을 경유하는데, 나갈 때는 동쪽 문짝을 왼쪽으로 삼고 들어올 때에는 서쪽 문짝을 왼쪽으로 삼는다. 사(士)와 대부(大夫)가 군주의 문을 출입할 때에는 모두 오른쪽을 경유하는데, 나갈 때에는 문지방 서쪽을 오른쪽으로 삼고 들어올 때에는 문지방 동쪽을 오른쪽으로 삼는다. 그러나 비록 오른쪽을 경유하더라도 감히 문설주와 문지방 중앙으로 다니지 않고 단지 문지방 곁으로 가까이 다니니, 군주가 출입하는 곳을 피하기 위한 것이다. 다닐 때 감히 중앙으로 다니지 못하는 만큼 서 있을 때에도 감히 중앙에 설 수 없다. 그러므로 서

40 양 옆 : 대본에는 '兩房'로 되어 있는데, 《논어》에 의거하여 '兩旁'으로 바로잡아 번역하였다.

41 양 옆 : 상동(上同).

있을 때에 문 한가운데 서지 않는 것이다.

옷자락을 잡다.〔攝齊〕

조씨(趙氏)가 말하기를, "옛날에 제후의 당(堂)은 7자〔尺〕로 1자가 1계단이었다. 치마 자락이 땅에서 1자 떨어지게 하면 계단을 올라갈 때 치마 자락을 밟지 않는다."라고 하였다. 호씨(胡氏)가 말하기를, "처음에는 몸이 용납되지 못할 듯이 하고, 다음에는 말이 부족한 듯이 하고, 또 그 다음에는 숨 쉬지 않는 것처럼 하였으니, 임금에게 가까울수록 공경이 더해진 것이다."라고 하였다.

추창하여 걸어 날개를 편 듯이 하였다.〔趨翼如〕

《논어》 본문에는 '추(趨)' 아래에 '진(進)' 자가 있다. 어떤 이가 "어떻게 '진(進)' 자가 연문임을 압니까?"라고 물으니, 주자(朱子)가 대답하기를, "계단을 다 내려오면 추창하여 물러나니, 다시 '진' 자가 있을 수 없다."라고 하였다.

군사거마(君賜車馬)

〈옥조(玉藻)〉의 구결(口訣)은 '군사거마(君賜車馬)'를 한 구(句)로 삼았고, 율곡(栗谷)의 구결은 '군사(君賜)'를 한 구로 삼았다. 살펴보건대, 율곡의 설이 옳은 듯하다.

재배는 공경의 지극함이다.〔再拜, 敬之至也.〕-주(註)-

살펴보건대, 여기의 '재배(再拜)'는 절할 때 두 번 절하는 것이 아니라, 재차 절하고 사례하는 것을 말한다. 임금의 하사품이 문에 이르렀을 때 절하는 것이 첫 번째이고, 그 다음날 임금의 처소에 나아가 또 절하는 것이 바로 두 번째이다. '재배는 공경의 지극함이다.〔再拜, 敬之至〕'를 집성(集成)에서는 '임금의 은혜를 중하게 여긴 것이다.〔重君恩〕'로 바꾸었다. ○〈옥조(玉藻)〉의 '술과 고기를 하사할 경우에는 재배하지 않는다.〔酒肉之賜, 不再拜〕' 주석에 "이미 집에서 절하고 받고서 그 다음 날에 또 가서 절하는 것을 '재배(再拜)'라고 한다. 술과 고기를 하사하는 것은 가벼운 것이므로 집에서만 절하고 받을 뿐이다."라고 하였다.

군주의 명이 없으면 말과 의복을 감히 곧바로 타거나 입지 않는다.
〔君未有命, 不敢卽乘服也.〕

〈옥조(玉藻)〉본주에 "이것은 제후의 경대부가 사신(使臣)이 되어 천자의 하사품을 받고 본국에 돌아가 자기 군주에게 올린 경우를 말할 것이다. 임금이 타고 입으라고 명해야만 타거나 입을 수 있다. 그러므로 임금의 명이 없으면 감히 곧바로 타거나 입지 않는 것이다."라고 하였다. 《좌전(左傳)》에 "두설(杜洩)이 숙손(叔孫)을 장사 지내는데 노거(路車)를 사용하고자 했는데, 남유(南遺)가 계손(季孫)에게 '숙손은 노거를 탄 적이 없는데, 장사에 어찌 노거를 쓰겠습니까.'라고 말하여, 계손이 두설에게 쓰지 못하게 하였다. 그러자 두설이 불가함을 주장하여 말하기를, '부자(夫子 숙손)가 조정에서 명을 받고 천자를 빙문(聘問)하였을 때 천자가 옛 공훈을 생각하여 노거를 하사하였습니다. 본국에 돌아와 복명하고 군주에게 바쳤는데 군주가 감히 천자의 명을 거스를 수 없어 다시 주었습니다.'고 하였다."라고 하였다.

쏟지 않는다.〔不寫〕

사(寫)는 《광운》에는 '덜다〔除〕'는 뜻이라고 하였고, 〈증운〉에는 '기울다〔傾〕'는 뜻이라고 하였다.

권유하다〔勸侑〕-주(註)-

유(侑)는 《광운》에 '음식을 권하다〔勸食〕'는 뜻이라고 하였다. 《주례》 〈대사악(大司樂)〉에 "왕이 성찬을 먹을 때에 음식을 권하는 절차가 세 번 있는데, 모두 종과 북을 연주하게 하였다.〔王大食三侑, 皆令鍾鼓勸之〕"라고 하였는데, 정현(鄭玄)이 "대식(大食)은 초하루나 보름에 음익으로 음식을 권하는 때이다. 유(宥)는 권(勸)과 같다."라고 하였다.

환죽(萑竹)-주(註)-

환(萑)은 《설문》에 '물억새〔薍〕'라고 하였다. 《주례》의 '백석은 환을 사용한다.〔柏席用萑〕' 주석에 "환(萑)은 갈대〔葦〕와 같은데 가는 것이다."라고 하였다.

기르다.〔畜之〕

휵(畜)은 《광운》에 '기르다〔養〕'는 뜻이라고 하였다.

임금의 은혜를 사랑하다.〔仁君之惠〕-주(註)-

살펴보건대, 이는 그 임금이 내려준 것을 사랑한다는 말이지, 곧바로 임금을 어진 임금으로 여기는 것이 아니다.

임금이 제(祭)[42]하시거든 먼저 드셨다.〔君祭先飯〕

〈옥조(玉藻)〉의 '음식을 내려 군주가 손님으로 예우하면 제(祭)하라고 명한 뒤에 제를 하고, 먼저 먹어서 여러 음식을 두루 맛본다.〔賜之食而君客之, 則命之祭然後祭, 先飯遍嘗羞.〕' 주석에 "'객지(客之)'는 손님의 예로 대우하는 것이다. 그러나 반드시 제(祭)하라고 명한 뒤에 제하는 것은 감히 손님의 예로 자처하지 못하는 것이다. 먼저 먹어서 여러 음식을 두루 맛보는 것은 또한 신하가 임금을 위해 음식을 맛보는 예를 보인 것이다."라고 하였다. 주자(朱子)가 말하기를, "옛 사람들은 땅에 술을 제(祭)하고 그릇 사이에 음식을 제(祭)하였는데, 판(板)에 올려두었다가 식사가 끝난 뒤에 치웠다."라고 하였다.

왕은 하루에 한번 성찬을 드는데 요리사가 제(祭)할 물품을 올리고 각종 음식을 맛본다.〔王日一擧, 膳夫授祭品嘗食.〕 주(註)

《주례》〈천관(天官) 선부(膳夫)〉의 '선부가 왕의 음식을 관장한다. 왕은 하루에 한번 성찬을 드는데 음악으로 음식을 권한다. 요리사가 제(祭)할 물건을 올리고 각종 음식을 맛보면 그제야 왕이 먹는다.〔膳夫掌王之食飮膳羞. 王日一擧, 以樂侑食. 膳夫授祭品嘗食, 王乃食.〕' 주석에 "짐승을 잡아 성대하게 음식을 차리는 것을 '거(擧)'라고 한다. -하루에 한번 성대하게 음식을 차린다.- 왕은 아침밥으로 하루에 한번 성찬을 든다.-점심밥과 저녁밥은 '연식(燕食 평상시 먹는 음식)'이라고 한다.- '유(侑)'

42 제(祭) : 음식을 먹을 때 밥과 반찬을 조금씩 덜어 내어 그릇 사이에 놓고서 최초에 음식을 발명한 사람에게 제사하는 것이다.

는 '권(勸)'과 같다. 예법에 음식을 먹을 때에 반드시 제(祭)하니, 음식을 처음 만든 분이 있음을 보이는 것이다. '품(品)'은 각종 물품이니, 모두 맛보아 존자(尊者)을 인도한다."라고 하였다. 〈단궁(檀弓)〉의 '임금은 성찬을 들지 않는다.〔君不擧〕'[43] 주석에 "음악으로 음식을 권하는 것을 '거(擧)'라고 한다."라고 하였다. 수제(授祭)는 《논어》 소주(小註)에 "음식을 먹을 때 반드시 제(祭)하니 왕이 제(祭)할 물품을 올리는 것이다."라고 하였다. 품상식(品嘗食)은 또 《논어》 소주에 "각종 품물을 모두 맛보아 독이 없음을 보인다."라고 하였다. 살펴보건대, '품' 자는 《가례》 시제조(時祭條)의 '준(餕)' 아래 주석에서 '품목별로 조금씩 취한다.〔品取少許〕'라고 한 '품' 자와 같다.

병들었을 때 임금이 문병을 오다.〔疾, 君視之〕

주자(朱子)가 말하기를, "항상 북쪽 창 아래에 누워 있다가 임금이 문병 오면 남쪽 창 아래로 옮긴다."라고 하였다.

이상은 군신지간의 의를 밝힌 것이다.

중매를 행하다.〔行媒〕

매(媒)는 《설문》에 "도모하다〔謀〕'는 뜻이니, 두 성씨를 합하도록 도모하는 것이다."라고 하였다. 《주례》 주석에 "모(媒)라는 말은 도모하는 것이니, 다른 부류를 합하도록 도모하여 화합시켜 이루게

43 임금은……않는다 : 《예기》 〈옥조〉에 나오는 글로, "8월에 이르도록 비가 내리지 않으면 군주는 성찬을 들지 않는다.〔至于八月不雨, 君不擧.〕"라는 내용이다.

하는 것이다."라고 하였다.

이름을 알다.〔知名〕

주자(朱子)가 말하기를, "고례(古禮)에는 혼인할 적에 이름을 묻는〔問名〕[44] 절차가 있었다."라고 하였다. 〈사혼례(士昏禮)〉 주석에 "이름을 묻는 것은 돌아가 그 길흉을 점치려고 해서이다."라고 하였다.

폐백을 받은 경우가 아니면 사귀지 않고 친하지 않는다.〔非受幣, 不交不親.〕

폐(幣)는 〈사혼례(士昏禮)〉에 "폐백 1속(束)을 보낸다."라고 하였다.[45] 주자(朱子)가 말하기를, "폐백은 채색 비단을 쓴다."라고 하였다. 마씨(馬氏)가 말하기를, "중매를 행하는 경우가 아니면 서로 이름을 알지 않는 것은 혐의를 멀리하기 위함이고, 폐백을 받은 경우가 아니면 사귀지 않고 친하지 않는 것은 공경을 극진히 하기 위함이다."라고 하였다. 〈방기(坊記)〉에 "공자(孔子)가 말씀하기를, '남녀가 중매가 없으면 사귀지 않고 폐백이 없으면 만나지 않는 것은 남녀의 분별이 없어질까 염려해서이다.' 하셨다."라고 하였다.

예와 분수가 정해진다.〔禮分定〕 주(註)

주자(朱子)가 말하기를, "분(分)은 정해진 지위와 같다."라고 하였다.

44 이름을 묻는〔問名〕: 신부 생모의 이름과 성씨를 묻는 것으로, 신부 외가 쪽의 가계나 전통을 알기 위함이다.

45 사혼례(士昏禮)에……하였다 : 이 부분은 오류가 있는 듯하다. "납폐일속(納幣一束)"은《의례》〈사혼례〉에는 없고 《예기》〈잡기(雜記)〉에 실려 있다.

날짜와 달을 임금에게 고한다.〔日月以告君〕

정현(鄭玄)의 주석에 "《주례》에서 판처(判妻)를 취하는 자는 매씨(媒氏)가 써서 임금에게 고한다는 것이 이것을 말하는 것이다."라고 하였다. 《예기정의》에 "남녀는 반드시 분별이 있기 때문에 신부가 오면 신부를 취한 연월일시(年月日時)를 써서 임금에게 고한다. 처는 나뉜 것이 합한 것이므로 '판(判)'이라고 한 것이다."라고 하였다.

재계하고서 귀신에게 고한다.〔齋戒以告鬼神〕

재계하고서 귀신에게 고하는 것은, 정현의 주석에 "혼례의 여자를 받아들이는 예에서 모두 사당에 신석(神席)을 만들어 귀신에게 고하는 것이 이것을 말하는 것이다."라고 하였다. 《예기정의》에 "딸을 시집보내는 집은 육례(六禮)를 받을 적에 모두 사당에 자리를 펼쳐 선조에게 고한다. 딸은 선조가 남겨준 몸이니 마음대로 남에게 허락할 수 없음을 밝힌 것이다."라고 하였다.

동성을 취하지 않는다.〔不取同姓〕

《예기대전(禮記大傳)》의 '6대가 지난 뒤에는 친속(親屬)이 다하니 혼인할 수 있겠는가?' 주석에 "은(殷)나라 사람은 5대 이후에 서로 혼인하였다."라고 하였다. 또 '성으로 묶고 더이상 나누지 않아 백 대가 지나더라도 혼인하지 않았으니 주(周)나라의 도가 그러하였다.' 주석에 "동성은 백 대 뒤라도 혼인하는 일이 없으니, 이것이 주나라의 도가 지극하여 사람이 비로소 짐승과 다르게 된 이유이다."라고 하였다. 《백호통(白虎通)》에 "동성을 취하는 않는 것은 인륜을 중시하고 음란함을 막은 것이니, 짐승처럼 되는 것을 부끄러워한 것이다. 외가 친속으로 소공(小功) 이상의 복(服)이 있는 경우에도 장가 들 수 없다."라고 하였다.

선비를 계승한다.〔先妣之嗣〕

살펴보건대, 선비(先妣)는 아버지 입장에서 칭한 말인 듯하다.

어버이가 딸을 시집보낼 적에〔親之送女〕-주(註)-

살펴보건대, 여기의 '친(親)' 자는 부모를 겸하여 말한 것이다.

이성에게 장가드는 것은……곧음과 신의로써 고함이니 신은 사람을 섬김이다.〔取於異姓……告之以直信, 信事人也.〕

살펴보건대, 《예기》 본문의 구결(口訣)과 《소학》의 구결이 같지 않다.[46] '부원후별(附遠厚別)'는 집성(集成)의 설[47]이 매우 분명하고 순조로워 진씨(陳氏 진호(陳澔))의 주석[48]보다 낫다. 마씨(馬氏)가 말하기를, "폐백〔幣〕은 혼인의 뜻을 받드는 것이고, 말〔辭〕은 혼인의 정을 이끄는 것이니, 폐백으로써 혼인의 뜻을 받든다면 정성스럽지 않을 수 없고, 말로써 혼인의 정을 이끈다면 후하지 않을 수 없다."라

46 예기……않다 : 《예기》의 구결은 "幣必誠하며 辭無不腆告之以直信이니"으로 되어 있고, 《소학》의 구결은 "幣必誠하며 辭無不腆은 告之以直信이니"로 되어 있다.

47 집성(集成)의 설 : "이성에게 장가드는 것은 먼 사람을 가까이 하는 도이고, 분별을 두텁게 하는 뜻이다."라는 내용이다.

48 진씨(陳氏 진호(陳澔))의 주석 : "부원(附遠)은, 부(附)는 탁(託)과 같으니, 혐의를 멀리하는 의리에 의탁한 것이다. 후별(厚別)은 부부유별(夫婦有別)의 예를 중하게 하는 것이다."라고 하였다.

고 하였다. 엄릉 방씨(嚴陵方氏)가 말하기를, "반드시 이성에게 장가드는 것은 먼 사람을 가까이 하기 위함이고, 동성에게 장가들지 않는 것은 분별을 두텁게 하기 위함이다. 먼 사람에 대해 가까이 하지 않으면 인정(人情)이 통할 수 없고, 분별에 두텁지 않으면 인도(人道)가 구분될 수 없으니, 혼인이란 인정을 통하고 인도를 구분하는 것일 뿐이다."라고 하였다. 위에서는 '직(直)'을 겸하여 말하고서 아래에서는 '직'을 풀이하지 않은 것은[49] 진실하고 거짓이 없다면 곧음이 그 속에 있기 때문이다.

하늘이 처음 시작하고 땅이 대신 끝맺는다.〔天造始而地代終〕-주(註)-

살펴보건대, 《주역》에 "위대하도다! 건원이여. 만물이 의지하여 시작된다.〔大哉乾元, 萬物資始.〕"라고 하고, " 지극하도다! 곤원이여. 만물이 의지하여 생장한다.[50]〔至哉坤元, 萬物資生.〕"라고 하였으니, 이른바 '처음 시작하고 대신 끝맺는다.'는 것은 이런 뜻인 듯하다.

남녀가 분별이 있는 뒤에 부자가 친하니……분별이 없고 의가 없는 것은 금수의 도이다.[51]〔男女有別, 然後父子親……無別無義, 禽獸之道也.〕

49 위에서는……것은 : 위 문장은 '곧음과 신의로써 고한다.〔告之以直信〕'인데, 바로 아래에는 "신은 사람을 섬기는 것이며, 신은 아녀자의 덕이다."라고만 하고 '직(直)'에 대해서는 풀이하지 않았다.

50 생장한다 : 대본에는 '成'으로 되어 있는데, 《주역》 〈곤괘(坤卦) 단사(彖辭)〉에 의거하여 '生'으로 바로잡아 번역하였다.

51 남녀가……도이다 : 대본에는 '男女有別, 然後父子親, 無別無義, 禽獸之道'로 되어 있는데, 중간에 생략된 문장이 있기 때문에 보충하여 바로잡아 번역하였다.

살펴보건대, 진헌공(晉獻公)은 여희(驪姬)에게 미혹되어 태자 신생(申生)을 죽였고, 당 고종(唐高宗)은 무씨(武氏)에게 미혹되어 태자 충(忠)을 폐위하였으니, 이것이 그 명확한 증거이다. 주자(朱子)가 임간이(林簡易)에게 답한 편지에 "한 무제(漢武帝)가 음악과 미색에 빠져 후궁에서 잔치를 벌려 노는 바람에 부자간에 친하지 않아 마침내 여 태자(戾太子)의 변고[52]를 불렀다. 이 또한 부부간에 분별이 없어 부자지간이 친하지 않은 하나의 증거이니, 또한 이뿐만이 아니다."라고 하였다. ◐ 엄릉 방씨(嚴陵方氏)가 말하기를, "금수는 암컷과 수컷의 교합은 있지만 내외의 분별이 없고, 낳아 기르는 사랑은 있지만 상하의 의리가 없다. 그러므로 의리가 없고 분별이 없다고 한 것이다."라고 하였다.

분별이 있으면 근본이 하나가 되어 부자지간이 친해진다.〔有別則一本而父子親〕-주(註)-

《맹자》-등문공(滕文公) 편이다.-에 "하늘이 만물을 낼 적에 근본이 하나가 되게 하였다."라고 하였다. 살펴보건대, 부부의 도가 상실되어 음란한 죄가 많아지면 인륜이 밝아지지 못하고 부자지간이 안정되지 못한다. 이는 근본이 둘이 되는 것이니, 반드시 남녀가 분별이 있어야만 근본이 하나가 되어 부자가 친해진다.

부모의 대를 잇는 것을 생각하기 때문이다.〔思嗣親〕

52 여 태자(戾太子)의 변고 : 여 태자는 한 무제의 태자인 유거(劉據)이다. 강충(江充)의 모함을 받아 신변이 위태롭게 되자 군사를 일으켜 난을 일으켜 강충을 죽이고는 반역으로 몰려 싸움에 져서 자살하였다. 《漢書 卷63 武五子傳》

살펴보건대, 사친(嗣親)은 〈사혼례〉에서 말한 '선비를 계승한다〔先妣之嗣〕'는 것이 이것이다.

집을 깊숙하게 하고 문을 굳게 닫아 문지기가 지킨다.〔深宮固門, 閽寺守之.〕

장락 유씨(長樂劉氏)가 말하기를, "집이 깊숙하지 않으면 안팎의 소리가 통할 수 있고, 문이 견고히 닫히지 않으면 출입 금지한 것을 넘을 수 있다. 혼인(閽人)과 시인(寺人)이 지키게 하는 것은 안에 처하는 것을 혐의하지 않기 때문이다."라고 하였다. 혼(閽)은 《설문》에 "항상 캄캄해지면 문을 닫은 하인이다."라고 하였다. 모씨(毛氏)가 말하기를, "문은 밤에 닫고 새벽에 연다. 혼인(閽人)이 문을 여는 것도 주관하는데, 밤을 들어서 새벽에 여는 것을 포괄하였다."라고 하였다. 시(寺)는 《운회》에 '환관〔奄官〕'이라고 하였다.

이가(椸枷)

이(椸)는 《운회》에 '옷걸이〔衣架〕'라고 하였다. 가(枷)는 《박아(博雅)》에 "가(架)는[53] 말뚝〔杙〕으로, 물건을 거는 것이다."라고 하였는데, '가(枷)' 자와 통용하여 쓴다.

첩이 감히 정처(正妻)의 저녁을 담당하지 않는다.〔妾御莫敢當夕〕

살펴보건대, 어(御)는 모시는〔侍〕 것이다. 엄릉 방씨(嚴陵方氏)가

53 가(架)는 : 대본에는 없는데, 문맥의 이해를 위해 《고금운회거요(古今韻會擧要)》에 의거하여 '架'를 보충하여 번역하였다.

말하기를, "정처가 집에 없을 때 첩이 감히 정처의 저녁을 담당하지 않는 것은 윗사람에게 참람하다는 혐의를 피하기 위함이다."라고 하였다.

제사와 상사가 아니면 서로 그릇을 주지 않는다. 서로 줄 때면 여자는 광주리로 받고 광주리가 없으면[54] 모두 앉아서〔非祭非喪, 不相授器, 其相授則女受以篚, 其無篚則皆坐.〕

살펴보건대, 진씨(陳氏 진호(陳澔))의 주석에서 '서로 그릇을 주지 않는다.〔不相授器〕' 이상은 상사와 제사 때의 일이라고 하고, '서로 줄 때에는 여자는 광주리로 받는다.[55]〔以相授則女受以篚〕'이하는 상사와 제사 때의 일이 아니라고 말하여 두 단락으로 나누어 만든 것[56]이 옳지 않은 듯하니, 정오(正誤)에서 고친 것[57]이 옳은 듯하다. 엄릉

54 광주리가 없으면 : 대본에는 없는데, 《예기》〈내칙(內則)〉에 의거하여 '其無篚則'을 보충하여 번역하였다.

55 여자는 광주리로 받는다 : 대본에는 '女授以篚'로 되어 있는데, 《소학》〈명륜(明倫)〉에 의거하여 '女受以篚'로 바로잡아 번역하였다.

56 진씨(陳氏)의……것 : 진호(陳澔)의 주석에 "오직 상사와 제사 두 가지 일에만 그릇을 주고받을 수 있는 것은 제사는 엄숙한 자리이고 상사는 다급한 때라서 다른 혐의가 없기 때문이다. 이 두 가지 경우가 아니면 여자는 반드시 광주리를 잡고서 주는 자로 하여금 광주리 안에 그릇을 두게 한다."라고 하여, 상사와 제사 때에는 서로 그릇을 주고받고, 상사와 제사가 아닌 때에는 광주리에 담아 주고받는다고 하였다.

57 정오(正誤)에서 고친 것 : 정오에서는 "남자와 여자는 직접 주고받을 수 없고 오직 상사와 제사에만 그릇을 줄 수 있으니, 제사는 엄숙하고 상사는 급하여 혐의하지 않기 때문이다. 상사와 제사 때에 남자가 여자에게 그릇을 주면 여자는 광주리로 그 그릇을 받는다."라고 하여 두 경우 모두 상사와 제사 때의 일로 여겼다.

방씨가 말하기를, "좌(坐)는 꿇어앉는 것이니, 〈곡례〉의 '꿇어앉아서 옮긴다.〔坐而遷之〕'의 '좌(坐)' 자와 뜻이 같다."라고 하였다. 비(篚)는 《광운》에 "네모난 것이 광(筐)이고 둥근 것이 비(篚)이다."라고 하였으니, 상자〔篋〕이다.

내외가 우물을 함께 사용하지 않는다. 남녀가 의상을 통용하지 않는다.〔外內不共井, 男女不通衣裳.〕

엄릉 방씨가 말하기를, "내외라고 말하면 남녀가 그 속에 포함되어 있는데 의상에 특별히 남녀를 말한 것은 남녀의 의상은 제도가 달라서 더욱 통용할 수 없기 때문이다."라고 하였다.

밤에 다닐 적에는 횃불을 사용한다.〔夜行以燭〕

〈사상례〉 주석에 "불이 땅에 있는 것을 요(燎)라고 하고, 손에 들고 있는 것을 촉(燭)이라고 한다."라고 하였다.

남자는 오른쪽으로 다니고 여자는 왼쪽으로 다닌다.〔男子由右, 女子由左.〕

엄릉 방씨는 "오른쪽은 힘이 있고 왼쪽은 하는 것이 없다. 그러므로 다니는 것이 이와같은 것이다."라고 하였고, 사계(沙溪) 선생은 "좌우라고 말한 것은 땅의 좌우이다. 지도(地道)는 오른쪽을 높이므로 남자가 오른쪽으로 다니는 것이다."라고 하였으니, 진씨(陳氏) 주석에 부인의 오른쪽, 남자의 왼쪽이라고 말한 것[58]은 옳지 않는 듯하다.

58 진씨(陳氏)……것 : 진호(陳澔)의 주석에 "남자와 부인이 함께 한 길로 나갈 경우

부인은 사람에게 복종한다.……남편이 죽으면 아들을 따른다.〔婦人伏於人……夫死從子.〕

《공자가어(孔子家語)》〈본명해(本命解)〉에 "공자가 말씀하기를, '남자는 천도를 맡아서 만물을 기르는 자이기 때문에 그 윤리를 살피고 그 분별을 밝힌다. 여자는 남자의 가르침에 따라 그 도리를 기르는 자이기 때문에 일을 독단으로 처리할 수 없고 삼종지도(三從之道)가 있으니 재가(再嫁)하는 일이 없다. 가르침과 명령이 규문 밖을 나가지 않으며, 일이 주식(酒食)을 이바지하는데 있을 뿐, 가정 밖에서의 잘잘못이 없다. 이것이 성인이 남녀의 사이에 질서를 정하고 혼인하는 시초를 중하게 여긴 까닭이다.' 하셨다."라고 하였다.

남을 참여시켜 알게 한 뒤에 행동하며 증험한 뒤에 말한다.〔參知而後動, 可驗而後言.〕

살펴보건대, 다른 사람을 참여시켜 알게 한 뒤에 행동하고 증험한 뒤에 말하는 것이 즉 이른바 '일을 마음대로 처리함이 없고 행실을 독단적으로 이룸이 없다.〔事無擅爲, 行無獨成〕'는 것이다. 만약 남이 알지 못하게 행동한다면 이것이 독단적으로 이루는 것이고, 증험한 것이 없는데도 말한다면 이것이 제 마음대로 하는 것이니, 모두 순종을 정도(正道)로 삼는 부인의 덕이 아니다.

반역한 집안, 패륜의 집안, 아버지를 잃은 맏딸은 취하지 않는다.〔逆

에는 남자는 항상 부인의 오른쪽에서 걷고 부인은 항상 남자의 왼쪽에서 걸으니, 분별을 멀리하기 위해서이다."라고 하였다.

家亂家喪父長子不取〕

살펴보건대, 덕을 거스른 것과 인륜을 어지럽힌 것이 모두 역란(逆亂)이니, 한 가지 일을 가리켜 말한 것이 아닌 듯하다.[59] 또 살펴보건대, 여기에서 아버지를 잃은 여자를 취하지 않는데 반드시 장녀라고 말한 것은 어째서인가? 만약 일찍 아버지를 잃어 가르침을 받은 바가 없기 때문이라고 한다면, 차녀의 경우는 아버지를 잃었을 때의 나이가 더욱 어려 장녀보다 더 가르침을 받은 바가 없을 것이니 더더욱 취해서는 안 된다. 만약 장녀가 나이가 많아 나중에 그 아우를 가르칠 수 있기 때문이라고 한다면, 그 자신이 가르침을 받은 바가 없이 남에게 시집가지 못했는데 또 어찌 그 아우를 가르칠 수 있겠는가. 이는 필시 그 뜻이 있을 것이나 《대대례(大戴禮)》의 본문을 상고하지 못하여 무슨 뜻인지 모르겠다.

가르침을 받은 바가 없다.〔無所受命〕-주(註)-

살펴보건대, 가르침을 받은 바가 없다는 것은 여자가 일찍 아버지를 잃어 아버지의 가르침을 받지 못했다는 말이다. 명(命)은 〈사혼례(士昏禮)〉의 이른바 "아버지가 '공경하고 경계하라.'고 명한다.[60]"와 같은 따위가 이것이다.

59 덕을……듯하다 : 집해(集解)에 "반역한 집안은 덕을 거슬렀기 때문이고, 패륜의 집안은 인륜을 어지럽혔기 때문이다."라고 하였기 때문에 한 말이다.

60 아버지가……명한다 : 《의례》 〈사혼례〉에 "아버지가 딸을 전송하면서 명하기를, '경계하고 공경하여 밤낮으로 명을 어기지 말라'고 하였다.〔父送女命之曰, 戒之敬之, 夙夜毋違命.〕"는 내용이 있다.

칠거(七去)

“아내에게는 7가지 내쫓길 일이 있으니, 이는 정당한 도리이지 권도(權道)가 아닙니다.”라는 탁(卓)의 질의에, 주자(朱子)가 그렇다고 답하였다.

자성을 이바지하다.〔共粢盛〕-주(註)-

공(共)은 공(供)으로 쓴다. 《설문》에는 ‘공급하다〔給〕’는 뜻이라고 하였고, 《광운》에는 ‘받들다〔奉〕’, ‘갖추다〔具〕’, ‘올리다〔進〕’는 뜻이라고 하였다. 《주례》〈천관(天官)〉의 ‘자성(齍盛)’ 주석에 “제사에 쓰이는 것이다. 자(齍)는 ‘자(粢)’이니 즉 곡식이고, 그릇에 담은 것을 ‘성(盛)’이라고 한다.”라고 하였다.

처리하기를 또한 의로써 해야 한다. 어찌 내쫓음에 이르겠는가.〔處之亦當以義, 何至於去耶?〕-주(註)-

살펴보건대, 자식이 없을 때 내쫓고 나쁜 질병이 있을 때 내쫓는 것에 관하여 선유(先儒)들이 의(義)에 온당치 못하다고 여겼다. 이는 과연 그러하다. 다만 종사를 받들고 후대를 잇는 것을 가지고 비교한다면 피차의 경중이 매우 다르니 이점이 내쫓지 않을 수 없는 이유이다. 성인(聖人)의 말씀을 어찌 의심할 수 있겠는가.

맞이한 곳이 있고 돌아갈 곳이 없다.〔有所取, 無所歸〕

살펴보건대, 다섯 가지 취하지 않는 경우〔五不取〕· 일곱 가지 내쫓는 경우〔七去〕· 세 가지 내쫓지 않는 경우〔三不去〕는 모두 무거운 것에서부터 가벼운 것에 이르렀다. 그러므로 다섯 가지 취하지 않는 경우엔 반역한 집안의 자식을 취하지 않음이 맨 처음에 있고 그 아래로 점점 가벼워진다. 일곱 가지 내쫓는 경우엔 부모에게 순종하지 않을 때 내쫓음이 맨 처음에 있으며, 세 가지 내쫓지 않는 경우엔 맞이한 곳이 있고 돌아갈 곳이 없을 때 내쫓지 않음이 맨 처음에 있고 또한 차례로 가벼워지니, 자세히 음미하면 알 수 있다.

과부의 자식은……함께 벗하지 않는다.〔寡婦之子……弗與爲友.〕

《예기》〈방기(坊記)〉에 "공자가 말씀하기를, '과부의 아들은 뛰어난 재주가 드러나지 않으면 벗하지 않으니 군자가 혐의를 피하여 멀리하려는 것이다. 이 때문에 붕우의 사귐에 주인이 집에 있지 않을 경우엔 큰일이 있지 않으면 그 문에 들어가지 않는다. 이것으로 백성을 막아도 백성은 오히려 덕보다 여색을 더 좋아한다.' 하셨다."라고 하였다.

이상은 부부지간의 분별을 밝힌 것이다.

천천히 걸어서 장자를 뒤따른다.〔徐行後長者〕

마씨(馬氏)가 말하기를, "요순(堯舜)의 도는 부모에게 효도하고 어른에게 공경하는 것일 뿐이다. 효도하고 공경하는 것은 걸음걸이를 빨리 하느냐 천천히 하느냐의 사이에 있고 성인(聖人)의 도가 여기에서 시작한다.

나이가 곱절이 많다.〔年長以倍〕

정현(鄭玄)의 주석에 "이것은 나이 20세인 자가 40세인 자에 대한 경우를 말한 것이다. 나이 20세는 약관(弱冠)의 성인으로 남의 아버지가 되는 단서가 있으니, 지금 40세인 자는 20세인 자에 대해 자식으로 대하는 도가 있다."라고 하였다. 《예기정의》에 "사람은 30세에 장가를 들어 그 후에야 자식을 두니, 그렇다면 30세인 자가 60세에 대하여 나이가 배가 된다. 지금 정현이 '20세인 자가 40세인 자에 대한 경우'라고 한 것은 단지 20세는 관(冠)을 쓴 성인으로 남의 아버지가 되고 남의 자식이 되는 예를 요구할 수 있으니, 비록 처자가 있지 않더라도 남의 아버지가 되는 단서가 있기 때문이다."라고 하였다.

반드시 안석과 지팡이를 잡는다.〔必操几杖〕

남전 여씨(藍田呂氏)가 말하기를, "모두 노인을 우대하는 도구이니 잡고서 따르는 것은 공경의 지극함이다."라고 하였다.

사양하지 않고 대답하다.〔不辭讓而對〕

공자가 증자(曾子)에게 물었을 때 증자는 "저는 불민하니 어찌 알겠습니까."라고 답하였고,[61] 공서화(公西華) 또한 "능하다는 것이 아니라 배우고자 합니다."라고 하였으니,[62] 모두 바로 사양하는 말이다.

61 공자가……답하였고 : 공자가 한가하게 있을 때 증자가 곁에서 모시고 있었다. 공자가 "선왕은 지극한 덕과 중요한 도를 지니고서 천하를 가르쳐 백성은 화목하고 상하가 서로 원망하지 않았는데, 너는 이것을 아느냐?"라고 묻자, 증자가 자리를 피하며 "제가 불민하니 어떻게 알 수 있겠습니까"라고 고 대답하였다. 《孝經 開宗明義章》

62 공서화(公西華)……하였으니 : 자로(子路)와 증석(曾晳)과 염유(冉有)와 공서화가 공자를 모시고 있을 때 공자가 이들에게 하고 싶은 뜻을 말하라고 하였다. 이때

어른을 따라 구릉에 올라가면 반드시[63] 어른이 보고 있는 쪽을 바라본다.〔從長者而上丘陵, 必向長者所視.〕

영가 대씨(永嘉戴氏)가 말하기를, "어른을 따라 높은 곳에 올라가 어른이 보는 곳과 다른 곳을 보면 뜻이 풍물(風物)을 구경하는데 있어서 어른을 공경하는 뜻이 상실된다."라고 하였다. 《예기정의》에 "어른이 동쪽을 보면 동쪽을 바라보고 장자가 서쪽을 보면 서쪽을 바라보니, 선생군자(先生君子)를 따를 때에도 그러하다."

어른이 칼을 차듯이 옆에 끼고 입을 기울여……입을 가리고 대답한다.〔負劍辟咡……掩口而對.〕

살펴보건대, 집설(集說)에서는 '부검(負劍)'을 따로 나누어 두 가지 일로 여기고, 여씨(呂氏)는 합하여 하나의 일로 여겼으니,[64] 무엇이 옳은지 모르겠다. 《예기》〈소의(少儀)〉의 '어른이 질문하면 입을 돌려 대답한다.〔有問則辟咡而對〕' 주석에 "어른이 질문하면 그 입이 향하는 바를 돌려서 대답한다."라고 하였다.

공서화는 "잘 안다는 것이 아니라 배우기를 원합니다. 종묘에서 예를 행할 때나 제후들이 회동할 때에 현단복과 장보관을 갖추고 소상(小相)이 되기를 원합니다."라고 대답하였다. 《論語 先進》

63 반드시 : 대본에는 없는데, 《소학》〈명륜(明倫)〉에 의거하여 '必'을 보충하여 번역하였다.

64 집설(集說)에서는……여겼으니 : 집설에서는 "어른이 칼을 찬 듯이 하면 고개를 옆으로 돌리고, 말을 하면 입을 가리고 대답한다."라고 하였고, 여씨는 "옛날에 칼을 차는 자는 옆에 찼으니 부검은 바로 칼을 차는 것이다. 어린 동자를 혹 어른이 옆에 끼면 마치 칼을 차는 듯하므로 부검이라고 이른 것이다."라고 하였다.

장자를 위하여 청소하는 예절은……거두어 모은다.〔凡爲長者糞之禮……扱之.〕

《예기》〈소의〉의 "자리 앞을 청소하는 것을 분(埽)이라고 한다.〔埽席前曰埽〕 '埽'은-음이 분(糞)이다.- 쓰레받기를 잡고 바닥이 자신의 가슴을 향하게 한다.〔執箕膺擖〕'-'擖'은 음이 엽(葉)이다.- 주석에 "변(埽)은 더러운 것을 제거하는 것이고, 응(膺)은 가슴이고, 엽(擖)은 쓰레받기의 입구이니, 쓰레받기를 잡고서 더러운 것을 청소할 적에는 쓰레받기 입구가 자신의 가슴 앞을 향하게 하고 어른을 향해서는 안 된다."라고 하였다. ❹진씨(陳氏)가 말하기를, "여씨(呂氏)는 '급(扱)'을 '삽(插)'으로 읽는다. 그러나 기(氣)가 나가고 들어올 적에 내쉬면 흩어지고 들이마시면 모아지니, 지금 수렴(收斂)하는 것으로 뜻을 삼는다면 '흡(吸)'으로 읽는 것이 옳다."라고 하였다.

옷을 잡다.〔摳衣〕

구(摳)는 《광운》에 '하의를 걷다〔褰裳〕'는 뜻이라고 하였다.

펄럭이지 말아야 한다.〔毋撥〕

발(撥)은 《증운》에 "현을 타다〔捩開〕'는 뜻이라고 하였다. 또 휘날리는 모양이다.

황급히 하지 말아야 한다.〔毋蹶〕

사계 선생이 말하기를, "이것은 막 들어갈 때를 말한 것이니, 아래 글에 이르러 비로소 '앉기를 반드시 안정감 있게 한다.'라고 하였다."라고 하였다.

말에 끼어들다.〔儳言〕

참(儳)은 함운(咸韻)에 있는 것은 '서(鋤)'와 '함(咸)'의 반절로, 《설문》에 "뒤섞인 것이니 가지런하지 않은 것이다."라고 하였다. 감운(勘韻)에 있는 것은 '칠(七)'과 '감(紺)'의 반절로, 섞이는 것이다. 남전 여씨(藍田呂氏)가 말하기를, "참언(儳言)이란 남이 미처 말하기 전에 틈을 타서 말하는 것이다."라고 하였다.

선생을 모시고 앉아 있을 때에는……더 상세한 배움을 청할 때에는 일어서서 청한다.〔侍坐於先生……請益則起〕

남전 여씨(藍田呂氏)가 말하기를, "묻는 말이 끝나기 전에 대답하는 것은 묻는 사람을 공경하지 않는 것이다. 업(業)은 선생에게 배우는 것을 말하니, 시(詩)·서(書)·예(禮)·악(樂) 따위가 이것이다. 익(益)은 질문한 것이 분명히 이해되지 않아 혹 완전히 이해하려고 하거나 혹 조금 더 알고자 하는 것이다. 청하는 바가 있을 때에 반드시 자리에서 일어나는 것은 배움을 공경하는 것이니, 배움을 공경함은 스승을 공경하는 것이고, 스승을 공경함은 도를 공경하는 것이다. 그러므로 더 상세한 배움을 청하거나 공부를 청할 때에 모두 일어나지 않을 수 없다."라고 하였다.

존귀한 손님 앞〔尊客之前〕

엄릉 방씨(嚴陵方氏)가 말하기를, "경문(經文)에 '선생을 모시다.〔侍先生〕'·'높여야 할 분을 모시다.〔侍所尊〕'·'군자를 모시다.〔侍君子〕'·'장자를 모시다.〔侍長者〕'라고 구분하여 말한 것은 어째서인가? '선생'은 가르침으로 칭한 것이고, '높여야 할 분'은 도(道)로 칭한 것이고, '군자'는 덕(德)으로 칭한 것이고, '장자'는 나이로 칭한 것이다."라고 하였다.

군자를 모시고 술을 마시다.〔侍飮於長者〕

여씨(呂氏)가 말하기를, "옛날에 술을 마실 때에는 신분의 귀천과 나이의 많고 적음에 상관없이 모두 참여하였다. 술을 올릴 적에는 모두 주인이 직접 술을 따라 주었으니, 이 모시고 마시는 자도 장자가 직접 술을 따라 주었다. 이 때문에 술동이가 있는 곳에서 절하고 받는 예절이 있는 것이다. 향음주례(鄕飮酒禮)·향사례(鄕射禮)·궤식례(饋食禮)는 모두 방문 사이에 술동이를 놓아두고, 연례(燕禮)와 대사례(大射禮)는 모두 양 기둥 서쪽에 술동이를 놓아둔다."라고 하였다.

좌우를 돌아보지 않고 대답하다.〔不顧望而對〕

정씨(鄭氏)가 말하기를, "자로(子路)가 경솔하게 대답한 것[65]과 같다."라고 하였다. 공씨(孔氏)가 말하기를, "군자가 질문할 때 한 사람을 가리켜 물었다면 한 사람이 곧장 대답하고, 많은 사람에게 물었다면 모시는 자가 먼저 좌중을 돌아보아 혹 자기보다 나은 자가 있으면 먼저 대답하게 해야지 자신이 경솔하게 먼저 대답해서는 안 된

65 자로(子路)가……것 : 자로(子路)·증석(曾皙)·염유(冉有)·공서화(公西華) 네 사람이 공자를 모시고 있을 때 공자가 이들에게 하고 싶은 뜻을 말하라고 하자, 자로가 경솔히 대답하기를, "천승(千乘)의 제후국이 대국(大國) 사이에 끼여 군대가 쳐들어오고 기근까지 겹쳤을 때 제가 그 나라를 다스린다면 3년 만에 백성을 용맹스럽게 만들고 또 의로운 길로 향할 줄을 알게 하겠습니다."라고 하였다. 《論語 先進》

다.”라고 하였다.

부채질하지 않는다.〔不翣〕

한(漢)나라에서는 부채〔扇〕를 ‘삽(翣)’이라고 하였으니, 즉 ‘부채〔箑〕’라는 자로, ‘색(色)’과 ‘갑(甲)’의 반절이다. 《설문》에는 ‘삽(箑)’을 ‘부채〔扇〕’라고 하였다. 관동(關東) 지방에서는 ‘삽(箑)’이라고 하고, 관서(關西) 지방에서는 ‘선(扇)’이라고 한다.

화살을 한꺼번에 잡는다.〔約矢〕

약(約)은 《설문》에 ‘동여매다〔纏束〕’는 뜻이라고 하였고, 《광운》에는 ‘묶다〔約束〕’는 뜻이라고 하였다. 살펴보건대, 전속(纏束)과 약속(約束)은 취합하여 묶는 뜻이 있다.

잔을 씻어서 청한다.〔洗而以請〕

세(洗)는 선운(銑韻)에 있는 것은 ‘소(蘇)’와 ‘전(典)’의 반절로, 《설문》에 ‘깨끗하다〔潔〕’는 뜻이라고 하였다.

두 사람이 짝이 되니 화살 통은 뜰 가운데에 있고 화살은 화살 통에 비스듬히 놓는다.〔二人爲耦, 楅在中庭, 箭倚於楅.〕-주(註)-

《주례》 〈천관(天官) 막차(幕次)[66]〉의 ‘활쏘기 할 때엔 우(耦)가 머무는 장소에 장막을 펼친다.〔射則張耦次〕’ 주석에 “우(耦)는 함께 올라

66 막차(幕次) : 대본에는 ‘幕人’으로 되어 있는데, 《주례》 〈막차(幕次)〉에 의거하여 ‘幕次’로 바로잡아 번역하였다.

가 활을 쏘는 자이다."라고 하였다. 공씨(孔氏)가 말하기를, "우(耦)는 신분의 귀천(貴賤)에 맞추어 짝을 이룬다. 그러므로 경(卿)은 경과 짝을 하고 대부(大夫)는 대부와 짝을 하는데, 혹 남거나 부족할 경우엔 사(士)에게 우(耦)을 갖추게 한다."라고 하였다. ○복(楅)은 '필(筆)'과 '역(力)'의 반절이다. 《의례》〈향사례(鄕射禮)〉의 '자제에게 명하여 뜰 한가운데 복을 설치한다.〔命弟子設楅于中庭〕' 주석에 "복(楅)은 복(福)과 같으니, 화살대를 담아 화살을 가지런하게 놓는 도구이다.〔所以承笴齊矢者〕"-《주례》〈시인(矢人〉 주석에 '가(笴)는 고(藁)로 읽으니 화살대를 말한다.'라고 하였다.-라고 하였다. 〈향사기(鄕射記)〉의 "복의 길이는 화살대와 같고-《의례》 복도(楅圖)에 '화살대의 길이가 3치〔尺〕이니 복의 길이도 3치이다.'라고 하였다.- 그 넓이-넓이〔廣〕이다.-는 3치이고 두께는 1치 반이다. 머리는 용모양이고 그 중앙은 교룡이 얽혀 있고 가죽으로 당(當)을 만든다." 주석에 "양쪽 끝을 용머리로 만들고 중앙은 교룡의 몸이 서로 얽혀 있다. 가슴과 등만 가리는 옷을 당(當)이라고 하는데,[67] 붉은 가죽으로 만든다."라고 하였다.-《의례도(儀禮圖)》에 "4개씩 화살을 나누어 그 위에 둔다."라고 하였다.-

이긴 사람의 자제가 술을 따른다.〔勝者之子弟酌酒〕-주(註)-

《예기》〈투호(投壺)〉에 "술 따르는 자에게 명하기를 '벌주(罰酒) 잔을 돌리십시오.'라고 하면 술 따르는 자가 '예, 그러겠습니다.'라고 대답한다. 벌주를 마셔야 할 자가 모두 무릎 꿇고서 술잔을 받들어 '고맙게 마시겠습니다.'라고 하면, 이긴 자가 무릎을 꿇고서 '공경히

67 가슴과……하는데 : 당(襠)과 같은 뜻으로, 조끼 종류를 말한다.

봉양합니다.'라고 한다."라고 하였는데, 그 주석에 "사사(司射)가 술 따르는 자에게 벌주를 돌리도록 명한다. 술 따르는 자는 이긴 무리의 자제이다. '그렇게 하겠다.'고 말한 뒤에 서쪽 계단 위에 남쪽을 향해 풍(豐)을 둔다. 술잔을 씻어 올라가 술을 따르고 앉아서 풍 위에 잔을 두면 벌주를 마셔야 할 사람이 무릎 꿇고서 풍 위의 술을 취하여 손으로 들어 올리고서 '고맙게 마시겠다.〔賜灌〕'고 말한다. 관(灌)은 음(飮)과 같으니 감사하게 마시겠다는 말이다. 이긴 자는 무릎을 꿇고서 '공경히 이 술잔으로 봉양하겠다.'고 말하니, 벌주잔을 돌리는 입장이라도 높이고 공경하는 말을 하여 고맙게 마시겠다는 말에 답하는 것이다.

풍(豐)-주(註)-

풍(豐)은 《설문》에 "크고 넉넉한 두(豆)이다. 〈향음주(鄕飮酒)〉에 풍후(豐侯)라는 것이 있다."라고 하였고, 육전(陸佃)은 "두(豆)와 비슷한데 높이가 낮다."라고 하였다.

이상은 장유(長幼)의 순서를 밝힌 것이다.

시시(偲偲)

시(偲)는 지운(支韻)으로 '신(新)'과 '자(玆)'의 반절이다. 시시(偲偲)는 서로 간절히 책선(責善)하는 것이다.

반드시 다하기를 요구하지 않는다.〔不要其必致〕-주(註)-

필치(必致)는 다른 주석에는 '필진(必盡)'으로 되어 있다. 살펴보건대, 《예기》 주석 본문에 '불요기필치(不要其必致)'로 되어 있으니 '치(致)' 자가 옳다.

숙배(肅拜)-주(註)-

숙배(肅拜)는 《예기》〈소의(少儀)〉 주석에 "오늘날 부인이 하는 절과 같으니, 《좌전》의 '사자(使者)에게 세 번 숙배하였다.'는 것도 이런 의미의 절이다."라고 하였다.

동쪽 계단을 오를 때에는 오른 발을 먼저 올리고 서쪽 계단을 오를 때에는 왼쪽 발을 먼저 올린다.〔上東階則先右足, 上西階則先左足.〕

주자(朱子)가 말하기를, "주인은 동쪽 계단을 올라가고 손님은 서쪽 계단을 올라가니 모두 어지럽힐 수 없는 것이다. 그러나 억지로 안배하는 것이 아니라 모두 천리(天理)의 자연스러움이다. 서쪽 계단을 오르는데 오른 발을 먼저 올리면 주인을 등지게 되고, 동쪽 계단을 오르는데 왼쪽 발을 먼저 올리면 손님을 등지게 되니, 본래 이치상 이와같아야 한다."라고 하였다.

대부와 사가 서로 만나다.〔大夫士相見〕

《예기》〈곡례(曲禮)〉본문을 살펴보건대, 이 단락이 그 윗글의 '사대부가 다른 나라에 사신으로 나가는 예'를 이어서 말하였기 때문에 집설(集說)에서 '다른 나라에 사신으로 나갔다.〔聘於他國〕'[68]라고 한

68 다른……나갔다 : 집설(集說)의 내용은 다음과 같다. "공경하여 먼저 절한다는 것은 대부나 사가 다른 나라에 사신으로 가서 그 나라의 경·대부·사를 만났을 때를

것이다. ○사직(士直)이 말하기를, "진씨(陳氏)의 주석은 윗글을 이어 말하였고, 공씨(孔氏)의 소(疏) 또한 그러하다. 그러나 면제(勉齋 황간(黃幹))는 '같은 나라와 다른 나라의 구별을 볼 수 없으니 다시 상세히 살펴야 한다.'고 하였고, 집주(集註)에는 단지 공씨의 '오직 현자를 공경하는 것이요 귀천을 따지지 않는다.〔惟賢是敬, 不計貴賤〕'는 설만 취하였으니, 이를 따라야 할 듯하다."라고 하였다.

이상은 붕우의 사귐을 밝힌 것이다.

천자에게 간쟁하는 신하 7인이 있으면〔天子有爭臣七人〕

《가어(家語)》〈삼서(三恕)〉에 "자공(子貢)이 공자에게 묻기를, '자식이 아버지의 명을 따르는 것이 효(孝)이며, 신하가 임금의 명을 따르는 것이 정(貞)입니다. 이것에 무슨 의심할 것이 있습니까.-하나는 효이고 하나는 정이니 또 무엇을 의심하겠는가.-'라고 하니, 공자가 '옛날의 명철한 왕이 다스렸던 때에는 만승(萬乘)의 나라에 간쟁하는 신하 7인이 있으면 왕이 잘못이 없었고, 천승(千乘)의 나라에 간쟁하는 신하 5인이 있으면 사직이 위태롭지 않았고, 백승(百乘)의 집안에 간쟁하는 신하 3인이 있으면 봉록과 지위가 쇠하지 않았고, 아버지에게 간쟁하는 아들이 있으면 무례(無禮)에 빠지지 않았고, 선비에게 간쟁하는 벗이 있으면 불의를 행하지 않았다. 그러므로 자식이 아버지의 명을 따르는 것을 어찌 효라고 하겠으며, 신하가 임금의

말한 것이며 같은 나라에서는 그렇게 하지 않는다."

명을 따르는 것을 어찌 정이라고 하겠는가. 그 따를 바를 잘 살피는 것을 효라고 하고 정이라고 한다.'고 하셨다."라고 하였다. 《가어》〈육본(六本)〉에 "공자가 말씀하기를, '좋은 약은 입에 쓰지만 병에 이롭고, 충직한 말을 귀에 거슬리지만 행실에 이롭다. 탕왕(湯王)과 무왕(武王)은 간쟁하는 신하로 인해 창성하였고, 걸왕(桀王)과 주왕(紂王)은 순종하는 신하로 인해 망하였다. 임금에게 간쟁하는 신하가 없고 아버지에게 간쟁하는 아들이 없고 형에게 간쟁하는 아우가 없고 선비에게 간쟁하는 벗이 없고서 허물이 없는 자는 있지 않다. 그러므로 임금이 잘못하면 신하가 바로잡고-임금에게 잘못이 있으면 신하가 간쟁할 수 있다.- 아버지가 잘못하면 아들이 바로잡고, 형이 잘못하면 아우가 바로잡고, 자신이 잘못하면 벗이 바로잡는다고 한 것이다. 이 때문에 나라는 위태롭고 망할 조짐이 없고 집은 인륜을 무너뜨리는 패악이 없고 부자형제간에는 잘못이 없고 교우 사이에는 끊어짐이 없는 것이다.'고 하셨다."라고 하였다. 쟁(爭)은 쟁(諍)과 통한다. 《설문》에 "그 잘못을 능히 중지시키는 것을 말한다."라고 하였다. ○살펴보건대, 7인·5인·3인은 또한 나라의 대소(大小)를 가지고 대략 말한 것이다. 비록 7인·5인·3인이라도 이처럼 할 수 있다는 뜻이지, 실제로는 간쟁하는 사람이 많은 것을 싫어하지 않으니, 그 수에 구애될 필요가 없을 듯하다.

좌우로 나아가 봉양함에 일정한 방소가 있다.〔左右就養有方〕

요씨(饒氏)가 말하기를, "방소가 있다〔有方〕는 것은 왼쪽은 오른쪽을 넘을 수 없고 오른쪽은 왼쪽을 넘을 수 없이 일정한 방소가 있다는 말이다. 신하가 임금을 섬길 적에 마땅히 각자 맡은 직분을 다해야 한다. 그러므로 '방소가 있다'고 한 것이다."라고 하였다. 살펴보건대, 이른바 각자 맡은 직분을 다한다는 것은, 관직을 맡은 사람은 응당 그 관직의 책임을 다해야 하고 간언(諫言)의 책임은 맡지 않으며, 간언의 책임을 맡은 사람은 응당 그 간언의 책임을 다해야 하고 그 관직의 책임은 맡지 않는 것과 같다.

스승을 섬김에 범함이 없고 은미하게 간함이 없다.〔事師, 無犯無隱.〕

장락 진씨(長樂陳氏)가 말하기를, "부모는 나를 길러주었기에 인(仁)으로 보답하니, '유은(有隱)'부터 '치상(致喪)'까지[69] 모두 인이다. 임금은 나를 돌보아주었기에 의(義)로 보답하니, '유범(有犯)'부터 '방상(方喪)'까지[70] 모두 의이다. 스승이 나를 성취시킴은 인과 같지만 인에 온전하지 않으며 의와 같지만 의에 온전하지 않다. 그러므로 범함이 없는 것은 부모와 같지만 은미하게 간함이 없는 것은 부모와 다르며, 은미하게 간함이 없는 것은 임금과 같지만 범함이 없는 것은 임금과 다르며, 삼년상을 치르는 것은 임금·부모와 같지만 복(服)이 없는 것은 임금·부모와 다르다."라고 하였다.

69 유은(有隱)부터 치상(致喪)까지 : "은미하게 간함은 있으나 범함은 없으며 좌우로 나아가 봉양함에 일정한 방소가 없으며 죽을 때까지 부지런히 일하며 삼년상에 슬픔을 지극히 한다.〔有隱而無犯, 左右就養無方, 服勤至死, 致喪三年.〕"는 구절을 말한다.

70 유범(有犯)부터 방상(方喪)까지 : "범함은 있고 은미하게 간함은 없으며 좌우로 나아가 봉양함에 일정한 방소가 있으며 죽을 때까지 부지런히 일하며 부모의 삼년상과 마찬가지로 거상한다.〔有犯而無隱, 左右就養有方, 服勤至死, 方喪三年.〕"는 구절을 말한다.

백성은 세 사람에 의해 살아간다.〔民生於三〕

살펴보건대, '민생(民生)'의 뜻은 증주(增註)의 설이 옳은 듯하고, 오씨(吳氏)의 주석의 '범민지생(凡民之生)'은 옳지 않은 듯하다. ○ 사계(沙溪) 선생이 말하기를, "다섯 '생(生)' 자는 모두 생출(生出)의 뜻이다."라고 하였다. 우복(愚伏) 정공(鄭公)이 말하기를, "'세 사람에 의해 살아간다.〔生於三〕'·'살게 해주는 부류이다〔生之族〕'·'살게 해준 은혜를 죽음으로 보답한다.〔報生以死〕'의 세 '생' 자는 생활(生活)의 뜻으로, 죽음과 상대되는 호칭이다. '아버지가 낳아 주셨다.〔父生之〕'와 '아버지가 아니면 태어날 수 없다.〔非父不生〕'의 두 '생' 자는 생출의 뜻이다."라고 하였다. 사직(士直)이 말하기를, "'생' 자는 모두 생출의 뜻이니 달리 보아서는 안 된다. 어떠할지 모르겠다."라고 하였다. 숙함(叔涵 김재해(金載海))이 말하기를, "아버지는 낳아주신 분이니 바로 아버지에게서 살아가는 것이다. 임금은 다스리는 분으로 임금을 통해 그 삶을 이루니, 바로 임금에게서 살아가는 것이다. 스승은 가르치는 분으로 그를 통해 사람의 도리를 얻으니 스승에게서 살아가는 것이다. 만약 오씨의 설과 같다면 문리가 순하지 않다."라고 하였다.

시어머니는 자애롭되 며느리를 따른다.〔姑慈而從〕

살펴보건대, 〈단서(丹書)〉의 '의가 욕심을 이기면 따른다.〔義勝欲則從〕' 주석에 "종(從)은 순조롭다〔順〕는 뜻이다."라고 하였다. 여기의 '종' 자도 순조롭다는 뜻인 듯하다.

친척은 부형을 이른다.〔親戚謂父兄〕-주(註)-

살펴보건대, 아래 글에 "친척이 죽은 뒤에는 효도하고 싶어도 누구에게 효도하겠는가."라고 하였다. 여기에서 단지 효만 말하고 공경을 말하지 않았으니, 형제를 겸하여 말하지 않았음을 알 수 있다. 그렇다면 이른바 '친척'이란 부모를 가리켜 말한 듯하다. 《좌전》에서 오상(伍尙)이 오원(伍員)에게 말한 '친척이 죽임을 당했다〔親戚爲戮〕'는 부분의 주석에 "아버지가 죄도 없이 죽임을 당하였다."라고 하였다.

순자(荀子)

성은 보(譜), 이름은 경(卿), 자는 황(況)으로, 조(趙)나라 사람이다. 50세에 처음으로 세(齊)에서 가서 유학하였는데, 양왕(襄王) 때에 순경이 가장 노숙한 스승이 되었다. 초(楚)나라에 가서 난릉령(蘭陵令)이 되었다. 저서가 수만 자이다. 살펴보건대, 이름이 경(卿)이고 자가 황(況)이니, 본주(本註)와 같지 않다.[71]

여석(鑢錫)-주(註)-

여(鑢)는 《주례》 〈고공기(考工記)〉에 '여(鐧)로' 되어 있으니, 주석의 '가는 기구〔磨鐧之器〕'라는 것이다.[72] 《해편심경(海篇心鏡)》[73]에는 '갈다〔錯〕'는 뜻이라고 하였고, 《어록해(語錄解)》에는 "여(鑢)는 '줄'

71 이름이……않다 : 본주에는 이름을 황(況)이라고 하였다.

72 주례……것이다 : '여(鐧)'는 《주례》 〈고공기(考工記)〉 본문에 나오는 말이 아니라, '진나라에는 여가 없었다.〔秦無廬〕'라는 부분 주석으로, '여(廬)는 어떤 사람은 가는 기구라고 한다.〔廬, 或曰摩鐧之器.〕'는 내용이다.

73 해편심경(海篇心鏡) : 대본에는 '海篇心經'으로 되어 있는데, 서명(書名)에 의거하여 '海篇心鏡'으로 바로잡아 번역하였다.

이다.[74]"라고 하였다. 사계 선생이 말하기를, "여(鑢)는 《사성통해(四聲通解)》에 '구리나 쇠를 가는 기구'라고 하였다. 석(鍚)은 '탕(鐊)' 자인 듯하다. 《사성통해》에 '탕(鐊)은 대패〔鑢鐊〕이다.'라고 하였으니, 아마도 지금 세속에서 사용하는 변탕(邊鐊)과 같은 것인 듯하다."라고 하였다.

이상은 통론(通論)이다.

74 여(鑢)는 줄이다 : 대본에는 '줄이다'는 부분이 작은 글씨로 되어 있는데, 문맥에 의거하여 본문으로 바로잡아 번역하였다.

지은이 **김간(金幹)**

본관은 청풍(淸風), 자는 직경(直卿), 호는 후재(厚齋)이다. 송시열(宋時烈)과 박세채(朴世采)의 문인이다. 1646년(인조24)에 경기도 광주 사천촌(沙川村)에서 출생하였다. 생부는 김도(金濤)이며, 출생 직후 후사가 없었던 백부 김수(金洙)의 양자로 들어갔다. 1664년(현종5) 공도회(公都會) 초시(初試)에 급제하였고, 1668년에는 증광감시(增廣監試) 초시와 대과(大科) 초시에 급제했지만, 회시(會試)에는 합격하지 못했다. 이후 과거를 포기하고 평생을 학문 연구와 저술에 집중하였다. 1694년(숙종20)에 학행(學行)으로 천거되어 전설사 별검에 임명된 이후 계속해서 관직에 제수되었으나 1701년(숙종27) 예산 현감(禮山縣監)과 1708년(숙종34) 연산 현감(連山縣監) 두 차례 지방 수령 직에만 나아가고, 나머지 관직은 거의 다 사양하였다. 일생의 거의 전 시기를 재야의 학자로 살다 1732년(영조8) 7월 26일에 87세로 세상을 떠났다. 시호는 문경(文敬)이다.

옮긴이

최예심(崔禮心)

1967년 충북 제천 출생. 민족문화추진회 국역연수원 연수부 및 상임연구부를 졸업하였다. 민족문화추진회를 거쳐 단국대학교 동양학연구원 연구교수로 재직 중이다. 《승정원일기》(공역), 《월정집》(공역), 《용주유고》(공역), 《어우집》(공역) 등을 번역하였다.

장유승(張裕昇)

1976년 서울 출생. 성균관대학교 한문학과를 졸업하고, 한국학중앙연구원 한국학대학원을 거쳐 서울대학교 국어국문학과에서 〈조선후기 서북지역 문인 연구〉로 박사학위를 받았다. 한국고전번역원 고전번역교육원 전문과정을 마치고 한국고전번역원 번역위원, 단국대학교 동양학연구원 연구교수를 거쳐 현재 성균관대학교 한문학과 조교수로 재직 중이다. 《정조어찰첩》(공역), 《영조 승정원일기》(공역), 《동국세시기》, 《현고기》, 《한국산문선》(공역) 등을 번역하였다.

권진옥(權津鈺)

1979년 경북 영천 출생. 고려대학교 한문학과를 졸업하고, 동 대학교 국어국문학과에서 〈택당 이식의 변문·고문 연찬과 산문 창작의 실제〉로 석사학위를 받고 〈귤산 이유원의 학문 성향과 유서·필기 편찬에 관한 연구〉로 박사학위를 받았다. 고려대학교 민족문화연구원과 단국대학교 동양학연구원 연구원을 거쳐, 현재 단국대학교 국어국문학과 조교수로 재직 중이다. 《낙전당집》(공역), 《어우집》(공역), 《한비자집해》(공역), 《오천집》 등을 번역하였다.

권역별거점연구소협동번역사업 연구진

연구책임자　김문식(단국대학교 사학과)
공동연구원　윤재환(단국대학교 국어국문학과)
　　　　　　김우정(단국대학교 한문교육과)
책임연구원　허호구(단국대학교 동양학연구원)
　　　　　　최예심(단국대학교 동양학연구원)
　　　　　　이라나(단국대학교 동양학연구원)
선임연구원　이승용(단국대학교 동양학연구원)
연구원　　　김종하(단국대학교 동양학연구원)
연구보조원　유명석(단국대학교 동양학연구원)

후재집 3

김간 지음 | 최예심 · 장유승 · 권진옥 옮김
2023년 12월 31일 초판 1쇄 발행
편집 · 발행 학자원
등록 2011.4.6 제2011-14호
주소 (05355) 서울시 강동구 천호대로 1121
전화 02-6403-1000 | 팩스 02-6338-1001 | 이메일 hakjaone@daum.net

값 40,000원
ISBN 979-11-6247-319-1 94810
979-11-6247-316-0 (세트)